INTRODUCCIÓN A LA BIBLIA

Donald E. Demaray

Contiene un estudio programado por la
Facultad Latinoamericana de Estudios Teológicos

Introducción a la Biblia
Tercera edición revisada
© 2001 Logoi. Inc.
14540 S. W. 136 St. Suite 200
Miami, FL. 33186

Segunda edición: ©1996, Logoi, Inc.
Primera edición: *Nuestra Santa Biblia*, ©1989, Logoi, Inc.

Título original en inglés:
A Layman's Guide to Our Bible
© 1964 by Cowman Publishing Company, Inc.

Diseño textual: Logoi, Inc.
Portada: Meredith Bozek

Todos los derechos reservados, ninguna parte de esta publicación puede ser reproducida, ni procesada, ni transmitida en alguna forma o por algún medio —electrónico o mecánico— sin permiso previo de los editores, excepto breves citas en reseñas y debidamente identificada la fuente.

Fotografías: Todas las fotografías, a menos indicadas son cortesía de Roy Gustanson, Evangelista de la Asociación Billy Graham.

Producto: 491042
Categoría: Referencia/Ayudas pastorales
ISBN: 0-7899-0250-8
Impreso en Colombia

CONTENIDO

Prefacio 7
Introducción 9

PRIMERA PARTE
Nuestra Biblia: Cómo nos llegó

1. Primeros hechos respecto a la Biblia 17
   Revelación e inspiración 25
   Interpretación 29
   El canon 36

2. Manuscritos y versiones antiguas 45
   Algunos antiquísimos manuscritos de la Biblia 53
   Una multitud de testigos 59
   Traducciones antiguas (versiones) 61

3. Traducciones al español hasta el presente 71
   Traducciones judías españolas 73
   Conocimiento bíblico entre el pueblo 74
   Las Biblias protestantes en español 75
   Las versiones actuales 78
   Paladines de la Biblia en el mundo hispánico 80

SEGUNDA PARTE
Nuestra Biblia: Libro por libro

4. El Antiguo Testamento libro por libro 85
   Leyes: De Génesis a Deuteronomio 85

Historia: De Josué a Ester 98
Poesía: De Job al Cantar de los Cantares 126
Profecía (los cuatro Profetas Mayores): De Isaías a Daniel ...
....137
Profecía (Profetas Menores): De Oseas a Malaquías 151

5. El Nuevo Testamento libro por libro 175
   Los evangelios: De Mateo a Juan 181
   Parábolas de los evangelios 203
   Milagros de los evangelios 205
   De los Hechos y epístolas hasta Filemón 208
   Las demás epístolas hasta Judas 240

6. Revelación, la inspiración de la Biblia 259
   Definiciones 259
   La extensión de la inspiración 262
   El modo de la inspiración 266
   Testimonios 272
   La canonicidad 275
   El punto de vista de Cristo y los apóstoles 282
   El testimonio de los autores de las Escrituras 288

TERCERA PARTE
Nuestra Biblia: Personas, lugares, objetos

7. Personas: Minibiografías de grandes personajes
   bíblicos 295

8. Lugares: Geografía y arqueología 359

9. Lugares y cosas 381
   El Tabernáculo, templos y sinagogas 381

Instrumentos musicales 389
Fiestas y días sagrados de los judíos 396
Sectas y partidos de los judíos 401
El sanedrín 404
Plantas y animales 406
Tiempos, medidas, pesos y dinero 443

Guía de estudio 455

PREFACIO

La Biblia no se destinó nunca a ser un libro para eruditos y especialistas únicamente. Desde el principio se destinó a ser el Libro de todos, y aún lo es. El mensaje que contiene está destinado a satisfacer una necesidad universal; a su personaje central se le llama con razón «el Salvador del mundo». Aunque se terminó de escribir hace tantísimo tiempo, la Biblia jamás envejece, pues los temas que trata son de tal naturaleza que conservan su relación práctica con la vida siglo tras siglo, y nos tocan tan de cerca como a la gente que primero la leyó.

Pero precisamente por haber sido terminada hace tanto tiempo, hoy día necesitamos cierto auxilio y consejo para comprenderla tan plenamente como desearíamos. Para satisfacer esta necesidad el doctor Demaray ha escrito este libro. Es un libro para cualquier persona que se interese en la Biblia y su mensaje, y que desee documentarse respecto a cómo llegó a formarse y cómo nos ha llegado en nuestro idioma. A los maestros de escuela dominical y de clases bíblicas les será útil, pues los capacitará para enfrentarse a las preguntas que se les plantean acerca de la Biblia de vez en cuando; y otros colaboradores de la iglesia se sentirán dichosos de tenerlo como libro de consulta.

Me siento feliz de recomendarlo calurosamente.

F. F. Bruce
Profesor de Crítica y Exégesis Bíblicas en la Universidad de Manchester, Inglaterra

INTRODUCCIÓN

La Biblia es el libro

La Biblia es más que un simple libro. Es *el* libro. Werner Keller, historiador alemán (y no es un historiador religioso) dice que en la historia humana no se halla libro alguno que haya tenido comparable «influencia revolucionaria» o que «haya influido tan decisivamente en el desarrollo del mundo occidental». Ningún libro, declara Keller, ha tenido un efecto tan mundial como el «Libro de los libros: la Biblia».[1] No cabe duda de que la Biblia se destaca como el más grande de los libros en la historia de la literatura y de la humanidad.

Sí, la Biblia es más que un simple libro. La Biblia es mensaje de Dios. Es Dios tratando de comunicarse con el hombre. En otras palabras, es la «Palabra» de Dios para la humanidad.

Además, la Biblia es el libro por excelencia, porque no hay otra obra en el mundo que haya sido tan leída durante tanto tiempo y tan continuamente. En la antigüedad y en la Edad Media fue incesantemente copiada. Cuando apareció la imprenta en el siglo XV, fue el primer libro que se imprimió. Desde entonces hasta hoy ha sido la envidia de los editores por su estupendo poder para la venta; en efecto, deja atrás las ventas de casi todas las demás publicaciones por un margen asombroso. Más de 25.000.000 de Biblias o porciones de la misma se venden anualmente en todas partes de nuestro mundo.

---

1 Werner Keller, *The Bible as History: A Confirmation of the Book of Books*, New York: William Morrow & Company, 1956, p. XXIV.

La Biblia y la transformación de vidas

Además de estos hechos, las vidas transformadas de quienes llegan a estar bajo su influencia constituyen elocuente testimonio de su poder y utilidad. El doctor Eduardo Blair, del Instituto Bíblico de Garrett, cuenta de un soldado de la Segunda Guerra Mundial que, al recibir un Nuevo Testamento cuando se embarcaba para ultramar, burlonamente dijo: «Gracias, puede que me haga falta papel para cigarrillos por allá». Pero unas semanas después, impresionado por su nuevo descubrimiento, envió dinero para ayudar en la distribución de este admirable libro.

Se leyó tras la Cortina de Hierro

El libro que más se prohibió tras la Cortina de Hierro fue la Biblia. Sin embargo, en otros países comunistas se sigue leyendo. Hay prueba documental de que algunas autoridades leían en secreto la Biblia, curiosos por conocer la fe que inspira.[2] Esto nos da una idea de por qué es tan buscada la Biblia. Si está recibiendo mucha atención en todo el mundo aún en países comunistas no es por ser un lindo libro, ni siquiera por ser interesante, sino porque produce en las personas una fe viva y una esperanza segura para el presente y para la eternidad.

Propósito de este libro

El propósito de *Introducción a la Biblia* es poner a disposición del público general datos acerca de la Biblia. Es un libro de consulta que suministra fácil, rápida y sucintamente los hechos. La sencillez y la utilidad se han tenido presentes de principio a fin, y los hechos están dispuestos en forma de bosquejo, con indicación marginal de los temas. Los creyentes, los colaboradores de

---

2 Véase el fascinante incidente en John Noble y Glenn D. Everett, *I Found God in Soviet Russia*. Nueva York: St. Martin's Press, 1959, pp. 166-67.

la iglesia, maestros de escuela dominical, consejeros de jóvenes, líderes y pastores hallarán en él una útil herramienta.

Divisiones del libro

El presente libro se divide en tres partes, cada cual con tres capítulos. La primera parte, NUESTRA BIBLIA: CÓMO NOS LLEGÓ, trata de cómo se comenzó la Biblia (capítulo uno), anota la historia de los antiguos manuscritos y versiones (capítulo dos), y finalmente nos lleva a la formación de las traducciones en español hasta la versión presente (capítulo tres). La segunda parte, NUESTRA BIBLIA: LIBRO POR LIBRO, analiza los treinta y nueve libros del Antiguo Testamento (capítulo cuatro), bosqueja el período intermedio entre los Testamentos (capítulo cinco), y finalmente presenta análisis de los veintisiete libros del Nuevo Testamento (capítulo cinco). La tercera parte, NUESTRA BIBLIA: PERSONAS, LUGARES, OBJETOS, trata en primer lugar de los personajes sobresalientes presentados alfabéticamente (capítulo 7) y de los sitios bíblicos en cuanto a geografía y arqueología (capítulo ocho). En el capítulo titulado «Objetos» (capítulo nueve) se describen el tabernáculo, el templo, la sinagoga, los instrumentos musicales, las festividades y días feriados de los judíos, las sectas y partidos judíos, el sanedrín, las plantas y animales, el tiempo, las medidas, las pesas y el dinero; en muchos casos las definiciones van acompañadas de dibujos a pluma.

Reconocimiento

Por su ayuda en la preparación de *Introducción a la Biblia* tengo que expresar gratitud a las siguientes personas. Mi cálido agradecimiento para el profesor F.F. Bruce, profesor de Crítica y Exégesis Bíblicas en la Universidad de Manchester, Inglaterra, por la lectura de una parte considerable del manuscrito, sus útiles sugerencias y su aliento personal.

A Gordon Rupp, profesor de Historia Eclesiástica de la Universidad de Manchester, mis efusivas gracias por leer el apéndice I, «Breves datos de personajes sobresaliente de la Historia Eclesiástica», y brindar sugerencias. Aprecio mucho sus numerosas bondades.

El Dr. C. Elvan Olmstead, redactor bíblico de David C. Cook & Company, ha leído el capítulo tres, «El Antiguo Testamento libro por libro» y el capítulo ocho, «Lugares: Geografía y Arqueología», y ha brindado consejo útil.

El Dr. F. Taylor, Guardián de Manuscritos de la Biblioteca John Rylands, Manchester, Inglaterra, fue muy bondadoso y servicial al suministrar fotografías. Suministraron fotografías también Matson Photo Service, Los Ángeles, Frank J. Darmstaedter, del Museo Judío de Nueva York, y Associated Newspaper, Ltd., Londres, Inglaterra.

Donna Smith, quién ejecutó la mayoría de los bosquejos a pluma merece alabanza por su destreza y buena voluntad al brindar su talento a un amplio público.

Marilyn Heiliger, mi excelente secretaria, tomó parte en el proyecto desde su comienzo mismo.

El Dr. Ralph G. Turnbull, Primera Iglesia Presbiteriana, Seattle, ha leído gran parte del manuscrito y formulado valiosas sugerencias.

El Dr. George A. Turner, profesor de Biblia Inglesa en el Seminario Teológico de Asbury ha leído las pruebas mecanografiadas y ha hecho valiosas anotaciones.

El Dr. Ronald Phillips, del departamento botánico, Seattle Pacific College ha leído y presentado sugerencias sobre la sección titulada «Plantas» del capítulo 9. El Dr. Harold T. Wiebe, del departamento zoológico, Seattle Pacific College, ha aportado consejos sobre «Animales» (capítulo 9).

Mi esposa, fiel consejera, es mi mejor crítico.

Los estudiantes del Seattle Pacific College, que hicieron un viaje de estudios por Tierra Santa en el verano de 1962, ayudaron a convertir la toma de vistas fotográficas y la recolección de datos en un verdadero deleite. Los estudiantes de las clases de Hechos de Historia Eclesiástica (otoño 1961), y Vistazo del Antiguo Testamento y Teología Histórica (invierno 1962) del Seattle Pacific College ayudaron a reunir y anotar datos para el capítulo 1. Las fuentes de información incluyen *The New Bible Dictionary* (Inter-Varsity); Winifred Walker, *All the Plants of the Bible* (Harper); W. Corswant, *A Dictionary of Life in Bible Times* (Hodder & Stoughton); *The Oxford Annotated Bible* (Oxford); J. B. Phillips, *Letters to Young Churches*, y *The Gospels Translated into Modern English* (Macmillan); G. Coleman Luck, *The Bible Book by Book* (Moody); Geddes MacGregor, *The Bible in the Making* (Lippincott).

E. J. Brill, Ltd. de Leiden, Países Bajos, ha dado permiso para citar *The Gospel According to Thomas*, texto copto establecido y traducido por A. Guillaumont, H. Ch. Puech, G. Quispel, W. Til y Yassah' Abd Al Masih. Rand McNally & Company ha permitido el empleo de su excelente y actual serie de mapas en colores, que aumentan la utilidad de esta obra. Por los datos del capítulo 8 estoy especialmente en deuda con el artículo de *The Oxford Annotated Bible* (1962) titulado «Vistazo de la Geografía, Historia y Arqueología de Tierras Bíblicas».

Al señor Floyd Thatcher, expresidente de Cowman Publishing Company, y al señor David E. Phillippe, presidente de la citada compañía, deseo expresarles calurosa gratitud por horas y días de ardua labor y completa colaboración para llevar a término este libro.

Introducción a la Biblia

A menos que se indique lo contrario, la versión que se emplea en este libro es LA SANTA BIBLIA, antigua versión de Casiodoro de Reina revisada por Cipriano de Valera, revisión de 1960.

Donald E. Demaray
Seattle Pacific College, Seattle, Washington
Semana Santa, 1964

PRIMERA PARTE

NUESTRA BIBLIA: CÓMO NOS LLEGÓ

Cualquiera, pues, que me oye estas palabras, y las hace, le compararé a un hombre prudente, que edificó su casa sobre la roca (Mateo 7.24).

CAPÍTULO I

PRIMEROS HECHOS RESPECTO A LA BIBLIA

Qué significa «Biblia»

La palabra «Biblia» procede del griego «biblia» (libros). El singular es «biblíon»; «biblos» es una forma de biblíon, y significa simplemente cualquier clase de documento escrito. Originalmente biblos significaba un documento escrito en papiro, una clase de papel fabricado con una planta egipcia (véase «Plantas» y el capítulo sobre «Manuscritos y versiones antiguos»). Al antiguo puerto fenicio de Gebal (cerca del moderno Jebeil, unos 40 kilómetros al norte de Beirut) los griegos le cambiaron el nombre por Biblos (Biblus) porque era una ciudad famosa por la fabricación de papiros para escribir. Además, los habitantes de Biblos se hallan entre los primeros que iniciaron la evolución de la escritura e inventaron uno de los primeros alfabetos. Era por tanto natural que los griegos llamaran al lugar «Biblos» y siglos más tarde, al inventarse el códice (un libro con páginas dobladas en forma de acordeón), persistió el término y llegó a significar «libro». Nuestra palabra «Biblia» significa simplemente un «libro».

«Escritura»

«Escritura», «Escrituras» o «Sagradas Escrituras» son términos que los escritores del Nuevo Testamento emplean para referirse al Antiguo Testamento o a cualquier parte del mismo.

Por «Escrituras», querían decir «Escrituras Divinas». Pablo habla de «Sagradas Escrituras» en 2 Timoteo 3.15 y en el versículo 16 emplea el término «la Escritura». La expresión «las Escrituras» se emplea en Mateo 21.42; Lucas 24.32; Juan 5.39; Hechos 18.24.

La expresión singular «la Escritura» usualmente se refiere a un determinado pasaje del Antiguo Testamento más que al Antiguo Testamento en su conjunto (Marcos 12.10; Lucas 4.21; Santiago 2.8). En 2 Pedro 3.16 se llama «Escrituras» a las epístolas de Pablo y probablemente a los evangelios; de modo que tenemos precedentes de peso para emplear tanto el Antiguo como el Nuevo Testamento en nuestras Escrituras cristianas. Pero no todos los cristianos tienen el mismo contenido en sus Escrituras. (Véase «El canon» en otra parte de este capítulo).

«Testamento»

En lenguaje corriente «testamento» es la última voluntad de una persona, en la que ésta dispone de sus bienes para el momento de su muerte. Pero no es ese el sentido que tiene en la Biblia, en la cual significa «pacto» o convenio. Sería más apropiado hablar de Antiguo Pacto y Nuevo Pacto, pero la tradición (a partir de Tertuliano) desde hace mucho ha establecido el empleo de la palabra «Testamento».

La idea de un «pacto» se remonta a Moisés en el Sinaí (Éxodo 24.3-8), y aun antes de Moisés, a Abraham (hasta hay más antiguos indicios del Pacto, Génesis 6.18, por ejemplo) cuando Dios hizo una promesa a su pueblo elegido. Al hacer aquella promesa o pacto, Dios se colocó en una especial relación con su pueblo: en una relación salvadora o redentora. El Antiguo Testamento narra la historia de cómo aquella especial relación ha funcionado en la historia. Pero los judíos preveían y esperaban un Nuevo Pacto, y en él ponían su esperanza; Jeremías (31.31-34) predijo aquel Nuevo Pacto (véanse las palabras de Jesús en Mateo 26.28). Que el Nuevo Pacto en realidad se produjo, lo demuestra el propio Jesús al decir: «Esta copa es el nuevo pacto en mi sangre» (1 Corintios 11.25). No es sorprendente que Pablo mencione el Antiguo Pacto (2 Corintios 3.14) y el Nuevo (2 Corintios 3.6). Y el autor de la Epístola a los Hebreos hace de la distinción entre los Pactos, uno de sus grandes temas (Hebreos 8.13, etcétera).

Antiguo Testamento: Divisiones

Hay tres divisiones en el Antiguo Testamento hebreo: Ley, Profetas y Escrituras. Esta división triple se refleja en pasajes del Nuevo Testamento como Mateo 5.17, Lucas 16.29 y Lucas 24.44. Tradicionalmente la Biblia hebrea contenía solamente veinticuatro libros distribuidos así:

I LEY TORA	II PROFETAS (O NEBHIM)	III ESCRITURAS (OKETHUBHIM)
1. Génesis 2. Éxodo 3. Levítico 4. Números 5. Deuteronomio	*Primeros* 6 Josué 7. Jueces 8. Samuel (1 y 2, un solo libro) 9. Reyes (1 y 2, un solo libro) *Posteriores* 10. Isaías 11. Jeremías 12. Ezequiel 13. Los Doce (Profetas Menores)	*Poéticos* 14. Salmos 15. Proverbios 16. Job El Megilloth (pronúnciese mijíloz) 17. Cantar de los Cantares 18. Rut 19. Lamentaciones 20. Eclesiastés 21. Ester *Históricos* 22. Daniel 23. Esdras-Nehemías 24. Crónicas (1 y 2, un solo libro)

Introducción a la Biblia

Estos veinticuatro libros de la Biblia hebrea corresponden a los treinta y nueve de nuestro Antiguo Testamento. El número se altera principalmente al dividir los profetas menores en doce libros separados y al dividir (en dos cada uno) Samuel, Reyes y Crónicas. Esdras-Nehemías también se separan en dos libros. En la Biblia griega (Septuaginta), el Antiguo Testamento tiene una división diferente, determinada por similitud de temas. Así:

I PENTATÉUCO	II HISTORIA	III LIBROS SAPENCIALES Y POÉTICOS	IV PROFECÍA
1. Génesis	6. Josué		27. Oseas
2. Éxodo	7. Jueces		28. Amós
3. Levítico	8. Rut	18. Salmos	29. Miqueas
4. Números	9. 1 y 2 Reyes	19. Proverbios	30. Joel
5. Deuteronomio	(1 y 2 Samuel)	20. Eclesiastés	31. Abdías
	10. 3 y 4 Reyes	21. Cantar de los	32. Jonás
	(1 y 2 Reyes)	Cantares	33. Nahum
	11. 1 y 2 Crónicas	22. Job	34. Habacuc
	(o Paralipómenos)	*23. Sabiduría de	35. Sofonías
		Salomón	36. Hageo
	*12. 1 Esdras	*24. Eclesiástico	37. Zacarias
	** 13. 2 Esdras	(o Sabiduría de	38. Malaquías
	(Esdras y	Jesús hijo de Sirac)	39. Isaías
	Nehemías)		
	14. Ester (*con	*25. Oración de	*41. Baruc
	adiciones)	Manasés*	42. Lamentaciones
	*15. Judit	*26. Salmos de	*43. Espístola de
	* 16. Tobías	Salomón*	Jeremías
	* 17. 1 y 2		44. Ezequiel
	Macabeos		*45. Historia de
			Susana (adición a
			Daniel)
			46. Daniel
			*47. Bel y el
			Dragón (adición a
			Daniel)
			*48. Cántico de los
			tres Santos Niños
			(adición a Daniel)

  * No se encuentra en la Biblia hebrea.
 ** I y II Esdras de la Vulgata y otras versiones católicas son Esdras y Nehemías. A I Esdras a veces se le llama el Esdras griego. II Esdras de la Septuaginta no es lo mismo

que otro libro llamado II Esdras (el Apocalipsis de Esdras). En la Vulgata, III Esdras es el «Esdras Griego» (I Esdras de la Septuaginta) y IV Esdras es el Apocalipsis de Esdras. No todas las ediciones de la Septuaginta incluyen los mismos librostodas las ediciones.

Este es el orden que generalmente siguen la Biblia latina y nuestras Biblias evangélicas. (Véase «Canon» en otra parte de este capítulo.) Por cierto, este orden es más cronológico que el de la Biblia hebrea (por ejemplo Rut viene después de Jueces porque la historia ocurrió en el tiempo de los Jueces).

Nuevo Testamento: Divisiones

El tamaño del Nuevo Testamento es sólo un tercio del Antiguo. Su división general es como sigue:

EVANGELIOS   HISTORIA   EPÍSTOLAS   APOCALIPSIS

Este bosquejo no corresponde al orden en que se escribieron los libros; de haber sido así, las epístolas aparecerían primero (Santiago o Gálatas), y Marcos sería el primer evangelio. Segunda de Pedro sería el último libro en vez de Apocalipsis. Se ordenaron según un principio diferente, no según la fecha de escritura. Los evangelios están primeros porque nos presentan al Fundador de nuestra religión; Él es el comienzo del relato. Mateo es el primer evangelio porque es el más judío y muestra cómo en Jesús se cumplió el Antiguo Testamento; de modo que Mateo constituye un puente entre el Antiguo y el Nuevo Testamento. Hechos viene después de los evangelios porque continúa la historia hasta treinta años después de la muerte y resurrección de Jesús. Las Epístolas de Pablo están ordenadas en general según su extensión, la más larga, primero, la más breve, última. (Una ampliación sobre el ordenamiento de las cartas de Pablo puede verse en el capítulo «El Nuevo Testamento libro por libro».) El Apocalipsis concluye el Nuevo Pacto porque lanza la nota de esperanza y consumación en el Día Final. Hebreos y las epístolas católicas (universales) amplían y fortalecen la doctrina del Nuevo Testamento, y fueron añadidas también por sus aplicaciones prácticas de la doctrina. El todo en conjunto tiene este aspecto:

I EVANGELIOS	II HISTORIA	III EPÍSTOLAS	IV APOCALIPSIS
1. Mateo 2. Marcos 3. Lucas 4. Juan	5. Hechos de los Apóstoles	6. Romanos 7. 1 Corintios 8. 2 Corintios 9. Gálatas 10. Efesios 11. Filipenses 12. Colosenses 13. 1 Tesalonicenses 14. 2 Tesalonicenses 15. 1 Timoteo 16. 2 Timoteo 17. Tito 18. Filemón 19. Hebreos 20. Santiago 21. 1 Pedro 22. 2 Pedro 23. 1 Juan 24. 2 Juan 25. 3 Juan 26. Judas	27. Apocalipsis

Antiguo y Nuevo Testamentos juntos

Es significativo que desde muy al principio de la historia cristiana los veintisiete libros del Nuevo Testamento aparezcan unidos a las Escrituras hebreas. Esto suministró más ricos y amplios recursos para la adoración y para la defensa del Evangelio cristiano. Además, el Antiguo Testamento era reconocido como preparación para el Nuevo (Hebreos 1.1-2). Es por ello que la Biblia de los apóstoles, así como la de su círculo de predicadores del Evangelio y demás colaboradores, era en realidad el Antiguo Testamento, al que llamaban «las Escrituras». El Antiguo Testamento brinda clarísimo testimonio respecto al advenimiento del Mesías, el Cristo, Jesús de Nazaret (véanse las palabras del propio Jesús en Juan 5.39). Además, el Antiguo Testamento contenía el camino de la salvación mediante la venida del Mesías (obsérvense las palabras de Pablo en Romanos 3.21 y 2 Timoteo 3.15). Y, lo que es más importante, el propio Cristo empleó el Antiguo Testamento; y en virtud de su autorizado ejemplo, el círculo apostólico también lo empleó.

Escuchemos lo que en sus *Laws of Ecclesiastical Polity* dice Richard Hooker:

> El fin general del Antiguo y el Nuevo (Testamento) es uno, y la diferencia entre ambos se reduce a esto: El Antiguo Testamento daba sabiduría enseñando la salvación mediante el Cristo que había de venir; el Nuevo, enseñando que Cristo el Salvador vino.

De modo que el Nuevo es el cumplimiento del Antiguo. El Antiguo es lo que Dios hizo en el pasado; el Nuevo, lo que Él dramatiza en un Hijo.

> El Nuevo en el Antiguo ya se implica;
> El Antiguo en el Nuevo bien se explica.
> El Nuevo en el Antiguo es verdad rara;
> El Antiguo en el Nuevo ya se aclara.

Idioma de los Testamentos

El Antiguo Testamento se escribió originalmente en hebreo, pues era el idioma en que se expresaba literariamente el pueblo hebreo, la nación llamada Israel. Hay que saber, sin embargo, que Daniel 2.4b -7.21 y Esdras 4.8-6: 18; 7.12-26 y Jeremías 10.11 están escritos en arameo, idioma emparentado con el hebreo y parte de la familia de lenguas semíticas (árabe, asirio, babilonio, cananeo). El Nuevo Testamento se escribió en griego, aunque parte del mismo primeramente fue hablado en arameo, idioma cotidiano de Jesús y sus discípulos.

Épocas que abarcan

Las Escrituras hebreas; se produjeron durante un período que abarca más de mil años, pero el Nuevo Testamento se escribió durante el primer siglo D.C., durante la segunda mitad del siglo. La historia del Antiguo Testamento se remonta hasta los albores de la humanidad y la historia divina. La arqueología ha demostrado la validez de la historia del Antiguo Testamento en un grado que hace apenas una o dos generaciones no se esperaba; y la civilización antigua de los hebreos y la del cercano oriente pueden estudiarse juntas, ya que las dos se desarrollaron por la misma época. En cuanto al Nuevo Testamento, las primeras epístolas de Pablo, añadiéndoles quizá Judas, se escribieron en un lapso de diez o doce años (del 48 D.C. al 60 D.C.); los cuatro evangelios y la mayoría de los demás libros del Nuevo Testamento se terminaron entre 60 y 100 D.C.

Variedad

La Biblia es el producto de una notable variedad. Los aspectos sociales, económicos, políticos y religiosos de la vida se hallan en ella presentes. Varían su geografía y su gente. El rico y el pobre, el libre y el siervo, el hombre urbano y el campesino, el culto y el ignorante, desfilan por las páginas de los Testamentos. Desiertos y ciudades, montañas y valles, ríos y mares son partes también del escenario bíblico. Así como hay variedad de ambientes en la Biblia, hay también en ella variedad de expresiones literarias. La mayoría escribió en prosa, pero algunos en poesías, y otros en prosa y en verso. Dentro de esta doble división de prosa y verso hay formas literarias como historia, leyes, parábolas, adivinanzas, biografía, sermones, proverbios e historias de amor. La historia de la redención se narra de suficientes maneras para apelar a los diversos temperamentos, antecedentes y personalidades de cada generación en toda parte del mundo.

Samuel Chadwick dijo cierta vez, «La Biblia es un milagro de variedad. En ella encontramos toda clase de literatura, toda forma de humanidad, toda variedad de temperamentos, toda necesidad humana, toda dote de sabiduría y gracia». «Es apta», decía, «para toda circunstancia y toda necesidad del hombre».

Revelación e inspiración

Un mensaje central

No obstante esta variedad de ambientes y formas literarias, hay una fuerte unidad de propósito en la Biblia. El teatro, la historia y la ley se emplean para aclarar el mensaje central. Sin duda esta es la razón por la cual la palabra Biblia llegó a significar no sólo muchos libros, sino un libro (en griego «Biblia» es plural, pero se transformó en el latín «Biblia» que es singular).

¿Cuál es este mensaje central? Está contenido en una palabra: SALVACIÓN. Dios proveyó esta salvación, y en el acto mismo de proveerla expresó su significado. Se envió a sí mismo en un Hijo, Jesús, el cual enseñó y vivió la salvación del pecado. En la cruz, Dios proveyó el medio de salvación, y la vida y muerte de Jesús provocan en el hombre una respuesta en pro o contra de Dios. Dios continúa mostrándonos la salvación en su «Iglesia», palabra empleada tanto en el Nuevo Testamento (Mateo 16.8 «edificaré mi iglesia») como en el Antiguo Testamento griego. Dios expresó la salvación en su Palabra Escrita (Biblia), la dramatizó en su Palabra Viviente (Jesucristo), y la demuestra hoy día en su Palabra Perenne (el Espíritu Santo en su Iglesia).

Revelación

La Biblia es la revelada (sin velo, descubierta) Palabra de Dios respecto a la salvación del hombre. El mensaje central de la Biblia es suma y esencia de esa revelación. Este mensaje o revelación Dios lo escenificó a la vez que lo expresó con palabras. Lo escenificó en los grandes acontecimientos de la historia bíblica: el Éxodo, la entrega de la ley a Moisés, la liberación del cautiverio asirio en el siglo VIII A.C., el regreso del exilio babilónico, y especialmente en su Hijo Jesucristo que vivió, murió, resucitó y ascendió al Padre para ser nuestro Mediador.

Junto a esos actos salvadores hubo palabras proféticas. Moisés fue el portavoz de Dios ante los israelitas en tiempos del éxodo, el cronista de los Diez Mandamientos y los detalles de la Ley; los profetas —especialmente Isaías— hablaron en nombre de Dios con palabras de amonestación y aliento durante la amenaza asiria; otros profetas declararon la Palabra de Dios durante el regreso de los exiliados. En el Nuevo Testamento tenemos la historia de Jesucristo, mediante el cual habló Dios mismo. La Biblia combina y entrelaza los potentes actos de Dios (véase Salmo 145) con la profética Palabra de Dios. Es en este entrelazamiento de materiales dramáticos que la revelación se expresa. Historia y profecía eran una sola cosa en el sentido de ser ambas vehículos para comunicar el mensaje de Dios. Quizá sea por esto que en la Biblia hebrea los libros históricos forman un solo conjunto con los libros de los profetas.

Revelación y respuesta

Dios reveló su propósito y voluntad para provocar en el hombre una respuesta. La Biblia, especialmente el Antiguo Testamento, registra no solamente los actos de Dios sino también las reacciones del hombre. Es posible rastrear los altibajos en las reacciones de los hebreos. Eran obedientes, pero muy a menudo desobedecían (el libro de los Jueces es especialmente gráfico al respecto). Así como la revelación de Dios se expresó tanto en actos como en palabras, las reacciones del hombre tuvieron doble expresión. Tanto las palabras como los actos de los israelitas constan en el Antiguo Testamento, y en el Nuevo Testamento se nos presenta con sorprendente claridad la teología y sus resultados en la práctica. Las palabras «obediencia» y «desobediencia» resumen la reacción del hombre respecto a la revelación de Dios.

Revelación e inspiración

La palabra «inspiración» significa «soplo hacia afuera». Ya que Dios inspiró la Biblia esta es un producto divino. Los hombres fueron los vehículos de que Dios se valió para dar a su mensaje forma escrita. Cómo se realizó esto, es un misterio; que se realizó, es un hecho. La inspiración y la revelación van de la mano. Nuestra inspirada Biblia es en verdad la revelación escrita, así como las palabras de Jesús fueron la revelación hablada. Las palabras y hechos de Dios expresados en dramas de la vida real fueron la revelación para los israelitas; la crónica de dicho drama es la revelación para nosotros siglos más tarde. La viva historia redentora es revelación, así como lo es la narración escrita de aquella historia. La inspiración y la revelación se complementan mutuamente; están entretejidas. Ambas fueron y son necesarias para el mantenimiento y crecimiento de la Iglesia. La revelación y la inspiración se produjeron cuando los hombres fueron capacitados para ver y escribir los potentes actos y las proféticas palabras de Dios. De modo que el ver y el anotar constituyeron dones milagrosos del Espíritu de Dios en hombres y mentes ardorosos e iluminados.

La Palabra revelada y su autoridad

La expresión «Así dice Jehová» aparece unas 359 veces en la Palabra la Biblia. Dios ha hablado en su Palabra revelada, y el hombre tiene que responderle negativa o positivamente. Enfrentarse a la Biblia es verse obligado a tener que decidirse en favor o en autoridad contra de ella; ¡así es ella de exigente! Es de este modo porque en la historia la experiencia humana ha demostrado que la Biblia tiene el veredicto definitivo (tiene autoridad) en lo relativo a (1) fe (doctrina) y (2) práctica (conducta moral o ética). La Biblia es un libro con un doble propósito: llevar la gente a la fe en Dios —es decir, a Dios mismo— y enseñarles cómo proceder. La Biblia nos muestra cómo entablar relaciones correctas con Dios, con el prójimo y con nosotros mismos. Reconocer este hecho es reconocer la autoridad de la Palabra revelada; responder a la Palabra de autoridad es la clave para la existencia de individuos armoniosos y de una armoniosa sociedad.

Según las creencias de la iglesia católica, la autoridad está constituida por dos elementos: la Biblia y la historia o tradición. Los protestantes honradamente tienen que reconocer que sus diversas tradiciones sí desempeñan un papel en la actitud religiosa general; sin embargo, la tradición no desempeña un papel tan importante como en el catolicismo. Los reformadores protestantes tendían a proceder fundándose en el principio de que la Biblia, y sólo ella, es la verdadera y única autoridad en cuestiones de doctrina y práctica. Así, la Confesión de Westminster —típica declaración de credo protestante como la que más— declara que los sesenta y seis libros bíblicos son «todos... dados por divina inspiración, para ser la regla de fe y vida». Hay que dejar sentado este otro hecho: que la Biblia es el mejor apoyo de autoridad para sí misma, y cada cual debe leerla por sí mismo. El más excelso erudito bíblico no puede efectuar para otra persona este descubrimiento, sino que el mismo Espíritu que inspiró la Biblia, en lo interno de la persona receptiva dará testimonio de su autoridad.

Interpretación

Interpretación de la Palabra de Dios revelada

1. Idioma

El propósito de la interpretación bíblica es dejar claro el sentido y mensaje de la revelación de Dios. ¿Cómo interpretamos la Biblia? Debemos comenzar por reconocer lo que G. Campbell Morgan llamó el «principio contextual». Debe considerarse la Biblia dentro de su propio contexto de idioma, tiempo, lugar y situación. Cada parte de ella debe analizarse a la luz de las demás partes. Ya hemos dicho que la Biblia se escribió en hebreo, arameo y griego. Expertos lingüistas constantemente tratan de dar a sus traducciones de las Santas Escrituras el verdadero sabor y significado del texto original. Las particulares construcciones idiomáticas y modismos constantemente se descifran para nosotros en nuestro idioma con claridad cada día mayor, conforme se publican más y mejores traducciones. Pero también el laico debe hacer suya la tarea. Debe tomar en cuenta la diferencia entre prosa y verso, profecía y apocalipsis, parábola y hecho. La Biblia es antigua y oriental; es decir, procede del Oriente Medio o Cercano, y no de Europa o América. Los orientales piensan en sentido figurado más que los occidentales; se valen de la poesía y del lenguaje figurado. No podemos meter a la fuerza nuestros patrones de lenguaje literales y rectilíneos en este libro antiguo y oriental, en el cual no tienen aplicación.

2. El tiempo

El tiempo, la historia o lo que podríamos llamar trasfondo histórico debe comprenderse para interpretar correctamente la Biblia. Entre los pueblos antiguos, los hebreos eran los que tenían el más agudo sentido de la historia; y lo eran porque Dios se reveló en sus actos y palabras por medio de la historia. No debe conocerse únicamente la historia de sus actos salvadores, sino también el ambiente en que dichos actos salvadores ocurrieron. Los acontecimientos de la Biblia tuvieron por centro el área geográfica que se extiende desde Egipto hacia el norte por Palestina, Babilonia y Asiria, hasta el Asia Menor y finalmente Europa. Puesto que los acontecimientos de la Biblia ocurrieron en un período de varios millares de años, han de observarse cuidadosamente los movimientos históricos de este gran período.

Si no se reconocen estos movimientos y cambios, el intérprete se encuentra en la torpe posición de evaluar los moldes de conducta del primitivo canaaneo por las elevadas norrnas morales de Jesús. Razonando de igual modo, es absolutamente esencial que en nuestro día tomemos de la Biblia las enseñanzas, de ejemplo o de palabra, que tienen aplicación para nosotros, en nuestra circunstancia moderna.

3. El lugar

Si el factor tiempo tiene que ver con el trasfondo histórico, el factor lugar tiene que ver con el trasfondo geográfico. Es un hecho reconocido que la posición climática y geográfica influyen en la cultura de un pueblo. En Egipto, donde hace mucho calor y rara vez llueve, la gente es lenta y necesita dormir mucho. Generalmente en climas frescos, por el contrario, la gente tiene movimientos más rápidos y es más progresiva en cuanto a eliminar la suciedad y la enfermedad. Algunas de las leyes del Pentateuco tienen definida relación con las cálidas condiciones climáticas del

Cercano y Medio Oriente. Por ejemplo, la prohibición de comer cerdo era buena, porque dicha carne se descomponía rápidamente sin refrigeración. A la luz de este hecho sería injusto interpretar los actos de los antiguos hebreos como ignorancia simplemente porque podemos hoy día conservar y comer esta carne.

4. La situación

¿Cuáles eran las verdaderas condiciones de vida de los antiguos hebreos, o de los más recientes judíos en tiempos del Nuevo Testamento? Para comprender a estos pueblos antiguos en su vida cotidiana y ponernos en su lugar es esencial que observemos minuciosamente sus costumbres y modo de vivir. Es un hecho nuestra tendencia a formarnos imágenes; por lo tanto, nos formamos un cuadro más exacto de la Biblia si visitamos, por así decirlo, los pueblos bíblicos. Afortunadamente esto es posible mediante la abundancia de datos disponibles sobre vestido, relaciones y costumbres bíblicos. Además, los diccionarios bíblicos y libros similares de consulta suministran ilustraciones gráficas mediante cuadros y la palabra escrita. Actualmente los eruditos obtienen muchos de sus datos del trabajo de los arqueólogos que están excavando los restos de las civilizaciones de tiempos bíblicos.

5. Ver la Biblia como un todo

G. Campbell Morgan, al enunciar el principio contextual de interpretación bíblica, insistía en que era absolutamente necesario considerar cada libro de la Biblia y hasta cada capítulo y pasaje, a la luz de la Biblia entera. A veces se expresa de este modo: El mejor intérprete de la Biblia es la Biblia misma. He aquí un ejemplo exagerado: La Biblia dice, «No hay Dios» (Salmo 14.1). Así dice al pie de la letra. Pero proclamar que la Biblia enseña el ateísmo sería de lo más irresponsable y falto de honradez.

Tenemos que leer la afirmación, «No hay Dios», en su contexto completo, y entonces leemos: «Dice el necio en su corazón: No hay Dios». Pero en la interpretación de este texto hay que ir más allá del contexto inmediato. Hay que considerar el resto de la Biblia. La Biblia comienza con Dios (Génesis 1.1) y termina con Dios (Apocalipsis 22.21), y entre uno y otro extremos casi cada línea palpita con la enseñanza de que hay un Dios viviente.

La interpretación bíblica y el Espíritu Santo

El gran Iluminador es el Espíritu Santo. Es él —según nos lo dicen la Escritura (Juan 14.26), la historia y la experiencia— el que nos interpreta la Biblia. Tenemos que emplear el principio contextual en todos los aspectos que detallamos anteriormente, pues el Espíritu Santo se vale de esos «medios» naturales para hacernos conocer la Biblia, y hasta nos la da a conocer en una dimensión más profunda aún. Es probable que el conocimiento de la geografía, la historia o la arqueología no hagan comprender y mucho menos experimentar el Nuevo Nacimiento, por ejemplo. Se requiere el poder convincente e iluminador del Espíritu de Dios para poner al desnudo la realidad de nuestro pecado e indignidad, y mostrarnos la anonadante verdad de que hay un Dios ansioso por atraer hacia sí al pecador. Las grandes verdades espirituales de la Escritura las revela el Espíritu Santo mismo.

Escuelas de interpretación

Para que el intérprete logre ver cada porción de la Escritura en relación con el conjunto, tiene que haber un principio orientador. Dicha regla ha variado de época a época, de grupo a grupo y de persona a persona. A continuación bosquejamos algunos principios orientadores y escuelas de interpretación.

1. Escuela alegórica

El principio alegórico se empleó en tiempos antiguos, y hoy día algunos se valen de él en una u otra forma. Alejandría, en Egipto, fue el centro de esta escuela de interpretación usada por hombres como Filón, Clemente y Orígenes. La alegoría consiste en describir una cosa representándola con otra. Se creía que esta espiritualización del contenido bíblico hacía que uno penetrara en la mente misma del Espíritu Santo; y que, además, así se cubrían las supuestas dificultades éticas del Antiguo Testamento (por ejemplo, la orden divina de matar a los madianitas). La verdad es que la alegoría no hacía ni una cosa ni otra. En la Edad Media, así como hoy día lo hacen algunos, ciertas doctrinas se «sacaban» de narraciones sencillas, o se introducían en las mismas. La alegoría es espuria precisamente porque no logra revelar la verdad que da fe de sí misma, sino que mediante su sutil y «piadosa» máscara hace que se sospeche de quien la emplea, si no de la Escritura misma.

2. Escuela legalista

Esta escuela realmente tuvo seguidores desde muchísimo antes del día actual. Pablo luchó con los legalistas (Hechos 15 y la Epístola a los Gálatas) que insistían en guardar ciertos aspectos de la ley judaica a pesar del nuevo clima gentil y de la cambiada actitud en la vida cristiana. En la Edad Media surgió una escuela de «moralistas» que de ciertos pasajes bíblicos procuraban deducir los sistemas morales que les agradaban. Igual actitud persiste hoy día en ciertos círculos, que dan por propósito principal a la interpretación bíblica «descubrir otro argumento» para apoyar determinado punto de vista sobre conducta, menospreciando casi por completo el aspecto doctrinal o teológico de la Escritura. Lo contrario también puede ocurrir, en cuyo caso se interpretan las Escrituras para satisfacer la propia tesis doctrinal, desentendiéndose casi por completo de la práctica y la ética. A menudo esta actitud legalista de interpretación va de la mano de cierto manejo de la letra escritural, mediante el cual un «texto-demostración» se emplea para probar una tesis sobre determinado tema. Suelen valerse de este truco las sectas seudocristianas.

3. Escuela reformada

Los reformadores protestantes del siglo XVI conciliaron dos formas de enfoque a la interpretación bíblica: el sentido recto o «evidente» de la Escritura, y la exégesis histórico-gramatical. Alegaban que cualquier cosa parecida a la interpretación alegórica era un intento de ocultar el sentido intencional de la Escritura, y en tal caso era espurio. Los reformadores tronaron contra esto y contra cualesquiera otros métodos que impidieran a las Escrituras «hablar por sí mismas». En cuanto a gramática, el argumento es que el simple análisis gramatical ayuda a comprender el significado llano de oraciones sencillas y aun de algunas no tan sencillas. Lo «histórico» se refiere a lo que las Escrituras significaban en su contexto histórico. Los reformadores también usaban la abundancia de comentarios que el pasado nos ha legado. Se preguntaban, «¿Qué han expresado los grandes intelectos del pasado respecto a la Biblia?» Los reformadores se interesaban especialmente en lo dicho por los Padres de la Iglesia (Agustín, Jerónimo, etc.). «Exégesis» significa extraer de la Escritura lo que realmente contiene; el término contrario es «eiségesis», hacer decir al texto lo que a uno le agradaría que dijera. No siempre lograron los reformadores evitar la «eiségesis», pues cada uno da a la Biblia el matiz de su propio modo de ver y del ambiente que lo rodea; pero puede asegurarse con certidumbre que hicieron más que la mayoría de las personas hasta aquellos días por dejar que la Biblia hablara por sí misma.

4. Escuela tipológica

Esta escuela de interpretación también es antigua y actual al mismo tiempo. Los tipologistas, por ejemplo, ven un «tipo» o símbolo de Cristo en José, en el Antiguo Testamento, en el intento de sacrificar a Isaac, en Moisés y Josué como libertadores. Tienen cierta razón; pero José, Isaac, Moisés y otros han de tomarse como ilustraciones y sugerencias, y de ningún modo tomarlos al pie de la letra como «tipos» de Cristo. La persona de Cristo no es lo único de que se ocupan los tipologistas, pero el ejemplo anterior ilustra su método.

Cristo mismo, principio orientador

Algunas escuelas de interpretación son más dignas de alabar que otras. La escuela alegórica tiene un barrunto de verdad; los reformadores tuvieron tanto éxito en lo que iniciaron, que la mayoría de los eruditos actuales, por lo menos los protestantes, siguen adelante con su método y lo amplían. Lo bueno de la escuela legalista es su apego a la verdad; los tipologistas tienen razón en cuanto a que en verdad hay en el Antiguo Testamento prefiguraciones de Cristo y su obra. Pero a fin de cuentas lo que tenemos que hacer es enfrentarnos al Verbo definitivo, el Cristo, mediante el cual Dios habló y continúa hablando. Este mismo Hijo de Dios, este Jesús de Nazaret, este Cristo, el Mesías, tiene que ser el centro de nuestra interpretación de las Escrituras.

¿Qué significa esto? Primero, significa que debemos observar cómo manejaba el propio Cristo las Escrituras. ¿Cómo empleaba el Antiguo Testamento? Para Él, el Antiguo Testamento predecía su advenimiento. En lo relativo a doctrina, no debemos lanzarnos adelante con el ímpetu de la carne a formular nuestra propia teología; debemos preguntar qué creía Jesús, y dejar que Él sea el Gran Árbitro respecto a nuestra tesis. En cuanto a ética, la vida y ejemplo de Jesús constituyen el perfecto cuadro para la conducta humana. Desde luego, no es tan sencillo como suena; en la mente de los hombres existen cuadros contradictorios respecto a Cristo, pero en este punto tenemos a nuestra disposición el Espíritu de Dios para que nos lleve a más verdaderos y profundos significados, y nos ayude a separar lo real de lo falso en cada caso individual. Si pudiera expresarse mediante un diagrama este método de interpretación, pondríamos a Cristo en el centro del círculo. Los rayos de la rueda convergen en Él, corte suprema de apelaciones, y la circunferencia de la rueda sería el Espíritu Santo que da equilibrio al todo.

El canon

La palabra «canon» procede del griego «kanon», que significa «nivel» o «regla» empleados por el constructor o por el escribano. En sentido figurado el canon puede referirse a la norma o regla de conducta o fe, a una lista o catálogo de lo que puede o no hacerse o creerse. En sentido figurado también llegó a significar una lista de libros de la Biblia. Atanasio, en el siglo IV, fue el primero en usar el término en este sentido.

Los apócrifos

Los apócrifos son los catorce o quince libros, o añadiduras a ciertos libros, que no se encuentran en el canon hebreo, y sí en el canon alejandrino (la Septuaginta). La mayoría de ellos son aceptados por la iglesia católica como parte de la Biblia. Debe insistirse en que no se encuentran en el Antiguo Testamento hebreo, sino que fueron añadidos a la traducción griega conocida como Septuaginta (LXX). El canon alejandrino fue siempre más o menos variable en cuanto a los libros que incluía, mientras el canon hebreo es más fijo y estable. La Septuaginta nos da la única fuente de que disponemos en cuanto al canon alejandrino. El orden general de los libros de la Septuaginta, que nos llega a través de la Biblia latina (Vulgata) de Jerónimo, ha sido aceptado por los protestantes. (De la LXX y de la Vulgata también provienen muchos de los títulos de los libros bíblicos que conocemos.) Se han empleado el texto y la selección hebreas, pero ni el texto ni la selección de libros per se de la Septuaginta se han retenido. (Respecto a la «Septuaginta», véase el capítulo sobre «Manuscritos y versiones antiguas».) Esto no quiere decir que el canon alejandrino carezca de valor, sino que era menos estable que el hebreo. En vista de esto, Lutero relegó los apócrifos a una sección separada en su Biblia; decía que eran «buenos y útiles para leer», pero no como base para la doctrina. Calvino excluyó por completo los apócrifos. La Iglesia de Inglaterra sigue el ejemplo de Lutero; en el sexto de los Treinta y Nueve Artículos, se insta a leer los apócrifos «en cuanto a ejemplo de vida e instrucción de modales, pero sin aplicarlos a fundar ninguna doctrina». La Sociedad Bíblica de las Islas Británicas no puede incluir los apócrifos en sus ediciones de la Biblia; lo impiden los estatutos de la entidad. Pero los apócrifos están incluidos en algunas versiones protestantes en inglés. Los editores de esas versiones a menudo han impreso los apócrifos en volúmenes separados de los sesenta y seis libros, siguiendo así la opinión general de Lutero y el anglicanismo. Es interesante notar que entre los Rollos del Mar Muerto se han encontrado pruebas de que algunos de los libros apócrifos existían en hebreo (por ejemplo, porciones del Eclesiástico).

La Reforma mantuvo el principio de que la Biblia, y solamente ella es el medio de información, doctrina y ética. Los reformadores, según queda indicado, rechazaron los apócrifos como parte de la Biblia. ¿Por qué? Porque contienen doctrinas falsas como la justificación del suicidio, la oración por los muertos, la limosna como medio de expiar el pecado, que el fin justifica los medios, supersticiones y magia. Además, ni uno solo de los escritores del Nuevo Testamento cita porción alguna de los apócrifos, hecho que constituye un vigoroso argumento en pro de la tesis protestante.

Cuando la iglesia romana convocó al Concilio de Trento (1546) para combatir la Reforma, uno de sus importantes actos fue reconocer formalmente los apócrifos. Nunca se les había otorgado reconocimiento oficial; al contrario, desde los días de Jerónimo en el siglo IV se habían expresado dudas sobre los mismos. Jerónimo acudió a los textos hebreo, griego y latino antiguo para producir una traducción más al día; y él, igual que Lutero, relegó los apócrifos a sitio aparte. Además, la premura con que tradujo los libros dudosos indica la poca significación que les otorgaba. Desdichadamente, Jerónimo tenía poca autoridad eclesiástica. Aunque era un gran erudito bíblico y lingüístico, los teólogos, como Agustín en África, tenían más poder eclesiástico, y en la parte del mundo de Agustín el contenido de la Biblia griega obtuvo apoyo general. De modo que el códice alejandrino salió triunfante e imperó hasta la Reforma. La iglesia romana continúa apoyando los apócrifos como parte de la Palabra de Dios, si bien hay eruditos católicos que actualmente tienden a describir los libros apócrifos como «deuterocanónicos» (secundarios).

Los pseudoepígrafos y los llamados apócrifos del Nuevo Testamento

Los pseudoepígrafos (falsas escrituras) son libros antiguos que datan de los últimos siglos antes de Cristo y los primeros de nuestra era. Para ganar prestigio, y no porque fueran de verdad sus autores, se les dio el nombre de grandes personajes judíos (Enoc, Moisés, Isaías). De allí que se les llame falsos (pseudo). Ni los protestantes ni los católicos romanos los han considerado nunca parte de la Biblia. La mayoría de estos libros se escribieron antes del tiempo de Cristo y son de naturaleza apocalíptica. Presentan un cuadro feliz del futuro de los judíos. Los pseudoepígrafos precristianos incluyen los siguientes:

Libro de Enoc (mencionado en Judas)
Secretos de Enoc (citado en Judas)
Ascensión de Isaías
Apocalipsis de Sofonías
Apocalipsis de Esdras
Testamento de Adán
Apocalipsis de Baruc
Asunción de Moisés (Patriarcas)
Testamento de los Doce

De los libros posteriores a Cristo, varios circulaban en medios religiosos. Pretendían tener valor histórico, diciendo dar datos no sobre la Escritura misma, sino sobre los discípulos, María la madre de nuestro Señor, la niñez de Jesús, su resurrección, etc. En su mayoría las historias son legendarias e imaginarias, pero hay trazas de información aquí y allí que se consideran auténticas. He aquí algunos de los apócrifos del Nuevo Testamento:

Evangelio de Santiago
Evangelio de Pablo
Evangelio de Pedro
Hechos de Juan
Evangelio según los Hebreos
Historia de José
Evangelio del Nacimiento de María
Evangelio de Nicodemo (o Hechos de Pilato)
Hechos de Pedro
Hechos de Andrés
Hechos de Tomás

Apocalipsis de Pedro
Apocalipsis de Pablo
Epístolas de los Apóstoles

Es interesante observar que los libros apócrifos neotestamentarios o pseudoepígrafos pueden clasificarse en las mismas categorías que nuestro Nuevo Testamento auténtico: Evangelios, Hechos, Epístolas, Apocalipsis. Fascinantes trazas de «información» se dan en estos libros. Ejemplo:

1. Jesús nació en una cueva (Evangelio de Santiago). (Esto probablemente sea cierto. El sitio tradicional de su nacimiento es una cueva encima de la cual está edificada la iglesia de la Natividad, en Belén, una de las más antiguas iglesias del mundo.)
2. Pablo era un hombre pequeñito, ligeramente calvo, con las piernas arqueadas, cejijunto y de nariz un tanto aguileña (Hechos de Pablo). También esto está bastante apoyado por la tradición.
3. El hombre de la mano seca de Mateo 12.13 era albañil.
4. Los hermanos de Jesús eran hijos de José, tenidos con otra esposa.
5. El soldado que hirió al crucificado se llamaba Longino.
6. La mujer del flujo de sangre se llamaba Verónica.

Datos adicionales sobre los pseudoepígrafos pueden verse en la gran edición de R. H. Charles y M. R. James, *Apocryphal New Testament*.

Fijación del canon

Los libros sagrados como los que hemos discutido circularon durante un período junto con los libros de la Biblia; pero con el tiempo, los mejores fueron seleccionados bajo la orientación del Espíritu Santo. Aunque sobre el canon hebreo no hubo resolución oficial hasta el Concilio de Jamnia, allí por el año 90 D.C., en la práctica ya había sido fijado antes de Cristo. Los cristianos tomaron el Antiguo Testamento como parte de la Biblia. El canon del Nuevo Testamento se fijó en su parte principal como a fines del siglo II D.C. Pero aún después de esto hubo incertidumbre durante largo tiempo respecto a los últimos cinco o seis libros del Nuevo Testamento. La primera lista de nuestros veintisiete libros, tal como hoy la conocemos, fue formulada por Atanasio en 367 D.C. en su epístola de Pascua de Resurrección.

Debo agregar algo más: no todos los cánones cristianos que hay por el mundo son iguales. El canon católico romano (igual que el católico griego) ya se ha citado. La iglesia etíope incluye los libros de Enoc (citado en Judas) y Jubileos. Algunos cristianos de la iglesia siriaca excluyen 2 Pedro, 2 y 3 Juan, Judas y Apocalipsis.

División en capítulos (1250 D.C.)

No fue sino hasta 1250 D.C. que se dividió la Biblia en capítulos. Por entonces el cardenal Hugo incorporó divisiones por capítulos en la Biblia latina. Lo hizo por comodidad, aunque sus divisiones no siempre fueron acertadas; sin embargo, esencialmente las mismas divisiones por capítulos han persistido hasta el presente.

División en versículos (1551)

Los antiguos hebreos ya habían intentado la división por versículos, pero la división que hoy tenemos se hizo trescientos años después de la división por capítulos realizada por el cardenal Hugo. En 1551, Roberto Stephens (Robert Etienne) introdujo un Nuevo Testamento griego con la inclusión de divisiones por versículos. El Antiguo Testamento quedó sin dividir. La primera Biblia completa en inglés con división en versículos fue la Biblia de Ginebra (1560). La división en capítulos y versículos en inglés y en español no siempre es exacta, según puede verse por ejemplo en Hechos 7, que al final interrumpe la historia para comenzar el capítulo 8. Esto se ha subsanado en parte en la Revisión de 1960 de la versión Reina-Valera, al subdividir el contenido con subtítulos que indican los temas, de modo que en el capítulo 8 mencionado hay un subtítulo al comienzo del versículo 4 para indicar un nuevo tema.

Números de capítulos, versículos y palabras

El siguiente cuadro indica el número de capítulos y versículos de los libros de la Biblia, Revisión de 1960, Reina-Valera.

LIBRO	CAPÍTULOS	VERSÍCULOS
Génesis	50	1533
Éxodo	40	1213
Levítico	27	859
Números	36	1288
Deuteronomio	34	958
Josué	24	658
Jueces	21	618
Rut	4	85
1 Samuel	31	810
2 Samuel	24	695
1 Reyes	22	816
2 Reyes	25	719
1 Crónicas	29	941
2 Crónicas	36	822
Esdras	10	280
Nehemías	13	406
Ester	10	167

Primeros hechos respecto a la Biblia

LIBRO	CAPÍTULOS	VERSÍCULOS
Job	42	1070
Salmos	150	2461
Proverbios	31	915
Eclesiastés	12	222
Cantares	8	117
Isaías	66	1292
Jeremías	52	1364
Lamentaciones	5	154
Ezequiel	48	1273
Daniel	12	357
Oseas	14	197
Joel	3	73
Amós	9	146
Abdías	1	21
Jonás	4	48
Miqueas	7	105
Nahum	3	47
Habacuc	3	56
Sofonías	3	53
Hageo	2	38
Zacarías	14	211
Malaquías	4	55
Mateo	28	1071
Marcos	16	678
Lucas	24	1151
Juan	21	879
Hechos	28	1007
Romanos	16	433
1 Corintios	16	437
2 Corintios	13	257
Gálatas	6	149
Efesios	6	155
Filipenses	4	104
Colosenses	4	95
1 Tesalonicenses	5	89
2 Tesalonicenses	5	47
1 Timoteo	3	113
2 Timoteo	6	83
Tito	4	46
Filemón	3	25
Hebreos	13	303

LIBRO	CAPÍTULOS	VERSÍCULOS
Santiago	5	108
1 Pedro	5	105
2 Pedro	3	61
1 Juan	5	105
2 Juan	1	13
3 Juan	1	14
Judas	1	25
Apocalipsis	22	404
TOTAL	1189	31100

Capítulo 2

MANUSCRITOS Y VERSIONES ANTIGUAS

Hebreo, arameo y griego

El Antiguo Testamento se escribió originalmente en hebreo y el Nuevo en griego. Aquí y allí hay pequeñas porciones de arameo, idioma de Siria. El arameo gradualmente se convirtió en la lengua popular de los judíos a partir del exilio, y en días del Nuevo Testamento probablemente era la lengua que hablaban Jesús y sus discípulos. Daniel 2.4b-7.28, Esdras 4.8-6.18 y 7.12-26, y Jeremías 10.11 fueron escritos en arameo. Véase también 2 Reyes 18.26. En los evangelios escuchamos a Jesús hablando en arameo: «talita cumi» (Marcos 5.41); «efata» (Marcos 7.34); «Eloi, Eloi, ¿lama sabactani?» (Marcos 15.34; compárese con Mateo 27.46). Además, Jesús empleó la palabra «Aba» que significa «Padre» en el huerto de Getsemaní, y San Pablo usó la misma palabra aramea en Romanos 8.15 y Gálatas 4.6. En 1 Corintios 16.22 tenemos la conocida expresión «Maran-ata» («Señor nuestro, ¡Ven!»). En Hechos 1.19 tenemos «Aceldama» («Campo de sangre»).

El arameo, aunque emparentado con el hebreo, no se deriva del mismo. Ambos son lenguas semíticas, como el árabe, asirio, babilonio, cananeo. Son lenguas muy distintas de los idiomas europeos como el castellano, el francés y el alemán. Por ejemplo, en nuestras lenguas occidentales escribimos de izquierda a derecha, mientras que el hebreo se escribe de derecha a izquierda. En hebreo, las vocales se pronunciaban pero no se escribían y esto se prolongó hasta el siglo séptimo D.C. en que las añadieron los masoretas. Las vocales se indican mediante puntos y pequeñas marcas encima y debajo de las consonantes. Los más antiguos manuscritos bíblicos en griego y en hebreo no tienen ninguna puntuación, no hay separación entre las palabras, y están en caracteres unciales (todas mayúsculas).

Koiné

El griego del Nuevo Testamento es el dialecto común o vulgar de aquel tiempo, conocido como Koiné. Pero, especialmente en los evangelios, es un koiné influido por el arameo. El Koiné traduce dichos arameos, y esto trasluce aquí y allá a través del griego. Jesús hablaba en arameo, y sus palabras se escribieron en lengua griega. Los eruditos del Evangelio suelen traducir el griego otra vez al arameo, y luego de nuevo al griego, como intento por alcanzar la plenitud de sabor de la original lengua hablada. Pero la influencia aramea —y la hebrea también, puesto que el Antiguo Testamento es el antecedente del Nuevo— no debe exagerarse. En último análisis, el griego del Nuevo Testamento es koiné auténtico, con las inconfundibles características de esa antigua lengua.

¿Por qué se escribió el Nuevo Testamento en esa lengua común? Porque en tiempos de Jesús era el idioma internacional.

Un hombre llamado Alejandro de Macedonia desempeñó un importante papel en hacer que esto fuera así. Alejandro (siglo cuarto A.C.) conquistó gran parte del antiguo mundo civilizado y adondequiera que iba esparcía su idioma. Así que desde la India hasta Roma, y en todas las riberas del Mediterráneo, llegó a hablarse el griego común. Era natural que el Nuevo Testamento se escribiera en esta popular lengua internacional y no en el arameo local. El que así haya sucedido destaca el hecho de que el Evangelio es para el mundo entero y no para un selecto pueblo aislado.

Manuscritos en papiro y pergamino

Antes de la invención de la imprenta en el siglo quince, la Biblia solo se conocía en forma manuscrita. Eso significa que el Nuevo Testamento, para no mencionar el Antiguo, se copió a mano durante mil cuatrocientos años y aún en el siglo dieciséis continuaba copiándose así. Esos ejemplares escritos a mano se llamaban «manuscritos» (Manus en latín significa «a mano» y scriptum significa «escrito») .

Los materiales sobre los que se escribieron los antiguos manuscritos eran generalmente de dos clases: papiro (2 Juan 12, en el original) y pergamino (2 Timoteo 4.13). El papiro es una especie de junco, un carrizo (véase «Plantas») que se da en las márgenes del río Nilo. La planta alcanza un grosor como el de la muñeca de un hombre. La médula fibrosa se cortaba en capas verticales finísimas. Las tiras cortadas se pegaban una a continuación de la otra para formar hojas más grandes. Otra tira de tamaño similar se colocaba atravesada sobre la primera y las hojas así formadas eran machacadas para formar un material más delgado. Finalmente se pulían con piedra pómez. Las hojas terminadas variaban de tamaño entre 8 y 20 centímetros por 15 y 45 centímetros, y el color era café claro o grisáceo. En el frente de la hoja (el lado para escribir) las líneas van horizontalmente. Este es el «anverso». Por el «reverso» las líneas van verticalmente. Solía escribirse sobre él con una caña («cálamus») cortada en forma de pluma para escribir (3 Juan 13), y la tinta (Jeremías 36.18; 2 Juan 12) se hacía de hollín, goma y agua. Escribían solo las personas especialmente adiestradas, y algunos, como San Pablo, que contaban con un secretario (amanuense), dictaban los documentos y al final los firmaban para autenticarlos. El papiro era muy caro; según su tamaño y calidad, cada hoja costaba el equivalente de 5 a 17 centavos de oro. Durante siglos se empleó este material, predecesor del papel (nuestra palabra «papel» se deriva de «papiro»).

El pergamino (palabra que se deriva de «Pérgamo», ciudad de Asia Menor que a fines del siglo segundo perfeccionó el pergamino y lo exportaba) era más duradero que el papiro. Se hacía de cueros especialmente preparados. Los cueros de oveja y cabra se secaban, y se pulían con piedra pómez. A veces se empleaban animales jóvenes porque su piel producía material más fino; la vitela, pergamino extrafino, se obtenía a veces de animales sin nacer extraídos del vientre de la madre. El pergamino se empleó desde la antigüedad hasta la Edad Media, cuando gradualmente fue reemplazado por el papel.

El rollo

El empleo del papiro y el pergamino por los israelitas y cristianos hizo posible conservar documentos extensos. Los antiguos escribían sobre piedras encaladas, metal, madera, arcilla y otros materiales en los que, por su reducido tamaño, cabía poca escritura.

Cosiendo o pegando con goma varias hojas se formaban largas tiras a cuyos extremos se pegaban rodillos de hueso o de alguna otra sustancia fuerte y duradera. La longitud de los rollos variaba, pero rara vez era más de nueve metros, más o menos el tamaño necesario para el Evangelio de Lucas o el de Mateo. Como los rollos eran pesados e incómodos, era necesario valerse de ayudantes para sostenerlos, enrollarlos y desenrollarlos mientras los rabinos leían en las sinagogas. Se escribía verticalmente en los rollos, en columnas de cinco o siete centímetros de ancho. Comparativamente pocos rollos antiguos se han conservado; el ejemplar de Isaías contenido en los rollos del mar Muerto es un raro y magnífico ejemplo de la antigua forma de los rollos. Aún hoy día, en las sinagogas, la Tora (es decir la Ley o el Pentateuco) se escribe a mano sobre pergamino y en la antigua forma de rollo. Estos rollos se emplean en el culto público como en tiempos antiguos.

El libro (códice)

El libro, técnicamente conocido como «códice», se ideó y se empleó solo después de haber usado rollos durante siglos. En efecto, se cree que la idea de formar libros nació alrededor del siglo primero D.C. Su predecesor fue la díptica, constituida por tablillas de madera que se unían mediante una correa y se abrían y cerraban como un libro. Tanto los rollos como los libros se emplearon del primero al cuarto siglos; después de esto se empleó universalmente el códice. Los primeros libros fueron hechos de papiro o de pergamino. Se ponían varias hojas juntas, se doblaban por el centro y luego se pegaban por el lomo para formar un «cuadernillo». Varios cuadernillos se unían para formar un «libro». Frecuentemente cada página contenía varias columnas como sucede en el Códice Sinaítico.

La forma de códice brindaba muchas ventajas, dos de las cuales eran la comodidad y la economía. Aunque fuera grande, era más fácil sostener un libro que un voluminoso e incómodo rollo. En cuanto a economía, se podían emplear ambos lados de las hojas, lo cual por lo común no era posible en los rollos. El papiro y la vitela eran escasos y caros, pero con el tiempo el papel redujo el costo de producción de libros. Desdichadamente no apareció en el mundo occidental sino a mediados del siglo dieciocho.

Desaparecieron todos los originales griegos y hebreos

Hoy día no existe ni un solo manuscrito original de la Biblia griega o hebrea. No se conoce a ciencia cierta la razón, pero quizá la orden que en el año 303 dictó el emperador Diocleciano de destruir toda literatura cristiana explique el hecho. Otra posible razón es que el papiro, material en que probablemente estaba escrita la mayor parte del Nuevo Testamento, no se conserva bien a menos que se guarde en sitio muy seco. Desde cierto punto de vista la pérdida de los originales fue conveniente, pues la humanidad tiende a la adoración de los objetos relacionados con lo sagrado. Debe adorarse a Dios y no a la Biblia, y mucho menos al papel y la tinta con que está hecha. Si bien se perdieron los originales, la investigación científica nos asegura que la Biblia que leemos es, para todo fin práctico, la misma que se produjo bajo divina inspiración. Pero es importante recordar que todos los manuscritos bíblicos son copias.

Errores de copia

Los rollos y libros eran producidos o por una persona que copiaba de otro manuscrito, o por un grupo que copiaba lo que le dictaban. Es fácil comprender que el amanuense podía, por cansancio o descuido, cometer errores. Pero el método de copia colectiva también producía errores; varias razones lo hacían posible, pero el error principal provenía de lo que los eruditos llaman «error de oído». Cuando preguntamos a alguien si es correcto decir, «aré lo que pude», nos dirá inmediatamente que no, pues creerá que hemos dicho «haré», en vez del pretérito del verbo arar. Otro caso es el de los que bromeando se despiden diciendo: «Otro diablo con usted». («Otro día hablo»). Similares confusiones lingüísticas ocurren en griego.

Existen también los «errores de vista». Basta revisar la fe de erratas de los libros para ver que no todos los errores son de tipo mecánico, sino que algunos se producen por subconsciente confusión de palabras. Recuerdo el caso que mencionaba una «mula podrida», cuando se trataba de una «muela».

A pesar de todo, asombrosa exactitud

En los manuscritos que han llegado a nuestras manos hay en verdad «errores de oído», «errores de vista», y otras clases de equivocaciones. Pero lo asombroso es que la Biblia se haya conservado tan bien. Aunque copiado millares de veces a mano, la enorme cantidad de manuscritos demuestran que poseemos lo que pudiéramos llamar un consecuente y auténtico texto bíblico. Hay una afirmación clásica respecto a la exactitud del Nuevo Testamento, formulada por dos grandes eruditos de la pasada generacion, Westcott y Hort: «Las palabras que en nuestra opinión aún son dudosas apenas constituyen una milésima parte del Nuevo Testamento» (F. F. Westcott y F. J. A. Hort, editores, *New Testament in Original Greek 1882* vol. II, Introducción, p. 2).

Uno de los factores que contribuyeron a la exactitud del Antiguo Testamento fue la creencia judía en el carácter sagrado de las Escrituras. Respecto a éstas decía Josefo: «...nadie se ha atrevido a añadir, quitar o alterar ni siquiera una sílaba...» (véanse Deuteronomio 4.2 y Jeremías 26.2). El hecho es que las Escrituras judías se copiaban con escrupuloso cuidado. Los escribientes eran los guardianes de los escritos sagrados en tiempos bíblicos, a quienes históricamente sucedieron los masoretas (palabra que significa «transmisores»). Los masoretas florecieron entre los años 500 y 1000 D.C., y sus esfuerzos por conservar el texto bíblico fueron laboriosos y casi increíbles. Se valían de recursos como éstos: contaban cada letra de un libro y determinaban la que ocupaba el sitio central; contaban cada palabra y determinaban la central; anotaban el número de veces que una palabra o frase aparecía en la Biblia; los libros que contenían errores eran desechados. De este modo, es fácil comprender por qué las Escrituras nos han llegado casi perfectas. Incidentalmente, los masoretas, radicados en Babilonia y Tiberíades, a orillas del lago de Galilea, nos dejaron notas, las «Masoras», a la par del texto del Antiguo Testamento. Uno de los más famosos masoretas de Tiberíades fue Aarón ben Asher. Los masoretas conservaron tan perfectamente el Antiguo Testamento, que su obra nos ha llegado como texto patrón, y se le llama «texto masorético», conocido también por la abreviatura TM.

Cambios deliberados

Debe observarse que en algunas ocasiones hubo copistas que deliberadamente introdujeron cambios en el texto. A veces creían aclarar así un punto doctrinal. En otras ocasiones creían resolver una contradicción. Pero mejor hubieran dejado el texto tal como estaba. Algunos copistas colocaban sus cambios en el margen, pero otros los incorporaban en el texto. Hoy día la crítica textual tiene que entresacar lo falso de lo verdadero.

Variaciones esencialmente insignificantes

Aunque hay variaciones en los textos bíblicos, más en el Nuevo que en el Antiguo Testamento, la mayoría son de importancia mínima, y ninguna gran verdad doctrinal se pone en tela de juicio por errores textuales. Los muchos manuscritos suministran un testimonio colectivo para dotarnos de un texto utilizable y esencialmente exacto. Probablemente no haya en el Nuevo Testamento ningún pasaje cuya redacción correcta no se haya conservado. El conocido erudito Federico Kenyon dice que «ninguna doctrina fundamental de la fe cristiana se basa en una redacción controvertida». Añade este comentario: «Jamás será demasiado el énfasis que pongamos al afirmar que, en esencia, el texto de la Biblia es cierto» (*Aur Bible an theAncient Manuscripts*, Revisado por A. W. Adams, Londres: Eyre y Spottiswoode, 1958, p. 55).

Algunos antiquísimos manuscritos de la Biblia

Materia prima del crítico textual

Los antiguos manuscritos (textos) y traducciones (versiones) constituyen la materia prima con la cual trabaja el crítico textual. Este emplea también porciones de la Biblia citadas por los padres de la Iglesia que dan indicios de las fuentes que empleaban, pero estas citas por lo común no son tan importantes como los textos y versiones en sí. Lo que procuran es restablecer el texto original. Generalmente, cuanto más antiguo el manuscrito, más importante es, pero algunos manuscritos posteriores contienen textos muy antiguos y auténticos, en cuyo caso son tan importantes como los ejemplares más antiguos.

Los manuscritos bíblicos no son exactamente iguales, y la crítica textual ha de determinar el texto correcto. El experto cuenta con manuscritos del Antiguo Testamento que datan desde el siglo tercero A.C. hasta el siglo doce D.C., además de antiguas traducciones en arameo, griego, siríaco, latín y otros idiomas. En cuanto al Nuevo Testamento, tiene documentos que datan desde principios del siglo segundo D.C. hasta el siglo dieciséis, además de antiguas traducciones en varios idiomas, especialmente latín, siríaco y copto.

Rollos del mar Muerto

A continuación anotamos algunos de los principales manuscritos que datan del siglo segundo A.C. hasta el siglo quinto D.C.

Hasta 1947 nuestro más antiguo manuscrito del Antiguo Testamento hebreo, excepto fragmentos relativamente sin importan-

Las cuevas de Qumran donde se encontraron los rollos del mar Muerto.

cia, databan de finales del siglo noveno D.C. Nuestro más antiguo manuscrito del Nuevo Testamento era mucho más antiguo (en casi ocho siglos) que nuestros más viejos manuscritos del Antiguo Testamento. Pero ahora contamos con ejemplares de textos hebreos precristianos. Los primeros rollos del mar Muerto se descubrieron en 1947 en una cueva cerca de Qumram, al noroeste del mar Muerto. El primer descubrimiento incluía un rollo completo de Isaías en hebreo, uno de los más antiguos que se hayan descubierto, con fecha del siglo segundo A.C.; como muchos de los otros rollos del mar Muerto, concuerda en forma admirable con el texto reconocido del Antiguo Testamento, el texto masorético. Fue el primero de los materiales de Qumram que se haya publicado, y todavía es el mejor conocido. Después de los primeros descubrimientos, se exploraron sistemáticamente otras cuevas y se descubrieron materiales de cada libro del Antiguo Testamento, excepto el de Ester. También aparecieron comentarios bíblicos y otras clases de obras literarias. El gran valor de los rollos está en que sus textos hebreos constituyen un vigoroso testimonio en cuanto a la confianza que merece el Antiguo Testamento que hemos conocido durante siglos. Los rollos del mar

Muerto constituyen el más dramático descubrimiento relativo al Antiguo Testamento en lo que va de siglo.

Fragmento Rylands de Juan
(el más antiguo fragmento del N.T., siglo II)

C. H. Roberts descubrió un fragmento de papiro de 6 x 9 centímetros en una colección de la Biblioteca John Rylands, de Manchester, Inglaterra. Este contiene treinta palabras en griego procedentes del capítulo 18 de Juan (18.31-33, 37-38). Es la más antigua porción de manuscrito del Nuevo Testamento que se conoce y data de la primera mitad del siglo segundo. Procede de un códice, no de un rollo. Lo sabemos porque está escrito en ambas caras del papiro, fenómeno raro en los rollos. Los eruditos conocen el fragmento por el símbolo p52.

Papiros Bodmer (alrededor de 200 D.C.)

En 1956, 1958 y 1962 se publicó el papiro Bodmer II. Este incluye los primeros trece capítulos de Juan en griego, en condición casi perfecta, y fragmentos de los restantes capítulos. Tiene fecha de alrededor de 200 D.C. Y se encuentra en la Biblioteca Bodmer, cerca de Ginebra. En 1961 se publicó otro documento Bodmer: Lucas 3.18 hasta Juan 15.8. Puede ser que su origen se remonte al último cuarto del siglo segundo.

Otros fragmentos Bodmer incluyen Judas y 2 Pedro en griego (alrededor de 200 D.C.), y porciones de la Biblia, tanto del Antiguo como del Nuevo Testamentos, en griego y copto.

Papiros Chester Beatty (s. III)

Adquiridos en 1930 por Chester Beatty, fue sir Federico Kenyon quien los anunció al mundo en el London Times del 17 de noviembre de 1931. Incluyen porciones del Antiguo y del Nuevo Testamento, y su fecha aproximada es del tercer siglo D.C. (algunos les han asignado fechas en forma más general, fechas que van del segundo al cuarto siglo). Son once códices de papiro, siete del Antiguo Testamento, tres del Nuevo y una parte de 1 Enoc. Las más antiguas copias de las epístolas paulinas, con algunas lagunas (especialmente las pastorales: 1 y 2 Timoteo y Tito) se hallan en el grupo; también porciones de los cuatro evangelios y Hechos que datan de poco después de 200 D.C. Una parte del Apocalipsis completa los papiros que se encuentran actualmente en la biblioteca Chester Beatty, Dublín, a excepción de treinta hojas de las epístolas paulinas que están en la biblioteca de la Universidad de Michigan, Ann Arbor.

Códice Sinaítico (s. IV)

En 1844 Constantino von Tischendorf descubrió cuarenta y tres hojas de pergamino del hoy famoso Códice Sinaítico, en el monasterio de Santa Catalina, en el monte Sinaí. De aquí el nombre del manuscrito. Al parecer, los monjes ignoraban por completo su valor, porque las cuarenta y tres hojas habían sido puestas en un cesto de papeles viejos en donde Tischendorf las descubrió y las rescató. Al regresar en 1859 logró, aunque con mucha dificultad, persuadir a los monjes para que le dieran lo que había quedado del documento (al parecer, ya estaban enterados de su valor). En conjunto, esta copia del siglo cuarto incluía todo el Nuevo Testamento y la mayoría del Antiguo. Dos documentos extrabíblicos (la Epístola de Bernabé y parte de El Pastor Hermes) estaban incluidos, haciendo un total de 346 1/2 hojas, 147 1/2 de las cuales constituyen el Nuevo Testamento. El Códice Sinaítico, exceptuadas las primeras cuarenta y tres hojas, que se encuentran en Leipzig, está actualmente en el Museo Británico de Londres. Antes de ser comprado a Rusia en la Navidad de 1933 al precio de £100.000, había estado en la Biblioteca Imperial de San Petersburgo (Leningrado) por setenta y cuatro años. El público británico, incluyendo las iglesias y escuelas dominicales, aportó la mitad del valor de compra, y el gobierno puso la otra mitad.

Códice Vaticano (s. IV)

Otro conocido documento es el Códice Vaticano, copia del siglo cuarto. Descubierto en la Biblioteca Vaticana y llevado a París durante un tiempo por Napoleón, actualmente está en la Biblioteca Vaticana en Roma, y contiene el Antiguo Testamento griego (es el más antiguo y mejor de los manuscritos de la Septuaginta) y el Nuevo Testamento hasta Hebreos 9.14 (todos los materiales después de esta porción se han perdido). Este y el Sinaítico son códices hermanos, probablemente de origen egipcio. Constituyen el mejor texto griego de que se dispone.

Códice Beza (s. IV ó V)

El Códice Beza es una copia del cuarto o quinto siglo y contiene textos incompletos de los cuatro evangelios y los Hechos, además de unos pocos versículos de 1 Juan. Las páginas de la izquierda tienen un texto griego y las de la derecha el texto en latín. Lleva el nombre del reformador Beze, quien lo obsequió a la Universidad de Cambridge en 1581. Lo había adquirido del monasterio de San Ireneo en Lyon, en 1562. Contiene 406 hojas, pero sin duda originalmente contenía por lo menos cien más.

Códice Washingtoniano I (s. IV ó V)

El Códice Washingtoniano I es un importante manuscrito que data del cuarto o quinto siglo. Charles L. Freer lo compró a un vendedor de El Cairo, Egipto, en 1906. El documento, que contiene los evangelios en griego en el orden de Mateo, Juan, Lucas, Marcos (igual que el Códice Beze), está en el Museo de Arte Freer, el cual está relacionado con el Instituto Smithsoniano de Washington, D.C.

Códice Alejandrino (s. V)

El Códice Alejandrino es un manuscrito del siglo quinto del Antiguo y Nuevo Testamento en griego, además de dos libros extrabíblicos: las Epístolas de Clemente. Se cree que haya sido obra de Thelka el Mártir. El libro fue obsequiado al rey Carlos I en 1627 por Cirilo Lucar, patriarca griego de Alejandría; de allí su nombre. Se halla en el Museo Británico, Londres, y fue uno de los primeros obsequios con que se fundó el museo.

Códice de San Efrén (palimpsesto del siglo V)

Un códice incompleto del Antiguo y Nuevo Testamento en griego, procedente del siglo quinto, el de San Efrén, se conoce como palimpsesto. El término «palimpsesto», se deriva de dos palabras griegas: palin, que significa «de nuevo», y psestos, que significa «borrado» o «raspado»; de modo que un manuscrito palimpsesto es uno cuya escritura anterior se ha raspado para que el pergamino pudiera usarse «de nuevo». En 1950, en el monasterio de Santa Catalina del monte Sinaí, se descubrió un extraordinario palimpsesto, que había sido usado cinco veces y por tanto se le conoce como «palimpsesto quíntuplo». En el caso del palimpsesto de San Efrén, el texto bíblico había sido borrado, pero con relativo éxito se emplearon sustancias químicas para restaurar la primera escritura. (Actualmente la fotografía con rayos ultravioletas hace innecesario el empleo de sustancias químicas en los palimpsestos.) Un tratado de San Efrén estaba escrito encima de la escritura bíblica. De ahí el nombre del códice. Incluye 64 páginas del Antiguo Testamento y 145 del Nuevo, procedentes de un original de 238.

Una multitud de testigos

Papiros, unciales, minúsculos, leccionarios

Los manuscritos del Antiguo Testamento suelen dividirse en papiros, unciales y minúsculos; los documentos neotestamentarios en papiros, unciales, minúsculos y leccionarios. Las últimas tres clases se hallan en gran parte en pergamino, y relativamente pocas en papiro. Los unciales son manuscritos copiados en mayúsculas, mientras los minúsculos están en letra cursiva, semejante a nuestra escritura inclinada a mano. De los manuscritos del Nuevo Testamento hay 247 unciales y 2623 minúsculos. Como los unciales son más antiguos, relativamente pocos se han conservado. Hay 68 papiros y 968 leccionarios, lecciones escriturales adaptadas para el culto público. Los leccionarios varían del texto del Nuevo Testamento normal, pero están suficientemente apegados al mismo para constituir importantes testigos textuales.

En conjunto, los papiros, unciales, minúsculos y leccionarios del Nuevo Testamento suman más de 5.000 documentos, y su número aumenta cada año con los nuevos descubrimientos. Contamos con más manuscritos del Nuevo Testamento que del Antiguo, pero los de éste cuentan a su favor el hecho de que los judíos copiaban sus Escrituras con mayor cuidado que los cristianos (véase sección «Exactitud»).

Los manuscritos del Nuevo Testamento están anotados en un registro central en Alemania. Caspar René Gregory fue el «registrador» durante mucho tiempo; hoy día el profesor Kurt Aland, de Munster, es el erudito a cuyo cargo está catalogar los manuscritos. Los papiros neotestamentarios están catalogados bajo la letra P, y el número de cada manuscrito está junto a dicha letra, P1, P2, etc. hasta P78. Los unciales por lo común están catalogados bajo una O; de modo que tenemos desde O1 hasta O247. Sin embargo, en los sistemas más antiguos se clasificaban los unciales alfabéticamente; así, el Códice Sinaítico se conoce todavía a veces por la primera letra del alfabeto hebreo, Alef; el Códice Alejandrino, por A; el Códice Vaticano por B. (En el sistema actual el Sinaítico es 01, el Alejandrino 02 y el Vaticano 03). Los minúsculos se codifican simplemente por los números 1-2.623; los leccionarios se indican por una «l». Le simboliza los evangelios, la los hechos, lp epístolas de Pablo, lr el Apocalipsis. Los números del 1 al 1968 se añaden para indicar el particular leccionario. Los manuscritos del Antiguo Testamento están catalogados según su propio sistema: los unciales normalmente reciben una letra, y los minúsculos un nombre. Los nombres Holmes, Parsons y Rahlfs están relacionados con la historia del catalogamiento del manuscrito del Antiguo Testamento.

Multitud de testimonios manuscritos

Es realmente admirable que existan tantos manuscritos de la Biblia. Ninguna otra literatura antigua puede jactarse de tantos testimonios. En efecto, las obras de las literaturas griega y romana existen en muy pocos manuscritos, y éstos, en su mayoría son posteriores al siglo noveno D.C.; únicamente los manuscritos del poeta latino Virgilio (copias, desde luego) son de fecha más antigua y corresponden a 300 ó 400 años después de la muerte del autor. Pero los eruditos bíblicos cuentan con una superabundancia de materiales con los cuales trabajar, y los materiales son mucho más cercanos al tiempo de su escritura. Este hecho es otra prueba de la amplia influencia de la Palabra de Dios y su providencial preservación.

Traducciones antiguas (versiones)

La Septuaginta (250 A.C. y ss.)

El término técnico que se da a las traducciones es «versión». Hay versiones antiguas, medievales y modernas. La Septuaginta, una traducción del Antiguo Testamento hebreo, es la más vieja de las antiguas versiones en griego. El Pentateuco (los primeros cinco libros del Antiguo Testarnento) se tradujo por ahí de 250 A.C. El resto, incluyendo los libros apócrifos, puede que no se haya completado hasta fines del primer siglo A.C. Algunas partes están escritas en buen griego koiné, otras en griego influido de semitismo. Algunas porciones están fielmente traducidas (el Pentateuco), otras abundan en paráfrasis y adiciones (Proverbios). Esta traducción fue fruto de la necesidad, puesto que había muchos judíos de habla griega en el mundo antiguo. En efecto, el idioma internacional de la región mediterránea fue durante varios siglos el griego. El nombre «Septuaginta» se abrevia mediante el símbolo LXX porque, según la tradición, fueron unos setenta los traductores de la misma. Es interesante que los escritores del Nuevo Testamento a menudo hayan citado esta versión en vez de las Escrituras hebreas. (Lucas y el autor de Hebreos emplearon la LXX más que los otros escritores del Nuevo Testamento; Mateo fue el que menos la empleó.) Por lo menos parte de ella se tradujo en la ciudad egipcia de Alejandría o sus alrededores. Los títulos que hoy damos a los libros del Antiguo Testamento proceden en parte de la Septuaginta (parcialmente de la Vulgata, que es la traducción latina de la Septuaginta). Los cristianos primitivos empleaban la LXX y hasta la adaptaron, llegando con el tiempo a colocarla junto al Nuevo Testamento griego para constituir la Biblia griega completa. Se sometió a revisiones en griego, se produjeron diversas versiones griegas, y fue traducida al copto, etíope, gótico, armenio, árabe, georgiano, eslavónico y latín antiguo.

Pentateuco Samaritano (precristiano)

El Antiguo Testamento hebreo es la Biblia de los judíos, y el Pentateuco hebreo es la Biblia de los samaritanos. Los samaritanos —así llamados porque habitaban en Samaria, la cual tomó su nombre de la ciudad de Samaria— eran en parte judíos. No se les permitió colaborar en la construcción del templo en días de Esdras y Nehemías, y se aislaron de sus parientes judíos, fundando su propio centro religioso en el monte Gerizim, cerca de Siquem (la moderna Nablus). Hicieron del Pentateuco su Biblia, cambiándolo y adaptándolo a su historia y modo de pensar (por ejemplo, en Deuteronomio 27.4 «Ebal» ha sido sustituido por «Gerizim»). El rollo Abisha de Nablus, copia del Pentateuco samaritano, está constituido por dos rollos, ninguno de los cuales es de fecha anterior a la Edad Media. Otra copia existente data del siglo trece: un rollo que se cree fue descubierto por el sumo sacerdote Fineas en 1355. Europa no poseyó una copia del Pentateuco samaritano hasta 1616. El Pentateuco samaritano es simplemente una edición hebrea en letras ligeramente modificadas. Preserva hasta cierto punto una antiquísima tradición textual, pero hay tantos cambios por negligencia al copiar y otras razones, que el texto no siempre resulta útil para la crítica textual. En Qumram se descubrió un texto del Éxodo que tiene afinidad con el Pentateuco samaritano. Los samaritanos existen hoy día en pequeños grupos, y persisten en emplear el Pentateuco como su Biblia.

Tárgumes (versiones arameas)

Los tárgumes son paráfrasis o traducciones interpretativas de la mayor parte del Antiguo Testamento (no existen tárgumes de Daniel, Esdras, Nehemías) en arameo. El arameo gradualmente sustituyó al hebreo como idioma común después del cautiverio babilónico. Con el tiempo las Escrituras tuvieron que ser transcritas a la lengua popular. En las sinagogas, pues, se hacían traducciones orales. El traductor era llamado «meturgeman» y la traducción que realizaba era llamada «tárgum». Llegó el momento en que estas paráfrasis orales se consignaron por escrito; algunas eran más literales que otras. En los recientemente descubiertos rollos del mar Muerto se encuentra un tárgum de Job. Fuera de ese descubrimiento del mar Muerto, las copias más antiguas de tárgumes proceden del siglo quinto D.C., aunque hay pruebas de que hayan existido en tiempos precristianos. Uno de los famosos tárgumes se llama Onkelos. En 1957 la Biblioteca Vaticana anunció haber descubierto en sus archivos una copia del tárgum conocido como «Jerusalén II», que data del siglo quinto.

Versiones latinas (s. II y después Jerónimo)

En el siglo segundo D.C., cuando el latín sustituyó al griego como lengua internacional, comenzaron a aparecer traducciones latinas. Con el pasar de un siglo o dos, y conforme se extendió el empleo del latín, las versiones latinas crecieron en cantidad pero llegaron a ser tan variadas y difíciles que Dámaso, obispo de Roma, encargó a un gran erudito de los siglos cuarto y quinto la producción de un texto latino estable. Este fue traducido del hebreo, del latín antiguo y del griego. Jerónimo realizó parte de su obra en Belén. El hecho de que trabajara basado en el texto hebreo es significativo, ya que en su tiempo era costumbre traducir del griego de la Septuaginta. Desdichadamente la obra de Jerónimo fue adaptada a la Septuaginta, y no fue sino hasta el Renacimiento y la Reforma que se dio seria atención al texto masorético (normal). Por fortuna, nuestras Biblias evangélicas desde el comienzo han buscado apegarse lo más posible al texto hebreo más que al menos estable texto griego.

De la Vulgata hemos recibido términos teológicos tan conocidos como «elección», «justificación». «santificación», «salvación» y «regeneración». La Vulgata incluye tanto el Antiguo como el Nuevo Testamento, y su nombre significa «común» (de «vulgar»). Es aún la Biblia oficial de la Iglesia Católica Romana, y fue la Biblia de la Edad Media, aunque no se le otorgó reconocimiento oficial hasta el Concilio de Trento en 1546.

Versiones siríacas

El siríaco es un idioma semítico emparentado con el arameo y se empleaba en Edesa y la Mesopotamia occidental hasta que el árabe lo suplantó en el siglo trece D.C. En las versiones siríacas se incluyen las que anotamos a continuación.

1. Diatessaron de Taciano (s. II D.C.)

Taciano, convertido en Roma y discípulo de Justino Mártir, preparó una armonía de los cuatro evangelios, entretejiendo los materiales para formar una historia continua. Realizó su obra alrededor de 180 D.C. y fue el primero en realizar una armonía de esta clase. Se desconoce si la compuso originalmente en siríaco o en griego. Pero de las versiones siríacas fue el Diatessaron el que circuló más ampliamente hasta el siglo cuarto, aunque reflejaba sus propias ideas heréticas. En tiempos antiguos fue traducido al árabe y probablemente al latín, e influyó en las armonías medievales del Evangelio en Europa y en el Oriente.

2. Siríaca antigua (s. II)

En 1892 las señoras Lewis y Gibson, de Cambridge, hermanas gemelas, descubrieron la versión llamada siriaco-sinaítica en el monasterio de Santa Catalina, en el monte Sinaí. Es un palimpsesto (véase «Códice de San Efrén») y contiene la mayor parte de los cuatro evangelios. El manuscrito se halla todavía en el monte Sinaí, pero ha sido fotografiado, y en 1894 se publicó una traducción inglesa de la señora Lewis.

Está también la que se conoce como Siríaca Curetoniana, cuyo nombre se deriva de William Cureton, del Museo Británico, se publicó en 1858. Contiene los evangelios y es una copia de la siríaca antigua, producida en el siglo quinto. El original fue llevado de Egipto al Museo Británico de Londres en 1842.

3. Siríaca Peshitta (s. IV)

El Nuevo Testamento Peshitta («sencillo»), revisión de la versión siríaca antigua, realizada probablemente por Rabbula, llegó a ser la «versión autorizada» de la iglesia siríaca. El número total de manuscritos que preservan partes de la Peshitta es 243; casi la mitad de éstos se encuentran en el Museo Británico de Londres. Dos de esos documentos proceden del siglo quinto (el más antiguo está fechado en 464 D.C.) y decenas de otros proceden del siglo sexto. El Peshitta del Antiguo Testamento, por lo menos del Pentateuco, probablemente sea de origen judío o judeo-cristiano. En el Nuevo Testamento de esta versión faltan 2 Pedro 2 y 3 Juan, Judas y Apocalipsis.

4. Versión Filoxenia (principios del siglo VI)

La versión Filoxenia es otra de las versiones siríacas. A veces la llaman Heracleana porque algunos creen que fue reeditada por Tomás de Heraclea. Las variantes textuales del libro de los Hechos que las notas marginales heracleanas consignan son útiles para determinar el texto correcto de ese libro. Se sabe que existen unos cincuenta manuscritos de la revisión heracleana, la mayoría de ellos en Inglaterra. La versión Filoxenia original existe actualmente solo en forma fragmentaria, y contiene porciones del Nuevo Testamento y de los Salmos. Algunos han sugerido que originalmente la Filoxenia y la Heracleana eran dos traducciones enteramente separadas.

5. Palestina Siríaca (cerca del s. IV hasta el s. VI)

La versión siríaca del Antiguo y Nuevo Testamento se conoce solo en fragmentos y está en un dialecto propio (arameo-palestino en caracteres siríacos). Data desde el cuarto al sexto siglo, y fue empleada por la iglesia Melquita (iglesia siríaca palestina). Hay fragmentos de esta versión proveniente de la Septuaginta en Roma, Londres, Leningrado y en el monte Sinaí.

Versiones coptas (s. III y IV)

El copto era el idioma de los primitivos cristianos egipcios. Se había derivado del idioma de los faraones. No se escribía en jeroglíficos sino en caracteres semejantes a los griegos. En los siglos tercero y cuarto los cristianos «coptos» produjeron la Biblia en sus propios idioma y dialectos. De los diversos dialectos, dos tienen gran importancia. Uno es el sahídico de los cristianos del alto Nilo (al sur), y el otro es el bohaírico, del bajo Nilo (al norte). Este último era una lengua literaria más que hablada. El Antiguo Testamento aparece en ambos dialectos, y se basa principalmente en la Septuaginta. Hoy día existe el Nuevo Testamento completo en bohaírico. Y en sahídico está casi completo. Estas traducciones del Nuevo Testamento no son anteriores al siglo tercero D.C., y la bohaírica quizá sea del siglo cuarto. Los papiros Bodmer (véase páginas atrás) incluyen algunos materiales coptos.

Evangelio de Tomás (cerca del siglo IV)

Una extraña versión, si puede llamársela versión, es el gnóstico Evangelio de Tomás, en copto. Un accidente reveló este y otros documentos. Ocurrió alrededor de 1945 ó 1946, cerca de la antigua Quenobosquion, a orillas del Nilo, a unos 50 kilómetros de Luxor, Egipto. Cavando la tierra, unos egipcios (no arqueólogos) dieron accidentalmente con una tumba cristiana. En una vasija de

Manuscritos y versiones antiguas

barro se encontraron trece códices en papiro, que contenían unos cincuenta documentos individuales, incluyendo un Apócrifo de Juan y un Evangelio de Felipe. Doce de los libros están en el Museo Copto de El Cairo. El número trece, conocido como Códice Jung, y que contiene el gnóstico Evangelio de la Verdad, se halla en el Instituto Jung, Zurich. (El gnosticismo fue un culto primitivo que surgió como amenaza en los comienzos del cristianismo. Creía en la salvación mediante la «gnosis» (conocimiento especial). Estos trece papiros, a veces llamados papiros Nag Hammadi (Nag Hammadi, no lejos de Quenobosquion, es el moderno pueblo en donde los descubridores vendieron los papiros por el equivalente de ocho dólares con cincuenta centavos), son probablemente copias hechas en el siglo cuarto de obras griegas procedentes del siglo segundo, la mayoría de ellas de carácter gnóstico. El Evangelio según Tomás, publicado por Harper en inglés y copto en 1959, contiene unos 114 supuestos dichos de Jesús. El nombre del discípulo Tomás se le puso a la obra para darle autoridad, recurso corriente en tiempos antiguos. La lengua copta del Evangelio de Tomás es sahídica, data de alrededor del siglo cuarto, pero se basa en un documento griego quizá de mediados del siglo segundo. Contiene bienaventuranzas y parábolas, y menciona personajes conocidos como San Pedro, Juan el Bautista, Jacobo el hermano de nuestro Señor. Algunos eruditos han sugerido que unos pocos de los nuevos dichos quizá sean auténticos, pero actualmente se concede poco crédito a esa opinión. La mayoría de los dichos nos son conocidos en los evangelios, en papiros descubiertos a fines del siglo pasado en Oxirrincos, o en citas hechas por los primitivos escritores cristianos.

Los supuestos básicos del Evangelio de Tomás son gnósticos, no cristianos, y no hay prueba real de que se trate de un testigo presencial. Ninguno de los dichos coincide plenamente con el lenguaje de nuestro Señor en el Evangelio, aunque algunos son similares o paralelos. Damos a continuación dos de estos dichos:

> Bienaventurados los solitarios y elegidos, porque vosotros hallaréis el reino; porque de él procedéis y a él retornaréis.
>
> Es imposible al hombre montar dos caballos y tensar dos arcos, y es imposible que un siervo sirva a dos señores, pues de otro modo honrará al uno y ofenderá al otro.

Nota respecto a los «ágrafos»

«Ágrafos» es un término empleado por los eruditos para referirse a los «dichos» de Jesús que no constan en los evangelios. Los 114 dichos del Evangelio de Tomás son la mayor colección de ágrafos; otros se encuentran en los escritos de primitivos autores cristianos. La palabra «ágrafo» significa literalmente «no escrito», lo cual se refiere al hecho de que los dichos no constan en los evangelios; están escritos en alguna otra parte, desde luego. Hay un ágrafo en el Nuevo Testamento: «Más bienaventurado es dar que recibir» (Hechos 20.35); es un ágrafo, porque no se halla escrito en los evangelios.

1. Otras versiones antiguas: Gótica (s. IV)

Ulfilas («Lobezno»), personaje del siglo cuarto, produjo la versión gótica, inventó un alfabeto y redujo el gótico, dialecto germánico, a idioma escrito. El célebre Códice de Plata —escrito en vitela púrpura con tinta plateada— se encuentra en la universidad de Uppsala, data del siglo quinto o sexto y contiene porciones de los cuatro evangelios. La gótica es una traducción fiel, aunque los seis manuscritos que existen están incompletos.

2. Armenia (s. IV)

La Armenia, hecha para los cristianos armenios en el siglo cuarto ha sido llamada «Reina de las versiones» por su belleza y exactitud. Mesrop, soldado que se volvió misionero, y Sahak, realizaron la traducción. Igual que Ulfilas, Mesrop inventó un alfabeto. (¡Cuántos alfabetos se han inventado, cuántas lenguas se han reducido a la escritura en el proceso de traducir la Biblia!) La versión armenia fue revisada varias veces después del siglo quinto.

3. Georgiana (cerca del s. V)

La versión georgiana fue la Biblia de los antiguos pueblos de Georgia, ubicados en la región montañosa entre los mares Negro y Caspio. Por primera vez oyeron el Evangelio en el siglo cuarto, pero su traducción probablemente no se hizo hasta el siglo quinto.

4. Etíope (cerca del s. IV ó V)

Poco se sabe respecto al origen del cristianismo en Etiopía (v. Hechos 8.26-39). También se desconoce exactamente cuando obtuvieron la Biblia, pero quizá haya sido en el siglo cuarto o quinto. El más antiguo ejemplar de esta versión es del siglo trece. La mayoría proceden de los siglos dieciséis y diecisiete.

5. Nubia (fecha desconocida)

Nubia estaba ubicada entre Egipto y Etiopía. A partir del siglo sexto hasta el catorce estos pueblos abrazaron el cristianismo después que el Islam se convirtió en su religión. De la versión nubia se conservan solo fragmentos del siglo diez y once; no se sabe cuándo se realizó la versión original.

6. Sogdiana (fecha desconocida)

La versión Sogdiana (Asia central) es muy incompleta y poco se sabe respecto a la misma.

7. Árabe antiguo (fecha desconocida)

Las traducciones en árabe antiguo se realizaron en el siglo octavo por Juan, obispo de Sevilla, en el siglo diez por Isaac Velázquez, de Córdoba y en el trece, en Egipto. No se sabe si hubo traducciones anteriores al siglo octavo.

8. Eslavo antiguo (cerca del s. IX)

En el siglo noveno, según la tradición, los hermanos griegos Cirilo y Metodio, misioneros a los eslavos, comenzaron una traducción de los evangelios. Hay unos doce manuscritos de la versión en eslavo antiguo de los evangelios, procedentes de los siglos diez y catorce.

Capítulo 3

TRADUCCIONES AL ESPAÑOL HASTA EL PRESENTE

La Biblia antes de la imprenta

Mucho antes de la invención de la imprenta, España poseía las Sagradas Escrituras, primero en latín, y luego en español. No obstante, la prohibición de poseer en lengua común los libros del Antiguo y del Nuevo Testamento viene produciéndose y reiterándose desde 1229. El alcance territorial de las diversas prohibiciones es variable, según las distintas jurisdicciones que la división feudal establecía. Por disposición eclesiástica, aplicable principalmente a la región catalana, a quienes poseían las Sagradas Escrituras en lengua común se les daba plazo de ocho días en que debían entregarlos al obispo de su diócesis «para ser quemadas». Para quienes siquiera permitieran que en sus tierras habitaran «herejes» la pena era confiscación de bienes. Las reiteradas prohibiciones hacen entender que ya desde el siglo trece se conocía en Cataluña la Biblia en lengua vulgar. Por entonces ya los valdenses y albigenses habían ganado adeptos en España.

S. XIII Biblias Alfonsinas

El más antiguo ejemplar de la Biblia en español se conserva en el museo de El Escorial. Es la llamada Biblia Prealfonsina, una de las obras de Alfonso X (1221-1284). El códice respectivo se ha deteriorado y solo consta actualmente de los libros de Levítico, Números y Deuteronomio. Obra del mismo Rey Sabio es la Biblia Alfonsina, parte de la *Grande e General Estoria*; es un resumen de toda la Biblia. Alfonso X, en colaboración con sabios moros y judíos, escribió obras en las cuales la lengua castellana fue depurando su estilo y alcanzando inusitado esplendor. De este modo, influyó en la evolución de nuestro idioma en aquellos días, y ha corrido una suerte paralela a dicha evolución en las sucesivas versiones.

Traducciones de judíos conversos

Los siglos catorce y quince vieron un gran auge en cuanto a producciones bíblicas. R. Salomón, judío convertido al catolicismo, produjo una traducción paralela: una columna de la Vulgata junto a otra de la traducción española, hecha directamente del hebreo.

Biblia de la Casa de Alba, 1430

Biblia de la Casa de Alba es un lujoso códice en vitela, bellamente ilustrado y caligrafiado. Consta únicamente del Antiguo Testamento, ordenado según el canon judío. Es obra del rabí Mosé Arrangel, quien invirtió en ella nueve años de labor. La terminó en 1430.

Martín de Lucena

Una traducción que se ha perdido es la de Martín de Lucena, el Macabeo. Se realizó por encargo de Íñigo López de Mendoza, el famoso marqués de las serranillas.

El tribunal de la Inquisición, creado en 1183 para perseguir albigenses, había caído en desuso. Los Reyes Católicos lograron del Papa Sixto IV la resurrección del mismo con el de Santo Oficio (1482). El populacho, azuzado contra los judíos, ya venía exterminando a muchos de estos y destruyendo bienes. Algunos apologistas católicos dicen que en España había por aquellos días libertad de cultos. Que la persecución era contra los judíos que fingían haberse convertido al catolicismo; que a los judíos no convertidos se les permitía perseverar en su religión. Cosa contraria dicen algunos historiadores.

Expulsión de los judíos, 1498

La hecho es que en 1498 los Reyes Católicos decretaron la expulsión de los judíos. Éstos se llevaron a España en el corazón, y aún conservan amorosamente su idioma. En el exilio continuaron produciendo traducciones españolas del Antiguo Testamento, publicadas principalmente en Amsterdam (Holanda) y en Ginebra (Suiza).

Tres siglos de represión antibíblica

Comienzan a producirse nuevas medidas para restringir la lectura de las Sagradas Escrituras. «La regla V del Índice de la Inquisición, sin embargo, si no cortó el hilo de las traducciones en romance, de hecho las limitó mucho», dice el *Comentario a la Sagrada Escritura* de «Verbum Dei» (Barcelona, Editorial Herder, 1960). Añade que en los siglos dieciséis, diecisiete, y gran parte del dieciocho se hicieron en España muy pocas traducciones bíblicas, «y no todas llegaron a publicarse». Entre 1514 y 1547 se produce la *Biblia políglota complutense*, y en 1569-1573 la *Biblia Regia*, también políglota.

Traducciones judías españolas

Fuera de España había más libertad respecto a la Biblia. Entre los traductores judíos exiliados están Isaac Abarbanel, Isaac Haraman ben Moseh, Jom Tob Athías (conocido como Duarte Pinel) y Jerónimo de Vargas.

Patrocinados por el duque Hércules II de Ferrara, estos dos últimos producen en 1553 la Biblia (Antiguo Testamento) que lleva el nombre de Ferrara. «Recelosos de que por esta dispersión habían de olvidar la doctrina que en las sinagogas de España se les habían enseñado por los códices manuscritos españoles que había en ellas, se resolvieron dichos judíos, vecinos de Ferrara, a hacer por estos mismos códices una impresión que conservase las mismas voces españolas que estaban habituados a oír en dichas sinagogas, y que fuera de ellas no estaban en uso». (Joseph Rodríguez de Castro; Biblioteca Española, Tomo l, Madrid: 1871, p. 408. Cit. por B. Foster Stockwell, *Prefacios a las Biblias Castellanas del siglo dieciséis*, Librería «La Aurora», Buenos Aires: 1939.)

En su prefacio dirigido «Al lector», Pinel y Usque manifiestan haberse valido de la obra de «muy sabios y experimentados letrados en la misma lengua así hebraica como latina» y de «todas las traslaciones antiguas y modernas y de las hebraicas las más antiguas que de mano se pudieron hallar» (B. Foster Stockwell, op.cit.). «La versión ferrarense es, a no dudarlo, fruto de una elaboración colectiva de varias generaciones» (Clemente Ricci, *La Biblia de Ferrara*, Instituto de Investigaciones Históricas de la Facultad de Filosofía y Letras, Buenos Aires, 1926 p.30; cit. por B. Foster Stockwell, op. cit.).

Conocimiento bíblico entre el pueblo

Biblia de Ferrara

La Biblia , pues se había aclimatado en España y, al fin la Palabra viva, fue adaptándose a la evolución de la lengua castellana y reflejando sus mejores glorias. Pero no hay que dejarse engañar por el grandísimo número de traducciones. No habían llegado los días de la imprenta. Poseer un ejemplar de las escrituras era privilegio de ricos y eruditos. Además, aunque hubiera abundado las Biblias, el analfabetismo reinaba por doquier.

Había entre el pueblo un relativo conocimiento de las Sagradas Escrituras: el que a bien tenían suministrarles desde el púlpito, y el que se manifestaba en la liturgia. Ese barniz de conocimiento se transmitía por tradición oral.

Los refranes son «evangelios chiquitos», según un decir popular el cual no solo se hace referencia a la sabiduría general que encierran, sino también a la doctrina bíblica que muchos contienen. Algunos no hacen más que rimar el texto bíblico; otros lo dan de la letra. Como ejemplo tenemos los siguientes:

> «De la abundancia del corazón habla la boca» (Lucas 6.45).
> «No hay que dar coces contra el aguijón» (Hechos 9.5).
> «No echar perlas a los puercos» (Mateo 7.6).
> «Por sus frutos los conoceréis» (Mateo 7.16, 20).
> «Mirar la paja en el ojo ajeno» (Mateo 7.3).

Las Biblias protestantes en español

La Reforma encontró bien abonado el terreno español, según hemos visto, por la gran difusión de las Sagradas Escrituras debida en gran parte al pueblo judío. Muchos de éstos habían emparentado con familias españolas. La acusación de judaizar fue enderezada muchas veces por la Inquisición contra importantes personajes españoles, aun dentro del clero.

Veamos algunas de las principales traducciones que, bajo el influjo de la Reforma, se producen en el idioma español.

Traducciones protestantes del S. XVI

En el siglo dieciséis Juan de Valdés tradujo los Salmos y las Epístolas a los Romanos y a los Corintios. Recientemente se han reeditado en la Argentina y México las obras de este elegante escritor. La Universidad Autónoma de México publicó en 1964 el «Diálogo de Doctrina Cristiana y el Salterio, traducido del hebreo en romance castellano». He aquí cómo comienza el Salmo 23:

El Señor es my pastor; nunca padeceré necesidad. En dehesas de yerua me hará reposar; hazia aguas apazibles me guiará.

Nuevo Testamento de Enzinas, 1543

Bajo la influencia de Meláncton, y naturalmente en el extranjero, Francisco de Enzinas tradujo en 1543 el Nuevo Testamento. Dedica su traducción al emperador Carlos V con la cita de Josué 1.8, buen consejo para todo gobernante. Expone que «muchos y muy varios pareceres ha habido» respecto a si conviene trasladar las Sagradas Escrituras a la lengua vulgar. Enzinas se muestra de acuerdo con los que desean «en su lengua natural oír hablar a Jesucristo y a sus apóstoles». Entre las varias razones en que se apoya, la segunda es que solo al pueblo español se le impide tener la Biblia en su propio idioma. En defensa del prestigio cultural de España emprende su obra.

Nuevo Testamento de Juan Pérez de Pineda, 1556

Entre 1556 y 1557 Juan Pérez de Pineda publicó en Ginebra su bella traducción del Nuevo Testamento y los Salmos. Escribió también una conmovedora «Epístola consolatoria» dedicada a los cristianos evangélicos de Sevilla que pasaron por el tormento, y veintiuno de los cuales murieron en la hoguera por causa de su fe. Entre éstos se hallaba Julianillo Hernández, que tesonera y audazmente se había dedicado a introducir de contrabando en España el Nuevo Testamento de Juan Pérez.

Juan Pérez de Pineda dedicó toda su vida a esparcir la Palabra de Dios, y para contribuir en la empresa aun después de morir, dedicó por testamento todos sus bienes a la impresión de una completa en español.

Biblia de Casiodoro de Reina, 1569

Casiodoro de Reina trabajó diez o doce años en su traducción, cuyo frontispicio proclama con palabras de Isaías: «LA PALABRA DEL DIOS NUESTRO PERMANECE PARA SIEMPRE». Probablemente la publicación fue posible mediante de Reina, la herencia de Juan de Pineda. Hay constancia de que otros también dieron su aporte. Se terminó de imprimir en 1569 y circuló clandestinamente en España, mediante la abnegación de creyentes que con ello exponían su vida.

Menéndez y Pelayo hizo el siguiente elogio de esta traducción: «Como hecha en el mejor tiempo de la lengua castellana, en mucho la versión de Casiodoro, a la moderna de Torres y a la desdichadísima del padre Scío» (*Historia de los heterodoxos españoles*).

La que venimos comentando es la llamada *Biblia del Oso*, así llamada por tener un oso grabado en su frontispicio. Casiodoro hace mención muy especial del uso que él hizo de la Biblia de Ferrara... Esta versión, que era únicamente del Antiguo Testamento, había sido hecha dentro de la tradición de los judíos de España, que implicaba una reverencia muy especial por cada palabra y letra del texto hebreo» (Guillermo L. Wonderly, *Casiodoro de Reina: Traductor antiguo con ideas nuevas*, en la Biblia en América Latina, México, no 90, 2 Tim, 1969).

Casiodoro reconoce su deuda para con la Biblia de Ferrara, pero critica el excesivo apego de esta al significado recto o natural de las palabras, apego a la letra que se realiza «muchas veces con manifiesta violencia del sentido». Considera que la Biblia es revelación, mensaje de Dios, lógico es que se vista de lenguaje comprensible para el hombre común, y la de Ferrara con su afán literalista, no lograba eso.

Casiodoro tiene plena conciencia de la fuerza dinámica y revolucionaria de las Escrituras, pues dice en su «Amonestación al lector»: «Intolerable cosa es a Satanás, padre de mentira y autor de tinieblas (cristiano lector), que la verdad de Dios y la luz se manifieste en el mundo; porque en este solo camino es deshecho el engaño, se desvanecen sus tinieblas, y se descubre toda la vanidad sobre que su reino está fundado, de donde luego está cierta su ruina; y los míseros hombres que tiene ligados en muerte con prisiones de ignorancia, enseñados con la divina luz se le salen de su prisión a vida eterna, y a libertad de hijos de Dios» (B. Foster Stockwell, *Prefacios a las Biblias castellanas del siglo dieciséis*).

La *Biblia del Oso* acerca la palabra de Dios al pueblo. Cipriano de Valera realizó la misma tarea respecto a su generación en 1602, teniendo en cuenta los cambios semánticos que el tiempo inevitablemente impone a los idiomas.

Las versiones actuales

El progreso de las ciencias del hombre ha contribuido al nuevo florecimiento de los estudios bíblicos durante el presente siglo. Las diversas ramas de la antropología han permitido penetrar cada vez más en el pensamiento de los antiguos pueblos del Medio Oriente, conocer mejor sus costumbres y entender mejor sus escritos.

El empeño evangélico está más en poner la Biblia al alcance del pueblo, que en conservar una obra literaria incomprensible, o producir versiones de tan elevado estilo que priven a las masas de alimento espiritual. Ello no obsta, sin embargo, para que se produzcan también Biblias destinadas a grupos selectos.

Con el propósito de diseminar la Palabra, las Sociedades Bíblicas han producido distintas versiones basadas en la de Reina Valera, para uso de las congregaciones y para lectura común. La última fue la de 1960, realizada por un comité revisor integrado por el Dr. Alfonso Lloreda y los señores Honorio Espinoza, Henry Parra Sánchez, Alfonso Rodríguez Hidalgo, Eugenio A. Nida y John Twentyman. Con ellos colaboraron unos sesenta consultores distribuidos por todo el mundo de habla hispana.

Bajo la dirección de Guillermo L. Wonderly, que contó con las sugerencias de doctos colaboradores, conocedores del Nuevo Testamento en lengua griega y del habla del pueblo en los diversos rumbos de América y España, se produjo la versión popular, llamada *Dios habla hoy*. Su lenguaje es asequible para las grandes masas campesinas, para los niños y para quienes apenas están saliendo del analfabetismo. Sin embargo, no al buen gusto de las personas más cultas.

Actualmente las Sociedades Bíblicas ha producido la versión 1995 de la Reina Valera.

Debemos mencionar también versiones anteriores realizadas por la Sociedades Bíblicas. Tenemos la *Versión moderna*, obra H. B. Pratt, uno de los primeros intentos en español de aplicar la crítica textual; la *Versión hispanoamericana*, edición bilingüe (español-inglés) del Nuevo Testamento, moderniza también un poco el lenguaje.

Biblia de Scofield es una edición con notas, publicada por Spanish Publications Inc., de Miami, EE.UU.

Los Testigos de Jehová han producido su propia versión en apoyo de sus particulares dogmas, bajo el título de *Traducción del Nuevo Mundo de las Escrituras hebreas y cristianas*.

Una nueva traducción judía del Antiguo Testamento, obra de León Dujovne, Manasés Konstantinowski y Moisés Konstantii ha sido publicada por Ediciones S. Sigal (Buenos Aires, Argentina, 1961). Los autores declaran que su versión «traduce con escrupulosa fidelidad el original hebreo. En algunas partes el texto es completamente nuevo en relación a versiones anteriores». Tiene una clave fonética, «para que el lector conozca los nombres bíblicos en su pronunciación exacta». Como muestra de lo que en su afán polémico, propio de aquella época, llamaba Casiodoro de «malicia rabínica», veamos en esta versión el texto es casi completamente nuevo en relación a versiones de Ferrara: «Porque un niño nos ha nacido, un hijo nos es dado: y el dominio estará sobre su hombro, y el Consejero Maravilloso, el Dios Poderoso, el Padre Eterno lo llamará: "Príncipe de Paz"» (compare con otras versiones).

Entre las versiones católicas modernas en español están las de Bóver-Cantera y Nácar-Colunga (1944), publicadas en España, y la del obispo T. Straubinger, publicada en la república Argentina en 1941. Han sido reeditadas total o parcialmente varias veces. Las tres hechas con excelente sentido crítico, aprovechando los últimos descubrimientos de la investigación bíblica.

La Biblia de Jerusalén ha sido publicada en español (Desclée de Brower: Bruselas, Bélgica, 1967). Esta obra salió originalmente a la luz pública en francés, bajo los auspicios de la Escuela Bíblica de Jerusalén.

Paladines de la Biblia en el mundo hispánico

No basta multiplicar el número de Biblias. La Palabra de Dios es viva y eficaz espada, potencia que transforma a los hombres, los lleva al conocimiento de Dios y produce en ellos el deseo de transmitir el mensaje divino.

Como caballero andante de las Sagradas Escrituras hallamos en la primera mitad del siglo diecinueve a George Borrow introduciendo el Nuevo Testamento en España. De 1837 a 1838 hizo imprimir en la península española el Nuevo Testamento en la versión Reina-Valera, y se dedicó a distribuirlo personalmente.

Borrow captó rápidamente la simpatía popular, pues sentía una genuina estimación por el auténtico pueblo que se refleja en sus escritos. «En España —decía— lo único vulgar es la nobleza». Recorrió a caballo enormes distancias, con una carga de Biblias en su mula. Sufrió persecución y cárcel, pero aprovechó tenazmente los altibajos de la libertad en el breve periodo liberal de aquellos días. En *La Biblia en España*, apasionante obra autobiográfica, cuenta sus aventuras y presenta magistralmente el paisaje y el pueblo españoles.

Un italiano radicado en Uruguay se convirtió desde 1882 en infatigable «Viajero de Dios», recorriendo a lomo de mula lo más intrincado de la región andina, y luego casi todo el continente americano. Su continuo afán era diseminar las Sagradas Escrituras, lo cual realizó como agente de la Sociedad Bíblica Británica y Extranjera.

Aquellos eran días de intransigencia por parte de la religión dominante, y las autoridades civiles solían estar al servicio de las eclesiásticas. El despertamiento espiritual que un primer viaje de Penzotti produjo en el Perú hizo que la Sociedad Bíblica organizara una Agencia Bíblica del Pacífico, con Penzotti como secretario ejecutivo.

«La Iglesia Católica Romana se espantó con el nuevo movimiento e inició una tremenda persecución contra Penzotti y su congregación «colportora». Hubo ataques a mano armada, excomuniones, maldiciones y por fin, la cárcel para muchos de ellos» (Luis D. Salem, Francisco G. Penzotti, *Apóstol de la libertad y de la verdad*; México: Sociedades Bíblicas en América Latina). El propio Penzotti sufrió largos meses de prisión en el Callao.

De su titánica labor dan idea estas cifras: «Durante la vida distribuyó en forma personal 125.000 ejemplares de la Biblia y bajo su dirección circularon algo más de dos millones» (L. D. Salem, op. cit.).

La obra de Penzotti y Borrow fue de carácter tanto espiritual como cultural. La Biblia contribuye a educar al pueblo. «La lectura de la Biblia echó los cimientos de la educación popular que ha cambiado la faz de las naciones que la poseen» ha dicho Domingo Faustino Sarmiento, el prócer de América. El lector de la Biblia va disciplinando su pensamiento y saliendo del semianalfabetismo de quienes en los periódicos leen solo las páginas deportivas o sociales, y fuera de los periódicos no conocen otra cosa que los pasquines ilustrados.

La gran cantidad de traducciones de la Biblia nos muestran el largo peregrinar del hombre en su esfuerzo por hacer asequible la verdad eterna revelada hace siglos. Las distintas versiones han procurado hacerla hablar en el lenguaje corriente de quien tiene que leer y pensar viviendo en este mundo actual, tan distante de aquél de los pastores orientales. Nuestra preferencia y elección individuales en cuanto a traducción o traducciones se reflejarán en nuestros hogares y en lo que enseñemos a los jóvenes. El proceso de traducción naturalmente seguirá adelante. Hay por lo menos dos razones para ello: (1) El sentido de las palabras cambia y nuevos vocablos se añaden al léxico; (2) Los descubrimientos de los papiros y de restos arqueológicos nos están suministrando nuevos datos para comprender mejor las Sagradas Escrituras.

SEGUNDA PARTE

NUESTRA BIBLIA: LIBRO POR LIBRO

Mujer de Palestina con su cántaro

Capítulo 4

EL ANTIGUO TESTAMENTO LIBRO POR LIBRO

Leyes: de Génesis a Deuteronomio

El Pentateuco

El término Pentateuco (pente significa cinco; así que Pentateuco significa «cinco rollos») se refiere a los primeros cinco libros del Antiguo Testamento. También se les llama «Tora» o «Ley» porque desde antiguo los judíos han respetado esta obra en cinco volúmenes como su Ley. A veces se les llama los «Cinco libros de Moisés», por ser éste su personaje sobresaliente y haber sido el gran legislador de Israel por más de cuarenta años.

Estos libros enfocan los principales hilos de la revelación a los hebreos: En Génesis tenemos la revelación a Abraham, Isaac, Jacob y José (los patriarcas o «padres») con la creatividad de Dios y el pecado del hombre como trasfondo. En Éxodo hallamos una doble revelación: la libertad de los cautivos en Egipto y la dación de la Ley en el monte Sinaí. Levítico plantea claramente la enseñanza y la necesidad de vivir santamente. En Números Dios guía a su pueblo en su marcha hacia la Tierra Prometida. En Deuteronomio, Moisés recapitula el mensaje de Dios en cuanto a ley e historia hasta aquel momento, y se repiten los Diez Mandamientos (capítulo 5). En todo esto Dios se manifestó mediante reales actos históricos; por consiguiente, no es maravilla que, más que cualquier otro pueblo de la antigüedad, los judíos hayan tomado en serio la historia. Repetimos que en el acontecer histórico Dios se manifestó a su pueblo.

Hasta tiempos modernos todos los cristianos y los judíos creían que Moisés era el autor de la mayor parte o de todo el Pentateuco. Éxodo 24.4; Deuteronomio 31.9,24-26, por ejemplo, lo señalan como autor de porciones del Pentateuco. Algunos pasajes posteriores (e.g. Josué 1.7,8; 1 Reyes 2.3; 2 Crónicas 34.14) reconocen a Moisés como autor de la Ley. Además, el Nuevo Testamento da por sentada dicha paternidad (e.g. Lucas 24.27,44; Juan 1.45; Hechos 28.23). En ninguna parte dice la Biblia que Moisés haya escrito todo el Pentateuco. Por ejemplo, él no escribió el relato de su muerte al final de Deuteronomio. Pero hoy día algunos sostienen la tesis de que varias personas, y quizá muchas, participaron en la producción y redacción de los primeros cinco libros del Antiguo Testamento. Dicha tesis ha sido combatida, especialmente en los círculos conservadores. Pero lo que resulta claro es que hubo fuentes escritas en que se basó el Pentateuco (e.g. «El libro de las batallas de Jehová», Números 21.14). Moisés, hombre ilustrado capaz de apreciar el valor de las relaciones escritas, bien puede haber recogido los registros genealógicos y de otra índole, para unirlos a lo revelado por Dios (e.g. la Creación) tejiéndolos en forma de narración continua. En resumen, esa es la tesis actual respecto a Moisés como autor.

Génesis

Autor y fecha
Véase «Pentateuco», al comienzo de este capítulo.

Destinatarios
El pueblo de Israel.

Versículos clave

Génesis 12.1-3: «Pero Jehová había dicho a Abram: Vete de tu tierra y de tu parentela, y de la casa de tu padre, a la tierra que te mostraré. Y haré de ti una nación grande, y te bendeciré, y engrandeceré tu nombre, y serás bendición. Bendeciré a los que te bendijeren, y a los que te maldijeren maldeciré y serán benditas en ti todas las familias de la tierra».

Propósito y tema

Génesis es una palabra griega que significa «origen» o «comienzo». Es un título apropiado para el libro que narra en lenguaje religioso el origen del cielo, la tierra, el hombre, el pecado, la muerte y los judíos.

El título del libro indica el propósito del mismo: relatar el comienzo. Los primeros once capítulos presentan el origen de la historia universal desde Adán hasta Noé. Del capítulo 12 al 50 trata la historia de los patriarcas hebreos (los padres) desde Abraham hasta José.

El Dios único es el Creador de todo (capítulo 1). El hombre fue el acto que coronó la creación. El pecado fue la gran desobediencia del hombre (capítulos 2, 3). La característica del pecado del hombre es que donde hay orgullo hay resistencia a la autoridad: rebelión. Dicha rebelión es básicamente contra Dios, y como tal (puesto que Dios es justo) cae bajo el juicio divino: tenemos así el diluvio de los capítulos 6—9. Pero, después de castigado, el hombre persistió en su pecado (capítulo 11); tal es la condición del hombre que, aunque se le castigue, y aunque sepa lo que debe hacer, peca. Pero si el carácter del hombre lo impele a pecar a despecho de su conocimiento, el carácter de Dios es el ser misericordioso a despecho de la persistencia del hombre en el pecado. En el lenguaje teológico al favor inmerecido de Dios se llama «gracia», la cual es, en cierto sentido, el verdadero mensaje de la

Biblia desde Génesis hasta Apocalipsis. Aunque Adán y Eva habían pecado, aunque Caín había matado a su hermano Abel, aunque la humanidad había desobedecido a Dios, mediante Noé, Él salvó a un remanente. En Abraham, ese remanente llegó a ser el pueblo electo, el Israel de Dios, y se prolonga hoy día en quienes verdaderamente se identifican con la iglesia. Por medio de Abraham y los elegidos de los tiempos bíblicos, Dios había de proveer el gran liberador Moisés y el gran Libertador Jesús. También José es símbolo de liberación: si bien sus hermanos lo trataron cruelmente, él los salvo de una muerte de hambre inminente mientras reinaba en Egipto.

El hombre pecó; Dios juzgó, redimió y dio nueva vida. Estos potentes actos se revelan en la creación, el diluvio, la vida de Abraham y de los padres judíos. Los salvadores actos de Dios son el tema de Génesis y de la Biblia en conjunto.

Bosquejo

DE ADÁN A NOÉ: COMIENZO DE LA HISTORIA (capítulos 1—11)
    Creación universal (capítulo 1)
    Adán y Eva; la Caída (capítulos 2—3)
    Caín y Abel, primer homicidio, descendientes de Adán (capítulos 4—5)
    Noé, el diluvio, el Pacto del arcoiris (capítulos 6—9)
    Comienzo de las naciones (capítulo 10)
    Comienzo de los idiomas, de Sem a Abraham (capítulo 11)

DE ABRAHAM A JOSÉ: LOS PADRES HEBREOS (capítulos 12—50)
    Abraham (capítulos 12—25)
    Isaac y los gemelos Jacob y Esaú (capítulos 26—36)
    José (capítulos 37—50)

Éxodo

Autor y fecha
Véase «Pentateuco» al comienzo de este capítulo.

Destinatarios
El pueblo de Israel.

Versículos clave
Éxodo 3.8: «Y he descendido para librarlos de manos de los egipcios, y sacarlos de aquella tierra a una tierra buena y ancha, a tierra que fluye leche y miel...»

Propósito y tema
El título de «Éxodo» procede de la traducción griega del Antiguo Testamento (conocida como Septuaginta), y significa «salida» o «partida». Es un nombre adecuado para el libro que narra la historia de la partida de los judíos de Egipto atravesando el desierto de Sinaí rumbo a la tierra prometida, historia que continua en los dos libros siguientes del Pentateuco.

Moisés es el gran personaje en torno al cual ocurren los sucesos del Éxodo. Al comienzo del libro aparece como niño de cuna, crece hasta ser jefe de los israelitas cuando estos salen de Egipto y vagan por el desierto, y es a él a quien se da la Ley. De su grandeza en la historia no cabe duda. Tampoco cabe dudar de la grandeza de los dos acontecimientos centrales del libro: (1) la liberación del cautiverio egipcio y (2) la dación de la Ley. Estos dos acontecimientos han resultado significativos para la historia judío-cristiana. En ellos se reveló Dios; constituyen ejemplos adicionales de sus actos salvadores.

El Éxodo significó liberación, y hasta el día de hoy lo celebran los judíos en la Pascua (véase «Días sagrados y fiestas»);

de igual modo la Ley, cuya esencia son los Diez Mandamientos, es suma y sustancia de moralidad para los judíos. También para los cristianos el Éxodo y la Ley son esenciales: Cristo en la cruz es el Cordero Pascual, que conmemoramos en la Cena del Señor experimentamos al ser liberados del pecado, así como los hijos de Israel fueron liberados de Egipto. Los Diez Mandamientos forman la base de las leyes y para el cristiano el amor al prójimo es «el cumplimiento de la ley» (Romanos 13.8-10).

Vista del río Nilo. En este río el niño Moisés fue puesto en una arquilla de juncos por su madre (Éx 2.1-10)

Bosquejo

Una curiosidad es que el libro de Éxodo consta de cuarenta capítulos, el mismo número de años de la peregrinación por el desierto. Los cuarenta capítulos se dividen en tres partes: Historia, Ley, Adoración.

HISTORIA: LIBERACIÓN DE EGIPTO (capítulos 1—18)
    Israel en el cautiverio egipcio (capítulo 1)
    Moisés llamado a ser liberador (capítulo 2—4)
    Faraón, Moisés, las diez plagas (sangre, ranas, piojos, pulgas, morriña, úlceras, granizo, langostas, tinieblas, muerte), la Pascua (capítulos 5—12)
    Comienza la peregrinación, paso del Mar Rojo (capítulos 13—14)
    Dios provee: Cántico, agua potable, codornices, maná, victo-

ria (sobre Amalec), consejo (de Jetro, suegro de Moisés) (capítulos 15—18)

LEY: DADA EN EL MONTE SINAÍ (capítulos 19—34)
    La Ley dada a Moisés, los Diez Mandamientos (capítulos 19—31)
    La Ley quebrantada por el pueblo, el becerro de oro, las tablas rotas (capítulo 32)
    La Ley restaurada, las segundas tablas (capítulos 33—34)

El desierto que los israelitas atravesaron al salir de Egipto.

Levítico

Autor y fecha
Véase «Pentateuco», al comienzo de este capítulo.

Destinatarios
Los hijos de Israel, Aarón y sus descendientes.

Versículo clave

Levítico 20.26: «Habéis, pues, de serme santos, porque yo Jehová soy santo, y os he apartado de los pueblos para que seáis míos».

Propósito y tema

Este libro se escribió primariamente para que el pueblo judío comprendiera claramente qué significa vivir santamente. Bosqueja las leyes que rigen la vida santa, y da instrucciones al sacerdocio. La tribu de Leví estaba dedicada al sacerdocio; de ahí el término «sacerdocio levítico». (El título «Levítico» significa «el libro de los levitas».) Los sacerdotes estaban encargados del culto público y la adoración se relaciona evidentemente con la vida santa. El sacerdocio del Antiguo Testamento tiene la esperanza puesta en el Gran Sumo Sacerdote (Jesucristo) del Nuevo.

Como el propósito del libro era instar al pueblo a vivir santamente y adorar en santidad en presencia del santo Dios, ciertas palabras como «santo», «santificar», «santuario», se emplean más de cien veces. La palabra «santificar» significa al pie de la letra «apartar» para el propósito de Dios.

El sistema de sacrificios con sus ofrendas y oblaciones se menciona docenas de veces. Subraya la expiación, así como la limpieza espiritual; en realidad, expiación y santidad son las ideas clave para comprender este libro. El Levítico deja claro que el modo adecuado de allegarse a Dios es por medio del sacrificio (capítulos 1—7), y este énfasis apunta hacia la derramada sangre de Jesucristo en el Calvario. La santidad del pueblo de Dios se subraya en los capítulos 1—27.

Bosquejo
FORMAS DE ALLEGARSE A DIOS (capítulos 1—10)

Mediante el sacrificio: ofrendas de alimentos y animales (capítulos 1—7)
Mediante agentes: los sacerdotes (capítulos 8—10)

FORMAS DE VIDA SANTA DELANTE DE DIOS (capítulos 11—24)
Respecto a alimentos (capítulo 11)
Respecto a la maternidad (capítulo 12)
Respecto a la lepra (capítulos 13—14)
Respecto a la vida privada (capítulo 15)
Respecto a la adoración y el día de expiación (capítulos 16—17)
Respecto a relaciones humanas de laicos y sacerdotes (capítulos 18—22)
Respecto a los siete «días» (o períodos) santos: Pascua, panes sin levadura, primeros frutos, ofrenda encendida, trompetas, día de expiación, tabernáculos (véase «Fiestas y días sagrados») (capítulo 23)
Respecto al aceite y los panes de la proposición (capítulo 24)

FORMAS DE EXPRESIÓN ÉTICA: LEYES Y VOTOS (capítulos 25-27)
Años sabático (séptimo) y del jubileo, los pobres, promesas y advertencias (capítulos 25-26)
Votos al Espíritu Santo (capítulo 27)

Números

Autor y fecha
Véase «Pentateuco», al comienzo de este capítulo.

Destinatarios

El pueblo y sacerdotes de Israel.

Versículos clave

Números 1.2-3: «Tomad el censo de toda la congregación de los hijos de Israel por sus familias, por las casas de sus padres, con la cuenta de los nombres, todos los varones por sus cabezas. De veinte años arriba, todos los que pueden salir a la guerra en Israel, los contaréis tú y Aarón por sus ejércitos».

Números 14.19: «Perdona ahora la iniquidad de este pueblo según la grandeza de tu misericordia, y como has perdonado a este pueblo desde Egipto hasta aquí».

Propósito y tema

El propósito de este libro es histórico. Narra los 40 años de peregrinación por el desierto. Registra el censo de unas dos generaciones (el título «Números» —en griego arithmoi— se emplea porque numera las generaciones de los judíos durante la peregrinación por el desierto). El termino «desierto» se emplea unas 45 veces en el libro. Dios disciplinó a su pueblo en los cuarenta años de peregrinación, porque ellos pecaron con su incredulidad y desobediencia. Pero se revelan en forma poderosa el cuidado y guía de Dios. Aunque Israel se rebeló, Dios jamás quebrantó su pacto; fielmente los guió a Canaán, la tierra prometida a los padres de Israel. Israel es infiel; Dios es fiel. Pero en todo esto no se empaña la santidad de Dios. Las normas para purificarse antes de presentarse ante Dios, destacan vívidamente la santidad del Señor. Su castigo a los judíos idólatras (capítulo 25) pone aun más de relieve su justicia y santidad. El Dios santo es el Dios fiel y guiador del pacto.

Bosquejo

EL CENSO EN EL SINAÍ: PREPARACIÓN PARA EL VIAJE (capítulos 1—9)
    Organización: recuento del pueblo, las tribus preparadas y ordenadas (capítulos 1—2)
    Instrucciones a los levitas, ritos, ofrendas (capítulos 3—8)
    Celebración del primer aniversario de la Pascua (capítulo 9)

VIAJE DESDE EL SINAÍ A CADES-BARNEA (capítulos 10—12)
    Comienza el viaje (capítulo 10)
    Murmuraciones, y el castigo de Dios (capítulos 11—12)

ERRANTES POR EL DESIERTO (capítulos 13—20)
    Los espías informan negativamente sobre la «Tierra Prometida» (capítulo 13)
    Israel rehúsa entrar en la tierra; el castigo de Dios; cuarenta años de experiencia en el desierto (capítulo 14)
    Instrucciones para entrar en la «Tierra Prometida» (capítulo 15)
    Sucesos clave hasta la muerte de Aarón: rebelión de Coré, florecimiento de la vara de Aarón, instrucciones a los levitas, regreso a Cades-Barnea, pecado de Moisés, muerte de Aarón (capítulos 16—20)

VIAJE DE CADES-BARNEA AL JORDÁN (capítulos 21—36)
    Murmuraciones y pecados, pero al final, victoria; la serpiente de bronce. Balaam, inmoralidad (capítulos 21—25)
    Nuevo censo, Josué elegido como sucesor de Moisés (capítulos 26—27)
    Ofrendas y votos (capítulos 28—30)

Victoria de Israel sobre los medianitas (capítulo 31)
Organización tribal y ubicación geográfica, se recapitula la peregrinación, ciudades de refugio (capítulos 32—36)

Deuteronomio

Autor y fecha
Véase «Pentateuco», al comienzo de este capítulo.

Destinatarios
Los hijos de Israel.

Versículo clave
Deuteronomio 10.12-13: «Ahora, pues, Israel, ¿qué pide Jehová tu Dios de ti, sino que temas a Jehová tu Dios, que andes en todos sus caminos, y que lo ames, y sirvas a Jehová tu Dios con todo tu corazón y toda tu alma; que guardes los mandamientos de Jehová y sus estatutos, que yo te prescribo hoy, para que tengas prosperidad?»

Propósito y tema
El título «Deuteronomio» significa en griego «repetición de la Ley». A la nueva generación que está a punto de entrar en Canaán, se le da la Ley, interpretada y ampliada. Reiteradamente se le previene guardar la Ley y seguir en pos de Dios. Verbos como «guardar», «seguir», «poner por obra» aparecen decenas de veces en Deuteronomio. Moisés subraya lo que ocurre a la gente cuando ésta desobedece a la Ley (tragedia), y el fruto que reciben cuando cumplen la Ley (bendiciones de justicia).

Es un libro muy conmovedor, porque en él se halla el mensaje final de Moisés a los hijos de Israel, poco antes que éstos cruza-

En el tabernáculo se ofrecían sacrificios en propiciación por los pecados del pueblo.

ran el Jordán para entrar en la Tierra Prometida. Narra los acontecimientos finales de la vida y ministerio de Moisés. En dos grandes partes puede dividirse en forma natural este libro: capítulos 1—30, mensajes finales de Moisés; y capítulos 31—34, últimos sucesos de la vida y ministerio de Moisés.

Bosquejo

MENSAJES FINALES DE MOISÉS (capítulos 1—30)

Mensaje I: Desde Horeb hasta las llanuras de Moab, el viaje visto retrospectivamente (capítulos 1—4)

Mensaje II: Repetición y explicación de los Diez Mandamientos, con la adición de «Y amarás a Jehová tu Dios de todo tu corazón, y de toda tu alma, y con todas tus fuerzas» (6.5) (capítulos 5—26)

Mensaje III: Mensaje (bendiciones y maldiciones, obediencia y desobediencia) para dramatizar: la mitad del pueblo de pie en el monte Ebal, y la otra mitad en el monte Gerizim, hablándose y respondiéndose recíprocamente (capítulos 27—30)

FIN DE LA VIDA DE MOISÉS: SUCESOS FINALES (capítulos 31—34)
Con 120 años de edad, Moisés está listo para morir, y amonesta a Israel, «esfuérzate y anímate» (vv. 6,7,23) (capítulo 31)
Moisés entona su cántico de despedida (capítulo 32)
Moisés bendice a Israel (capítulo 33)
Últimos sucesos en la vida de Moisés, y su muerte (capítulo 34)

Historia: De Josué a Ester

El Pentateuco es la primera gran división del Antiguo Testamento. Contiene historia y leyes, pero fue por estas últimas que los hebreos le dieron su nombre. Los judíos consideraban el resto del Antiguo Testamento como un comentario sobre la Tora. La segunda gran división se titula sección «Histórica» y consta de los doce libros desde Josué hasta Ester. Estos libros nos narran la historia de Israel en Canaán bajo el gobierno de Josué, los jueces y los reyes, y cuentan el retorno del cautiverio babilónico.

Josué

Autor y fecha

Gran parte del material sugiere que se trata de narraciones de testigo presencial. Sin embargo, Josué es el autor lógico de la mayor parte de la obra. El propio libro es anónimo, y la fecha en que se terminó se desconoce.

Destinatarios
Los hijos de Israel y la posteridad.

Versículo clave
Josué 1.2-3: «Mi siervo Moisés ha muerto. Ahora, pues, levántate y pasa este Jordán, tú y todo este pueblo, a la tierra que yo les doy a los hijos de Israel. Yo os he entregado, como lo había dicho a Moisés, todo lugar que pisare la planta de vuestro pie».

Propósito y tema
El propósito es histórico: narrar la conquista y división de la tierra de Canaán. No es pues de extrañar que palabras como «poseer», «heredad», «herencia» aparezcan con frecuencia. El libro muestra muy claramente como las promesas de Dios en cuanto a la Tierra Prometida se cumplieron. También hay advertencias en cuanto a lo que ocurre cuando el pueblo de Dios no cumple su parte del convenio. Hay aquí un claro testimonio en pro del Dios de los israelitas, quien tiene poder para triunfar en la batalla por la edificación de su Reino, e invita a los hombres a compartir dicho reino participando en el Pacto. Aunque los hijos de Israel pecan, Dios se mantiene fiel a su pacto, como lo ha sido en el pasado. Aunque ellos no alcanzan la obediencia completa (17.13; 18.3), Dios no les falla. Además, era imprescindible que Dios mostrara a su pueblo elegido los peligros de mezclarse diariamente con los paganos canaaneos: esto podía poner en peligro su fe en el único verdadero y poderoso Dios, y rebajar sus normas morales. El libro apunta hacia el Nuevo Testamento en el relato de Rahab (Hebreos 11.31), por ejemplo, y en la conquista de Canaán, símbolo de la edificación del reino de Cristo.

Bosquejo

ENTRADA EN LA TIERRA PROMETIDA (capítulos 1—5)
    Preparación para cruzar la frontera y entrar en la Tierra Prometida, Rahab protege a los espías (capítulos 1—2)
    El Jordán preparado para el cruce, entrada en Canaán (capítulos 3—5)

CONQUISTA DE LA TIERRA PROMETIDA (capítulos 6—12)
    Campaña de la región central (capítulos 6—8)
    Caída de Jericó (capítulo 6)
    Derrota en Ai por el pecado de Acán, seguido de la derrota y captura de Ai (capítulos 6—8)
    Campaña de la región del sur (capítulos 9—10)
    Astucia de los gabaonitas (capítulo 9)
    Derrota de los amorreos (capítulo 10)
    Campaña de la región del norte, victoria de Merom (capítulo 11)
    Resumen de reyes derrotados (capítulo 12)

DIVISIÓN DE LA TIERRA PROMETIDA (capítulos 13—22)
    Rubén, Gad, la media tribu de Manasés: este del Jordán (capítulo 13)
    Judá (asociado a Caleb): sur (capítulos 14—15)
    Efraín y la otra media tribu de Manasés: oeste del Jordán (capítulos 16—17)
    Las otras tribus (siete de ellas) establecidas (capítulos 18—20)
    Ciudades de los levitas (capítulo 21)
    Regreso de las tribus del este, construcción del altar a Jehová (capítulo 22)

MENSAJES FINALES DE JOSUÉ Y SU MUERTE (capítulos 23—24)

Jueces

Autor y fecha

La tradición judía dice que Samuel fue el autor de este libro, pero los eruditos cristianos concuerdan en que nadie sabe con certeza quién lo escribió. Quizá Samuel o uno de sus colegas profetas lo compiló. Hay fuentes del libro (registros que los propios jueces escribieron, por ejemplo), pero fue probablemente compilado cerca del comienzo de la monarquía, quizá durante el reinado de Saúl (1050/51/-1011/10).

Destinatarios

Al parecer, el pueblo judío y la posteridad.

Versículos clave

Jueces 2.16-17: «Y Jehová levantó jueces que los librasen de manos de los que les despojaban; pero tampoco oyeron a sus jueces, sino que fueron tras dioses ajenos a los cuales adoraron; se apartaron pronto del camino en que anduvieron sus padres obedeciendo a los mandamientos de Jehová; ellos no hicieron así».

Propósito y tema

El propósito es presentar el material histórico desde la muerte de Josué hasta la época de Samuel. El pueblo oscilaba de la maldad al arrepentimiento, y este repetido ciclo se expresa de modo impresionante. El libro muestra la confusión que se produce cuando la gente va en pos de sus propios caprichos en vez de someterse a líderes responsables. Una de las notas clave del libro es, «cada uno hacía lo que bien le parecía» (Jueces 17.6; 21.25). Los propios jueces eran salvadores o libertadores (3.9) de su pueblo, al mismo tiempo que administradores de justicia. Seis grandes jueces aparecen en este libro, cinco de menor importancia, y a uno, llamado Samgar ben Amat, se le concede sólo un versículo (3.31). Dotados del poder del Espíritu de Dios (6.32), eran instrumentos de Dios. Nótese lo trágicamente inevitable que es el pecado del hombre cuando éste cuenta sólo con sus propios recursos: «Mas acontecía que al morir el juez ellos volvían atrás, y se corrompían más que sus padres...» (2.19a).

Bosquejo
FRACASO DE ISRAEL Y CONSIGUIENTE INSTITUCIÓN DE LOS JUECES (capítulos 1 — 2)

LOS DOCE JUECES DE ISRAEL (capítulos 3—16)
    Otoniel, Aod y Samgar (capítulo 3)
    Débora, su cántico de victoria (capítulos 4—5)
    Gedeón (capítulos 6—8)
    El malvado Abimelec (no fue juez) se apodera del trono (capítulo 9)
    Tola y Jair (capítulo 10)
    Jefté (capítulo 11)
    Ibzán, Elón, Abdón (capítulo 12)
    Sansón (capítulos 13—16)

APÉNDICE: MALDADES DE ISRAEL Y LA CONFUSIÓN RESULTANTE (capítulos 17—21)
    Idolatría de Micaías (capítulos 17—18)
    Crimen de Gabaa, castigo (capítulos 19—21)

Rut

Autor y fecha

Desconocidas. Los antiguos judíos creían que Samuel era el autor. El libro mismo no da ninguna clave. La historia ocurrió «en los días que gobernaban los jueces» (1.1). Pero no fue entonces que se escribió; las referencias a David (4.17, 22) muestran que se escribió después que éste había ascendido al trono. No se sabe exactamente cuándo, si inmediatamente después o más tarde.

Destinatarios

Israel y la posteridad.

Versículos clave

Rut 1.16-17: «Respondió Rut: No me ruegues que te deje, y me aparte de ti; porque adondequiera que tú fueras, iré yo, y dondequiera que vivieres, viviré. Tu pueblo será mi pueblo, y tu Dios mi Dios. Donde tú murieres, moriré yo, y allí seré sepultada; así me haga Jehová, y aun me añada, que sólo la muerte hará separación entre nosotras dos».

Rut 4.5-6: «Entonces replicó Booz. El mismo día que compres las tierras de mano de Noemí, debes tomar también a Rut la moabita, mujer del difunto, para que restaures el nombre del muerto sobre su posesión. Y respondió el pariente: No puedo redimir para mí, no sea que dañe mi heredad. Redime tú, usando de mi derecho, porque yo no podré redimir».

Rut 4.17: «Y le dieron nombre las vecinas, diciendo: le ha nacido un hijo a Noemí; y lo llamaron Obed. Este es padre de Isaí, padre de David».

Propósito y tema

Este libro, de carácter bucólico o pastoril, hace remontar la ascendencia del rey David hasta Rut la moabita, lo cual indica un propósito histórico. Pero hay algo más: procura demostrar que la religión genuina no es monopolio de ningún pueblo, raza o nación. Es significativo además su expresión de devoción filial: «Respondió Rut: No me ruegues que te deje, y me aparte de ti; porque adondequiera que tú fueres, iré yo, y dondequiera que vivieres, viviré. Tu pueblo será mi pueblo, y tu Dios mi Dios. Donde tú murieres, moriré yo, y allí seré sepultada; así me haga Jehová, y aun me añada, que sólo la muerte hará separación entre nosotras dos». Esta ejemplar historia revela que la bendición divina se derrama sobre quien sirve a Dios. Este es uno de los dos libros bíblicos que llevan nombre de mujer; el otro es Ester. Obsérvese que Rut fue una gentil y que fue una antepasada de David y de Jesús, hecho que demuestra la inclusión de los gentiles tanto como de los judíos en la promesa mesiánica (Mateo 8.11). También Booz apunta hacia Cristo al desempeñar la parte de pariente redentor (Levítico 25.25,47-49), así como Jesús es nuestro Pariente Redentor. La historia de Rut señala también hacia Pentecostés: los judíos acostumbraban a leer esta historia de las mieses en la fiesta de las Semanas o de la Cosecha del Trigo, que más adelante se llamó fiesta de Pentecostés (Hechos 2).

Bosquejo
RUT RESUELVE QUEDARSE CON NOEMÍ, LLEGADA DE RUT A BELÉN (capítulo 1)

RUT TRABAJA EN EL CAMPO; GENEROSIDAD DE BOOZ (capítulo 2)

ORIENTADA POR NOEMÍ, RUT BUSCA A BOOZ (capítulo 3)

MATRIMONIO DE BOOZ Y RUT, EL HIJO DE RUT, ANTE-
PASADO DE DAVID (capítulo 4)

1 Samuel

Autor y fecha
Desconocidas. La más antigua tradición judía atribuía el libro a Samuel, pero su muerte se narra en 25.1. Con base en 1 Crónicas 29.29, se ha sugerido que Samuel, Natán y Gad, son los autores. Sabemos que Samuel escribía registros (1 Samuel 10.25). 1 y 2 Samuel abarcan aproximadamente el período 1050-960 ó 965 A.C. Se ignora exactamente cuando se concluyeron los libros de Samuel.

Destinatarios
Presumiblemente el pueblo judío y la posteridad.

Versículo clave
1 Samuel 8.19-20: «Pero el pueblo no quiso oír la voz de Samuel y dijo: No, sino que habrá rey sobre nosotros; y nosotros seremos también como todas las naciones, y nuestro rey nos gobernará, y saldrá delante de nosotros, y hará nuestras guerras».

Propósito y tema
1 Samuel recoge la historia de los judíos a partir del período de los jueces; nos brinda datos desde el nacimiento de Samuel hasta la muerte de Saúl. Samuel fue juez y profeta, y enlaza el período de los jueces con el de la monarquía.

1 Samuel narra el origen de la monarquía; deja sentadas las cualidades de un buen rey y clama por dirigentes justos.

Samuel fue varón de profunda piedad religiosa, completamente dedicado a Dios. En cierto sentido simboliza a Cristo, pues fue profeta (el primero, y jefe de una escuela de profetas), sacerdote (después de Elí) y, en cierto sentido, rey (en realidad, juez, el último de éstos). Los antiguos judíos quizás hayan considerado a Samuel el más grande personaje después de Moisés; obtuvo su relevante posición en la historia por haber dirigido a la nación y por el hecho de ungir al primer rey de Israel (Saúl), y al más grande rey (David). Hay que destacar el justo gobierno de Samuel: el pueblo lo reconoció como profeta de Dios (3.20), fue buen sacerdote en una época en que los sacerdotes eran malos (2.12 ss.) y su muerte fue llorada en toda la nación (28.3). Sin duda Ana, su madre, tuvo mucho que ver con la vida pía de Samuel, pues ella misma era una mujer piadosa y lo dedicó al Señor. Pero aunque él mismo no se desvió de su vida santa, cuando envejeció nombró a sus dos hijos como jueces del distrito de Beerseba, y ellos fueron tan malos que los ancianos de Israel protestaron, y luego exigieron que les nombraran rey. Samuel advirtió al pueblo lo que ser rey entrañaba, y les hizo ver que mantenerse al nivel de las naciones paganas que los rodeaban era una razón altiva y pecaminosa (8.9ss.). Pero aquel primer rey que se nombró fue Saúl, ¡y qué impresionante figura fue en verdad, con su desequilibrio mental! No sabía distinguir entre lo material y lo espiritual, era tornadizo y no obedecía a Dios. En las postrimerías de su vida confesó: «He aquí yo he hecho neciamente». Y se suicidó. (Contrástese con lo que otro Saúl —Saulo de Tarso— dijo: «He peleado la buena batalla».) En la carrera de Saúl debe destacarse su desobediencia al mandato divino de exterminar a los amalecitas (15.3), y la gran admonición de Samuel: «Obedecer es mejor que el sacrificio»; es decir que los buenos ritos no pueden sustituir al corazón leal. (Respecto a David, véase 2 Samuel.)

Bosquejo

SAMUEL PROFETA Y JUEZ (capítulos 1—7)
  Nacimiento de Samuel (capítulo 1)
  Cántico-plegaria de Ana, los malvados hijos de Elí (capítulo 2)
  El niño Samuel llamado por Dios (capítulo 3)
  Castigo de los hijos de Elí, muerte de Elí (capítulo 4)
  El arca del pacto cae en manos filisteas; luego retorna a Israel, etc. (capítulos 5—7)

SAUL REY (capítulos 8—15)
  Israel desea tener rey (capítulo 8)
  Saúl ungido rey (capítulos 9—10)
  Saúl derrota a Amón (capítulo 11)
  Discurso de despedida de Samuel: «... Temed a Jehová y servidle de verdad con todo vuestro corazón» (capítulo 12)
  Saúl desobedece a Dios (capítulo 13—15)

APARECE DAVID (capítulos 16—31)
  David ungido como futuro rey (capítulo 16)
  David y Goliat (capítulo 17)
  David y Jonatán (capítulo 18)
  Saúl procura matar a David, etc. (capítulos 19—23)
  David perdona la vida a Saúl (capítulo 24)
  Muerte de Samuel, Nabal (capítulo 25)
  David vuelve a perdonar la vida a Saúl, confesión de Saúl «Yo he hecho neciamente» (capítulo 26)
  David huye de Saúl (capítulo 27)
  Saúl y la bruja de Endor (capítulo 28)
  Batallas de David, Saúl derrotado y muerto (capítulos 29-31)

2 Samuel

Autor
Desconocida. En la Biblia hebrea los libros de 1 y 2 Samuel son uno solo, de modo que los datos en cuanto a la paternidad de 1 Samuel se aplican a 2 Samuel.

Fecha
Véanse datos sobre 1 Samuel.

Destinatarios
El pueblo judío y la posteridad.

Versículo clave
2 Samuel 5.5: «En Hebrón reinó sobre Judá siete años y seis meses, y en Jerusalén reinó treinta y tres años sobre todo Israel y Judá».

Propósito y tema
El libro abarca casi todo el período del reinado de David (40 años según 1 Reyes 2.11). De modo que el propósito es narrar la historia de los judíos desde la muerte de Saúl hasta el comienzo del reinado de Salomón, y demostrar el poder de la monarquía durante este magno período de la historia de Israel.

David no siempre obedeció a Dios, pero fue un caudillo mucho más consecuente que Saúl. Sus años juveniles como pastor lo dotaron de un cuerpo recio y le enseñaron la sabiduría que se aprende de la naturaleza a campo raso. Asombró a todos al matar a Goliat (posiblemente la piedra que usó en su honda pesaba casi medio kilogramo, y un hondero hábil puede disparar una piedra así a una velocidad de 150 a 200 kilómetros por hora). Como defensor de sus ovejas, había aprendido métodos de lucha que le dieron confianza contra el gigante. Su confianza en Dios le dio la victoria. Más adelante habría de obtener mayores triunfos en lo militar. Su toma de Jerusalén fue un momento cumbre en la historia judía, pues dicha ciudad iba a ser el gran centro religioso de Israel. Su agudo sentido religioso se ilustra con el traslado del arca a Jerusalén (6.1-23) y con su deseo de edificar casa para Dios (7.1-29). Su temperamento artístico, manifestado en la música y la poesía, le ganaba el cariño de los amantes de la belleza. Y su paralela capacidad de sentimientos se revela en su dolor por la muerte de Saúl, Jonatán y Absalón. Pero su pecado con Betsabé ilustra la trágica verdad de que hasta el más bueno y mejor dotado de los hombres puede ceder a la tentación. Hay que admirar la valentía del profeta Natán al denunciar el pecado en la cara del pecador (11.1—12.14). Obsérvense también los trágicos resultados y derivaciones del pecado de David.

Bosquejo
REINADO DE DAVID EN JERUSALÉN SOBRE TODO ISRAEL DURANTE TREINTA Y TRES AÑOS (capítulos 5—24)
    David toma a Jerusalén (capítulo 5)
    El arca es trasladada a Jerusalén (capítulo 6)
    Promesa de Dios a David (capítulo 7)
    David extiende los límites de su reino (capítulo 8)
    David se muestra bondadoso con Mefiboset, hijo de Jonatán (capítulo 9)
    David derrota a los amonitas y sirios (capítulo 10)
    David peca contra Urías, y un día escucha las ásperas palabras de Natán, «Tú eres el hombre» (capítulos 11—12)

    Los acontecimientos de Absalón, Absalón derrota temporalmente a David, muerte de Absalón, llanto de David: «¡Hijo mío Absalón, hijo mío, hijo mío Absalón»! (capítulos 13—18)

Luto de David por Absalón, Joab mata a Amasa (capítulo 19)

REINADO DE DAVID SOBRE JUDÁ EN HEBRÓN DURANTE SIETE, AÑOS Y MEDIO (capítulos 1-4)
Cántico fúnebre de David por la muerte de Saúl y Jonatán (capítulo 1)
David proclamado rey sobre Judá; Isboset, hijo de Saúl, rey de Israel (capítulo 2)
Abner busca a David para hacerlo rey de todo Israel, pero Abner resulta asesinado (capítulo 3)
Isboset es muerto (capítulo 4)
La rebelión de Seba aplastada (capítulo 20)
Saúl y Jonatán son sepultados de nuevo (capítulo 21)
David entona un cántico de gratitud y liberación (capítulo 22)
Últimas palabras de David; los valientes de David (capítulo 23)
David levanta el censo de Israel y Judá (capítulo 24)
Sobre las ruinas del grandioso templo de Salomón los mulsumanes edificaron lo que hoy se conoce como «Cúpula de la roca» o la Mezquita de Omar.

1 Reyes

Autor y fecha

Desconocidas. La tradición judía dice que Jeremías escribió 1 y 2 Reyes. En épocas recientes algunos eruditos han apoyado esa tesis, y es interesante que 2 Reyes 24.18—25.30 tiene gran semejanza con Jeremías 52. Pero hay suficientes incógnitas en este punto de vista respecto a la paternidad para hacerlo improbable. Hubo empleo de diferentes fuentes, como por ejemplo el «Libro de los Hechos de Salomón» (1 Reyes 11.41), las «Crónicas de los reyes de Judá» (1 Reyes 14.29 y otros), el «Libro de las historias de los reyes de Israel» (1 Reyes 14.19 y otros). Se cree que esos eran documentos oficiales, y puede que se hayan empleado también otras fuentes. Ha surgido la tesis de que un contemporáneo de Jeremías escribió los libros de Reyes en la primera mitad del siglo sexto A.C.(1 y 2 Reyes eran un solo libro en la Biblia hebrea; en la Septuaginta, Samuel y Reyes son I, II, III y IV libros de los Reinos, y en la Vulgata, I, II, III, y IV libros de los Reyes.)

Destinatarios

El pueblo de Israel y la posteridad.

Versículo clave

1 Reyes 8.25: «Ahora, pues, Jehová Dios de Israel, cumple a tu siervo David mi padre lo que le prometiste, diciendo: No te faltará varón delante de mí, que se siente en el trono de Israel, con tal que tus hijos guarden mi camino y anden delante de mí como tú has andado delante de mí».

Propósito y tema

El propósito de 1 Reyes es narrar la historia de Israel desde la muerte de David hasta la de Acab y mostrar que la mayoría de los reyes le volvieron la espalda a Dios a pesar del pacto. La promesa de Dios a David (2 Samuel 7.12-16) es la base para juzgar a los reyes de Judá; en efecto, los reyes de 1 y 2 Reyes son comparados con el propio David, el cual cumplió en casi todo el pacto; y el rey Jeroboam, que no cumplió el pacto se presenta también como punto de comparación. La mayoría de los reyes fueron malos como Jeroboam; unos pocos fueron buenos, como David: Asa (1 Reyes 15), Josafat (1 Reyes 22), Ezequías (2 Reyes 18-20), Josías (2 Reyes 22-23). Pero aun éstos tuvieron, como David, sus defectos. Las palabras con que David se despide de

Salomón expresan cómo debe ser el gobierno justo (1 Reyes 2.1ss). 1 Reyes narra la grandeza de Salomón y su gobierno como rey, la división de los reinos en el del norte («Israel») y el del sur («Judá»), hasta los reinados de Acab en el norte y Josafat en el sur. Aparece en escena Elías (así como Eliseo en 2 Reyes) como una especie de puente entre la é poca anterior y el período de los profetas.

Bosquejo
REINADO DE SALOMÓN (capítulos 1—11)
    Últimos días del rey David (1.1—2.11)
    Comienza el reinado de Salomón (2.12-16)
    Salomón pide a Dios sabiduría (capítulo 3)
    Sabio juicio y administración de Salomón (capítulo 4)
    Edificación del templo (capítulos 5—7) (El templo estaba dispuesto como el tabernáculo)
    Dedicación del templo, sermón y plegaria de Salomón (capítulo 8)
    Promesa de Dios a Salomón (capítulo 9)
    Salomón visitado por la reina de Saba (capítulo 10)
    Pecado de Salomón, su castigo y su muerte (capítulo 11)

REBELIÓN EN ISRAEL Y EL REINO DIVIDIDO: DE ROBOAM Y JEROBOAM A ACAB (capítulos 12—16.28)
    Rebelión de las diez tribus; el reino queda dividido en el del norte y el del sur; Roboam reina en el sur, Jeroboam en el norte (capítulos 12—14)
    Abiam y Asa reinan en Judá (15.1-24)
    Nadab reina en Israel (15.25-32)
    Baasa reina en Israel (15.33-16.7)
    Ela reina en Israel (16.8-14)
    Zimri reina en Israel (16.15-22)

Omri reina en Israel; Omri establece la capital en Samaria (16.23-28)

REINADO DE ACAB, EL PROFETA ELÍAS (16.29—22.53)

Elías predice tres años de sequía; es alimentado en el arroyo de Querit; resucita al hijo de la viuda (16.29—17.24)

Enfrentamiento: Elías contra los profetas de Baal; vuelve a llover (capítulo 18)

Aliento para Elías, «un silbo apacible y delicado» (capítulo 19)

Acab vence a Ben-adad, pero Acab peca (capítulo 20)

Acab y Jezabel matan a Nabot para adueñarse de su viña (capítulo 21)

Acab muere en la batalla (capítulo 22)

Estatua de Elías recordando su victoria sobre los profetas de Baal en el monte Carmelo

2 Reyes

Autor y fecha
Véase 1 Reyes en este capítulo.

Destinatarios
Los judíos y la posteridad.

Versículos clave
2 Reyes 17. 19-20: «Mas ni aun Judá guardó los mandamientos de Jehová su Dios, sino que anduvieron en los estatutos de Israel, los cuales habían ellos hecho. Y desechó Jehová a toda la descendencia de Israel, y los afligió, y los entregó en manos de saqueadores, hasta echarlos de su presencia».

Propósito y tema
2 Reyes se propone registrar la historia del pueblo judío desde la muerte de Acab y de Josafat hasta el cautiverio babilónico y un poco más allá. La historia en 2 Reyes se inicia aproximadamente en el siglo noveno A.C. y se prolonga hasta pasado el cautiverio de 586 A.C. La antigua admonición —que quienes obedecen a Dios y guardan su pacto (Éxodo 19.5; 24.3-8) tienen su bendición, y quienes desobedecen reciben su ira— aparece claramente en 2 Reyes, especialmente en los capítulos 17-23. Este principio se ilustra dramática e históricamente en la caída de Israel a manos de Asiria (2 Reyes 17), y de Judá a manos de Babilonia (2 Reyes 25). Así que 1 y 2 Reyes contienen idéntico mensaje: que los actos rebeldes del hombre redundan en actos punitivos de Dios.

Bosquejo

EL PROFETA ELISEO TOMA EL LUGAR DE ELÍAS (capítulos 1—12)

Últimos días de Elías, su traslado al cielo (capítulos 1—2)
Eliseo predice la victoria sobre Moab (capítulo 3)
Milagros de Eliseo: Aceite de la viuda, resurrección del hijo de la sunamita, curación de Naamán el leproso, etc. (capítulos 4—5)
Ben-hadad pone sitio a Samaria (capítulo 6)
El ejército sirio huye (capítulo 7)
Hazael, rey de Siria (capítulo 8)
Jehú reina en Israel, mata a Jezabel y a otros (capítulo 9)
Jehú ejecuta a los hijos de Acab y extermina el culto a Baal (capítulo 10)
Atalía usurpa el trono de Judá durante seis años, luego Joás es proclamado rey (capítulo 11)
Joás repara el templo (capítulo 12)

DE LA MUERTE DE ELISEO HASTA EL CAUTIVERIO DEL REINO DEL NORTE (capítulos 13—17)

Muerte de Eliseo (capítulo 13)
Reinado de Amasías sobre Judá; Joás y Jeroboam II reinan sobre Israel (capítulo 14)
Uzías (Azarías) reina sobre Judá (52 años), y después reina Jotam; Zacarías, Salum, Manahem, Pekaía y Peka reinan sobre Israel (capítulo 15)
Acaz reina sobre Judá (capítulo 16)
Asiria se lleva cautivas a las diez tribus del norte (capítulo 17).

HISTORIA DE JUDÁ DESDE EZEQUÍAS HASTA EL CAUTIVERIO DEL REINO DEL SUR (capítulos 18—25)

Ezequías reina en Judá; Ezequías se enfrenta a Senaquerib; el ejército de Senaquerib muere a manos del Señor (capítulos 18—19)

Enfermedad de Ezequías y su cura milagrosa; muerte de Ezequías (capítulo 20)

Perverso reinado de Manasés (capítulo 21.1-18)

Perverso reinado de Amón (capítulo 21.19-26)

El buen rey Josías y sus reformas (22.1—23.30)

Joacaz (Salum), rey (23.31-35)

Joacim (Eliaquim), rey (23.36—24.7)

Joaquín (Jeconías, Conías), rey; su exilio a Babilonia (24.8-17)

El rey Sedequías llevado en cautiverio por Nabucodonosor, destrucción final de Jerusalén (24.18—25.30)

1 Crónicas

Autor

Una antigua tradición judía dice que Esdras fue el autor de 1 y 2 Crónicas. Puede que Esdras haya compilado crónicas anteriores a los libros de Esdras y Nehemías. Como fuentes se emplearon Samuel y Reyes, además de registros y documentos.

Fecha

Por los tiempos de Esdras, posiblemente entre 430 y 400 A.C.

Destinatarios

Los judíos que habían vuelto del cautiverio.

Versículos clave

1 Crónicas 28.9-10: «Y tú, Salomón, hijo mío, reconoce al Dios de tu padre, y sírvele con corazón perfecto y con ánimo voluntario; porque Jehová escudriña los corazones de todos, y entiende todo intento de los pensamientos. Si tú le buscares lo hallarás; mas si lo dejares, él te desechará para siempre. Mira pues, ahora, que Jehová te ha elegido para que edifiques casa para el santuario; esfuérzate, y hazla».

Propósito y tema

En la Biblia hebrea, 1 y 2 Crónicas, al igual que 1 y 2 Reyes, son un solo libro. El adecuado título de «Crónicas» procede de la Vulgata de San Jerónimo. Dato interesante es que las Crónicas abarcan el mismo período histórico general que Samuel y Reyes (desde los primeros reyes hebreos hasta pasado el cautiverio babilónico), pero desde un punto de vista muy diferente.

Los libros de los Reyes tienen un timbre de voz de profeta —nótense las prolijas referencias a Elías y Eliseo— mientras que las Crónicas tienen un estilo más sacerdotal, con sus numerosas referencias al templo. Sacerdotes, levitas —cuanto tiene que ver con el culto— se menciona en las Crónicas. Es por tanto normal que el escritor de Crónicas se refiera más al Reino del Sur, donde se hallaban Jerusalén y el templo, que al Reino del Norte. Las Crónicas son, pues, una historia de la dinastía davídica, con especial referencia al templo, los sacerdotes y el culto. Estos judíos que habían vuelto del cautiverio y que se hallaban bajo la influencia de la pagana monarquía persa, necesitaban que se les recordara su real unidad en el Dios verdadero. No había ninguna otra base posible para la unidad nacional; ya los judíos no tenían su propia monarquía. El propósito del libro no es por tanto simplemente histórico, sino profundamente espiritual. Se pone énfasis en las bendiciones de la religión verdadera, y se declara que la unidad del pueblo del Pacto tiene su centro en Dios.

Bosquejo
IMPORTANTES GENEALOGÍAS JUDAICAS (capítulos 1—9)
  Patriarcas: de Adán a Jacob y Esaú, y a la familia de Esaú (capítulos 2—3)
  Hijos de Israel (Jacob), los descendientes de Judá y David hasta Zorobabel y el regreso del cautiverio (capítulos 2—3)
  Más datos genealógicos de la familia de Judá, los descendientes de Simeón (capítulo 4)
  Descendientes de Rubén, Gad y Manasés (5.1-26)
  Descendientes de las familias de Leví (5.27—6.81)
  Descendientes de Isacar, Benjamín, Neftalí, Media Tribu de Manasés, Efraín, Aser (capítulo 7)
  Más datos genealógicos sobre los descendientes de Benjamín hasta el tiempo de Saúl (capítulo 8)
  Residentes de Jerusalén tras el retorno del cautiverio (capítulo 9)

ÚLTIMOS DIAS DE SAÚL Y REINADO DEL REY DAVID (capítulos 10—21)
  Últimos días y muerte de Saúl (capítulo 10)
  David coronado rey (capítulo 11)
  Los valientes de David (capítulo 12)
  David lleva el arca de Quiriat-jearim a Jerusalén, Victoria sobre los filisteos, Salmo de gratitud (capítulos 13—16)
  Se prohibe a David edificar el templo (capítulo 17)
  Crónica de la autoridad y victorias de David (capítulos 18—21)

DE LOS PREPARATIVOS PARA EDIFICAR EL TEMPLO A LA MUERTE DE DAVID Y EL ENTRONIZAMIENTO DE SALOMÓN (capítulos 22—29)

David prepara materiales para edificar el templo (capítulo 22)
David organiza a los levitas, sacerdotes, músicos y trabajadores del templo (capítulos 23—26)
David organiza las autoridades civiles y militares (capítulo 27)
Últimas palabras de David; Salomón es entronizado (capítulos 28—29)

2 Crónicas

Autor y fecha
Véase introducción a 1 Crónicas.

Destinatarios
El pueblo judío vuelto del cautiverio.

Versículos clave
2 Crónicas 5.1: «Acabada toda la obra que hizo Salomón para la casa de Jehová, metió Salomón las cosas que David su padre había dedicado; y puso la plata, y el oro, y todos los utensilios, en los tesoros de la casa de Dios».

2 Crónicas 36.14: «También todos los principales sacerdotes, y el pueblo, aumentaron la iniquidad, siguiendo todas las abominaciones de las naciones, y contaminando la casa de Jehová, la cual él había santificado en Jerusalén».

Propósito y tema
1 Crónicas cuenta sobre el reinado de David y su ilusión de edificar el templo; 2 Crónicas cuenta la edificación del templo por Salomón y también la apostasía del pueblo judío y su negligencia respecto al culto en el templo. (Véase también el comentario sobre 1 Crónicas.)

Bosquejo
REINADO DE SALOMÓN (capítulos 1—9)
> Salomón tiene una visión de Dios; riqueza y sabiduría (capítulo 1)
> Preparación final de Salomón para construir el templo (capítulo 2)
> Edificación del templo (capítulos 3—4)
> Dedicación del templo (capítulos 5—7)
> Actividades de Salomón; visita de la reina de Saba; muerte de Salomón después de reinar cuarenta años (capítulos 8—9)

HISTORIA DE JUDÁ HASTA SU CAÍDA (capítulos 10—36)
> La nación dividida poco después de iniciado el reinado de Roboam; éste fortalece su reino y muere después de reinar diecisiete años (capítulos 10—12)
> Reinado de Abías; su guerra contra Jeroboam (capítulo 13)
> Asa comienza bien su reinado; reforma; fracaso y muerte (capítulos 14—16)
> Desdichada alianza de Josafat con Acab; Josafat es reprendido; Judá es invadido bajo Josafat; luego liberado (capítulos 17—20)
> Gobierna el malvado rey Joram (capítulo 21)
> Gobierna el malvado rey Ocozías; Atalía; Joás llega al trono; el templo reparado; Joás asesinado (capítulos 22—24)
> Gobierna el rey Amasías, quien combate a Edom e Israel (capítulo 25)
> Reinado de Uzías (Azarías); su transgresión (capítulo 26)
> Buen reinado del rey Jotam; apostasía del pueblo (capítulo 27)
> Perverso reinado del rey Acaz (capítulo 28)
> Buen reinado del rey Ezequías; su gran celebración de la Pascua; reforma; Ezequías milagrosamente librado de los asirios (capítulos 29-32)

Perverso reinado del rey Manasés; su reforma; reina su hijo Amón; Amón asesinado (capítulo 33)

Buen reinado del rey Josías; reforma; muerto en batalla contra el rey de Egipto (capítulos 34-35)

Los reyes Joacaz, Joacim, Joaquín y Sedequías son gobernantes malvados; cautiverio babilónico de Judá (capítulo 36)

Esdras

Autor y fecha

Desconocidos, pero quizás Esdras («Ayudante»), sacerdote y escriba, fue el autor o compilador. Se valió de diversas fuentes para narrar los sucesos que no presenció. Esdras vivió en el siglo V A.C.

Destinatarios

Los judíos regresados del cautiverio.

Versículo clave

Esdras 2.1: «Estos son los hijos de la provincia que subieron del cautiverio, aquellos que Nabucodonosor rey de Babilonia había llevado cautivos a Babilonia, y que volvieron a Jerusalén y a Judá cada uno a su ciudad».

Propósito y tema

Narración de la historia de la nación a partir del cautiverio babilónico, incluyendo la reubicación en Jerusalén y Judá. En efecto, Esdras nos da casi todos los detalles con que contamos a los judíos procedentes del cautiverio babilónico bajo Ciro (539 A.C.) hasta la entrada de Esdras en Jerusalén en 457 A.C. Obsérvese también la relación entre el final de 2 Crónicas y Esdras 1.1-4. El libro está escrito desde el punto de vista religioso y considera a los judíos como reino de sacerdotes y nación santa que ha de andar bajo la esplendorosa luz de la Ley. Hay dos regresos del cautiverio babilónico bien diferenciados: el dirigido babel (capítulos 1—6), y, años más tarde, el dirigido por Zorobabel (capítulos 7—10). La omnipotente providencia de Dios aparece cuando Ciro permite a los judíos reconstruir su templo (capítulo 1); pero los judíos prefieren las comodidades de sus hogares en Babilonia antes que las dislocadas condiciones de Judá (capítulo 2). Aunque comenzaron bien (capítulo 3), permitieron que los adversarios detuvieran la construcción (capítulo 4). Pero nuevamente, después de algunos años, volvieron a emprender la tarea movidos por el despertamiento que se produjo mediante la predicación de Hageo y de Zacarías, y el templo fue terminado en A.C. (capítulos 5—6). Esdras llega a Jerusalén, por orden del rey de Ciro, para inspirar y disciplinar al pueblo de acuerdo con la Ley judía (capítulo 7). Llevó consigo más exiliados (capítulo 8), y se enfrentó con los problemas de la reubicación, especialmente el que representaban los matrimonios mixtos entre judíos y paganos (capítulos 9—10).

Bosquejo
PRIMER REGRESO DEL EXILIO Y RECONSTRUCCIÓN DEL TEMPLO BAJO ZOROBABEL (capítulos 1—6)
Ciro deja ir a los exiliados a reconstruir el templo, pero los judíos prefieren las comodidades de Babilonia (capítulos 1—2)

Reconstrucción del templo (capítulos 3-6)

Se edifica el altar; se ponen los cimientos del templo (capítulo 3)

Oposición samaritana; retraso de varios años (capítulo 4)

Hageo y Zacarías inspiran la vuelta al trabajo (capítulo 5)

Se termina el templo (capítulo 6)

SEGUNDO REGRESO DEL EXILIO BAJO ESDRAS (capítulos 7—10)
  Preparación y regreso a Jerusalén bajo Esdras (capítulos 7—8)
  Lamento de Esdras y su oración por el pueblo que vive sin apartarse del mundo (matrimonios mixtos). Reformas de Esdras (capítulos 9—10)

Nehemías

Autor y fecha

Quizá Nehemías («Jehová consuela»), laico que gobernó a Judá unos doce años, haya sido el autor.

Destinatarios

Los judíos que regresaron del cautiverio a Jerusalén.

Versículo clave

Nehemías 4.6: «Edificamos, pues, el muro y toda la muralla fue terminada hasta la mitad de su altura, porque el pueblo tuvo ánimo para trabajar».

Propósito y tema

El libro narra la bella historia del vivo interés de Nehemías y tema por el pueblo que habitaba en Jerusalén y por la ciudad misma.

Dicho interés se expresaba mediante las plegarias por la reconstrucción de los muros de la ciudad a despecho de la fuerte oposición. Nehemías como gobernador de Jerusalén y Esdras como sacerdote de la ciudad, instituyeron reformas entre el pueblo, que inspiraron un despertamiento espiritual. El mensaje del libro lo hallamos en el logro de una meta mediante la oración y la tenacidad (y aun firmeza) frente a la frustración.

Bosquejo

RESTAURACIÓN DE LOS MUROS DE JERUSALÉN BAJO NEHEMÍAS (capítulos 1—7)

Nehemías se entera de los problemas que agobian a su pueblo Jerusalén; se entristece; es enviado a Jerusalén (capítulos 1—2)

Se reconstruyen los muros a despecho de la oposición y la codicia (capítulos 3—6)

Nehemías establece el gobierno de Jerusalén (capítulo 7)

REFORMA Y DESPERTAMIENTO BAJO ESDRAS Y NEHEMÍAS (capítulos 8—13)

Esdra, maestro de la Ley (capítulo 8)

Reforma y despertamiento espiritual (capítulos 9—10)

El problema de la repoblación de Jerusalén resuelto (capítulo 9—10)

El problema de la repoblación de los muros de la ciudad (capítulo 12)

Nehemías regresa a Jerusalén (parece que se había ido después del capítulo 12) (capítulo 13)

Ester

Autor

Desconocido. Se ha sugerido que fue Mardoqueo. El libro demuestra amplia familiaridad con la vida y costumbres persas.

Fecha

Después de muerto Asuero (Jerjes I) (10.2), el cual murió en 465 A.C. La segunda mitad del siglo V A.C. es la fecha general.

Destinatarios
Los judíos dispersos por Persia (v. 9.20).

Versículos clave
Ester 4.14: «Porque si callas absolutamente en este tiempo, respiro y liberación vendrá de alguna otra parte para los judíos; mas tú y la casa de tu padre pereceréis. ¿Y quién sabe si para esta hora has llegado al reino?»

Propósito y tema
El libro narra la historia de la divina liberación de los judíos dispersos en días del rey persa Asuero (485-465 A.C.). Estaban condenados a muerte por intervención del malvado primer ministro Amán, pero se salvaron por intercesión de Ester y Mardoqueo. Mardoqueo sustituyó a Amán como primer ministro. Ester arriesgó la vida para salvar a su pueblo.

Además de lo dicho, el libro deja claro el origen de la fiesta de Purim. Es interesante que aunque este es el único libro de la Biblia en que no se menciona el nombre de Dios, muestra muy claramente la mano del Omnipotente en la vida de su pueblo, los judíos. Este es el único libro del Antiguo Testamento del cual no hay ninguna traza en los rollos del Mar Muerto.

Bosquejo
ESTER ELEGIDA REINA DE PERSIA (capítulos 1—2)
    La reina Vasti es destituida por el rey Asuero (capítulo 1)
    Se entroniza a Ester, la nueva reina (capítulo 2)

AMÁN INTENTA EN VANO MATAR A LOS JUDÍOS;
    INTERVENCIÓN DE MARDOQUEO (capítulos 3—10)
    Amán procura destruir a los judíos (capítulo 3)

Mardoqueo habla con Ester; Ester intercede; el rey es invitado a un banquete (capítulos 4—5)
Mardoqueo es honrado por el rey; Amán es deshonrado y ahorcado (capítulos 6—7)
Mardoqueo substituye a Amán (capítulo 8)
Los judíos son librados y quedan triunfantes sobre sus enemigos; la fiesta de Purim (capítulo 9)
Grandeza de Mardoqueo (capítulo 10)

Poesía: De Job al Cantar de los Cantares

Llegamos a los que suelen llamarse Libros poéticos: Job, Salmos, Proverbios, Eclesiastés y Cantar de los Cantares. Esos libros son en gran parte poéticos, y de ahí su título colectivo. Hay poesía en otros libros de la Biblia (Lamentaciones, los Profetas, etc.), pero la tradición clasifica en esta categoría los cinco libros mencionados.

Job

Autor y fecha
El libro no suministra indicios muy definidos. En la tradición menciona a Moisés como el autor. Las sugerencias en fecha van desde los tiempos postexílicos (llegando hasta III A.C.) a los tiempos patriarcales (siglo XVI A.C.). Algunos lo han ubicado en días de Salomón (siglo X A.C.).

Destinatarios
No se indican, pero es una magnífica historia para la posteridad.

Versículos clave

2.21-22: «Y dijo: Desnudo salí del vientre de mi madre, y desnudo volveré allá. Jehová dio, y Jehová quitó; sea el nombre de Jehová bendito. En todo esto no pecó Job, ni atribuyó a Dios despropósito alguno».

Propósito y tema

El Libro de Job, poético en gran parte, presenta la angustiosa lucha con el antiquísimo problema de por qué sufren los justos. Job mismo es un justo, pero padece casi toda la gama de la desdicha, al perder salud, familia y bienes materiales. Sus cuatro «amigos» discuten con él las razones de sus padecimientos. Le sugieren como causas el pecado, la hipocresía, la mentira, el orgullo, la perversidad general. Pero Jehová no acusa a Job de perversidad alguna como causa de sus tribulaciones; lo que afirma es que el hombre finito no es capaz de conocer ni comprender los caminos del infinito Dios. El libro concluye haciendo notar que precisamente al pasar por su terrible aflicción, penetra en una más rica experiencia de Dios. La tribulación ha sido una prueba y no un castigo.

Bosquejo

PRÓLOGO (capítulos 1—2)
> Job varón justo, sufre la destrucción de sus bienes materiales y su familia, todo con el permiso de Jehová (capítulo 1)
> Luego la salud de Job es quebrantada; Job rehúsa maldecir a Dios; sus tres amigos guardan silencio durante siete días por respeto a su gran sufrimiento (capítulo 2).

JOB Y SUS TRES AMIGOS DISCUTEN Y ESCRUTAN AFANOSAMENTE EL PROBLEMA DEL SUFRIMIENTO QUE AQUEJA AL PRIMERO (capítulo 3—41)

Primer ciclo de discusión (capítulos 3—14)
    Job se queja; desearía no haber nacido y anhela morir (capítulo 3)
    Primer discurso de Elifaz: Job sufre por sus pecados y Dios lo castiga (capítulos 4—5)
    Job responde a Elifaz: ¿En qué consiste el pecado de mi vida? (capítulos 6-7)
    Primer discurso de Bildad: Job sufre por hipócrita (capítulo 8)
    Job responde a Bildad: Job está desorientado: ¿Cómo allegarse eficazmente a Dios y declarar su inocencia? (capítulos 9—10)
    Primer discurso de Zofar: La presunta inocencia de Job no hace sino acumular pecado sobre pecado; deberían sobrevenirle padecimientos aún mayores (capítulo 11)
    Job responde a Zofar: Sus amigos no dan a Job ningún consuelo; él no logra entender sus padecimientos, y sin embargo pone su confianza en Dios (capítulos 12—14)

Segundo ciclo de discusión (capítulos 15—21)
    Segundo discurso de Elifaz: Repite que Job sufre por su maldad, y que debería confesar sus pecados (capítulo 15)
    Job responde a Elifaz: Sus llamados amigos no le brindan consuelo; son «molestos»; él tiene la sensación de haber sido abandonado por Dios y por los hombres (capítulos 16—17)
    Segundo discurso de Bildad: No sólo Dios, sino también la naturaleza se opone a la maldad, razón por la cual padece Job: está en la naturaleza de las cosas que los malvados sufran (capítulo 18)

Job responde a Bildad: Aunque todos lo critiquen y hasta se mofen, su fe se agiganta para exclamar «Yo sé que mi Redentor vive...» (capítulo 19)

Segundo discurso de Zofar: ¿Acusas a Dios de ser injusto contigo? Terrible es el fin de los impíos (capítulo 20)

Job responde a Zofar: Tu «razonamiento» no se funda en la experiencia, pues los malvados suelen prosperar (capítulo 21)

Tercer ciclo de discusión (capítulos 22—41)
Tercer discurso de Elifaz: El sufrimiento no puede provenir de la santidad, y por tanto debe proceder del pecado; recomienda arrepentirse (capítulo 22)

Job responde a Elifaz: ¡Ay! ¿Dónde puedo hallar a Dios? A veces el sufrimiento no llega a los malvados (capítulos 23—24)

Tercer discurso de Bildad: No importa qué parezca revelar la experiencia, Job es arrogante; ha de haber pecado (capítulo 25)

Job responde a Bildad: Se aferra a su declaración original: él no ha pecado (capítulos 23—31)

Eliud, y no Zofar, habla esta vez (es realmente una serie de discursos): El sufrimiento no siempre es fruto del pecado; Dios a veces azota al justo; no siempre explica Dios su proceder (capítulos 32—37)

Esta vez responde Jehová y no Job: El hombre es finito y por tanto no puede explicar los misterios del infinito Dios y su providencia (capítulos 38—41)

EPÍLOGO: NUEVA EXPERIENCIA RELIGIOSA Y SUBSIGUIENTE BENDICIÓN MEDIANTE EL SUFRIMIENTO (capítulo 42)

Lecciones del libro de Job:
1. No siempre están claros el propósito y causas del sufrimiento.
2. El sufrimiento puede ser benéfico; puede fortalecer el carácter y enriquecer la personalidad.
3. El hombre finito no puede comprender plenamente la justicia de Dios; la justicia será completada y perfeccionada en la eternidad.
4. El justo que padece puede ser incomprendido, pero no por Dios.
5. Dios da gracia sustentadora para los tiempos de tribulación: esto, al pie de letra.

Salmos

Autor y fecha

Los encabezamientos sugieren de este modo la opinión tradicional respecto al autor:

- 73 Salmos atribuidos a David
- 12 Salmos a Asaf, músico
- 11 Salmos a los hijos de Coré, levitas que oficiaban en el templo en días de David
- 2 Salmos al rey Salomón
- 1 Salmo a Etam, quizá músico en tiempos de David
- 1 Salmo a Moisés
- 1 Salmo a Hermán
- 49 Salmos llamados «Huérfanos» (Salmos sin indicación de autor)

La versión griega (Septuaginta) señala a Hageo y Zacarías como autores de cinco Salmos. Los Salmos se escribieron durante un extenso período de tiempo, desde Moisés hasta el Exilio, pero la mayoría se terminó allá por el año 1000 A.C., aunque debe dejarse margen de tiempo para adiciones y revisiones.

Destinatarios

Escritos para la adoración del pueblo judío, sirven hoy y han servido como base del culto privado y público de cristianos y judíos.

Versículos clave

Salmo 1.1-2: «Bienaventurado el varón que no anduvo en consejo de malos, ni estuvo en camino de pecadores, ni en silla de escarnecedores se ha sentado; sino que en ley de Jehová está su delicia, y en su ley medita de día y de noche».

Propósito y tema

Los salmos eran el himnario del templo. Como tal, eran una guía para la oración y la alabanza (el título hebreo, *Tehillim*, significa «canto de alabanza»). Los Salmos contienen la melancolías, dudas, alegrías y esperanzas de todo corazón humano. Hay Salmos de fe para adversidad (90;91), alabanza (8;113—118), santidad (1), arrepentimiento (51), y de la naturaleza (l9). Hay también Salmos del rey para emplear en la coronación o en las ceremonias de palacio (110;21). Los salmos mesiánicos (2;8;16; 22; 31; 40; 41; 45; 68; 102; 110; 118) son de especial importancia para los cristianos. Los Salmos históricos (78; 81;105;106) tienen especial significancia para los hebreos, pues hablan de la fidelidad en cuanto a su Pacto. Los Salmos nacionales (129;137) también encierran gran sentido para los judíos.

Algunos subtítulos se refieren a instrucciones musicales (Salmo 4); otros carecen de significado conocido, por ejemplo el «masquil», Salmo 69. Los «Cánticos Graduales» (Salmos 120—134) o de la ascención, quizá sean cantos de peregrinos que se cantaban al subir a Jerusalén y al templo. La extraña y reiterada «Sela» quizá indique el punto adecuado para un intermedio musical.

Bosquejo

El libro de los Salmos es demasiado extenso y variado para permitir bosquejarlo como tal. Pero debe observarse que se divide en cinco libros más pequeños (quizá para recordar al lector los cinco libros del Pentateuco):

LIBRO I: Salmos 1—41   LIBRO IV: Salmos 90—106
LIBRO II: Salmos 42—72   LIBRO V: Salmos 107—150
LIBRO III: Salmos 73—89

El Salmo 1 es una introducción a todo el libro de Salmos; cada una de las cinco secciones concluye con una doxología, y el Salmo 150 es la doxología de todo el libro, así como de la sección quinta.

Proverbios

Autor

La tradición antigua dice que no fue una sino varias personas las que escribieron los Proverbios. En los títulos de los Proverbios leemos que Salomón (1.1; 10.11; 25.1), Agur (30.1) y Lemuel (31.1) escribieron secciones (22.17; 24.23). Probablemente algunos de esos proverbios se transmitieron primero por tradición oral y con el tiempo se copiaron por escrito.

Fecha

Imposible determinarla. Salomón vivió en el siglo X A.C.; algunos de los Proverbios fueron copiados o escritos en tiempos de Ezequías (25.1), el cual vivió en el siglo VIII A.C. Los Proverbios crecieron durante un largo período de la historia judía y su forma definitiva se fijó en fecha desconocida.

Destinatarios

Según parece, el hijo de Salomón (posiblemente Roboam) (1.8; 2.1, etc.); todos los hijos de Israel (4.l); todo el pueblo judío; en verdad, los Proverbios son muy provechosos para todo el género humano.

Versículos clave

Proverbios 3.5-6: «Fíate de Jehová de todo tu corazón, y no te apoyes en tu propia prudencia. Reconócelo en todos tus caminos, y él enderezará tus veredas».

Propósito y tema

Proverbios es un libro sumamente práctico. Lo que más se le aproxima en el Nuevo Testamento es la epístola de Santiago. La forma proverbial penetra profundamente en el pensamiento del hombre y provoca reacciones. Toca todos los aspectos de la vida, humana y deriva consecuencias morales y éticas. Las malas compañías, la inmoralidad, la intemperancia, la murmuración, la falsedad, la ética dudosa en los negocios, la pereza, el egoísmo, son tratados en Proverbios con una agudeza inigualada en la literatura universal. La generosidad, la reverencia hacia Dios, la educación cuidadosa de los hijos, el valor de la influencia (de hombres y mujeres) y la juventud son los campos de instrucción positiva. En su conjunto el libro de Proverbios constituye un manual genuinamente útil para la vida cotidiana. La sabiduría (conocimientos y habilidad para emplear bien los conocimientos) es exaltada en todo el libro y es una palabra clave del mismo. Obsérvese que en Proverbios la sabiduría comienza con Dios y Dios por centro.

Bosquejo

Igual que el de Salmos, el libro de Proverbios es demasiado amplio y heterogéneo para permitir un bosquejo minucioso. La siguiente no es sino una somera división del material:

SABIDURÍA CONTRA NECEDAD (capítulos 1—9)
DIVERSOS PROVERBIOS DE SALOMÓN (10.1—22.16)
DIVERSOS PROVERBIOS SOBRE LA RESPONSABILIDAD HUMANA, Y NORMAS PARA VIVIR RECTAMENTE (22.17—24.34)
DIVERSOS PROVERBIOS DE SALOMÓN (copiados por los escribientes de Ezequías, 25.1) (capítulos 25—29)
PROVERBIOS DE AGUR (capítulo 30)
PROVERIOS DE LEMUEL (31.1-9)
LA MUJER VIRTUOSA: ACRÓSTICO (31.10-31)

Eclesiastés

Autor

Desconocido. Una antigua tradición lo atribuye a Salomón.

Destinatarios

No están claros en el texto; posiblemente los jóvenes varones judíos (11.9; 12.12).

Versículos clave

Eclesiastés 2.11,13: «Miré yo luego todas las obras que habían hecho mis manos, y el trabajo que tomé para hacerlas; y he aquí, todo era vanidad y aflicción de espíritu, y sin provecho debajo del sol. Y he visto que la sabiduría sobrepasa a la necedad, como la luz a las tinieblas».

Eclesiastés 12.13-14: «El fin de todo el discurso oído es este: Teme a Dios, y guarda sus mandamientos; porque esto es el todo del hombre. Porque Dios traerá toda obra a juicio, juntamente con toda cosa encubierta, sea buena o sea mala».

Propósito y tema

La palabra «Eclesiastés» significa «predicador» o «delegado a la asamblea» (hebreo Qoheleth) y es título de oficio. El propósito del predicador es dejar claro que las cosas de este mundo son simple vanidad, sin ningún valor de profundidad. La satisfacción del corazón humano se logra por la sabiduría y no por la necedad. La conclusión del libro indica su énfasis evangélico: «...Teme a Dios y guarda sus mandamientos; porque esto es el todo del hombre. Porque Dios traerá toda obra a juicio, juntamente con toda cosa encubierta, sea buena o sea mala» (12.13-14). Sin Dios, la vida y la creación carecen de significado. En Dios están el significado y la satisfacción; aparte de Él todo es insensatez y profundo hastío. A esa conclusión llegó un hombre que había probado todo, como intento por forjarse una sana filosofía de la existencia y de la vida.

Bosquejo

PRÓLOGO (1.1-11)
    Encabezamiento (1.1)
    Introducción del tema: Vanidad de todo lo mundano (1.2-11)

VANIDAD DE TODO LO MUNDANO (1.12—6.12)
    Vanidad de buscar la sabiduría meramente humana (1.12-18)
    Vanidad de los placeres (2.1-11)
    Vanidad de la sabiduría y riqueza humanas (2.12-23)
    Vanidad del esfuerzo humano (2.21—3.15)
    Vanidad de los malvados y opresores (3.16—4.6)

Vanidad de procurar por sí solo el triunfo; la obra es más fácil entre dos (4.7-12)
Vanidad de la necedad y las riquezas comparadas con la sabiduría y la pobreza (4.13-16)
Vanidad de las palabras vacías (5.1-7)
Vanidad de las riquezas (5.8—6.12)

OBSERVACIONES SOBRE LA SABIDURÍA Y LA NECEDAD (7.1—12.8)
La vida ordenada en contraste con la masa humana que vive en pecado (capítulo 7) En realidad, a los malvados no les va mejor que a los justos: sólo es cuestión de apariencia (capítulos 8—9)
Excelencia de la Sabiduría (capítulos 10—11)
Acuérdate de Dios en tu juventud (12.1-8)

EPÍLOGO: RESPETAR A DIOS; GUARDAR SUS MANDAMIENTOS (12.9-14).

Cantar de los Cantares

Autor y fecha

Una antigua tradición sostiene que Salomón fue el autor del libro (v. 1.1) en el siglo X A.C.

Versículo clave

Cantar de los Cantares 8.6-7: «Ponme como un sello sobre tu corazón, como una marca sobre tu brazo; porque fuerte como la muerte es el amor; duros como el sepulcro los celos; sus brasas, brasas de fuego, fuerte llama. Las muchas aguas no podrían apagar, ni lo ahogarán los ríos. Si diese el hombre todos los bienes de su casa por este amor, de cierto lo menospreciarían».

Propósito y tema

Este antiguo canto o poema oriental presenta lo sagrado y puro del amor humano. Describe los amores y el matrimonio del rey Salomón («el amado») con una joven campesina («la Sulamita»). El amor genuino es leal y noble, y esto se expresa en una serie de conversaciones y discursos, primordialmente de Salomón y la joven campesina. Aunque el poema celebra las bellezas del amor humano, también sugiere la intensidad del amor de Dios para sus hijos. Es una parábola del amor divino, fuente del amor humano. El libro puede también considerarse como símbolo del amor de Cristo por su esposa, la Iglesia.

Bosquejo
ENCUENTRO DE LOS NOVIOS; SE DELEITAN RECÍPROCAMENTE (1.1—3.5)

LAS BODAS (3.6—4.16)

SEPARACIÓN TEMPORAL; LA ESPOSA ANHELA AL ESPOSO (5.1—6.3)

EXPRESIÓN DEL AMOR RECÍPROCO (6.4—8.14)

Profecía (los cuatro Profetas Mayores): De Isaías a Daniel

Hay cuatro profetas mayores: Isaías, Jeremías, Ezequiel y Daniel. Originalmente se les llamó «mayores» sólo por el tamaño de sus libros. Tradicionalmente, el libro de Lamentaciones ha estado unido con el de Jeremías —se cree que ambos fueron escritos por éste— por lo cual en esta sección hay cinco libros, aunque sólo cuatro profetas. La función del profeta era doble (1) denuncia y (2) predicción. Denunciar es clamar contra los males de la época, acto que exige valor y convicción. Predecir, función algo menos corriente del profeta es adelantar la mirada hacia el futuro. Los profetas del Antiguo Testamento denunciaban y predecían. Llamaban al pueblo a la obediencia y también proclamaban la consolación, las bendiciones, y el reino venidero del Señor.

Isaías

Autor y fecha

Isaías, hijo de Amós y residente de Jerusalén, fue un profeta del siglo VIII notable por su penetración; fue un genio religioso y un varón que vivió en íntima comunión con Dios. Vivía en Jerusalén y estaba en relación con los gobernantes y autoridades a los cuales predicó, así como al pueblo común. La Mishna dice que Manasés mató a Isaías, y el libro apócrifo Ascensión de Isaías, dice que fue «cortado en dos con una sierra». Algunos comentaristas han sugerido que Hebreos 11.37 se refiere a la muerte de Isaías. Éste vivió en el siglo VIII A.C., y su ministerio se extendió aproximadamente de 740, en que fue llamado y ungido para su obra (capítulo 6), al año 700.

Destinatarios

Especialmente Jerusalén y Judá, aunque contiene admoniciones para el Reino del Norte y las circundantes naciones gentiles (e.g. Babilonia, Moab, Damasco).

Versículos clave

Isaías 7.14: «Por tanto, el Señor mismo os dará señal: He aquí que la virgen concebirá, y dará a luz un hijo, y llamará su nombre Emanuel».

61.1-3: «El Espíritu de Jehová el Señor está sobre mí, porque me ungió Jehová; me ha enviado a predicar buenas nuevas a los abatidos, a vendar a los quebrantados de corazón, a publicar libertad a los cautivos, y a los presos apertura de cárcel; a proclamar el año de la buena voluntad de Jehová, y el día de venganza del Dios nuestro; a consolar a todos los enlutados; a ordenar que a los afligidos de Sion se les dé gloria en lugar de ceniza, óleo de gozo en lugar de luto, manto de alegría en lugar del espíritu angustiado; y serán llamados árboles de justicia, plantío de Jehová, para gloria suya».

Propósito y tema

Isaías escribe apasionadamente respecto al justo Dios y a la necesidad de la fe (algunos han comparado este libro con el de Romanos), el Mesías venidero, y la liberación que traerá, la necesidad de reforma religiosa y moral en Judá. En cuanto a esto último, Isaías clama contra el simple formalismo en la adoración, la moral y la política. Declara que no basta proceder como quien cree en la conducta santa, sino que hay que ser santo. Isaías profetizó durante los reinados de Uzías, Jotam, Ezequías, Acaz, y se expresó intrépidamente contra lo malo, a la vez que ensalza calurosamente los actos justos. Isaías, el «Profeta Evangélico», más que ningún otro escritor del Antiguo Testamento, contempla en el futuro el advenimiento del Mesías (obsérvense especialmente 7.14 y el capítulo 53).

Bosquejos

PROFECÍAS RESPECTO A JUDÁ Y JERUSALÉN (capítulos 1—12)
    Condiciones morales de Jerusalén y Judá (capítulos 1—5)
    Simulación y pecado, acusación de Dios contra Judá (capítulo 1)
    Juicios de Dios contra la simulación y el pecado, y subsiguiente bendición (capítulos 2—4)

Parábola de la viña y su aplicación (capítulo 5)
Esperanza de un Libertador divino (capítulos 6—2)
Visión y comisión de Isaías: hay liberación (capítulo 6)
Mensaje de Isaías a Acaz; el Libertador rechazado (7.1—8.8)
Aliento para Isaías: Un remanente justo acepta al Libertador (8.9—9.7)
La nación de Isaías se acerca al desastre: el Libertador rescata a la nación (9.8—10.34)
La esperanza de Isaías para Israel en el futuro: reinado del Libertador (capítulos 11—12)

CÓMO VE DIOS LOS PROBLEMAS INTERNACIONALES (capítulos 13—27)
Babilonia y Asiria intentan triunfar mediante la guerra y la tortura: el justo Dios no lo tolera (13.1—14.27)
Filistea confía en las armas y las alianzas militares, pero en realidad es Dios quien rige la historia (14.28-32)
Moab es altiva, pero el orgullo alienta el prejuicio (capítulos 15—16)
Samaria (norte de Israel) ha menospreciado su histórico fundamento espiritual (capítulo 17)
Etiopía tiene que aprender que la confianza se adquiere mediante un adecuado concepto de Dios (capítulo 18)
Egipto tiene una falsa confianza en la sabiduría humana, pero Egipto con su sabiduría y Asiria con su poder adorarán un día junto con Israel en el altar de Jehová (de ahí el énfasis misionero de este capítulo) (capítulo 19)
Egipto y Etiopía serán militarmente humillados, lo cual constituye una lección para Judá (capítulo 19)
Imperialismo de Babilonia (21.1-10)
Oráculos breves respecto a Duma (nombre que quizá corresponda a Edom) y Arabia (21.11-17)

Judá no agradece el auxilio (capítulo 22)
Tiro, víctima del materialismo (capítulo 23)
El universo, su juicio y redención (capítulos 24-27)

DIOS ÚNICA ESPERANZA DEL HOMBRE (capítulos 28—35)
Necio es Judá al confiar en una alianza con Egipto (capítulos 28—29)
Necio es confiar en Egipto (capítulos 30—31)
La era de justicia; advertencia a las mujeres de Jerusalén
Derramamiento del Espíritu (capítulo 32)
Se narra la destrucción de Asiria (capítulo 33)
Juicio y redención finales (capítulos 34—35)

INTERMEDIO HISTÓRICO SOBRE LOS SUCESOS EN EL REINADO DE EZEQUÍAS (capítulos 36—39)
Amenaza asiria contra Jerusalén (capítulos 36—37)
Enfermedad de Ezequías; su curación y cántico de gratitud (capítulo 38)
Necio orgullo de Ezequías (capítulo 39)

FUTURA GLORIA DE ISRAEL (capítulos 40—66)
Consuelo y liberación para los cautivos (se anuncia el nacimiento de Cristo)(capítulos 40—48)
Consuelo y seguridad para Israel (capítulos 40—41)
El Siervo del Señor (capítulo 42)
El Dios redentor; restauración final de Israel (capítulo 43)
Dios contra la idolatría (capítulo 44)
Comisión ante Ciro (capítulo 45)
Los ídolos babilónicos contra Dios; destrucción de Babilonia (capítulos 46—47)
Necia infidelidad de Israel (capítulo 48)

El Siervo padeciente y abnegado (retrato de Cristo) (capítulos 49—7)
«Yo Jehová soy Salvador tuyo y Redentor tuyo, el Fuerte de Jacob» (capítulo 49)
Israel rechaza al Mesías, el cual se mantiene fiel a pesar del sufrimiento (capítulo 50)
Dios redimirá y restaurará a Israel (capítulos 51—52)
«Por su llaga fuimos curados» (capítulo 53)
Oferta gratuita de misericordia para todos (capítulo 55)
Llamado a la justicia contra la idolatría y la maldad (capítulos 56—57)
Conflicto final y futura gloria para Israel (capítulos 58—66)
El simple formalismo en contraste con el arrepentimiento genuino (capítulo 58)
Confesión del pecado nacional; el Redentor de Sión (capítulo 59)
Futura gloria de Sión (capítulo 60)
El Mesías trae buenas nuevas para los afligidos (capítulo 61)
Futura gloria de Jerusalén (capítulo 62)
Ira de Dios contra las naciones (capítulo 63)
Súplica de perdón (capítulo 64)
«Nuevos cielos y nueva tierra» (capítulo 65)
Los juicios de Dios y la futura esperanza de Sión (capítulo 66)

Jeremías

Autor y fecha

Jeremías dictó el libro a su secretario Baruc (36.1-8, 32). Profetizó aproximadamente desde 626-580 A.C.

Destinatarios

Judá y Jerusalén especialmente, pero también las naciones que rodeaban a Judá (1.5).

Versículos clave

Jeremías 1.5: «Antes que te formase en el vientre te conocí, y antes que nacieses te santifiqué, te di por profeta a las naciones».

Propósito y tema

El propósito de Jeremías, guiado por Dios, era advertir a Judá que pecados provocarían castigo y que éste les llegaría del Norte (los babilonios) en un futuro próximo. Su profecía se cumplió mediante el cautiverio babilónico (Jerusalén cayó en 586 A.C.). Jeremías también denuncia los pecados de las naciones circundantes. Pero hay en su mensaje un aspecto luminoso: por ejemplo, sus profecías del Mesías venidero (capítulos 23, 31, 33, etc.). Jeremías 33.16 es una gran promesa mesiánica: «En aquellos días Judá será salvo, y Jerusalén habitará segura, y se le llamará: Jehová justicia nuestra».

Más o menos al iniciarse el ministerio de Jeremías, el buen rey Josías implantó sus famosas reformas (iniciadas en 621 A.C.), cuando el templo fue reparado y abolidos los ídolos. Esto alentó a las personas de buenas intenciones como Jeremías, pero éste sabía que la reforma superficial no bastaba, que el corazón mismo del hombre tenía que cambiar. El arrepentimiento, pues, se convirtió en uno de sus grandes clamores. La idolatría tenía que ser substituida por la religión revelada, había que reconocer a Dios como el Dios del Pacto. Dios castigaría a Judá e Israel por sus pecados sexuales. Su franca predicción

Jeremías escribió acerca del alfarero y la arcilla

cayó en el vacío; Judá no se apartó de sus malos caminos. Sobrevivieron el exilio y el castigo. Pero día vendrá, dice Jeremías, en que la verdad prevalecerá, y el Pacto será respetado nuevamente: esa sería la edad mesiánica.

Bosquejo
JEREMÍAS LLAMADO Y DOTADO DE PODER (capítulo 1)

JEREMÍAS CONDENA A JUDÁ Y PREDICE EL CAUTIVERIO BABILONICO (capítulos 2—29)
    Apostasía de Judá (capítulo 2)
    Judá peor que Israel (capítulo 3)
    Judá amenazado de invasión militar (capítulo 4)
    Advertencia: «Tienen ojos para ver pero no ven» (capítulo 5)
    Juicio inminente (capítulos 6—9)
    Los ídolos serán destruidos (capítulo 10)
    La tragedia del Pacto quebrantado (capítulo 11)
    Queja de Jeremías y respuesta de Dios (capítulo 12)
    El cinturón de lino (capítulo 13)
    El castigo de Judá es inevitable (capítulos 14—15)
    Jeremías debe permanecer soltero (capítulo 16)
    Bienaventurados los que confían en Dios; quebrantamiento del día de reposo (capítulo 17)
    El alfarero y la arcilla; la vasija de barro (capítulos 18—19)
    Jeremías perseguido por causa de sus profecías (capítulo 20)
    Advertencias a los reyes Sedequías y Joacim, y a los dirigentes de Israel (capítulos 21—23)
    Las dos cestas de higos (capítulo 24)
    Se predice el cautiverio y Jeremías es amenazado de muerte (capítulos 25—27)

El falso profeta Hananías reprendido (capítulo 28)
Carta de Jeremías a los exilados (capítulo 29)

JEREMÍAS PREDICE LA RESTAURACIÓN (capítulos 30—33)
Se promete el regreso de los exilados (capítulo 30)
El nuevo Pacto (capítulo 31)
Cautiverio y cautiverio (capítulo 32)
Restauración bajo el Mesías (capítulo 33)

JEREMÍAS PREDICE EL CASTIGO (capítulos 34—44)
Sedequías, los recabitas y Joacim (capítulos 34—36)
Jeremías encarcelado, consolado, liberado (capítulos 37—39)
El remanente busca orientación; rechaza a Dios como guía y se marcha a Egipto llevándose a Jeremías; Jeremías reprende a los judíos idólatras en Egipto (capítulos 40—44)

PROFECÍAS DE JEREMÍAS CONTRA LAS NACIONES (capítulo 45—51)
Un paréntesis: Jeremías y Baruc su secretario (capítulo 45)
Contra Egipto (capítulo 46)
Contra Filistia (capítulo 47)
Contra Moab (capítulo 48)
Contra Amón, Edom, Damasco, Cedar, Elam (Persia) (capítulo 49)
Contra Babilonia... También la restauración de los judíos (capítulos 50—51)

JEREMÍAS RESUME EL CAUTIVERIO DE JUDÁ (capítulo 52)

Lamentaciones

Autor y fecha
Desde la antigüedad, judíos y cristianos atribuyen la obra a Jeremías, quien profetizó como del 625 al 580 A.C.

Destinatarios
Judá, y cualesquiera naciones y pueblos que deseen aprender del error de Judá.

Versículos clave
Lamentaciones 1.1: «¡Cómo ha quedado sola la ciudad populosa! La grande entre las naciones se ha vuelto como viuda, la señora de provincias ha sido hecha tributaria».

Propósito y tema
Como suplemento del libro de Jeremías, Lamentaciones es muy al pie de la letra un lamento por los pecados de Judá y la subsiguiente destrucción que padeció. Aquí hallamos a un tiempo el triste lloro por lo ocurrido al pueblo de Dios (su esclavizamiento y la toma de Jerusalén bajo Nabucodonosor, 586 A.C.) y un llamado al arrepentimiento. Dentro de este marco, el sufrimiento es castigo por el pecado. La vanidad del esfuerzo humano se destaca en el capítulo 4.

Bosquejo
AFLICCIÓN, ANGUSTIA Y DOLOR POR EL CAUTIVERIO DE SIÓN (capítulo 1)

LA DESTRUCCIÓN, CASTIGO DE DIOS (capítulo 2)

ESPERANZA DE MISERICORDIA DIVINA (capítulo 3)

LA DESTRUCCIÓN PRESENTE EN CONTRASTE CON LA FELICIDAD PASADA (capítulo 4)

SÚPLICA DE MISERICORDIA (capítulo 5)

Ezequiel

Autor y fecha

El sacerdote Ezequiel (1.3), contemporáneo de Jeremías, vivió en el siglo VI A.C. y según parece profetizó como del 593 al 571 A.C.

Destinatarios

Sus compatriotas judíos del cautiverio y los que quedaban en Palestina, además de las naciones extranjeras.

Versículo clave

Ezequiel 36.24-28: «Y yo os tomaré de las naciones, y os recogeré de todas las tierras, y os traeré a vuestro país. Esparciré sobre vosotros agua limpia, y seréis limpiados de todas vuestras inmundicias; y de todos vuestros ídolos os limpiaré. Os daré corazón nuevo, y pondré espíritu nuevo dentro de vosotros; y quitaré de vuestra carne el corazón de piedra, y os daré un corazón de carne. Y pondré dentro de vosotros mi Espíritu, y haré que andéis en mis estatutos, y guardéis mis preceptos, y los pongáis por obra. Habitaréis en la tierra que di a vuestros padres, y vosotros me seréis por pueblo, y yo seré a vosotros por Dios».

Propósito y tema

Ezequiel, cuyo hogar estaba en Jerusalén, era de linaje sacerdotal. Era hijo de cierto Buzi, y al ser deportado Joaquín, Ezequiel también fue llevado al exilio de Babilonia (1.1). Según 24.16-18,

Ezequiel tenía esposa y hogar, y 24.1, 15-18 nos cuenta que su esposa murió el día que se inició el sitio de Jerusalén. Gran parte de su profecía fue escrita en primera persona. Como su llamamiento a profetizar se produjo en el cuarto mes del quinto año del cautiverio (1.1-2), y la última fecha que consta en el libro de Ezequiel es el primer mes del año vigésimo séptimo (29.17), su ministerio duró por lo menos veintidós años. De 14.14, 20 y 28.3 resulta evidente que conoció al profeta Daniel.

Con tales antecedentes de conocimiento del pueblo, sucesos y condiciones, Ezequiel escribe su extraña profecía. En lenguaje figurado revela al pueblo judío que su condición es fruto de sus pecados; subraya la rebelión pasada y la presente. El hombre es en verdad responsable de sus actos. Pero Dios es fiel no obstante la negligencia del hombre, y por tanto brinda liberación a los arrepentidos. Ezequiel predice el día en que Israel se reunirá con su propio Rey y adorará al único Dios verdadero en el templo reconstruido. Se pronuncian juicios sobre las naciones extranjeras tanto como sobre Judá; estos juicios en un mensaje doble: (1) Condenación de las naciones perversas; (2) estas no impedirán la redención y restauración del pueblo elegido de Dios. Afirmaciones como «el alma que pecare, esa morirá», «Volveos, volveos, ¿por qué moriréis?» y la más extensa de 36.25-27, son clásicas.

Bosquejo

JUICIO INMINENTE SOBRE JUDÁ Y JERUSALÉN: PROFECÍAS ANTERIORES A LA CAÍDA DE JERUSALÉN (capítulos 1—24)

Introducción: Primera visión de Ezequiel; la gloria de Dios; llamamiento del profeta (1.1—3.21) Segnda visión de la gloria de Dios (3.22-27)

Acciones simbólicas que dramatizan la destrucción de Jerusalén (capítulos 4—7)

El castigo de Jerusalén (capítulos 8—11)
Jerusalén «entregada» por Dios a las falsas enseñanzas y los falsos profetas (capítulos 12—14)
El castigo es inevitable y necesario (capítulos 15—17)
El justo trato de Dios para los individuos (capítulo 18)
Lamentación por los príncipes de Israel (capítulo 19)
Advertencias finales antes de la caída de Jerusalén (capítulos 20—24)

EL JUICIO DE LAS NACIONES (capítulos 25—32)
Contra Amón (25.1-7)
Contra Moab (25.8-11)
Contra Edom (25.12-14)
Contra Filistea (25.15-17)
Contra Tiro (26.1—28.19)
Contra Sidón (28.20-26)
Contra Egipto (29.1—32.32)

SE PREDICE LA RESTAURACIÓN: PROFECÍAS POSTERIORES A LA CAÍDA DE JERUSALÉN (capítulos 33—48)
Un nuevo Pacto; Amor de Dios hacia el pecador (capítulo 33)
Interés de Dios por su rebaño (capítulo 34)
Devastación de Edom (capítulo 35)
Corazón limpio y nuevo espíritu para Israel (capítulo 36)
La restauración de Israel simbolizada en la visión de los huesos secos (capítulo 37)
Profecía contra Gog y la tierra de Magog (capítulos 38—39)
Visión del Israel restaurado simbolizado mediante la descripción del nuevo templo que será edificado (capítulos 40—48)

Daniel

Autor y fecha

Daniel, contemporáneo de Nabucodonosor, Belsasar, Darío y Ciro. Las tradiciones judía y cristiana concuerdan en que Daniel escribió el libro en el siglo VI A.C.

Destinatarios

Los judíos, pero también parcialmente los babilonios.

Versículo clave

Daniel 7.13-14: «Miraba yo en la visión de la noche, y he aquí con las nubes del cielo venía uno como un hijo de hombre, que vino hasta el Anciano de días, y le hicieron acercarse delante de él. Y le fue dado dominio, gloria y reino, para que todos los pueblos, naciones y lenguas le sirvieran; su dominio es dominio eterno, que nunca pasará, y su reino uno que no será destruido».

Propósito y tema

La soberanía de Dios sobre los reinos de este mundo es el amplio propósito o tema de Daniel. Indudablemente, la pagana Babilonia impone momentáneamente su yugo sobre Israel, pero únicamente porque Dios le permite ser instrumento de su castigo sobre los judíos. Pero las naciones paganas un día perderán su poder, pues Dios es el verdadero y definitivo gobernante del mundo. En verdad, el poder secular está actualmente limitado según se demuestra en el poder sobrenatural de Dios para libertar a Daniel de los leones y a los tres jóvenes hebreos del horno ardiente. Hasta Nabucodonosor se ve forzado a reconocer la superioridad del poder en relación con su poder monárquico. En los días finales, Dios traerá en efecto el reino que nunca será destruido. (En relación con esto obsérvese 7.13 respecto a la segunda venida del «Hijo del Hombre» con «las nubes del cielo».) ¡Cuán actual es el mensaje de Daniel para quienes vivimos hoy día, temerosos de los «reinos» del materialismo, y el paganismo en general!

Bosquejo
LAS GRANDES HISTORIAS DE DANIEL (capítulos 1—6)
>   Los fieles jóvenes hebreos rechazan los manjares y bebidas del rey (capítulo 1)
>   La gran imagen del sueño de Nabucodonosor (capítulo 2)
>   Sadrac, Mesac, Abed-nego librados del fuego (capítulo 3)
>   Nabucodonosor sueña con el árbol; Daniel interpreta el sueño (capítulo 4)
>   Belsasar y la escritura en la pared (capítulo 5)
>   Daniel en el foso de los leones (capítulo 6)

LAS GRANDES PROFECÍAS DE DANIEL (capítulos 7—12)
>   Daniel sueña con las cuatro bestias (capítulo 7)
>   Daniel sueña con el carnero, el macho cabrío y el cuerno (capítulo 8)
>   Oración de Daniel y su respuesta (capítulo 9)
>   Otro sueño de Daniel (capítulo 10)
>   Conflictos entre Persia y Grecia, y entre el Sur y el Norte (capítulo 11)
>   El fin de los tiempos: tribulación y resurrección (capítulo 12)

Profecía (Profetas Menores): De Oseas a Malaquías

Hay doce Profetas Menores: Oseas, Joel, Amós, Abdías, Jonás, Miqueas, Nahum, Habacuc, Sofonías, Hageo, Zacarías y Malaquías. Se les llama «Menores», no porque su mensaje sea menos importante que el de los Profetas Mayores, sino porque sus libros son más pequeños. Tienen el mismo énfasis social y religioso que los escritos de los Profetas Mayores. En la Biblia hebrea se reúnen en un solo libro titulado «Los doce».

Oseas

Autor y fecha

Oseas («Salvación»), hijo de Beeri (1.1). Fue un profeta del siglo VIII A.C. contemporáneo del gran Isaías, del rey Jereboam II de Israel y de los reyes Uzías, Jotam, Acaz y Ezequías de Judá (1.1). Fue también contemporáneo de los profetas Amós y Miqueas (era más joven que Amós y mayor que Miqueas). Como Amós, Oseas profetizó en el Norte (Israel). Oseas profetizó como del 786 al 725 y antes del cautiverio asirio del Norte (722 ó 721 A.C.).

Destinatarios

El reino judío del norte, conocido como Israel, y a veces llamado Efraín. De vez en cuando hay advertencias para Judá, el reino judío del sur.

Versículos clave

Oseas 3.1: «Me dijo otra vez Jehová: Ve, ama a una mujer amada de su compañero, aunque adúltera, como el amor de Jehová para con los hijos de Israel, los cuales miran a dioses ajenos, y aman tortas de pasas».

Propósito y tema

La historia de la infiel esposa de Oseas, Gomer, es semejante a la infidelidad de Israel para con Jehová. La idolatría es una expresión del pecado de Israel. Puede verse la horrible tragedia del pecado en esta profecía. Pero Dios está empeñado en atraer de nuevo a Israel, pues aunque ella es infiel, Dios es fiel. El pecado, el castigo, la renovación mediante el perdón y la gracia, son los tres grandes mensajes del libro de Oseas. El libro constituye una historia y una analogía de enorme poder.

Bosquejo
LA INFIEL ESPOSA DE OSEAS, SEMEJANTE A LA INFIEL ISRAEL (capítulos 1—3)
La esposa infiel (capítulo 1)
La nación infiel (capítulo 2)
Resumen de la analogía: La esposa regresa; Israel regresará (capítulo 3)

SE EXPONE LA INFIDELIDAD DE ISRAEL (capítulos 4—13)
Controversia de Dios con Israel (capítulos 4—5)
El amor fiel es mejor que la ofrenda quemada (capítulo 6)
¡Ay de Israel! (capítulo 7)
«Quien siembra vientos recoge tempestades» (capítulo 8)
Castigo de la infidelidad (capítulos 9—10)
Sincero llanto amoroso de Dios por el desviado Israel (capítulo 11)
Culpa de Israel a la luz de sus grandes oportunidades (capítulos 12—13)

SÚPLICA FINAL: REGRESA, ISRAEL; HAY EN DIOS RENOVACIÓN (capítulo 14)

Joel

Autor y fecha
Joel («el Señor es Dios»), hijo de cierto Petuel (1.1). Aparte del libro de Joel, sólo se menciona una vez en toda la Biblia: en Hechos 2.16, en donde se cita su profecía del derramamiento del

Espíritu Santo. Poco se sabe del individuo en sí, pero se cree que vivió en Jerusalén. Vivió quizás en el siglo IX, pero no hay datos definidos sobre el tiempo en que vivió o en que escribió.

Destinatario
Judá (Reino del Sur).

Versículo clave
Joel 2.28-29: «Y después de esto derramaré mi Espíritu sobre toda carne, y profetizarán vuestros hijos y vuestras hijas; vuestros ancianos soñarán sueños, y vuestros jóvenes verán visiones. Y también sobre los siervos y sobre las siervas derramaré mi Espíritu en aquellos días».

Propósito y tema
El tema del libro de Joel es «El día de Jehová». Vendrá un día de Dios en que los enemigos de Israel serán derribados, e Israel será bendecido. Los pueblos se volverán a Dios; en verdad el Espíritu de Dios derramaré sobre «toda carne» (2.28). La plaga de langostas (capítulos 1 y 2) es semejante al juicio venidero, pero Dios librará a Israel.

Bosquejo
PLAGA DE LANGOSTAS (1.1—2.27)
    Presentación (1.1)
    La plaga (1.2-20)
    El día de Jehová viene; Liberación (2.1-27)

DERRAMAMIENTO DEL ESPÍRITU DE DIOS (2.28-32)

JUICIO DE LAS NACIONES; JUDÁ LIBRADO (capítulo 3)

Amós

Autor y fecha

Amós («carga») —no confundirlo con Amoz, padre de Isaías— vivió en la aldea de Tecoa, que estaba situada a unos 8 km al sudeste de Belén y cerca de 20 km al sur de Jerusalén. Amós era pastor (1.1) y recolector de higos silvestres (7.14). Éstos eran frutos del árbol llamado sicómoro (véase la sección «Plantas») y se dice que solamente los pobres los comían. Dios lo llamó para ser profeta: «... Jehová me tomó de detrás del ganado y me dijo: Ve y profetiza a mi pueblo Israel» (7.15). Profetizó en el norte (Israel) durante un breve período en el reinado de Jeroboam II (785-740 A.C.), y durante el tiempo de Uzías (780-740 A.C.).

Destinatarios

Israel en el norte, y también Judá, en cuyo territorio vivía.

Versículos clave

Amós 4.11-12: «Os trastorné como cuando Dios trastornó a Sodoma y a Gomorra, y fuisteis como tizón escapado del fuego; mas no os volvisteis a mí, dice Jehová. Por tanto, de esta manera te haré a ti, oh Israel; y porque te he de hacer esto, prepárate para venir al encuentro de tu Dios, oh Israel».

Amós 9.14: «Y traeré del cautiverio a mi pueblo Israel, y edificarán ellos las ciudades asoladas, y las habitarán; plantarán viñas, y beberán del vino de ellas y plantarán huertos, y comerán del fruto de ellos».

Propósito y tema

Dios eligió a Amós para que llevara una franca palabra a Israel. Israel disfrutaba de un período de prosperidad, había olvidado su relación pactada con Dios —en verdad, había quebrantado su pacto con espantoso pecado— y en términos generales era irreligioso (5.12). Tributaba sin duda un culto de apariencias pero su vida diaria hacía ver claramente que ese culto carecía de toda relación con la práctica (5.21-24). El egoísmo, la codicia, la inmoralidad, la idolatría, la opresión de los pobres mediante exacciones, los sobornos, la injusticia (2.6-8) y muchos pecados estaban cargados en la cuenta de Israel.

Amós clamaba pidiendo arrepentimiento (5.14-15) en vista del castigo venidero, y aunque no menciona específicamente a Asiria, está claro que predice el cautiverio. Pero Israel ni siente ni está dispuesto al arrepentimiento (6.6) y el desastre es la consecuencia inevitable (9.1-8).

Así que uno de los propósitos de Amós es prevenir al pueblo. Pero hay un segundo propósito: anunciar que Dios está dispuesto a libertar. El capítulo 9 habla de liberación y en realidad incluye promesa de bendición mesiánica. Tema constante de los profetas del Antiguo Testamento es que aunque el pueblo sea infiel al Pacto, Dios permanece fiel. Obsérvese a través del libro el énfasis que pone en la justicia.

Bosquejo

SE PROCLAMA EL JUICIO DE LAS NACIONES (capítulos 1—2)
    Presentación (1.1)
    Contra las naciones extrañas: Damasco, Filistia, Fenicia (Tiro), Edom, Amón, Moab (1.2—2.3)
    Contra el pueblo elegido: Judá e Israel (2.4-16)

JUICIO CONTRA ISRAEL (capítulos 3—6)
    Israel será castigado (capítulo 3)
    Israel no ha aprendido de los castigos pasados (capítulo 4)

Dios llora por Israel; la vida se obtiene siguiendo al Señor (capítulo 5)
¡Ay de los injustos! (capítulo 6)

CINCO VISIONES DE JUICIO VENIDERO (7.1—9.10)
Visión de la plaga de langostas (7.1-3)
Visión de fuego (7.4-6)
Visión de la plomada; materiales históricos (7.7-17)
Visión de la cesta de fruta veraniega (capítulo 8)
Visión de la destrucción del templo (9.1-10)

PROMESA DE BENDICIÓN MESIÁNICA (9.11-15)

Abdías

Autor y fecha

De Abdías («adorador de Jehová») nada se sabe sino que fue profeta y escritor del libro que lleva su nombre. Es el libro más breve del Antiguo Testamento. Se desconoce con certeza el tiempo en que se escribió. Los versículos 11-14, parecen referirse a la destrucción que Nabucodonosor ordenó, en la que los edomitas participaron (Salmos 137.7). En los versículos 5-7 el profeta parece describir la tragedia que sobrevino a Edom tras la caída de Jerusalén. De ser así, la fecha del libro sería el tiempo del exilio o poco después; es decir, del 586 en adelante.

Destinatarios

Edom, pequeña nación situada al sur del mar Muerto. Eran descendientes de Esaú. Toda la profecía está dirigida a este minúsculo país. Pero no debe suponerse que el libro fuera en realidad enviado a ellos por el profeta. Se dio para beneficio de los israelitas (v. 17-21), especialmente del pueblo de Jerusalén aunque, éste estaba cautivo.

Versículo clave

Abdías 15: «Porque cercano está el día de Jehová sobre todas las naciones: como tú hiciste se hará contigo; tu recompensa volverá sobre tu cabeza».

Propósito y tema

Edom había sido muy cruel con Israel y esta profecía subrayaba el hecho del castigo y del venidero día del Señor. Otros profetas que profetizaron contra Edom fueron Amós, Isaías, Jeremías, Ezequiel y Malaquías. Suele señalarse el orgullo como raíz de su pecado. Pero Edom es humillado. Edom recibe su paga justa; Judá es liberado. Edom y las otras naciones serán destruidos; pero Judá será restablecido y engrandecido por el poder del soberano Dios. La relación de Israel (Jacob) con Edom (Esaú) en la historia de la salvación en cuanto se relaciona con el Reino de Dios queda clara en esta pequeña profecía.

Bosquejo

ENCABEZAMIENTO (1a)

EL ORGULLO, LA FALTA DE ESPÍRITU FRATERNAL Y EL PODER DE EDOM, HUMILLADOS (1b-15)
Pecado de Esaú contra Jacob (10-14)

EL DÍA VENIDERO DE JEHOVÁ: EDOM CASTIGADO; SIÓN LIBERADA (15-21)

Jonás

Autor y fecha

Jonás («paloma»), hijo de Amitai (1.1), nativo de Gat-efer en Galilea. Fuera del libro de Jonás, la única referencia del Antiguo Testamento a este libro se halla en 2 Reyes 14.25, que lo relaciona con el tiempo del rey Jeroboam II (quien reinó en 785-740 A.C.).

Destinatarios

No se indican específicamente, pero el objetivo misionero es la ciudad de Nínive, capital de Asiria.

Versículo clave

Jonás 1.12: «Él les respondió: Tomadme y echadme al mar, y el mar se os aquietará; porque yo sé que por mi causa ha venido esta gran tempestad sobre vosotros».

Jonás 3.5. «Y los hombres de Nínive creyeron a Dios, y proclamaron ayuno, y se vistieron de cilicio desde el mayor hasta el menor de ellos».

Propósito y tema

Jonás es el sobresaliente libro misionero del Antiguo Testamento. Demuestra el amor de Dios a los gentiles (4.11), mensaje siempre difícil de comprender para los judíos, especialmente varios siglos antes que apareciera Pablo, el misionero a los gentiles. El carácter de esta profecía es del todo diferente al de otros libros proféticos; éste presenta la historia de una vida con énfasis en el trato que Dios dio al hombre llamado Jonás. El libro contiene múltiples lecciones: cuando Dios hable respóndele y síguele con fe; Dios quiere mostrar su misericordia a todos los pueblos, gentiles y judíos; que cualquier pueblo —se trataba de una gran ciudad— puede arrepentirse cuando los siervos de Dios le obedecen. Tiene significación adicional el hecho de que la terquedad de Jonás es característica del empecinamiento de la nación israelita como conjunto... Obsérvese además que Jesús se refirió a la historia de Jonás como símbolo de su propia muerte y resurrección (Mateo 12.40-41).

Bosquejo
DESOBEDIENCIA DE JONÁS Y SUS RESULTADOS (capítulo 1)

ORACIÓN DE JONÁS EN EL VIENTRE DEL PEZ (capítulo 2)

OBEDIENCIA DE JONÁS Y SUS RESULTADOS: LA SALVACIÓN DE MILLARES DE PERSONAS (capítulo 3)

CASTIGO ADICIONAL PARA JONÁS POR SU FALTA DE AMOR A LAS ALMAS (capítulo 4)

Miqueas

Autor y y fecha

Miqueas. El nombre (pero no la misma persona) aparece en Jueces 7.1,4. El nombre significa «¿quién es como Dios?». Procedía de la ciudad de Moreset (cerca de Gat), a unos 30 Km al sudoeste de Jerusalén. Se menciona a Miqueas en Jeremías 26.17-19 diciendo que profetizó en días de Ezequías, Miqueas 1.1 indica más específicamente que el período de su ministerio coincidió con los reinados de Jotam, Acaz y Ezequías (c. 738-698 A.C.). Puede que Miqueas haya sido un contemporáneo joven de Isaías, el cual vivió en el siglo VIII A.C.

Destinatarios
Tanto el reino del sur como el del norte, es decir, Israel y Judá.

Versículos clave
Miqueas 4.3: «Y él juzgará entre muchos pueblos, y corregirá a naciones poderosas hasta muy lejos; y martillarán sus espadas para azadones, y sus lanzas para hoces; no alzará espada nación contra nación, ni se ensayarán más para la guerra».

Miqueas 6.8: «Oh hombre, él te ha declarado lo que es bueno, y qué pide Jehová de ti: solamente hacer justicia, y amar misericordia, y humillarte ante tu Dios».

Propósito y tema
Destacar los pecados de los judíos en los reinos del norte y del sur, y el juicio inminente que es fruto inevitable del pecado, pero también demostrar la restauración que vendría.

Los capítulos 6 y 7 se valen de la interesante analogía de un pleito judicial, en que Jehová es la parte ofendida e Israel el acusado. Jehová está airado contra su pueblo, que ha olvidado su liberación de Egipto, y el significado de la adoración, pero que recuerda demasiado bien los caminos de pecado. Al oír estas palabras, Israel se conmueve, suplica perdón y ruega que el Señor vuelva a morar en su medio. Miqueas concluye su profecía con notable efecto: hace un juego de palabras con su propio nombre («¿Quién es como Dios?» 7.18)... Sólo Dios olvida y vuelve a amar. En una palabra, el tema de Miqueas es el juicio por causa del pecado, pero también la futura salvación por la gracia de Dios.

Bosquejo
CONTRA ISRAEL Y JUDÁ (capítulos 1—2)
    Presentación (1.1)

Samaria y Judá, objetos de la ira divina (1.2-16)
Causas de la ira de Dios (capítulo 2)

JUICIO, PERO TAMBIÉN RESTAURACIÓN POR LA GRACIA DIVINA (capítulos 3—5)
Juicio; destrucción de Jerusalén (capítulo 3)
Restauración; establecimiento del Reino de Dios (4.1—5.1)
(Nota: 4.1-3 aparece con ciertas variantes en Isaías 2.2-4)
Nacimiento del Rey mesiánico y su reinado (5.2-15)

HAY CASTIGO, PERO SE ASEGURA LA MISERICORDIA DIVINA (capítulos 6—7)
Queja de Dios; se requiere obediencia (capítulo 6)
Hay corrupción moral, pero también compasión divina (capítulo 7)

Nahum

Autor y fecha

Nahum («consolación», «lleno de consuelo»), contemporáneo de Jeremías, vivió en Judá, probablemente en la ciudad de Elcos. El versículo 3.8 pareciera dar a entender que la captura de Noamón (Tebas) en Egipto ya se había producido; los asirios la tomaron en 661 A.C. El libro de Nahum se completó antes de la caída de Nínive (612 A.C.), la cual predice. Por tanto, el libro se redactó aproximadamente entre 661 y 612 A.C., quizás allá por el 620.

Destinatarios

Nínive, capital de Asiria (1.1), pero también Judá (1.15), pues ésta necesitaba comprender la justicia de Dios en aquel momento histórico en que sufría bajo la opresión asiria.

Versículos clave

Nahum 1.1: «Profecía sobre Nínive. Libro de la visión de Nahum de Elcos».

Nahum3.7: «He visto las tiendas de Cusán en aflicción; las tiendas de la tierra de Madián temblaron».

Propósito y tema

La caída de Nínive y la vindicación de Judá son el tema del profeta. Es interesante recordar que también Jonás profetizó en Nínive. Se profetiza la destrucción completa, se explican los porqués del juicio divino, y se garantiza que el pueblo de Dios alcanzará la victoria definitiva mediante los soberanos actos salvadores de Dios. No se permitirá que la opresión de Asiria oculte la justicia de Dios. Judá había intentado protegerse mediante alianzas con otras naciones, olvidando así las promesas de Dios, pero Dios mismo la librará en el plano político... y también en el nivel espiritual. Dios no había olvidado sus promesas. La doble profecía de Nahum destacó esto: Nínive caería; Judá sería vindicado. El profeta empleó las formas poética (capítulo 1) y profética (capítulos 2 y 3) para comunicar su mensaje.

Asiria se ha desentendido de Dios; Judá ha establecido alianzas; Asiria será destruida y bien hará Judá en darse por advertida con el destino de Asiria.

Bosquejo

MAJESTAD DE DIOS Y SU JUICIO SOBRE EL PECADO
   (capítulo 1)
SITIO DE NÍNIVE (capítulo 2)

LOS PORQUÉS DE LA CAÍDA DE NÍNIVE: SE DESTACA
   SU PECADO (capítulo 3)

Habacuc

Autor y fecha

Habacuc, de quien nada se sabe fuera de lo indicado por su libro. Cuándo profetizó es incierto; quizá a fines del siglo VII y comienzos del VI, es decir, alrededor de 600 A.C.

Versículo clave

Habacuc 2.4: «He aquí que aquel cuya alma no es recta, se enorgullece; mas el justo por su fe vivirá».

Propósito y tema

Esta es una interesante clase de profecía, pues no es un discurso directo sino el relato de algo experimentado por el profeta. Según parece, el profeta había reprochado a Dios el que no se preocupara por el pecado de Judá (1.2-4). Dios responde: Está en verdad preocupado y castigará a Judá mediante los caldeos (1.5, 6). Habacuc vuelve a protestar, esta vez por la aparente despreocupación de Dios ante la crueldad caldea (1.13). El profeta se retira a un sitio tranquilo en busca de la respuesta divina (2.1). Dios responde esta vez: También Babilonia será castigada. Se destaca la justicia de Dios, y la gran declaración de que «El justo por su fe vivirá» (2.4) tiende a expresar que el enemigo no puede «vivir» sino que finalmente será castigado por su tiranía e idolatría (2.6-19), y que el pueblo de Dios («los justos») será preservado en tiempo de tribulación. Habacuc reconoce que la justicia triunfará y eleva una oración rogando a Dios que se manifieste una vez más mediante un acto salvador comparable a lo que hizo en la antigüedad. Habacuc concluye su profecía con una gran declaración de confianza en Dios (3.17-19).

Bosquejo
QUEJA DE HABACUC: PARECIERA QUE EL PECADO NO RECIBE CASTIGO (1.1-4)

HABACUC RECIBE RESPUESTA DE DIOS: JUDÁ SERÁ CASTIGADO POR LOS CALDEOS (1.5-11)

NUEVO PROBLEMA O QUEJA DE HABACUC: ¿QUEDARÁN SIN CASTIGO LOS MALVADOS CALDEOS? (1.12—2.1)

HABACUC RECIBE OTRA RESPUESTA: NO QUEDARÁN SIN CASTIGO LOS CALDEOS (2.2-20)

ORACIÓN DE HABACUC (capítulo 3)

Sofonías

Autor y fecha
Sofonías («el que Jehová ocultó»), cuyos antepasados llegan hasta Ezequías (1.1) (probablemente el rey de Judá).

En 1.1 dice «en días de los Josías... rey de Judá». Josías reinó como del 640 al 609 A.C. Se ha sugerido que los mensajes de este libro fueron predicados antes de las reformas de Josías, porque Sofonías describe proféticamente a un pueblo totalmente transformado.

Destinatarios
Judá y Jerusalén (1.4), y también algunas naciones paganas.

Versículo clave

Sofonías 1.14. «Cercano está el día grande de Jehová, cercano y muy próximo; es amarga la voz del día de Jehová; gritará allí el valiente».

Propósito y tema

Prevenir a Judá del inminente «día de Jehová», día de rendir cuentas. El castigo es inevitable si continúan la corrupción y la injusticia. Ni siquiera el que sean pueblo escogido de Dios detendrá el castigo divino, pues Dios es justo. Asiria será empleada como instrumento del castigo divino. Ese día de juicio será «el día de Jehová», pues él demostrará su justicia. Es lógico que Sofonías intente mover al temor y al arrepentimiento, pero también afirma que los justos serán librados. Los justos son el remanente, puro y bueno, que alabará a Dios con su cántico. Igual que los demás profetas, no omite la liberación venidera.

Bosquejo

EL DIA DE JEHOVÁ (*Dies irae*) DEL JUICIO DE DIOS CONTRA JUDÁ (1.1—2.3)

CONTRA LAS NACIONES PAGANAS (2.4-15)

PECADO DE JERUSALÉN Y FUTURA SALVACIÓN DE ÉSTA (capítulo 3)

Hageo

Autor y fecha

Hageo («mi fiesta»). Una antigua tradición dice que Hageo era un levita que regresó a Jerusalén del cautiverio babilónico con Zorobabel.

Durante el segundo año del reinado de Darío de Persia (520 A.C.), dos profetas predicaron y escribieron la esencia de sus mensajes: Hageo (Hageo 1.1) y Zacarías (Zacarías 1.1). Ambos se mencionan juntos en Esdras 5.1 y 6.14.

Destinatarios

El pueblo de Jerusalén, Zorobabel el gobernador de Judá, y Josué el sumo sacerdote (1.1, 13-14; 2.2, 21).

Versículo clave

Hageo 1.14: «Y despertó Jehová el espíritu de Zorobabel, hijo de Salatiel, gobernador de Judá, y el espíritu de Josué hijo de Tosadac, sumo sacerdote, y el espíritu de todo el resto del pueblo; y vinieron y trabajaron en la casa de Jehová de los ejércitos, su Dios».

Propósito y tema

La terminación del templo es el tema de Hageo. El año después que el pueblo regresó del exilio, se inició el trabajo en el templo. Por entonces el pueblo estaba desalentado. El profeta clama contra la idea dominante de que la obra de Dios es de importancia secundaria y debe esperar la solución económica. En realidad, los problemas económicos son castigo de Dios; cuando el pueblo ponga la obra de Dios en el sitio que le corresponde, entonces los problemas tendrán solución. Hageo se yergue para mover al pueblo a terminar la gran obra de reconstrucción. Se incluye la inspiración mesiánica y el consuelo. De Zorobabel se dice que es el que Dios eligió gobernador de Jerusalén y símbolo del Mesías (2.23).

Bosquejo

PRIMER MENSAJE: NEGLIGENCIA EN CUANTO A TERMINAR EL TEMPLO (capítulo 1)

SEGUNDO MENSAJE: ALIENTO, PROMESA MESIÁNICA (2.1-9)

TERCER MENSAJE: LA DESOBEDIENCIA ALEJA LA BENDICIÓN DIVINA (2.10-19)

CUARTO MENSAJE: CONSUELO: DIOS CUMPLIRÁ SUS PROMESAS (2.20-23)

Zacarías

Autor y fecha

Zacarías («Jehová recuerda»), hijo de Berequías y nieto de cierto Iddo (probablemente el mismo de Nehemías 12.16). Si el Zacarías de Nehemías 12.16 es el mismo Zacarías de este libro, era sacerdote. Zacarías inició su ministerio profético dos meses después que Hageo, en el año 520 A.C. Los capítulos 9—14 quizá hayan sido escritos después del año 520.

Destinatarios

Los judíos regresados del exilio (1.2,3; 7.5), Josué el sumo sacerdote (3.8), y Zorobabel el gobernador (4.6).

Versículos clave

Zacarías 9.9-10: «Alégrate mucho, hija de Sión; da voces de júbilo, hija de Jerusalén; he aquí tu rey vendrá a ti, justo y salvador, humilde, y cabalgando sobre un asno, sobre un pollino hijo de asna. Y de Efraín destruiré los carros, y los caballos de Jerusalén, y los arcos de guerra serán quebrados; y hablará paz a las naciones, y su señorío será de mar a mar, y desde el río hasta los fines de la tierra».

Propósito y tema

Como Hageo, Zacarías se propone mover al pueblo a terminar la edificación del templo. Zacarías tenía gran interés en las derivaciones espirituales de la empresa. También él formula algunas de las más inspiradoras y reveladoras declaraciones mesiánicas de la literatura profética.

Bosquejo

INTRODUCCIÓN (1.1-6)

VISIONES DE ZACARÍAS (1.7—6.15)
    Visión de los caballos: el juicio de Dios contra las naciones y Jerusalén, y el templo que ha de reconstruirse (1.7-17)
    Visión de los cuatro cuernos (Asiria, Egipto, Babilonia, Medopersia): estos enemigos serán castigados (1.18-21)
    Visión del varón que traza las futuras dimensiones de Jerusalén: la salvación divina traerá engrandecimiento (capítulo 2)
    Visión del sumo sacerdote con túnica sucia: pide y recibe misericordia (capítulo 3)
    Visión del candelabro y los dos olivos; el Espíritu de Dios eliminará los obstáculos que estorban la edificación del Reino (capítulo 4)
    Visión del rollo volador: juicios divinos (5.1-4)
    Visión del efa y del peso de plomo: iniquidad; Dios reprime el pecado (5.5-11)
    Visión de los vientos: juicios de Dios (6.1-8)
    Visión de restauración: liberación mesiánica (6.9-15)

PROBLEMA DEL AYUNO: DIOS PREFIERE LA OBEDIENCIA (capítulos 7—8)

DESTRUCCIÓN DE LAS NACIONES Y LIBERACIÓN DEL
   REINO (ISRAEL) (capítulos 9—14)
   El Mesías reinará; otras naciones perecerán (capítulo 9.1-10)
   El verdadero Pastor (Mesías) y el falso (capítulo 11)
   Futuro arrepentimiento de Israel y su vuelta a Dios (12.1—13.6)
   Purificación de Israel; futura gloria de Jerusalén (13.7—14.21)

Malaquías

Autor y fecha

Malaquías («mensajero de Jehová»), de quien nada se sabe, escribió este libro según parece después de reconstruido el templo, quizás en el siglo IV A.C.

Destinatarios

Los judíos regresados del cautiverio, y los sacerdotes (1.6, 2.1).

Versículo clave

Malaquías 3.9: «Malditos sois con maldición, porque vosotros, la nación toda, me habéis robado».

Propósito y tema

Se propone dejar claro el pecado y apostasía de Israel y destacar el juicio de Dios (1.3, 4, por ejemplo) sobre el pecador, al mismo tiempo que la bendición que aguarda al arrepentido. Denuncia también que el pueblo no siempre ha honrado a Dios, que los sacerdotes se han vuelto negligentes en sus tareas litúrgicas, que los sacerdotes también han inducido en error al pueblo con sus falsas instrucciones, y que ha habido matrimonios mixtos (con personas paganas). Son también importantes sus enseñanzas respecto a Dios y la soberanía del mismo. Presenta la gracia de Dios en el pasado y el presente (1.2; 2.4,5; 3.6, etc.). Vendrá el Mesías a cumplir su propósito y purificar a su pueblo. El pueblo debe obedecer a la Ley de Moisés y prepárese así para el Gran Día del Señor. Obsérvense las referencias a los diezmos y ofrendas en 3.8-10.

Malaquías es el eslabón entre el Antiguo y el Nuevo Testamento, y es la última voz hasta que surge Juan el Bautista. Trasncurrieron unos cuatro cientos años entre Malaquías y Juan.

Bosquejo
PECADO Y APOSTASÍA DE ISRAEL (CAPÍTULOS 1.1—3.15)
    Pecado de los sacerdotes (1.1—2.9)
    Pecados del pueblo (2.10—3.15)

BENDICIÓN PARA LOS ARREPENTIDOS (3.16—4.6)

Introducción a la Biblia

MILAGROS DEL ANTIGUO TESTAMENTO	
Sodoma y Gomorra destruidas	Génesis 19.24
La esposa de Lot convenida en sal	Génesis 19.26
Nacimiento de Isaac	Génesis 21.1-3
La zarza ardiente que no se consumía	Éxodo 3.2
La vara de Aarón se vuelve serpiente	Éxodo 7.10-12
Plagas de Egipto	
1. Agua transformada en sangre	Éxodo 7.20-25
2. Rana	Éxodo 8.5-14
3. Piojos	Éxodo 8.16-18
4. Moscas	Éxodo 8.20-24
5. Morriña	Éxodo 9.3-6
6. Úlceras	Éxodo 9.8-11
7. Trueno, granizo, etc.	Éxodo 9.22-26
8. Langostas	Éxodo 10.12-19
9. Tinieblas	Éxodo 10.21-23
10. Muerte de los primogénitos	Éxodo 12.29-30
El Mar Rojo dividido; Israel pasa en seco	Éxodo 14.21-31
Las aguas de Mara endulzadas	Éxodo 15.23-25
Cae maná cada día	Éxodo 16.14-35
Brota agua de la roca de Refidim	Éxodo 17.5-7
Nadab y Abiú destruidos por of recer «fuego extraño»	Levítico 10.1-2
Fuego en el campamento israelita por el descontento	Números 11.1-3
Coré tragado por la tierra; luego fuego y plaga	Números 16.32ss
La vara de Aarón florece	Números 17.1ss
Dos golpes a la roca de Meriba; agua	Números 20.7-11
La serpiente de bronce; Israel sanado	Números 21.8-9
El Jordán detenido: Israel pasa en seco	Josué 3.14-17
Los muros de Jericó destruidos	Josué 6.6-20
El sol se detiene; granizo	Josué 10.11-14
Fuerza de Sansón	Jueces 14–16
Mana agua de la cuenca de Lehi	Jueces 15.19
Dagón cae ante el arca; tumores de los filisteos	1Samuel 5.1-12
Los de Bet-semes muertos por mirar el arca	1Samuel 6.19
Tormenta y pánico en el ejército filisteo	1Samuel 7.10-12
Trueno y lluvia sobre los trigales	1Samuel 12.17-18
Ruido en las moreras	2 Samuel 5.23-25
Uza muerto por tocar el arca	2 Samuel 6.7
La mano de Jeroboam se seca	1 Reyes 13.4-6
Elías multiplica la harina y aceite de la viuda	1 Reyes 17.14-16
El hijo de la viuda resucitado	1 Reyes 17.17-24
Elías alimentado junto al arroyo de Querit tras predecir la sequía.	
Fuego y lluvia luego que Elías oró	1 Reyes 17–19
El muro de Afec cae sobre los sirios	1 Reyes 20.30
Capitanes y soldados de Ocozías quemados	2 Reyes 1.10-12,14

El Antiguo Testamento libro por libro

PARÁBOLAS DEL ANTIGUO TESTAMENTO	
Parábola de Jotam: los árboles eligen rey	Jueces 9.7-15
Natán a David: la oveja del pobre	2 Samuel 12.1-6
La mujer de Tecoa y sus dos hijos	2 Samuel 14.6-11
El prisionero que escapó	1 Reyes 20.35-40
Visión de Micaías	1 Reyes 22.19-23
El cardo y el cedro	2 Reyyes 14.9
El borracho	Proverbios 23.29-35
El perezoso y su viña	Proverbios 24.30-34
La viña estéril	Isaías 5.1-6
El hombre que araba	Isaías 28.23-29
Las águilas y la viña	Ezequiel 17.3-10
Los cachorros de león	Ezequiel 19.2-9
Las dos rameras	Ezequiel 23
La olla y la espuma del potaje	Ezequiel 24.3-5
El cedro del Líbano	Ezequiel 31
El monstruo marino	Ezequiel 32.1-16
Los pastores y el rebaño	Ezequiel 34
El valle de los huesos secos	Ezequiel 37
Las aguas vivas	Ezequiel 47

Hay en el Antiguo Testamento muchas otras parábolas com la de los pastores fieles en Zacarías 11.

Introducción a la Biblia

CUADRO CRONOLÓGICO DE GOBERNANTES HEBREOS*
con fechas aproximadas

EL REINO UNIDO	
1020-1000 A.C.	Saúl
1000-961 (ó 1000-965) A.C.	David
961-922 (ó 965-931) A.C.	Salomón

EL REINO DIVIDIDO			
JUDÁ		ISRAEL	
922 (931)	Roboam	Jeroboam	922 (931)
915 (913)	Abiam		
913 (911)	Asa		
		Nadab	901 (910)
		Baasa	900 (909)
		Ela	877 (886)
		Zimri	876 (885)
		Omri (Tibni 885)	876
873 (870)	Josafat		
		Acab	869 (874)
		Ocozías	850 (853)
849 (848)	Joram	Joram	849 (852)
842 (841)	Ocozías	Jehú	842 (841)
842 (841)	Atalía		
837 (835)	Joás		
		Joacáz	815 (814)
		Joás	801 (798)
800 (796)	Amasías		
		Joroboam II	786 (782)
783 (767)	Uzías		
		Zacarías	746 (753)
		Salum	745 (752)
742 (740)	Acaz		
		Oseas	732 (732)
		Caída de Samaria	721 (723/22)
715 (716)	Ezequías		
687 (687)	Manasés		
642 (642)	Amón		
640 (640)	Uzías		
609 (609)	Joacaz		
609 (609)	Joacim		
597 (597)	Joaquín		
597 (597)	Sedequías		
587 (586)	Caída de Jerusalén		

*Basado en *The Oxford Annotated Bible*, pp. 1532-33. Uno de los sistemas es el ideado por W. F. Allbright; el otro (entre paréntesis) por E. R. Thiele.

Capítulo 5

EL NUEVO TESTAMENTO LIBRO POR LIBRO*

Introducción

La comprensión del Nuevo Testamento se facilita al conocer algo de los eventos que ocurrieron en el período de transición antes de la primera venida de Cristo.

Alejandro Magno y el helenismo

Las conquistas de Alejandro Magno a partir de 334 A.C., año que desembarcó en Troas, hasta su muerte en Babilonia en 323, resumen la época de la introducción del pensamiento griego en las tierras bíblicas. Sus conquistas trastrocaron la vida en el Cercano Oriente, y la cultura helenística se difundió rápidamente por todos esos países. El griego koiné (véase «Antiguos manuscritos y versiones») llegó a ser el idioma aun de los judíos, pues Alejandro fue un conquistador de lengua griega. El comercio internacional progresó vigorosamente bajo el nuevo clima cultural y político.

A Ptolomeo Filadelfo (285-246) se le atribuye la iniciativa en la formación de la gran biblioteca de Alejandría y en propulsar la traducción de las Escrituras judías al griego. Dicha traducción

---

* Especialmente útil en la redacción de este capítulo fue la porción pertinente en «Survey of Geography, History and Archeology of the Bible Lands», artículo de *The Oxford Annotated Bible*.

constituye lo que llamamos la Septuaginta (véase el capítulo «Antiguos manuscritos y versiones»), trabajo que probablemente se inició en Alejandría y se terminó en la misma región. No fue esta la primera traducción de las Escrituras —las versiones aramea y samaritana se habían realizado anteriormente— pero de ahí en adelante la traducción y copia de la Biblia se convirtió en tarea corriente que culminó en una gigantesca corriente de reproducción en el siglo XX D.C., en muchos idiomas. La Septuaginta incluyó los libros apócrifos además de la Biblia hebrea: los libros de los Macabeos, Tobías y Judit, las adiciones a Daniel y Ester, el libro de Baruc y la Epístola de Jeremías, la Sabiduría de Salomón, el Eclesiástico. (Respecto a los Apócrifos véase en «Primeros hechos respecto a la Biblia», la sección sobre el canon.) Algunos de estos libros quizá sean traducciones de originales hebreos o arameos; fragmentos de textos apócrifos en dichas lenguas se han descubierto recientemente en la región del Mar Muerto.

Los seléucidas

Después de Alejandro, los ptolomeos de Egipto dominaron a Judea, y después de ellos los seléucidas de Antioquía de Siria se adueñaron del país. Su dominio comenzó en 198 A.C., cuando Antíoco el Grande derrotó a los egipcios. Los seléucidas impusieron la cultura griega. Antíoco IV Epífanes (175-164 A.C.) dedicó a Zeus Olímpico el segundo templo de Jerusalén en 167 A.C. Algunos no opusieron resistencia, pero los judíos ortodoxos se rebelaron dirigidos por Judas Macabeo («el semejante a un mazo») y sus hermanos, que pertenecían a la familia sacerdotal de los asmoneos (Asmón fue un antepasado de los macabeos). Sus campañas contra los sirios tuvieron éxito y el templo fue purificado en 164 A.C. (origen de la fiesta de Hanuka). Que los macabeos lucharon por la independencia nacional se revela en los campos de refugiados, campamentos y fuertes descubiertos por los arqueólogos. Cuando los judíos de Palestina alcanzaron su independencia, los seléucidas tuvieron que desempeñar un papel más sumiso. Judas murió en 160 A.C. pero los asmoneos reinaron hasta 40 A.C., durando así más que los seléucidas, que llegaron a su fin definitivo cuando Pompeyo convirtió a Siria en provincia romana en 63 A.C. Los asmoneos extendieron sus fronteras hasta que, bajo Alejandro Janneo (103-76 A.C.), llegaron a dominar casi toda Palestina.

Los libros de los Macabeos (parte de los apócrifos), Josefo y la arqueología (especialmente la numismática) nos cuentan la historia del período seléucida. Las monedas revelan el empuje y aspiraciones de los asmoneos, quienes al principio fueron reconocidos únicamente como sumos sacerdotes y gobernantes de los judíos, pero que, a partir de Aristóbulo (104-103 A.C.), asumieron el título de reyes a despecho de la vigorosa oposición de los fariseos.

Los asmoneos

El origen de los asmoneos se indica en el párrafo anterior. Conforme fueron extendiendo sus conquistas territoriales se volvieron más despiadados, pero se debilitaron por las crecientes divisiones religiosas y políticas. Los saduceos, aristocracia de inclinaciones políticas, tenían una actitud liberal y veían con buenos ojos el ajustarse a los tiempos. Los fariseos («separados»), sin embargo, se levantaron en oposición a Alejandro Janneo, y procuraban el aislamiento en la vida nacional, propugnaban el ascetismo y acusaban a los gobernantes del momento de estorbar el cumplimiento de la promesa divina a través de la casa de David. Los fariseos se rebelaron, y Alejandro Janneo logró sofocar su rebelión, pero con gran dificultad. Unos 800 fariseos fueron crucificados y millares de personas abandonaron el país. En su lecho de muerte, Alejandro dijo a su reina (Salomé), que había de gobernar después de él, que debía hacer todo lo posible por concertar la paz con los fariseos. En los diez años en que ella gobernó (76-67 A.C.) los fariseos fueron muy influyentes. La reina Salomé Alejandra nombró sumo sacerdote a su hijo mayor, Hircano. Muerta ella, un hijo más joven, Aristóbulo, trató de hacerse rey, pero fracasó.

Herodes el Grande

Esas divisiones y problemas produjeron un debilitamiento interno, y finalmente la dinastía asmonea cayó, tras lo cual Herodes el Grande llegó a rey de Palestina en 37 A.C. Roma entonces manipuló con gran empeño las cuestiones judías. Herodes se casó con Mariamma, nieta de Hircano, sabia maniobra política que lo relacionó con la familia asmonea. Con el tiempo, Herodes abarcó más territorio, de modo que dominó tanto a Judea como a regiones no judías. Fue un gran edificador y reconstruyó el templo (véase capítulo 9). Pero ni siquiera así logró hacerse querer por los judíos, y su perversa conducta (como el asesinato de su esposa Mariamma) sólo sirvió para destacar su malvada imagen.

En su testamento, Herodes nombró rey a su hijo Arquelao; a otro hijo —Herodes Antipas— lo nombró tetrarca de Galilea y Perea; a un tercero —Felipe— lo dejó por tetrarca de la Transjordania del norte y más allá. El emperador Augusto no confirmó el nombramiento de Arquelao como rey. En vez de ello, lo hizo «etnarca», título apenas un poco superior al de «tetrarca». Arquelao reinó sólo nueve años, después de lo cual el emperador lo deportó a la Galia el año 6 D.C. Su territorio fue puesto en manos de un gobernador de Siria, y se llamaba «procurador». Poncio Pilato, que desempeñó ese puesto en 26-36/37 D.C., fue el quinto de dichos procuradores.

El Nuevo Testamento libro por libro

La antigua y la nueva Jerusalén; nótese la Cúpula de la roca, es decir, la mezquita de Omar, construida sobre el antiguo templo.

Durante estos tiempos difíciles, los judíos anhelaban la consoladora esperanza de los profetas, cuyos escritos habían llegado a leerse junto con la Ley o Tora en las sinagogas. La esperanza profética se cumplió en Jesús de Nazaret, figura central del Nuevo Testamento y de la Historia humana.

El Nuevo Testamento libro por libro

La extensión del Nuevo Testamento es sólo la tercera parte del Antiguo, pero Jesucristo, su figura central, le da el más alto valor. Jesús no escribió ningún libro, no dejó legado literario; los datos sobre Él fueron suministrados por sus apóstoles y sus discípulos. Pero Jesús es el personaje clave. El siguiente en importancia es Pedro (mencionado más veces que cualquier otro excepto Jesús) y Pablo. Pablo y Lucas son los que más aportaron a los escritos del Nuevo Testamento, pero una docena de hombres ayudaron a escribir el conjunto.

Durante unos 1600 años la mayoría de los cristianos han dado crédito a este Nuevo Testamento nuestro con sus 27 libros que se dividen así:

EVANGELIOS HECHOS EPÍSTOLAS APOCALIPSIS

Hay cuatro evangelios, un libro de Hechos (Historia de la Iglesia Primitiva), veintiún cartas o epístolas de Pablo, de otros apóstoles y varones apostólicos, y un Apocalipsis (semejante a Daniel en su forma literaria). Este orden cuádruple es lógico y cronológico a un tiempo. Primero se presenta el mensaje evangélico (se echan las bases), luego se relata en Hechos el esparcimiento del Evangelio; la explicación del Evangelio se amplía más adelante en las Epístolas y una expresión de la voluntad de Dios respecto al futuro de los creyentes evangélicos pone punto final al Nuevo Testamento: el Apocalipsis. Este arreglo es cronológico también no en cuanto al orden en que fue escrito sino en cuanto al tema. Así, pues, Jesús, el fundador de la fe, se revela en los evangelios; el progreso de la fe durante unos treinta años después de muerto y resucitado Jesús se presenta en los Hechos; la teología de la fe se bosqueja en las Epístolas; la final consumación de la fe se profetiza en el Apocalipsis. Apocalipsis significa «revelación».

Según parece, al principio los evangelios circulaban por separado, y no fue sino a comienzos del siglo II cuando se reunieron en un volumen. Una vez puestos en circulación, Hechos y Lucas, que hasta entonces eran partes de una sola obra, se separaron. En cuanto a las obras de Pablo, cada una era conservada por los individuos y grupos a quienes había sido enviada, pero a fines del siglo X sus escritos (las «epístolas paulinas») probablemente fueron puestas en un solo «paquete» y circularon así. Pablo había expuesto el mensaje evangélico tanto en su aspecto teológico como en el práctico, por inspiración del Espíritu de Dios. Al principio, probablemente sólo diez epístolas de Pablo circularon en grupo. Más tarde fueron añadidas otras tres, las llamadas pastorales (1, 2 Timoteo y Tito).

Circulaban por entonces dos grandes grupos de documentos, los evangelios y las Epístolas paulinas, y los Hechos como eslabón entre ambos. Hebreos y las Epístolas generales (católicas) además del Apocalipsis, se añadieron con el tiempo para completar los escritos del Nuevo Testamento.

Los evangelios: De Mateo a Juan

Los «sinópticos»

La palabra «EVANGELIO» se deriva del griego y significa buenas nuevas o noticias. Los evangelios son las «buenas nuevas» en Jesús, proclamadas y vividas. A los tres primeros evangelios se los llama sinópticos (término acuñado en el siglo XVIII) porque los tres tienen un punto de vista común y se asemejan en el tema, orden y lenguaje. En otras palabras, los tres resumen la vida y enseñanzas de Jesús, y a menudo emplean los mismos materiales. Póngaselos en columnas paralelas, y este hecho saltará inmediatamente a la vista. (Véanse también los cuadros de parábolas y milagros al final de esta sección sobre los evangelios).

Fuentes de los sinópticos

Los sinópticos se valieron de algunas fuentes para obtener materiales. La investigación erudita nos dice que probablemente Marcos se escribió primero. Afirma que los materiales de Mateo y Lucas, que aparecen también en Marcos, quizá derivan de este último. Entre los argumentos a favor de esta tesis hallamos: (1) Marcos no incluye casi nada (fuera de detalles) que no esté en Mateo o Lucas. (2) Cuando varía el orden en que el material aparece, Lucas concuerda con Marcos en donde Marcos y Mateo difieren, y Mateo concuerda con Marcos en donde Marcos y Lucas difieren. (3) Mateo y Lucas no concuerdan nunca en el orden de presentación comparado con Marcos. (4) Seiscientos seis de los seiscientos sesenta y un versículos de Marcos aparecen en Mateo, y trescientos ochenta de los de Marcos aparecen con poca modificación en Lucas. Hay en Marcos únicamente treinta y un versículos que no aparecen en Mateo ni en Lucas. Además de estos cuatro factores, parece que aun en muchos detalles el primero y el tercer evangelios se derivan de Marcos. Por tanto, de acuerdo a esta tesis, Marco es fuente principal de datos sinópticos. Pero, ¿qué decir de los materiales comunes a Mateo y Lucas que no aparecen en Marcos? listos (más de 200 versículos) proceden de una fuente llamada «Q» (de la palabra alemana Quelle, «fuente»). La tal «Q» nunca ha sido encontrada en forma manuscrita; es solamente una forma conveniente de indicar una fuente común de datos sinópticos. Esa fuente común, así como las demás fuentes, circuló al comienzo oralmente. A los judíos se les enseñaba a aprender de memoria y repetir vez tras vez sus dichos sagrados. Las palabras de Jesús produjeron tal impacto en la mente y corazón de los oyentes, que éstos se vieron impelidos a repetirlas vez tras vez. En alguna forma semejante crecieron las tradiciones orales, se propagaron y finalmente se hicieron constar por escrito. Hay prueba de que existieron por escrito dichos de nuestro Señor (llamados «Logia»), y quizá se escribió más de una fuente de sus dichos. Al analizarlo, resulta que «Q» consiste en su mayor parte en dichos de nuestro Señor. Quizá proceda de una fecha tan temprana como 50 D.C. y se cree que tuvo origen en Antioquía de Siria, cuna del cristianismo gentil («Q» pone énfasis en los gentiles).

No todos los eruditos aceptan dicha reconstrucción sino que piensan que Mateo fue escrito primero. Dicha afirmación tiene respaldo en la iglesia primitiva.

Ireneo, uno de los padres de la iglesia temprana, escribió acerca del origen del Evangelio:

> Entonces Mateo publicó el libro del evangelio entre los hebreos en su propio dialecto, mientras Pedro y Pablo predicaban el Evangelio en Roma y fundaban la iglesia. Muertos (idos) ellos, Marcos, el discípulo e intérprete de Pedro, nos trasmitió por escrito lo que Pedro predicaba.
> También Lucas, el seguidor de Pablo, escribió en un libro el Evangelio predicado por Pablo. Luego Juan, el discípulo del Señor que se reclinó en su pecho, también publicó un evangelio mientras residía en Éfeso, Asia.

Si este relato es digno de crédito, nos proporciona diferentes datos respecto a las fuentes del Evangelio. Mateo fue escrito primero. Marcos obtuvo de Pedro su material; Lucas obtuvo parte del suyo de Pablo y el Evangelio de Juan se escribió por último en Éfeso.

Propósito de los evangelios

El verdadero propósito de los evangelios era presentar a Jesús y el plan de salvación. En efecto, estos cuatro breves libros constituyen la fuente primordial de conocimiento respecto a Jesucristo y la salvación que ofrece. Ireneo, refiriéndose a los escritores del Evangelio, decía: «Hemos aprendido el plan de salvación nada menos que mediante aquellos por los cuales nos llegó el Evangelio».

Implícita en la salvación está la vida de Jesús —su nacimiento, enseñanzas, ejemplo— pero la gran importancia de su muerte y pasión resalta en el hecho de que una tercera parte de los sinópticos y la cuarta parte del cuarto evangelio están dedicadas a la cruz y a la preparación de Jesús para la crucifixión, todo lo cual culminó en el milagro céntrico de la Biblia: la resurrección.

Mateo

Autor y fecha

Mateo («don de Dios»), cuyo nombre original quizá fuera Matías, es el autor del evangelio que lleva su nombre. Era un apóstol (Mateo 10.3; Marcos 3.18; Lucas 6.15; Hechos 1.13), y se cree que es el mismo Leví, el publicano a quien Cristo llamó en Marcos 2.14 (ver Lucas 5.27). Algunos han sugerido que asumió su nuevo nombre de Mateo al abandonar su antiguo trabajo. Marcos nos dice que Leví era hijo de Alfeo. Algunos han dicho que Mateo era pariente de nuestro Señor. Fuera de estos hechos y sugerencias, poco se sabe de él. Este evangelio se escribió quizá entre 48-68 D.C.

Destinatarios

Mateo era el evangelio más comúnmente usado en la iglesia primitiva, que incluía muchos judíos cristianos. Salta a la vista que Mateo, que era judío, escribió para sus compatriotas. Los siguientes hechos acerca del libro dejan ver esto:

1. Las numerosas referencias al Antiguo Testamento, que incluyen profecías.
2. El énfasis en Jesús como Rey.
3. El énfasis en los judíos como ovejas perdidas de Israel y en la misión de Jesús ante ellos.

Versículos clave

Mateo 23.37-39: «¡Jerusalén, Jerusalén, que matas a los profetas, y apedreas a los que te son enviados! ¡Cuántas veces quise juntar a tus hijos, como la gallina junta sus polluelos debajo de las alas, y no quisiste! He aquí vuestra casa os es dejada desierta. Porque os digo que desde ahora no me veréis, hasta que digáis: Bendito el que viene en el nombre del Señor».

Propósito y tema

La posición de Mateo en el canon revela su propósito. Es el eslabón perfecto entre el Antiguo y el Nuevo Testamentos, por ser el más judío de los evangelios; su propósito es demostrar que Jesús es el verdadero Mesías, el cumplimiento de las profecías del Antiguo Testamento. Así como Lucas es el evangelio para los gentiles, Mateo es el evangelio para los judíos. Mateo aprovechó el Evangelio de Marcos, pero reacomodó el material y hasta lo resumió en donde quiso. Su estilo es nítido, clarísimo y ordenado. Una ilustración de su orden está en la más o menos frecuente agrupación del material en grupos de tres o siete miembros. En la genealogía de Jesús, los nombres se dividen en tres grupos de catorce (múltiplo de siete). Hay tres mensajes angélicos a José, tres negaciones de Pedro, tres preguntas de Pilato. Hay siete parábolas en el capítulo 13, y siete ayes en el capítulo 23 (A. M. Hunter, Introducing the New Testament, 1957, p. 59).

Mateo es el único sinóptico en que aparece la palabra «iglesia»: dos veces en el mismo versículo, Mateo 18.17, y otra vez en 16.18 en que Jesús dice: «Y yo también te digo, que tú eres Pedro, y sobre esta roca edificaré mi iglesia; y las puertas del Hades no prevalecerán contra ella». Jesús, el Hijo de David, Hijo del Hombre, Hijo de Dios, vino a establecer la Iglesia. Fueron necesarias su enseñanza, vida, muerte y resurrección para fundarla (esta fue su misión mesiánica), y se necesitará su segunda venida para consumar el eterno reino de Dios.

Los cinco grandes discursos de Jesús constituyen un aspecto notable del evangelio: el Sermón del Monte está en los capítulos 5—7; sus instrucciones a los discípulos para la obra misionera constan en el capítulo 10 (véase también Mateo 28.18-20, la «Gran Comisión»); las parábolas del reino (capítulo 13); la enseñanza sobre el verdadero discipulado (capítulo 18); y la enseñanza sobre el final de la época (capítulos 24—25).

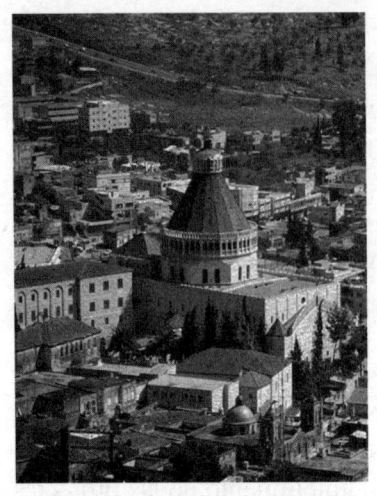

La moderna ciudad de Nazaret

Bosquejo

EL ADVENIMIENTO DEL MESÍAS (1.1—4.11)
    Genealogía de Cristo (capítulo 1)
    Nacimiento virginal (capítulo 2)
    Preparación de Juan el Bautista; bautismo de Jesús (capítulo 3)
    Satanás tienta a Cristo (4.1-11)

MINISTERIO DEL MESÍAS EN GALILEA Y JUDEA (4.12—20.34)
    Retiro en Galilea; los primeros discípulos (4.12-25)
    Sermón del Monte (capítulos 5—7)
    Diez milagros: leprosos sanados, la suegra de Pedro sanada, la tormenta marina aplacada, etc. (capítulos 8—9)
    Jesús enseña a los doce y los envía a predicar y sanar (capítulo 10)
    Juan el Bautista encarcelado; acusaciones de los fariseos (capítulos 11—12)

Jesús enseña en parábolas acerca del reino; el sembrador, la semilla de mostaza, la levadura, etc. (capítulo 13)
Herodes ejecuta a Juan el Bautista; alimentación de los 5.000; Pedro anda sobre el agua (capítulo 14)
Más acusaciones; 4.000 alimentados (15.1—16.12)
La gran confesión de Pedro (16.13-20)
Primer anuncio de la Pasión (16.21-28)
La transfiguración; el niño endemoniado sanado (17.1-21)
Segundo anuncio de la Pasión (17.22-27)
Instrucciones de Jesús sobre el discipulado sincero (capítulo 18)
La cuestión del divorcio; el joven rico (capítulo 19)
Parábolas; los ciegos sanados (capítulo 20)

EL MESÍAS DEFINITIVAMENTE RECHAZADO (capítulos 21—25)
Entrada triunfal; purificación del templo; parábola de los labradores malvados (capítulo 21)
Parábola de las bodas; aumenta la oposición de los fariseos, saduceos y herodianos (capítulo 22)
«¡Ay de vosotros, escribas y fariseos!» (capítulo 23)
Predicciones y parábolas sobre el fin de la época (capítulos 24—25)

SEMANA DE PASIÓN Y RESURRECCIÓN DEL MESÍAS (capítulos 26—28)
Complot para matar al Mesías; la última cena (26.1-29)
En el huerto (26.30-56)
Proceso ante Caifás; negación de Pedro (26.57-75)
Proceso ante Pilato (27.1-26)
Crucifixión (27.27-66)
Resurrección (capítulo 28)

Marcos

Autor

Juan Marcos, primo de Bernabé (Colosenses 4.10), es el autor del Evangelio de Marcos. La tradición respalda sólidamente esta tesis. Afortunadamente, hay muchos más datos biográficos sobre Marcos que sobre Mateo. Era hijo de María, la cual puso su casa de Jerusalén a disposición de los cristianos para el culto y conferencias (Hechos 12.12). Algunas autoridades creen que fue en su casa donde Jesús y los discípulos celebraron la última cena y en donde los ciento veinte se reunieron el día de Pentecostés. Puede que Marcos haya conocido a Jesús; muchos expositores bíblicos han sugerido que el relato de Marcos 14.51, sobre el joven que huyó desnudo, es una referencia velada al propio Marcos. Marcos trabajó con Pablo, Bernabé y Pedro en el esparcimiento del reino. Acompañó a Pablo y Bernabé durante parte del primer viaje misionero, pero, por alguna razón desconocida se apartó antes de completar el viaje (Hechos 13.13; 15.36-39). Durante siglos, los eruditos han intentado descubrir la verdadera razón del proceder de Marcos; aún no ha surgido una respuesta definitiva. Se han sugerido como razones el mal de patria, los celos porque Pablo iba al mando (Bernabé y Marcos eran primos), los rigores en lo que restaba del primer viaje misionero (había que atravesar muchas montañas), y las amplias relaciones con los gentiles, a las cuales no estaban acostumbrados los judíos. Cualquiera que haya sido la razón, con el tiempo Pablo perdonó a Marcos y hasta llegó a considerarlo utilísimo obrero en la edificación del reino (Colosenses 4.10 y 2 Timoteo 4.11). La tradición dice que fue a Alejandría en Egipto para fundar la iglesia de ese lugar así como la conocidísima escuela catequística en la cual habrían de adquirir fama Clemente y Orígenes. Se cree que Marcos murió como mártir.

Eusebio, escritor del siglo IV, dice que Papías, quien escribió allá por el 140 D.C., afirmaba que Marcos fue «el intérprete de Pedro». Otros escritores antiguos hicieron la misma observación; resulta claro que Pedro contó a Juan Marcos la historia de nuestro Señor. Además, parece que entre Pedro y Marcos había intimidad: en 1 Pedro 5.13 hallamos la expresión, «Marcos mi hijo». Conocedor de las historias que entonces circulaban respecto a Jesús y habiendo escuchado a Pedro, Marcos fue guiado por el Espíritu de Dios a escribir este breve resumen de los acontecimientos sobresalientes en la vida de nuestro Señor, con especial énfasis en sus actividades cuando anduvo haciendo el bien.

Fecha

Algunos piensan que Marcos fue el primer evangelio que se escribió. Probablemente fue escrito entre 60-67 D.C.

Destinatarios

Según una antigua tradición, Marcos escribió su evangelio en Roma para los creyentes romanos. A diferencia del Evangelio de Mateo, el de Marcos contiene pocas referencias al Antiguo Testamento. Pone especial empeño en explicar las costumbres judías y traduce las expresiones arameo-palestinas al griego que se hablaba en Roma en el siglo I. Todo esto sugiere que escribía para personas no versadas en la religión y prácticas judías. También es verdad que el de Marcos contiene más palabras latinas que los otros evangelios. En una palabra, el ambiente del Evangelio según Marcos es romano.

Versículo clave

Marcos 10.45: «Porque el Hijo del Hombre no vino para ser servido, sino para servir, y para dar su vida en rescate por muchos».

Propósito y tema

El estilo de Marcos no es pulido; pero, como bien dice J. B. Phillips, está lleno de «vívidos destellos de realismo». Marcos retrata a Jesús como un hombre fuerte y muy humano, pero no omite el hecho histórico de la encarnación (1.1,11; 5.7; 9.7; 14.61-62; 15.39). El ministerio de Jesús tan lleno de obras portentosas que resulta claro, para quienes tengan ojos para ver, que el reino de Dios está aquí y en Él. El de Marcos es el evangelio de acción; la palabra «inmediatamente», o su equivalente «luego», aparece cuarenta veces en este breve libro de dieciséis capítulos. Marcos destaca más las obras que las palabras; en su evangelio hay menos dichos de Jesús que en los otros evangelios (el capítulo 13 contiene una colección de dichos y hay algunas parábolas en el libro). La narración fue hecha de modo que llamara la atención de los activos romanos para quienes había sido escrita. El propósito del Evangelio era dejar claras las obras de Jesucristo el Hijo de Dios y hacerlas constar por escrito antes que pasaran los años (habían transcurrido treinta años o más desde la muerte y resurrección de Jesús). Para los perseguidos cristianos de Roma y sus alrededores, el recuerdo de la muerte de nuestro Señor traería gran consuelo y fortaleza. Sin mencionar el nacimiento ni la niñez de Jesús (lo cual no interesaría al populacho esclavo de Roma) inicia su relato con la aparición del precursor de Jesús, presenta el ministerio público de Juan el Bautista y luego el de Cristo, su pasión y resurrección.

Bosquejo

INTRODUCCIÓN Y PREPARACIÓN (1.1-13)
    El precursor: Juan el Bautista (1.1-8)
    Bautismo de Jesús (1.9-11)
    La tentación (1.12-13)

MINISTERIO DE JESÚS EN GALILEA (1.14—8.26)
Llamamiento de los primeros discípulos (1.14-20)
Muchos milagros (1.21—3.12)
Elección de los doce discípulos (3.13-19)
Controversia con los fariseos; parábolas; la tempestad dominada; el endemoniado y la hija de Jairo sanados, etcétera (3.20—6.6)
Los apóstoles comisionados (6.7-13)
Muerte de Juan el Bautista (6.14-29)
Alimentación de los 5.000; controversia con los fariseos; alimentación de los 4.000 (6.30—8.10)
Denuncias de la oposición; el ciego sanado (8.11-26)

PREPARACIÓN PARA LA PASIÓN (8.27—10.52)
Confesión de Pedro (8.27-30)
Primer anuncio de la pasión (8.31-38)
Transfiguración; curación del niño endemoniado (9.1-29)
Segundo anuncio de la pasión (9.30-32)
Enseñanzas sobre el divorcio; el joven rico, etc. (9.33—10.31)
Tercer anuncio de la pasión (10.32-34)
Los hijos de Zebedeo buscan preeminencia en el reino; curación del ciego Bartimeo (10.35-52)

SEMANA DE PASIÓN Y RESURRECCIÓN (capítulos 11—12)
Entrada triunfal y purificación del templo (capítulo 11)
Parábola de los labradores malvados; controversia con los herodianos y saduceos (12.1-27)
El gran mandamiento; la ofrenda de la viuda, predicción de la segunda venida (12.28-13.37)
La cena en Betania (14.1-11)
La última cena (14.12-31)

Tumba de nuestro Señor ubicada por Gordon. Véase enfrente el cordón de piedra tras el cual se hacía rodar la piedra que cerraba la puerta.

Getsemaní y la traición (14.32-52)
Proceso ante el sumo sacerdote (14.53-72)
Proceso ante Pilato (15.1-21)
La crucifixión (15.22-47)
La resurrección (16.1-8)
Epílogo (16.9-20)*

Lucas

Autor

Lucas el médico (Colosenses 4.14), buen historiador y el único escritor gentil del Nuevo Testamento, es sin duda el autor del evangelio que lleva su nombre. Testimonios del siglo II son unánimes al respecto. Las expresiones médicas también señalan a Lucas como autor. Este evangelio fue el primero de una obra en dos

---

* Los más antiguos manuscritos no incluyen el epílogo; por tanto, en algunas versiones aparece en letra bastardilla. Algunos piensan que la terminación original fue destruída accidentalmente, y que una mano posterior añadió los versículos 9-20 para dar un final adecuado al evangelio. Sin embargo la mayoría de los manuscritos existentes incluyen dichos versículos.

volúmenes, el segundo de los cuales es Hechos. (Incidentalmente, Lucas y Hechos son los dos libros más extensos del Nuevo Testamento.) Un vistazo al comienzo del Evangelio de Lucas y al de los Hechos muestra que es el autor de ambos libros. Bien quisiéramos tener más datos biográficos de Lucas. Pero, aparte de los pasajes de los Hechos escritos en primera persona plural, sólo se le menciona en tres pasajes del Nuevo Testamento (Colosenses 4.14; 2 Timoteo 4.11; Filemón 24). Probablemente era oriundo de Antioquía de Siria. Sabemos que era gentil, médico, cristiano y vigorosa columna de la iglesia.

Fecha

Es muy probable que Lucas fuera escrito inmediatamente antes de los Hechos. Este último se escribió probablemente entre 61 y 64 D.C. (véase más adelante «Hechos»). Si Lucas empleó a Marcos como fuente, se escribió después de éste; y Marcos probablemente se redactó poco después del año 60 D.C. La fecha de Lucas debe fijarse temprano en los 60 D.C. aproximadamente.

Destinatarios

Mateo escribió para los judíos, Marcos para los romanos, Lucas para los gentiles. Como el propio Lucas era gentil, tanto su evangelio como los Hechos reflejan enorme interés en extender el cristianismo a los no judíos. En el Evangelio de Lucas se destaca la fe del centurión; se narra la historia del buen samaritano; se remonta la genealogía de Jesús hasta Adán, padre del género humano, y no solamente hasta Abraham, padre del pueblo judío. (Véase renglones abajo «Propósito y tema».)

Versículo clave

Lucas 19.10: «Porque el Hijo del Hombre vino a buscar y a salvar lo que se había perdido».

Introducción a la Biblia

Iglesia de la Natividad, en Belén, edificada sobre el sitio en que según la tradición nació nuestro Señor.

Propósito y tema

En primer lugar, Lucas escribió para Teófilo, oficial romano. Lucas quería darle a conocer, en lenguaje que pudiera comprender y apreciar, que Cristo era el Salvador de todo hombre, no sólo de los judíos. Por cierto, vez tras vez se refiere a los gentiles: el Evangelio ha de anunciarse «a todas las naciones»; cierto centurión tiene más fe que cualquiera otra persona en todo Israel; Jesús es «luz para los gentiles»; los samaritanos (judíos sólo en parte) son alabados por Jesús.

Es un concepto muy generalizado que éste es el más bello de los evangelios sinópticos. Renán lo consideraba «el libro más bello del mundo». Está lleno de poesía, imaginación, historias para niños (como el capítulo 15, donde hallamos tres historias sobre tres cosas perdidas: la oveja perdida, la moneda perdida, el hijo perdido). Según cierta tradición Lucas era pintor además de médico. Sea de ello lo que fuere, está claro que poseía en gran medida una fina sensibilidad artística.

Este evangelio no solamente es artístico o estético; es un documento histórico exacto y digno de crédito. Lucas, el médico y científico, consigna con gran cuidado la vida de Cristo. Como doctor que registra una historia clínica, se esfuerza por escribir con precisión. Cuidadosamente eligió y seleccionó sus fuentes de información. Tal vez consultó el Evangelio de Marcos y con seguridad habló con la propia María. Ha de haber conversado con los creyentes de Antioquía, y estuvo con Pablo, el cual había visto a Jesús en el camino de Damasco. Hubo otras fuentes de información, pero en esto podemos confiar: aunque Lucas no haya sido testigo ocular, hizo cuanto estuvo a su alcance por buscar a quienes habían visto a Jesús, para así obtener datos de primera mano para su evangelio. El Evangelio de Lucas es una excelente biografía de Cristo.

Los sentimientos del médico se reflejan hermosamente en su evangelio. Se preocupa por los desdichados (el ladrón arrepentido, la mujer caída), por las mujeres (la viuda de Naín, María y Marta), por los niños (historias de nacimientos: capítulos 1—2). Al mencionar a los pobres, mutilados, cojos y ciegos, refleja su profundo interés por quienes necesitaban atención médica. Sus abundantes referencias a la curación de los enfermos no son cosa extraña. En efecto, menciona veinte milagros de Jesús, seis de los cuales no se mencionan en los otros evangelios (la pesca milagrosa, 5.1-11; la resurrección del hijo de la viuda de Naín 7.11-16; curación de una inválida, 13.10-18; curación de un hidrópico, 14.1-6; curación de diez leprosos,17.11-19; restauración de la oreja de Malco, 22.49-51). Todos estos hechos sugieren que quien escribe es médico, y revelan un aspecto del propósito de Lucas al escribir.

El júbilo caracteriza este evangelio. A. M. Hunter (*Introducing the New Testament*) señala que el gozo aparece al comienzo del libro («He aquí os doy nuevas de gran gozo»), en el centro («Mas era necesario hacer fiesta y regocijarnos, porque este tu hermano era muerto, y ha revivido» 15.32a) y al final (los discípulos «volvieron a Jerusalén con gran gozo»). ¡Es verdad! Uno de los propósitos del libro es trasmitir el gozo y la gran dicha que constituyen parte del Evangelio de Cristo y que son prerrogativa del creyente.

Además, Lucas es el evangelio de la oración. Alguien ha observado que el Cristo arrodillado aparece en Lucas con más frecuencia que en cualquier otro evangelio: antes del bautismo, en el monte de la transfiguración, en el huerto, en la cruz, etc. Más aún, sólo en este evangelio hallamos las tres parábolas de la oración: el fariseo y el publicano, el amigo a medianoche y la vida importuna.

Bosquejo
SALUTACIÓN (1.1-4)

NACIMIENTO Y PREPARACIÓN DE JESÚS (1.5—4.13)
    Se predice el nacimiento de Juan (1.5-25)
    La anunciación; María visita a Elisabet (1.26-50)
    Nacimiento de Juan el Bautista (1.57-80)
    Nacimiento y niñez de Jesús (capítulo 2)
    Ministerio de Juan el Bautista; bautismo y genealogía de Jesús (capítulo 3)
    Tentación en el desierto (4.1-13)

MINISTERIO DE JESÚS EN GALILEA (4.14—19.27)
    Rechazado en Nazaret; enfermos sanados en Galilea (4.14-44)
    Los primeros discípulos llamados; críticas de escribas y fariseos (capítulo 5)
    Doce discípulos elegidos e instruidos (capítulo 6)
    Muchos milagros y parábolas (capítulos 7—8)

Alimentación de los 5.000; transfiguración; primer anuncio de la Pasión (capítulo 9)
Los setenta en misión; Jesús visita a María y Marta; el buen samaritano (capítulo 10)
Diversas instrucciones y parábolas (11.1—19.27)

SUFRIMIENTOS Y MUERTE DE JESÚS (19.28—23.56)
Entrada triunfal y purificación del templo (19.28-48)
Preguntas capciosas; profecía sobre la segunda venida (capítulos 20—21)
La última cena (22.1-38)
Cristo en Getsemaní (22.39-53)
Proceso ante el sumo sacerdote; negación de Pedro (22.54-71)
Proceso ante Pilato y Herodes (23.1-25)
Crucifixión y entierro (23.26-56)

TRIUNFAL RESURRECCIÓN Y ASCENSIÓN DE JESÚS (capítulo 24)
El Cristo resucitado se encuentra con las mujeres y los discípulos (24.1-49)
La ascensión (24.50-53)

Juan

Autor

El contenido del Evangelio de Juan pareciera indicar que el autor conoció personalmente a Jesús. La tradición dice que fue Juan, el discípulo amado. Ireneo (c. 180 D.C.), por ejemplo escribió, «Juan el discípulo del Señor, aquel que se reclinó sobre su pecho, también publicó su evangelio, cuando residía en Éfeso, Asia» (Citado en F. F. Bruce, *The New Testament Documents,*

Are They Reliable? [I.V.F., 1960], p. 51). Aunque algunos han dicho que fue otro quien escribió el libro, o que alguien colaboró con Juan, persiste una fuerte opinión de que en efecto, fue Juan, el amado, el autor. El autor asegura haber sido «el discípulo a quien Jesús amaba» (21.20), lo cual parece referirse a Juan. Véanse también pasajes como Juan 13.23; 19.26; 21.7, 24.

Fecha

No parece aventurado decir que el Evangelio de Juan se escribió entre los años 85 y 110 D.C. La prueba manuscrita (el fragmento John Rylands de Juan) hace difícil darle al libro fecha posterior; durante largos siglos los eruditos no se han atrevido a darle fecha anterior a 85 D.C., aunque ha habido unos cuantos intentos de darle fecha más temprana. (Compárese C. Frederic Kenyon, *Our Bible and the Ancient Manuscripts*, revisado por A. W. Adams, Londres: Eyre & Spottiswoode, 1958, pp. 189-190.) Clemente de Alejandría, uno de los padres de la iglesia, dice que Juan escribió después de redactados los otros evangelios. Según una antigua tradición Juan escribió su evangelio en Éfeso.

Destinatarios

El cuarto evangelio no estaba destinado a un específico grupo cultural (judíos, romanos o griegos), sino al mundo, y también a los creyentes. (Véase más adelante «Propósito».)

Versículos clave

Juan 3.16: «Porque de tal manera amó Dios al mundo, que ha dado a su Hijo unigénito, para que todo aquel que en él cree no se pierda, mas tenga vida eterna».

Juan 20.30-31: «Hizo además Jesús muchas otras señales en presencia de sus discípulos, las cuales no están escritas en este libro. Pero éstas se han escrito para que creáis que Jesús es el

Cristo, el Hijo de Dios, y para que creyendo, tengáis vida en su nombre».

Propósito y tema

El Evangelio de Juan difiere grandemente de los primeros tres evangelios, llamados sinópticos. Mateo se escribió para los judíos, Marcos para los romanos y Lucas para los gentiles; el Evangelio de Juan se escribió para todo el mundo, especialmente para los creyentes. Mateo es sistemático, Marcos, breve y vigoroso; Lucas bello y Juan profundo y penetrante. Además, en este último evangelio se incluyen curaciones milagrosas que no se encuentran en los sinópticos. Sólo dos de los ocho milagros de Juan aparecen en los primeros tres evangelios (la alimentación de los cinco mil, 6.5-14; Jesús anda sobre el mar, 6.19-21). Nunca emplea el término «milagro»; siempre lo llama «señal» o indicación de que Cristo es divino (las señales eran demostraciones). Cuando incluye materiales que aparecen en los sinópticos (el bautismo, tentación, transfiguración, etc., se omiten), Juan suele añadir un nuevo elemento como por ejemplo en Juan 6 (la alimentación de la multitud en que se añade la figura de Jesús como «Pan de Vida». Añade además mucho material nuevo (Nicodemo, la mujer en el pozo, Lázaro resucitado, y especialmente los capítulos 13—17, que nos cuentan lo ocurrido la noche de la última cena). Juan no incluye ninguna parábola en el sentido sinóptico. El Evangelio de Juan complementa los sinópticos y da más plenitud a la historia de nuestro Señor.

La diferencia notable entre Juan y los sinópticos es que enfatiza la vida eterna gratuita que Dios da en el presente a todos los que creen en Jesús, el Mesías. El comienzo del cuarto evangelio es diferente. Además en el empleo de la palabra griega Logos, término empleado para trasmitir la idea de la «Palabra o Verbo hecho carne», el Cristo encarnado.

Los grandes temas del cuarto evangelio son luz, vida, amor, verdad y la relación Padre-Hijo. Dichos temas se desarrollan de dos modos. Mediante señales como la transformación del agua en vino (capítulo 2), y conversaciones como la de Nicodemo (capítulo 3). Estos grandes temas reflejan el inmenso valor espiritual del libro. Ninguna obra del Nuevo Testamento es tan mística o espiritual, y no hay libro que sobrepase a éste en profundidad de comprensión. Clemente de Alejandría lo llamaba «el evangelio espiritual».

El propósito del cuarto evangelio se expresa en el versículo clave, Juan 20.31. Ningún otro evangelio pone tanto énfasis en sentar la deidad de nuestro Señor. La relación Padre-Hijo se repite vez tras vez en expresiones como, «Yo y el Padre, uno somos». Se retrata a Jesús como Luz del mundo, Buen Pastor, la Puerta, la Vid, el Camino, la Verdad y la Vida. Juan 3.16, 17, los versículos más y mejor conocidos de este libro, reflejan el propósito del autor: llevar a la gente a creer experimentalmente en el Cristo divino. Dicho propósito es la razón por la que este libro se emplea tan ampliamen-

Caná de Galilea, sitio del primer milagro de Jesús, en donde transformó el agua en vino.

te en esfuerzos evangelísticos y en la obra misionera entre los paganos. También se destaca el Espíritu Santo, pero el término que Juan emplea es «Paracleto», «Ayudador». El autor se esfuerza por trasmitir la verdad de que Cristo se halla presente con nosotros en el Espíritu Santo. Juan no se proponía presentar toda la amplitud del ministerio de Jesús (el libro abarca sólo un breve período de su vida); su propósito es más bien remachar la verdad de que Jesús es el Cristo y que creer en Él resulta en posesión de vida eterna. Juan Calvino dice que el Evangelio de Juan «es la llave que abre la puerta que lleva a entender los (otros) evangelios».

Bosquejo
INTRODUCCIÓN (capítulo 1)
    Prólogo (1.1-18)
    Ministerio de Juan (1.19-36)
    Primeros discípulos (1.37-51)

MINISTERIO PÚBLICO DE JESÚS (capítulos 2—12)
    Bodas de Caná; purificación del templo (capítulo 2)
    Conversación con Nicodemo: «Tienes que nacer de nuevo» (capítulo 3)
    La mujer samaritana; el hijo del noble sanado (capítulo 4)
    Curación del paralítico; acusación de los fariseos; discurso acerca del Padre y el Hijo (capítulo 5)
    Alimentación de los 5.000; Jesús anda sobre el mar; Jesús, el Pan de Vida (capítulo 6)
    Fiesta de los Tabernáculos; crece la oposición (7.1-52)
    La mujer adúltera;* Jesús, Luz del mundo (7.53—8.59)
    El ciego sanado y enseñanza subsiguiente (capítulo 9)
    Enseñanza sobre el buen pastor (capítulo 10)

---

* Juan 7.53—8.11 quizás esté mal ubicado o no sea parte del cuarto evangelio. Por lo visto, es una historia auténtica. En algunos manuscritos aparece después de Lucas 21.37.

Lázaro resucitado; María unge los pies de Jesús (capítulo 11)
Cena en Betania; fin del ministerio público (capítulo 12)

MINISTERIO PRIVADO DE JESÚS (capítulos 13—17)
Ultima cena (capítulo 13)
Jesús, el Camino, la Verdad y la Vida (capítulo 14)
Jesús, la Vid verdadera (capítulo 15)
Discurso final a los discípulos (capítulo 16)
Cristo ora por los suyos (capítulo 17)

PROCESOS Y CRUCIFIXIÓN DE JESÚS (capítulos 1—19)
La traición (18.1-11)
Proceso ante los judíos (18.12-27)
Proceso ante el tribunal romano (18.28—19.16)
La crucifixión (19.17-42)

LA RESURRECCIÓN (capítulos 20—21)
Aparece el Cristo resucitado (capítulo 20)
La resurrección confirmada; se ordena a Pedro alimentar las ovejas de Cristo (capítulo 21)

SEÑALES EN SUS HECHOS
1. Agua transformada en vino (2.1-11)
2. Curación del hijo de un noble (4.46-54)
3. Curación del impedido en el estanque de Betesda (5.1-9)
4. Alimentación de los 5.000 (6.1-14)
5. Jesús camina sobre el mar (6.17-21)
6. El ciego sanado (9.1-7)
7. Lázaro resucitado (11.1-46)

SEÑALES EN SUS PALABRAS
1. «Yo soy el pan de vida» (6.35)
2. «Yo soy la luz del mundo» (8.12)
3. «Yo soy la puerta» (10.9)
4. «Yo soy el buen pastor» (10.11)
5. «Yo soy la resurrección y la vida» (11.25)
6. «Yo soy el camino, la verdad y la vida» (14.16)
7. «Yo soy la vid verdadera» (15.1)

Parábolas de los evangelios

(1) Sólo se hallan en Mateo

La cizaña	Mt. 13.24-30
El tesoro escondido	Mt. 13.44
La perla de gran precio	Mt. 13.45-46
La red de pescar	Mt. 13.47-48
El siervo cruel	Mt. 18.23-34
Los labradores en la viña	Mt. 20.1-16
El hombre que tenía dos hijos	Mt. 21.28-32
El banquete de bodas (ofrecido por el hijo del rey)	Mt. 22.1-14
Las diez vírgenes	Mt. 25.1-13
Los talentos	Mt. 25.14-30
Las ovejas y las cabras	Mt. 25.31-46

(2) Sólo se hallan en Marcos

Hojas, espiga, grano lleno	Mr. 4.26-29
¡Alerta, Él viene!	Mr. 13.34-36

(3) Sólo se hallan en Lucas

Los dos deudores	Lc. 7.36-50
El buen samaritano	Lc. 10.25-37
El amigo a medianoche	Lc. 11.5-8
El rico insensato	Lc. 12.16-21
Los siervos vigilantes	Lc. 12.35-40
El mayordomo prudente	Lc. 12.42-48
La higuera estéril	Lc. 13.6-9
El gran banquete	Lc. 14.16-24
La torre y el cálculo de su costo	Lc. 14.28-33
La oveja perdida	Lc. 15.3-7
La moneda perdida	Lc. 15.8-10
El hijo pródigo	Lc. 15.11-32
El mayordomo injusto	Lc. 16.1-13
El rico y Lázaro	Lc. 16.19-31
El amo y el siervo	Lc. 17.7-10
La viuda importuna	Lc. 18.1-8
El fariseo y el publicano	Lc. 18.9-14
Las minas	Lc. 19.12-27

(4) Se hallan en Mateo y Lucas

La casa construida en la roca	Mt. 7.24-27; Lc. 6.48-49
La levadura	Mt. 13.33; Lc. 13.20-21
La oveja perdida	Mt. 18.12-14; Lc. 15.3-7

(5) Se hallan en Mateo, Marcos y Lucas

La vela bajo el almud	Mt. 5.14-16; Mr. 4.21-22; Lc. 8.16-17
Remiendo nuevo en traje viejo	Mt. 9.16; Mr. 2.21; Lc 5.36
Vino nuevo en odres viejos	Mt. 9.17; Mr. 2.22; Lc. 5.37-38
El sembrador	Mt. 13.3-9, 18-23; Mr. 4.3-20; Lc. 8.4-15
La semilla de mostaza	Mt. 13.31-32; Mr. 4.31-32; Lc. 13.18-19
La viña y su dueño	Mt. 21.33-41; Mr. 12.1-9
Hojas tiernas de la higuera	Mt. 24.32-35; Mr. 13.28-31; Lc. 21.29-33

Milagros de los evangelios

(1) Sólo se hallan en Mateo

Los dos ciegos sanados	Mt. 9.27-31
El espíritu mudo expulsado	Mt. 9.32-33
El dinero del tributo en la boca del pez	Mt. 17.24-27

(2) Sólo se hallan en Marcos

El sordomudo sanado	Mr. 9.27-31
El ciego sanado	Mr. 9.32-33

(3) Sólo se hallan en Lucas

La pesca milagrosa	Lc. 5.1-11
Resurrección del hijo de la viuda de Naín	Lc. 7.11-17
Enferma sanada	Lc. 13.11-17
El hidrópico sanado	Lc. 14.1-6
Diez leprosos sanados	Lc. 17.11-19
La oreja de Malco restaurada	Lc. 22.50-51

(4) Sólo se hallan en Juan

Agua transformada en vino en Caná	Jn. 2.1-11
El hijo del noble curado de fiebre	Jn. 4.46-54
El inválido sanado en Jerusalén	Jn. 5.1-19
Ciego de nacimiento curado en Jerusalén	Jn. 9.1-7
Lázaro resucitado	Jn. 11.38-44
Redada de 153 pescados	Jn. 21.1-14

(5) Se hallan en Mateo y Marcos

La mujer cananea sanada	Mt. 15.28; Mr. 7.24
Alimentación de los 4.000	Mt. 15.32; Mr. 8.1
La higuera maldecida	Mt. 21.19; Mr. 11.13-14

(6) Se hallan en Mateo y Lucas

El hijo del centurión sanado	Mt. 8.5; Lc. 7.1
El endemoniado ciego y mudo sanado	Mt. 12.22; Lc. 11.14

(7) Se halla en Marcos y Lucas

| El endemoniado sanado en la sinagoga | Mr. 1.23; Lc. 4.33 |

(8) Se hallan en Mateo, Marcos y Lucas

El leproso sanado	Mt. 8.2; Mr. 1.40; Lc. 5.12
La suegra de Pedro sanada	Mt. 8.14; Mr. 1.30; Lc. 4.38
La tempestad calmada	Mt. 8.23; Mr. 4.37; Lc. 8.22
El endemoniado sanado	Mt. 8.28; Mr. 5.1; Lc. 8.26
El paralítico sanado	Mt. 9.2; Mr. 2.3; Lc. 5.18
La hija de Jairo resucitada	Mt. 9.23; Mr. 5.23; Lc. 8.41
La mujer con flujo de sangre sanada	Mt. 9.20; Mr. 5.25; Lc. 8.43
El hombre de la mano seca sanado	Mt. 12.10; Mr. 3.1; Lc. 6.6
Un demonio expulsado de un muchacho	Mt. 17.14; Mr. 9.17; Lc. 9.37
El ciego sanado	Mt. 20.30; Mr. 10.46; Lc. 18.35

(9) Se halla en Mateo, Marcos y Juan

| Cristo camina sobre el mar | Mt. 14.25; Mr. 6.48; Jn. 6.19 |

10) Se halla en los cuatro evangelios

| Alimentación de los cinco mil | Mt. 14.1; Mr. 6.34; Lc. 9.10; Jn. 6.1-14 |

De los Hechos y Epístolas hasta Filemón

IRENEO DIJO:

> Después que nuestro Señor resucitó de los muertos; y cuando de lo alto fueron dotados de poder del Espíritu que descendió sobre ellos, fueron llenos respecto a todas las cosas y tuvieron perfecto conocimiento y fueron hasta los confines de la tierra proclamando las buenas cosas que tenemos procedentes de Dios y anunciando a los hombres paz celestial.

Esta era la atmósfera de los Hechos de los Apóstoles. Esos varones fueron llamados por el Espíritu de Dios, y con pasmosa dinámica fueron lanzados a un mundo pecaminoso y pagano a conquistar nuevos seguidores de Jesucristo. La genuina resurrección de nuestro Señor y la real plenitud del Espíritu fueron los dos grandes factores que produjeron este cambio radical en los apóstoles. Mediante la predicación, enseñanza y vida de ellos, Dios mismo predicó, enseñó y vivió.

En la primera mitad de los Hechos (capítulos 1—12), Pedro es el personaje humano clave. En el Nuevo Testamento se le menciona más que a ningún otro individuo excepto Jesús; sus ideas y predicación se nos han trasmitido no solamente en el libro de Hechos sino también en los evangelios (Marcos fue el intérprete de Pedro) y en su epístola. Pablo es el personaje humano clave en la segunda mitad de los Hechos (capítulos 13—28). Su predicación y pensamiento se nos han trasmitido no solamente en los Hechos sino en forma de epístolas. Hay datos biográficos respecto a Pablo en los Hechos y en sus epístolas (el cuadro cronológico que damos más adelante muestra la relación entre sus viajes, encarcelamiento y epístolas). Escribió trece epístolas, nueve a las iglesias (de Romanos a 2 Tesalonicenses) y cuatro a individuos (de 1 Timoteo a Filemón). Solía dictar sus cartas (al parecer estaba casi ciego, aparte de que con frecuencia estuvo encarcelado), y su expresión vigorosa, áspera y realista refleja a un apóstol viviente, pleno de energía, activo, que ardía en deseos de esparcir el Evangelio y ver a la gente, radicalmente transformada, pasar del pecado a la vida justa. Pablo había conocido a Cristo por experiencia (en el camino de Damasco) mediante un encuentro vivo; sencillamente le era imposible mantenerse inactivo respecto a las Buenas Nuevas, ya que por experiencia propia conocía el poder de Dios para transformar en buenos a los hombres malos. Anduvo, trabajó, escribió: hizo de todo en su afán por contar estas Buenas Nuevas.

Nota sobre el ordenamiento de las cartas de Pablo

Las cartas de Pablo se ordenaron según su tamaño y no según la fecha en que fueron escritas, y esa disposición aún se sigue en nuestro Nuevo Testamento. Por eso las cartas dirigidas a agrupaciones (iglesias) están en primer lugar; luego las dirigidas a individuos, y dentro de esas dos divisiones las más extensas aparecen primero, con la sola excepción de Gálatas, que precede a Efesios (la extensión de ésta es un poquito mayor).

Cuadro cronológico

Relacionar los viajes, encarcelamientos y epístolas de Pablo ayuda a dar perspectiva al estudio. Las fechas deben considerarse como aproximaciones.

PRIMER VIAJE MISIONERO DE PABLO
(Hechos 13—14)   47-48 D.C.
Gálatas escrita en Antioquía   48 D.C.
de Siria poco después del
primer viaje

SEGUNDO VIAJE MISIONERO DE PABLO
(Hechos 15.36—18.22)   49-52 D.C.
1 Tesalonicenses escrita en   50 D.C.   50 D.C.
Corinto
2 Tesalonicenses escrita en
Corinto

TERCER VIAJE MISIONERO DE PABLO
(Hechos 18.23—21.17)   52-58 D.C.
1 Corintios escrita en Éfeso   54 D.C.
2 Corintios escrita en   55 D.C.
Macedonia
Romanos escrita en Corinto   57 ó 58 D.C.

ENCARCELAMIENTO DE PABLO (en Jerusalén)
(Hechos 21.18—23.30)   58 D.C.

ENCARCELAMIENTO DE PABLO (en Cesarea)
(Hechos 23.31—26.32)   58-60 D.C.

ENCARCELAMIENTO DE PABLO (en Roma)
(Hechos 27—28)   60-61 D.C.
Filipenses escrita en Roma   60 ó 61 D.C.
Colosenses escrita en Roma   60 ó 61 D.C.
Filemón escrita en Roma   60 ó 61 D.C.
Efesios escrita en Roma   60 ó 61 D.C.

PABLO LIBERADO DEL PRIMER ENCARCELAMIENTO
ROMANO   61 ó 62 D.C.
Tito escrita en Éfeso   63 D.C.
1 Timoteo escrita en   63 D.C.
Macedonia

SEGUNDO ENCARCELAMIENTO DE PABLO   64 D.C.
2 Timoteo escrita en Roma   64 D.C.

Hechos de los Apóstoles

Autor

Indudablemente, Lucas, el médico, es el autor de los Hechos. Léanse los versículos iniciales del Evangelio de Lucas y los primeros versículos de los Hechos, e inmediatamente saltará a la vista que es el autor de ambos libros. Abundan otros argumentos para probar que Lucas es el autor de los Hechos, uno de los cuales es que hay aproximadamente cincuenta palabras en Lucas que también aparecen en Hechos, y que no se hallan en ninguna otra parte del Nuevo Testamento. Algunas de ellas reflejan su experiencia médica; él es el único doctor que escribe en el Nuevo Testamento, y no es de sorprender que emplee un vocabulario un tanto técnico. Como en el Evangelio de Lucas, hay en los Hechos el mismo interés por los niños, las mujeres, los enfermos y los pobres. Y naturalmente, hay el mismo profundo interés por los gentiles, pues él era gentil.

Fecha

Los Hechos de los Apóstoles muy probablemente se escribieron poco después de terminado el Evangelio de Lucas. Si Lucas escribió poco después del año 60 D.C., los Hechos se redactaron no mucho después. El optimista final de los Hechos (su expresión final es «sin impedimento») deja la impresión de haberse completado antes del año 64 (persecución bajo Nerón). El último acontecimiento de los Hechos es el encarcelamiento de Pablo en Roma (c. 60-61 D.C.). De modo que parece que los Hechos se completaron o se escribieron entre 61 y 64 D.C.

Destinatarios

Aunque escritos para los gentiles en general, Lucas se dirige específicamente a Teófilo tanto en su evangelio como en los Hechos.

Versículo clave

Hechos 1.8: «Pero recibiréis poder, cuando haya venido sobre vosotros el Espíritu Santo, y me seréis testigos en Jerusalén, en toda Judea, en Samaria y hasta lo último de la tierra».

Propósito y tema

El versículo clave bosqueja todo el libro de los Hechos. Con ello, Lucas hace que conforme lee el libro, el lector sepa adónde va. Y, ¿adónde va el lector? Primero, a Jerusalén (capítulos 1—7); luego a Judea y Samaria (capítulos 8—12). Finalmente, hasta lo último de la tierra (capítulos 13—8). Más específicamente, el Evangelio pasa de Jerusalén a Samaria (8.5), la costa (8.40), Damasco (9.10), Antioquía y Chipre (11-19), Asia Menor (13.13), la Europa continental (16.11), y Roma (28.16).

Puerta de la ciudad que da a la calle Derecha, Damasco (Hch 9.11)

Hay una o dos razones más para hacer de Hechos 1.8 el indudable versículo clave. La palabra clave «testigo» está incluida en el versículo. En todo el libro, Lucas trata de demostrar que el pueblo bajo el poder del Espíritu Santo puede dar testimonio del poder salvador de Jesucristo.

Una razón más de que Hechos 1.8 sea el versículo clave es que señala el personaje principal del libro: el Espíritu Santo. Bien dijo alguien que este libro podría ser llamado «Hechos del Espíritu Santo». Si bien Pedro es el principal personaje humano en los primeros doce capítulos, y Pablo el principal personaje humano en los capítulos 13 a 28, el Espíritu Santo es la figura principal de todo el libro.

Los Hechos de los Apóstoles son el primer libro de Historia de la Iglesia, y el único libro de esa clase en el Nuevo Testamento. Presenta el nacimiento de la Iglesia (Hechos 2), los primeros diáconos (Hechos 6), el primer mártir (Hechos 7), etc., lo que hace de los Hechos un libro de primicias. Si no tuviéramos este volumen en el Nuevo Testamento, nos faltaría una enorme cantidad de datos respecto a cómo surgió y creció la Iglesia en sus primeros años. Los años que abarcan los Hechos son unos treinta, del período siguiente a la muerte y resurrección de nuestro Señor, hasta el encarcelamiento de Pablo en Roma (c. 60-61 D.C.).

HECHOS DE LOS APÓSTOLES ENTRE LOS JUDÍOS («en
    Jerusalén Judea y Samaria») (capítulos 1—12)
    Hechos de Pedro (capítulos 1—5)
        Promesa del Espíritu Santo (capítulo 1)
        Venida del Espíritu Santo (capítulo 2)
        Curación del cojo junto a la puerta la Hermosa, y sus resultados (capítulos 3—4)
        Ananías y Safira mienten al Espíritu Santo y mueren (capítulo 5)

Hechos de los diáconos (capítulos 6—8)
　Los siete diáconos seleccionados (capítulo 6)
　Discurso y martirio de Esteban (capítulo 7)
　Actividades evangelísticas de Felipe (capítulo 8)
Hechos de Pedro, continuación (capítulos 9—12)
　Conversión de Saulo; Pedro sana a Eneas; Pedro resucita a Tabita (capítulo 9)
　Cornelio y Pedro reciben una visión y aprenden que el Evangelio es también para los gentiles (capítulos 10—11)
　Un ángel libra a Pedro de la cárcel (capítulo 12)

HECHOS DE PABLO, MISIONERO A LOS GENTILES («Y hasta lo último de la tierra») (capítulos 13—28)
　Pablo el viajero (capítulos 13.1—21.17)
　　Primer viaje misionero (13—14)
　　Concilio de Jerusalén (15.1—35)
　　Segundo viaje misionero (15.36—18.22)
　　Tercer viaje misionero (18.23—21.17)
　Pablo el prisionero (capítulos 21.18—28.31)
　　Primer encarcelamiento: Jerusalén (21.28—23.30)
　　Segundo encarcelamiento: Cesarea (23.31—26.32)
　　Tercer encarcelamiento: Roma (27—28)

Romanos

Autor y fecha

El apóstol Pablo fue el autor del libro de Romanos. Éste fue escrito probablemente en Corinto; la permanencia de Pablo en Grecia —en Corinto, en casa de Gayo (16.23)— según consta en Hechos 20.3, probablemente marque el período en que escribió la carta a Roma. De ser así, la escribió a comienzos del año 58, o hasta el 57 D.C., durante el tercer viaje misionero.

Destinatarios

Este libro se escribió en primer lugar a los creyentes romanos, aunque Pablo hizo que Tercio, su secretario, sacara copias (16.22) para enviarlas a otras iglesias. Es difícil saber cómo se fundó la iglesia de Roma; pero más de un erudito ha sugerido que algunos ciudadanos de Roma que estuvieron en Jerusalén el día de Pentecostés (Hechos 2.10), llevaron el Evangelio al regresar a la ciudad. Actualmente ha sido bastante bien demostrado que Pablo escribió tanto a los judíos como a los gentiles.

Versículos clave

Romanos 1.16-17.

Los versículos clave indican el gran propósito y la dinámica que impulsaron a escribir a los romanos:

> Porque no me avergüenzo del Evangelio, porque es poder de Dios para salvación a todo aquel que cree; al judío primeramente, y también al griego. Porque en el Evangelio la justicia de Dios se revela por fe y para fe, como está escrito: Mas el justo por la fe vivirá. (Véase Habacuc 2.4.)

Se destacan aquí la justicia de Dios y la salvación por fe. El tema se desarrolla de dos modos: mediante un argumento sistemático y doctrinal (capítulos 1—11), y mediante una aplicación ética o práctica (capítulos 12—16). Los primeros once capítulos comprenden, junto con el libro de Gálatas, quizá la más autorizada fuente de doctrina cristiana en la literatura cristiana; juntos, constituyen algo así como una suprema corte de apelaciones para determinar y probar cualquier sistema de doctrina cristiana.

Pablo desarrolla su tema estableciendo en primer lugar el hecho de la justicia de Dios, es decir, su perfección moral. En contraste con ésta, plantea el pecado del hombre. Dice que si el hombre pudiera obedecer a la Ley de Dios, estaría libre de la mancha del pecado y entonces podría acudir directamente a Dios. Pero Pablo procede a dejar claro lo que todos sabemos: que en sí y por sí nadie tiene poder para guardar la Ley de Dios. Todos la quebrantamos. ¿Qué solución presenta Pablo? La persona de Jesucristo, puente que franquea el abismo entre el justo Dios y el hombre pecador. Sólo la muerte de Cristo paga por la salvación. La justificación es, pues, el producto, no de cosa alguna que el hombre pueda ganar o merecer por obras, sino de lo que Dios hace en Cristo. En otras palabras, la salvación es un regalo de Dios, y nunca es merecida por el hombre. El pecador la recibe sólo por fe sin dar nada a cambio (Romanos 3—4).

La epístola concluye indicando cómo debe vivir la persona que ha sido justificada por fe. No basta, dice Pablo, dar por sentados los beneficios de la justificación; uno debe asumir las responsabilidades de vivir de acuerdo con la norma moral de Dios. La carta termina con noticias de carácter más personal, incluyendo saludos.

Bosquejo
SALUDOS E INTRODUCCIÓN (1.1-17)

ENSEÑANZA DOCTRINAL (1.18—11.36)
   El Evangelio es indispensable (1.18—3.20)
      Situación en el mundo pagano (1.18-32)
      Situación en el mundo gentil (2.1-16)
      Situación del judío confiado en su propia justicia (2.17-29)
      Situación de todo el género humano (3.1-20)

Evangelio de la justificación por fe únicamente (3.21—5.21)
  Jesucristo es justicia nuestra por fe solamente (3.21-31)
  Autoridad del Antiguo Testamento (capítulo 4)
  Gloriosos productos de la justificación por sólo la fe: Adán y Cristo (capítulo 5)

Evangelio del poder sobre el pecado en el creyente (capítulos 6—8)
  Nueva vida en Cristo (capítulo 6)
  El poder sobre el pecado no se obtiene mediante la Ley (capítulo 7)
  El poder sobre el pecado se obtiene por la vida en el Espíritu, «Más que vencedores» (capítulo 8)

El Evangelio y los judíos (capítulos 9—11)
  Selección y misericordia de Dios (capítulo 9)
  La fe y la Ley; la salvación (capítulo 10)
  Salvación final de Israel (capítulo 11)

APLICACIÓN PRÁCTICA (capítulos 12—16)
  Aplicación práctica y el yo en su relación con la Iglesia y la humanidad (capítulo 12)
  Aplicación práctica en relación con los gobiernos civiles (capítulo 13)
  Aplicación práctica en relación con prácticas dudosas (capítulo 14)
  Aplicación práctica en relación con el gozo, la paz y la esperanza (capítulo 15.1-13)
  Planes de Pablo y comentarios finales (15.14—16.27)

1 Corintios

Autor y fecha

La investigación erudita y la tradición dicen que Pablo fue el autor de 1 Corintios. 16.8 indica que él escribió esta epístola en la ciudad de Éfeso, situada frente a Corinto, junto al mar Egeo, en donde residió unos dos años. Tenemos dos epístolas a los corintios, y parece que había escrito otra antes de 1 Corintios. La residencia de Pablo en Éfeso comenzó allá por el 54 D.C. y fue en este período que escribió 1 Corintios.

Destinatarios

Hechos 18 cuenta algo respecto a los primeros días de la Iglesia de Corinto que Pablo estableció y a la cual dirige esta epístola. Corinto fue la mayor ciudad de Grecia, un importante puerto marítimo y centro comercial, y fue capital política de la provincia romana de Acaya. Fue militarmente fuerte, pero muy depravada. El paganismo de Corinto había contagiado a los cristianos, y en 1 Corintios Pablo trata de enfrentarse a algunos de los problemas que su rebaño solía confrontar.

Versículos clave

1 Corintios 13.1: «Si yo hablase lenguas humanas y angélicas, y no tengo amor, vengo a ser como metal que resuena, o címbalo que retiñe».

1 Corintios 14.33a: «Pues Dios no es Dios de confusión, sino de paz».

Propósito y tema

1 Corintios nos proporciona un buen vistazo de los problemas de una iglesia local en el siglo I. Casi desde el comienzo del libro, Pablo lanza una franca crítica al espíritu divisionista de la iglesia de

Corinto. Algunos, dice, se proclaman partidarios de Pablo, otros de Apolo, otros de Cefas (nombre judío de Pedro), y aun había otros que decían pertenecer al partido de Cristo. Pablo dice que las divisiones son insensatas y malas.

Luego enfoca otra mala práctica: la inmoralidad sexual. El culto de Venus (Afrodita) incluía actos inmorales. Repetidamente subraya Pablo la necesidad de la pureza sexual. Trata de la carne ofrecida a los ídolos paganos, y de la dificultad en cuanto a comprar y comer dicha carne. Pablo también toma por su cuenta la cuestión del culto público, especialmente la santa comunión. Deja claras las normas de reverencia en el culto y en la participación en la Cena del Señor. En los capítulos 12, 13 y 14 trata de los dones del Espíritu Santo; la iglesia de Corinto había sido invadida por el empleo desordenado de la glosolalia (hablar en lenguas); y Pablo trata de plantear la función de ese, junto con la de los demás dones, pero en el capítulo 13 enfoca la atención en el mayor anhelos del creyente, y el más duradero: el amor (ágape, la más excelsa expresión de amor). El capítulo 15 es la más antigua narración de la resurrección de nuestro Señor en todo el Nuevo Testamento. Pablo termina su primera Epístola a los Corintios refiriéndose a los pobres y a los enfermos, y añade unas cuantas palabras personales.

Bosquejo
SALUTACIÓN (1.1-9)

REPRENDE EL ESPÍRITU DIVISIONISTA (1.10—4.21)
Divisiones en la iglesia (1.10—3.23)
Pablo defiende su ministerio (4.1-21)

RESPUESTAS A PROBLEMAS PERSONALES (capítulos 5—6)
Inmoralidad (capítulo 5)

Querellas judiciales (6.1-11)
Fornicación; el cuerpo es sagrado (6.12-20)

RESPUESTAS A PREGUNTAS (7.1—16.4)
El matrimonio (capítulo 7)
Carne ofrecida a los ídolos; la libertad cristiana (capítulos 8—10)
Problemas del culto público (capítulos 11—14)
Cubrirse la cabeza (11.1-16)
Cena del Señor (11.17-34)
Lenguas; superioridad del amor (capítulos 12—14)
La resurrección (capítulo 15)
Colectas para los santos (16.1-4)

COMENTARIOS FINALES Y BENDICIÓN (16.5-24)

Ruinas de la antigua Corinto

2 Corintios

Autor y fecha

Se reconoce a Pablo como autor de esta segunda carta a la iglesia corintia. La escribió en Macedonia (véase 12.13) cuando Tito regresó de Corinto con el informe de que los creyentes de aquella ciudad habían recibido la anterior carta de Pablo. Probablemente se escribió unos pocos meses después de 1 Corintios (véase «Fecha» de 1 Corintios, páginas atrás). Pero debe observarse los capítulos 1—9 tienen un carácter tan diferente que eruditos creen que fueron escritos en otro tiempo.

Destinatarios

Los creyentes de Corinto.

Versículos clave

2 Corintios 4.5: «Porque no nos predicamos a nosotros mismos, sino a Jesucristo como Señor, y a nosotros como siervos por amor de Jesús».

2 Corintios 5.20-21: «Así que somos embajadores en nombre de Cristo, como si Dios rogase por medio de nosotros: os rogamos en nombre de Cristo: Reconciliaos con Dios. Al que no conoció pecado, por nosotros lo hizo pecado, para que nosotros fuésemos hechos justicia de Dios en él».

Propósito y tema

La atmósfera de la segunda carta es muy distinta a la de la primera. En la primera, Pablo se enfrenta a los problemas de la iglesia corintia. En la segunda, trata de su propio ministerio, sentimientos y problemas. Esta segunda carta es una especie de autodefensa; porque después de escrita la primera carta, en que «reprendía» a los cristianos de Corinto, éstos tendían a defenderse y a minar la autoridad de Pablo. En todo esto, muestra Pablo profundo interés por los jóvenes creyentes. Es conmovedor leer su deseo de restaurar a la comunión de la iglesia a uno de sus miembros que anteriormente tuvo que ser disciplinado.

Bosquejo
SALUTACIÓN Y ACCIÓN DE GRACIAS (1.1-7)

DEFENSA DE LA CONDUCTA PERSONAL DE PABLO (1.8—2.13)

DEFENSA DEL MINISTERIO DE PABLO (2.14—7.4)

RESULTADOS DE LA CARTA ANTERIOR (7.5-16)

MAYORDOMÍA (capítulos 8—9)

DEFENSA DEL APOSTOLADO DE PABLO (capítulos 10—12)

EXHORTACIONES FINALES Y BENDICIÓN (capítulo 13)

La carta perdida

En 1 Corintios 5.9 hallamos el indicio de una carta anterior a la iglesia de Corinto. Algunos eruditos creen que esta carta se perdió por completo; otros dicen que se perdió sólo en parte, y que una porción de la misma se encuentra en 2 Corintios 6.14—7.1 y en los capítulos 10—13, o quizá solamente en estos últimos cuatro capítulos.

Gálatas

Autor y fecha

Esta es otra de las cartas de Pablo, escrita probablemente en Antioquía de Siria el año 48 D.C., poco después de su primer viaje misionero (aunque los eruditos sugieren fechas dentro de la década 48-58 D.C.).

Destinatarios

«A las iglesias de Galacia» (1.2b), expresión que probablemente indique las iglesias fundadas por Pablo y Bernabé en el primer viaje misionero —Antioquía de Pisidia, Iconio, Listra y Derbe (Hechos 13.14—14.23)— todas en el sur de la provincia romana llamada Galacia.

Versículos clave

Gálatas 2.20-21: «Con Cristo estoy juntamente crucificado, y ya no vivo yo, mas vive Cristo en mí; y lo que ahora vivo en la carne, lo vivo en la fe del Hijo de Dios. El cual me amó y se entregó a sí mismo por mí. No desecho la gracia de Dios; pues si por la ley fuese la justicia, entonces por demás murió Cristo.»

Gálatas 5.1: «Estad, pues, firmes en la libertad con que Cristo nos hizo libres, y no estéis otra vez sujetos al yugo de esclavitud.»

Propósito y tema

Para comprender este libro hay que leer Hechos 15, acta del concilio de Jerusalén. La cuestión que en dicho concilio se debatió fue, «¿Hay que someterse a la Ley judía, incluyendo la circuncisión, para ser cristiano?» En otras palabras, ¿Hay que hacerse primero judío para poder ser cristiano? A quienes afirmaban que sí, los llamamos legalistas. La respuesta de Pablo fue «no». A Gálatas se le llama a veces la Carta Magna de la libertad cristiana.

Evidentemente, la misma polémica agitaba a los creyentes de Galacia. Pablo trata de poner punto final al debate; escribe que no tienen por qué someterse al rito de la circuncisión para ser cristianos ni para vivir victoriosos en Cristo. La justificación es mediante la fe y no por obras. Naturalmente, Pablo fue duramente criticado por sus compatriotas judíos por causa de esa tesis liberal. En su carta a los Gálatas él justifica su tesis y subraya la doctrina de la justificación por fe (3.1—4.31 especialmente) que en más extensa forma sistemática desarrolló en el libro a los romanos. Pablo añade una palabra de advertencia: aun cuando los cristianos están libres de los detalles caducos de la Ley judía, han de mostrar los frutos del amor cristocéntrico que nace en el corazón por obra del Espíritu Santo. Pablo concluye su carta con una sección de aplicación práctica (6.1-10 especialmente). Primeramente había defendido en su libro su autoridad apostólica y la verdad de sus instrucciones (1.10—2.21 especialmente).

Bosquejo
INTRODUCCIÓN (1.1-9)

DEFENSA DEL APOSTOLADO DE PABLO (1.10—2.21)

LEGALISMO CONTRA LIBERTAD CRISTIANA (capítulos 3—5)

EXHORTACIONES PRÁCTICAS (6.1-10)

CONCLUSIÓN Y BENDICIÓN (6.11-18)

Efesios

Autor y fecha

Pablo escribió Efesios en Roma, estando en la cárcel (3.1; 4.1; 6.20) el año 60 ó 61 D.C., tiempo aproximado en que también escribió Colosenses. Las dos epístolas contienen muchas de las mismas ideas y hasta expresiones (véanse citas en una Biblia con referencias).

Destinatarios

Muy probablemente esta carta no fue enviada a la iglesia de Éfeso únicamente, sino que fue una carta circular. Algunos manuscritos antiguos omiten las palabras «en Éfeso» de 1.1, y no hay en el libro referencias a Éfeso ni saludos personales a gente de allá, aunque Pablo había pasado bastante tiempo en dicha ciudad (Hechos 19.9-10).

Versículos clave

Efesios 1.3: «Bendito sea el Dios y Padre de nuestro Señor Jesucristo, que nos bendijo con toda bendición espiritual en los lugares celestiales en Cristo».

Efesios 2.8-9: «Porque por gracia sois salvos por medio de la fe; y esto no de vosotros, pues es don de Dios; no por obras para que nadie se gloríe.»

Propósito y tema

Jesucristo y el establecimiento y perfeccionamiento de su Iglesia en el eterno plan de Dios es el tema de esta epístola. Dicho en términos más sencillos, el tema es «el cristiano» (obsérvese la expresión paulina «en Cristo»). Cristo es Salvador del mundo, de la vida en su totalidad y del saber en todas sus dimensiones. Un gran énfasis trinitario cala todo el libro (1.5, 12, 13; 2.18-20; 3.14,

16, 17; 4.4-6). El Padre llama a las personas a identificarse con la Iglesia, el Hijo redime y perdona, el Espíritu sella y guía la comunión de los creyentes mediante su presencia que mora en ellos. Se refiere a la Iglesia como una, y dice que quienes están «en Cristo» disfrutan de comunión en su cuerpo (la Iglesia). Obsérvense las figuras con que se representa a la Iglesia: el Cuerpo de Cristo (1.23; 4.16), el templo (edificio) de Dios (2.20-22), la esposa de Cristo (5.23-32). Se tiene la sensación de que Pablo nos dice que si bien las personas varían en cuanto a dones y extracciones racial y cultural, todos los que conocen a Cristo disfrutan de comunes prerrogativas en Él. Obsérvense las dos plegarias de Efesios (1.15-23 y 3.14-19); además, la obra del Espíritu Santo (e.g. 1.13-14; 4.1-16). En términos generales, los capítulos 1—3 son doctrinales, mientras que 4—6 son prácticos, con énfasis en las responsabilidades del cristiano.

Bosquejo
SALUTACIÓN (1.1-2)

POSICIÓN EN CRISTO DEL CREYENTE (1.3—3.21)

ASÍ DEBE ANDAR EL CREYENTE (4.1—6.9)

LA ARMADURA DEL CREYENTE (6.10-20)

CONCLUSIÓN Y BENDICIÓN (6.21-24)

Filipenses

Autor y fecha

Esta es otra de las llamadas epístolas de la prisión (1.7, 13, 14, 16), pues probablemente Pablo estaba encarcelado (véase el final de Hechos), aunque se han sugerido como posibilidades los encarcelamientos de Cesarea de Éfeso. Si la escribió desde Roma, allá por el año 60 ó 61 D.C., correspondería a Hechos 28.30.

Las referencias a la guardia pretoriana y a la casa de César también nos hacen pensar en Roma.

Destinatarios

La primera conversión de toda Europa había ocurrido en Filipos, Macedonia; se trataba de una comerciante llamada Lidia. También allí había sufrido Pablo a manos de personas que lo juzgaban mal; había sido azotado y encarcelado (Hechos 16.25 ss.), pero después de un terremoto, el carcelero y toda su familia se convirtieron. La congregación de Filipos fue la primera que Pablo estableció en Europa (Hechos 16.11-15). Con tales antecedentes, no es de maravillar que Pablo escribiera en tono tan personal (obsérvese el frecuente empleo de pronombres personales).

Versículo clave

Filipenses 4.4: «Regocijaos en el Señor siempre. Otra vez os digo: ¡Regocijaos!»

Propósito y tema

En este pequeño libro, Pablo trata buen número de cosas en general. El estímulo inicial para escribir parece haber sido un obsequio que los cristianos de Filipos enviaron a Pablo, que estaba preso (4.18); y, naturalmente, Pablo deseaba dar las gracias a sus amigos. Epafrodito (2.25-29) había entregado el obsequio, y él también llevó la expresión de gratitud de Pablo a la iglesia filipense, expresada en la carta. El amor de Pablo hacia esta iglesia palpita en toda esta carta de modo muy hermoso. Naturalmente, desea que la iglesia filipense tenga un elevado nivel de integridad y un vigoroso programa de crecimiento. Además de esto, insta al amor, la humildad, unidad, paz y gozo. Proclama el gran hecho de Dios y su providencia (el encarcelamiento no es malo de por sí). No deja de prevenir a la iglesia contra el legalismo (véase Hechos 15 y el libro de Gálatas) y contra los falsos maestros. Pablo también exhorta a sus amigos a que adquieran madurez espiritual. Filipenses es una preciosa epístola que insta a vivir gozosamente en Cristo entre circunstancias adversas (2.2; 4.8-14). Obsérvese el excelso pasaje sobre la humillación y la exaltación de Cristo (2.5-11).

Bosquejo

INTRODUCCIÓN (1.1-11)
   Salutación (1.1-2)
   Alabanza y oración (1.3-11)

EN NADA INTIMIDADOS (1.12-30)

EL EJEMPLO DE CRISTO, SU HUMILLACIÓN Y EXALTACIÓN (capítulo 2)

¡CUIDADO CON EL LEGALISMO! PROSEGUID HACIA LA META (capítulo 3)

FIRMES EN EL SEÑOR (4.1-9)

PALABRAS FINALES DE GRATITUD; BENDICIÓN (4.10-23)

Colosenses

Autor y fecha
Ésta igual que Efesios y Filipenses, es una epístola de la prisión (4.3,10,18). Fue escrita por Pablo (1.1) en Roma, allá por el año 60 ó 61 D.C.

Destinatarios
Aunque jamás estuvo en Colosas, ciudad de Frigia en Asia Menor, Pablo escribió a la iglesia de ese lugar. Conocía sin duda algunas personas de allá, pues Éfeso distaba sólo unos 150 kilómetros y él había convertido a esa última ciudad en una especie de centro para esparcir su enseñanza. La iglesia de Colosas tenía como ministro a Epafras (1.7; 4.12). Tíquico llevó la carta (4.7-8); también llevó la epístola de Pablo a Filemón (véase más adelante «Filemón»).

Versículos clave
Colosenses 1.18-20: «Y él es la cabeza del cuerpo que es la iglesia, él que es el principio, el primogénito de entre los muertos, para que en todo tenga la preeminencia; por cuanto agradó al Padre que en él habitase toda plenitud, y por medio de él reconciliar consigo todas las cosas, así las que están en la tierra como las que están en los cielos, haciendo la paz mediante la sangre de su cruz».

Colosenses 2.10: «Y vosotros estáis completos en él, que es la cabeza de todo principado y potestad».

Propósito y tema
En esta carta Pablo se propone combatir errores específicos involucrados en cierta enseñanza llamada gnosticismo, (tal vez incipiente) que furtivamente había penetrado en la iglesia de Colosas. Algunos maestros de dicha iglesia se jactaban de poseer

conocimiento superior en cuanto a religión (2.18), triquiñuela mediante la cual los gnósticos hacían que quienes no pertenecían a su secta se sintieran inferiores y postergados. Los gnósticos creían en una escala de deidades: cuanto más elevado el puesto que en dicha escala ocupaba un ser, tanto más grande era su poder. Esa creencia es una forma de idolatría, y Pablo clama contra ella diciendo que Dios es el único poder supremo y que Jesucristo es Hijo suyo. Pablo destaca la preeminencia de Cristo y afirma que todas las cosas hallan su armonía en Cristo, y que todo problema tiene en Él su respuesta. También creían los gnósticos —por lo menos algunos de ellos— en cierta forma de ascetismo (aislarse del mundo y renunciar a todo lujo) (2.16,20-23). Pablo remacha el importantísimo argumento de que el ascetismo en sí y de por sí carece de sentido; pero sí debemos refrenar las pasiones pecaminosas. Mas inhibirse de emplear los naturales dones de Dios, es un ejercicio carente de sentido.

El corazón de Pablo está hondamente preocupado por la salud espiritual de la iglesia. Los pasajes respecto a la nueva vida mediante el poder del Cristo resucitado, y respecto a fruto de dicha experiencia, son clásicos (1.9-20; 2.6-7; 2.9-15; 3.1-17). Obsérvese el énfasis en la doctrina (1.1—3.4) y la práctica (3.5—4.18).

Bosquejo

INTRODUCCIÓN (1.1-12)
    Saludos (1.1-2)
    Gratitud y oración (1.3-12)

LA PERSONA Y OBRA DE CRISTO (1.13-29)

PREVENCIÓN CONTRA LAS FALSAS ENSEÑANZAS (capítulo 2)

LA NUEVA VIDA EN CRISTO (3.1-4.1)

SALUDOS PERSONALES Y BENDICIÓN (4.2-18)

1 Tesalonicenses

Autor y fecha

Pablo escribe desde la ciudad de Corinto. Esta es una de sus primeras epístolas, escrita quizás el año 50 D.C.

Destinatarios

Los cristianos de Tesalónica, la moderna Salónica, Grecia. Esa iglesia, desde luego, había sido fundada por Pablo (Hechos 17.1-10). Él había enviado a Timoteo (3.1-3) el cual le llevó un informe estando él en Corinto; a su vez, el apóstol les escribe una carta.

Versículo clave

1 Tesalonicenses 1.9-10. «Porque ellos mismos cuentan de nosotros la manera en que nos recibisteis, y cómo os convertisteis de los ídolos a Dios, para servir al Dios vivo y verdadero, y esperar de los cielos a Su Hijo, al cual resucitó de los muertos a Jesús, quien nos libra de la ira venidera».

Propósito y tema

La iglesia de Tesalónica padecía persecución. Pablo se propone alentar a sus miembros y renovarles la convicción, aun cuando él mismo había sido calumniado (2.3-6). Como en 2 Corintios, defiende su posición y autoridad ante las falsas acusaciones. Previene a la iglesia contra la impureza y la insta al amor y la diligencia. Igual que en 2 Tesalonicenses, en 1 Tesalonicenses desenvuelve una particular idea escatológica (la escatología tiene que ver con las cosas finales, como la segunda venida de Cristo y el fin de la historia). Pablo dice unas palabras respecto a los que han muerto en el Señor (4.13-18), y en la última parte de la epístola enseña sobre la segunda venida (5.1-11).

Bosquejo
SALUTACIÓN Y GRATITUD (capítulo 1)

CONDICIÓN DE LA IGLESIA (capítulos 2-3)
    Ministerio de los apóstoles en Tesalónica (capítulo 2)
    El informe de Timoteo (capítulo 3)

INSTRUCCIONES A LA IGLESIA (4.1—5.11)
    Instrucciones prácticas (capítulo 4)
    Respecto a la segunda venida (5.1-11)

OBSERVACIONES FINALES Y BENDICIÓN (5.12-28)

2 Tesalonicenses

Autor y fecha
Unos meses después de 1 Tesalonicenses, en 50 D.C. aproximadamente, Pablo escribe desde el mismo lugar (Corinto) esta segunda carta.

Destinatarios
La iglesia de Tesalónica.

Versículo clave
2 Tesalonicenses 2.15: «Así que, hermanos, estad firmes, retened la doctrina que habéis aprendido, sea por palabra, sea por carta nuestra».

Propósito y tema

El verdadero énfasis y propósito de esta carta tienen que ver con la segunda venida de nuestro Señor. Cierto grupo de creyentes tesalonicenses estaban tan impresionados con la segunda venida, que abandonaban su trabajo y renunciaban a sus planes para el futuro. Algunos creían que ya el Señor había venido (2.2). Pablo aclara que nadie puede dar absolutamente por sentado lo inmediato del regreso de Cristo. En realidad, el «hombre de pecado» ha de manifestarse primero (2.3-8). Como no sabemos cuándo volverá Cristo, nos corresponde trabajar honradamente (v. 3.10) y hacer que la vida continúe su normal curso cristiano. Pablo escribe para expresar su aprecio por el progreso espiritual de los miembros de la iglesia (1.3-4); para alentarlos en la persecución (1.5-10); para corregir sus puntos de vista sobre la segunda venida (2.1-12); y para enderezar el desorden que había en la iglesia (3.6-15). 1 y 2 Tesalonicenses son muy útiles para comprender las ideas y problemas de una iglesia local del siglo primero; nos dan también ideas sobre cómo enfrentarnos a problemas similares de nuestro tiempo.

Bosquejo

INTRODUCCIÓN (capítulo 1)
    Saludos (1.1-2)
    Gratitud y oración (1.3-12)

ENSEÑANZA SOBRE LA SEGUNDA VENIDA (capítulo 2)

ESTAR LISTOS PARA EL REGRESO DE CRISTO (3.1-15)

BENDICIÓN (3.16-18)

1 Timoteo

Autor y fecha

Pablo escribió 1 y 2 Timoteo sin duda en su vejez. Escribió 1 Timoteo en Macedonia (probablemente en Filipos) entre su primero y su segundo encarcelamientos romanos. Algunos eruditos han puesto en tela de duda que él haya escrito 1 y 2 Timoteo y Tito, pero una antigua tradición le atribuye la paternidad de las tres epístolas. Se les llama epístolas «pastorales» porque tienen tanto que ver con los problemas del pastor y su rebaño. 1 Timoteo se escribió aproximadamente en 63 D.C.

Destinatarios

No es una carta dirigida a una iglesia o grupo específico, sino una misiva personal corriente. Desde luego, la envió a Timoteo, cuyo padre era griego y cuya madre y abuela eran creyentes devotas (Hechos 16.1; 2 Timoteo 1.5). Timoteo fue fruto de la predicación del apóstol Pablo (véase la historia; ocurrida en Listra, Hechos 16). Timoteo fue compañero íntimo de Pablo, a quien auxilió eficazmente en la proclamación del Evangelio. Al parecer, Timoteo se hallaba en Éfeso, como dirigente de la iglesia de dicha ciudad.

Versículos clave

1 Timoteo 3.1: «Para que si tardo, sepas cómo debes conducirte en la casa de Dios, que es la iglesia del Dios viviente, columna y baluarte de la verdad».

1 Timoteo 4.12: «Ninguno tenga en poco tu juventud, sino sé ejemplo de los creyentes en palabra, conducta, amor, espíritu, fe y pureza».

Propósito y tema

Es evidente que Pablo se preocupa por Timoteo, el cual mostraba cierta falta de madurez; envía también advertencias sobre las falsas enseñanzas. Pablo sugiere que es fácil que dichas enseñanzas invadan el corazón del individuo (Timoteo) y el corazón de la iglesia. Además, Pablo le da a conocer algunas de sus ideas y opiniones respecto a administración de la iglesia, incluyendo la selección de dirigentes y el manejo del dinero para beneficencia. Pablo escribe como ministro anciano a uno más joven, aconsejándole sobre cuestiones del culto público, requisitos para los dirigentes, las falsas enseñanzas, y los diversos grupos de la iglesia (viudas, ancianos, esclavos, falsos maestros). Pablo destaca la necesidad de la santidad en el ministro del Evangelio. El libro constituye una buena fuente de conocimientos sobre los problemas de una iglesia cristiana del primer siglo.

Bosquejo

SALUTACIÓN (1.1-2)

PREVENCIÓN CONTRA LA FALSA DOCTRINA (1.3-20)

EL CULTO PÚBLICO CORRECTO (capítulo 2)

REQUISITOS PARA DIRIGENTES DE LA IGLESIA (capítulo 3)

INSTRUCCIONES SOBRE LA APOSTASÍA (capítulo 4)

INSTRUCCIONES FINALES RELATIVAS A LOS GRUPOS Y A TIMOTEO; BENDICIÓN (capítulos 5—6)

2 Timoteo

Autor y fecha

San Pablo la escribió, según parece, estando en Roma, aproximadamente en 67 D.C. Este libro es especialmente conmovedor por la evidencia de que Pablo sabe que el fin de su vida se acerca (4.6). Hasta donde sabemos, es la última epístola que escribió.

Destinatarios

Este libro es una carta personal a Timoteo, el cual aún predicaba en la ciudad de Éfeso.

Versículos clave

2 Timoteo 3.14-17: «Pero persiste tú en lo que has aprendido y te persuadiste, sabiendo de quién has aprendido; y que desde la niñez has sabido las Sagradas Escrituras, las cuales te pueden hacer sabio para la salvación por la fe que es en Cristo Jesús. Toda la Escritura es inspirada por Dios, y útil para enseñar, para redargüir, para corregir, para instruir en justicia, a fin de que el hombre de Dios sea perfecto, enteramente preparado para toda buena obra».

2 Timoteo 4.1-5: «Te encarezco delante de Dios y del Señor Jesucristo, que juzgará a los vivos y a los muertos en su manifestación y en su reino, que prediques la palabra; que instes a tiempo y fuera de tiempo; redarguye, reprende, exhorta con toda paciencia y doctrina. Porque vendrá tiempo cuando no sufrirán la sana doctrina, sino que teniendo comezón de oír, se amontonarán maestros conforme a sus propias concupiscencias, y apartarán de la verdad el oído y se volverán a las fábulas. Pero tú sé sobrio en todo, soporta las aflicciones, haz obra de evangelista, cumple tu ministerio».

Propósito y tema

Lo admirable es que Pablo, sabiendo que está próximo al martirio por su Señor, escribe para animar a Timoteo. Le dice que se mantenga firme en la fe y que viva de acuerdo con sus convicciones. Pablo no expresa lástima de sí mismo; escribe para alentar a un hermano. Según Pablo, la integridad del Evangelio y la perfecta lealtad al mismo, son imperativos; hace saber a Timoteo que debe vivir según esa elevada norma. Obsérvense al final de la carta las peticiones personales.

Bosquejo
SALUTACIÓN Y GRATITUD (1.1-5)

EXHORTACIONES A LA FIRMEZA (1.6—2.13)

ADVERTENCIA CONTRA LOS MAESTROS HERÉTICOS; PELIGROS DE LA APOSTASÍA (2.14—4.5)

ENCARGO FINAL A TIMOTEO (4.6-19)

SALUDOS Y BENDICIÓN (4.20-22)

Tito

Autor y fecha

Pablo escribió este librito en algún sitio de Asia (quizás en Éfeso) entre el primero y el segundo de sus encarcelamientos en Roma. Lo escribió allá por el 66 D.C., o sea en el mismo período que 1 Timoteo.

Destinatarios

La envía a Creta, isla en donde había una iglesia a cargo de Tito. Pablo había estado en Creta, luego se fue y envió la carta, quizá por manos de Zenas y Apolos. Pablo da instrucciones y ánimo espiritual a Tito, a quien había ganado para Cristo.

Versículos clave

Tito 2.11-14: «Porque la gracia de Dios se ha manifestado para salvación a todos los hombres, enseñándonos que, renunciando a la impiedad y a los deseos mundanos, vivamos en este siglo sobria, justa y piadosamente, aguardando la esperanza bienaventurada y la manifestación gloriosa de nuestro gran Dios y Salvador Jesucristo, quien se dio a sí mismo por nosotros para redimirnos de toda iniquidad y purificar para sí un pueblo propio, celoso de buenas obras».

Propósito y tema

A semejanza de algunos pasajes en 1 y 2 Timoteo, este librito da la orientación con respecto a la madurez cristiana y a la selección de dirigentes y ministros de la iglesia. Sugiere las características personales necesarias para desarrollar una iglesia plenamente cristiana, y previene contra lo que J. B. Phillips llama «cristianos falsificados». Pablo dice unas palabras respecto a los esclavos, y como de costumbre, termina con palabras y saludos personales. Obsérvese el énfasis sobre la gracia salvadora y la conducta cristiana (2.11-15), así como el poderoso testimonio personal de Pablo (3.3-7). Previene también contra las polémicas respecto al legalismo (3.8-11).

Bosquejo

SALUTACIÓN (1.1-4)

REQUISITOS PARA LOS ANCIANOS (1.5-9)

PREVENCIÓN CONTRA LOS MAESTROS HERÉTICOS (1.10-16)

INSTRUCCIONES PRÁCTICAS (2.1—3.11)

INSTRUCCIONES PERSONALES Y BENDICIÓN (3.12-15)

Filemón

Autor y fecha

Esta es otra de las epístolas de Pablo escritas en la cárcel (1.9,19) y creemos que la escribió en el mismo tiempo en que las cartas a Éfeso, Colosas (véase Colosenses 4.10-17 y Filemón 2, 23-24), y Filipos, en 60 ó 61 D.C.

Destinatarios

Filemón es una carta personal. Pablo la escribió a Filemón, miembro del grupo creyente de Colosas. Filemón tenía servicios de culto en su propia casa, según se desprende del comienzo de esta pequeña epístola.

Versículos clave

Filemón 17-19: «Así que, si me tienes por compañero, recíbele como a mí mismo. Y si en algo te dañó, o te debe, ponlo a mi cuenta. Yo Pablo lo escribo de mi mano, yo lo pagaré; por no decirte que aun tú mismo te me debes también».

Propósito y tema

El cálido corazón de Pablo se revela cuando escribe a este amigo personal, Filemón, amo de Onésimo. Éste era un esclavo fugitivo. Onésimo había buscado a Pablo en Roma, y luego no solamente se convirtió en vigoroso creyente, sino en íntimo hermano en Cristo para Pablo. Onésimo significa «útil» y el versículo once es al parecer un juego de palabras basado en el nombre. Según la costumbre de aquel tiempo, Pablo le dijo a Onésimo que debía regresar a donde su amo, pero envía por mano del esclavo esta bella cartita con la esperanza de que sirva como una especie de protección cuando se presente de nuevo ante su amo. El propio Pablo promete pagar cualquier pérdida causada por Onésimo. Esta historia puede considerarse como una analogía de la redención ya que Pablo ofrece pagar la deuda de Onésimo y Jesús pagó el precio completo por nuestros pecados.

Bosquejo
SALUTACIÓN Y ACCIÓN DE GRACIAS (1-7)

INTERCESIÓN EN PRO DE ONÉSIMO (8-21)

SALUDOS PERSONALES Y BENDICIÓN (22-25)

Las demás epístolas hasta Judas

Hebreos ocupa lugar aparte; se desconoce su autor; está colocada entre las trece epístolas paulinas y las siete epístolas generales. Ante los perseguidos judíos cristianos, Hebreos destaca la superioridad de Cristo. Las epístolas generales lo son en cuanto a naturaleza y fueron dirigidas a un grupo más amplio que las iglesias o individuos locales (de ahí su título colectivo). Las epístolas generales son Santiago, 1 y 2 Pedro, 1, 2 y 3 Juan, y Judas. De cada una tratamos más adelante.

Epístola a los Hebreos

Autor

Uno de los Padres de la Iglesia dijo: «Sólo Dios sabe quién escribió el libro de los Hebreos». La mayoría de los eruditos concuerdan con ese punto de vista. Cuando después de la Reforma se inició la producción de versiones en lengua vulgar, la mayoría de la gente creía que Pablo era el autor; por eso en algunas versiones el título dice «Epístola de Pablo el Apóstol a los Hebreos». Pero a partir de entonces cada vez ha sido más pequeño el número de eruditos que creen que Pablo en realidad escribió esta carta. Sin embargo, todavía hay quienes le atribuyen a Pablo la paternidad de esta epístola (los antiguos, a lo largo de la costa oriental del Mediterráneo y en torno a Alejandría, creían que él era el autor). Otros dicen que Pablo escribió el libro en colaboración con alguien más (Orígenes creía que las ideas eran de Pablo, la composición y el estilo de alguno otro). Finalmente, otros afirman que la epístola es producto de una sola pluma, quizá la de Bernabé (Tertuliano creía que Bernabé era el autor), Lucas o Apolos (Apolos tenía capacidad para redactar en estilo pulido el griego alejandrino de Hebreos). Los primeros cristianos de Roma y de Occidente no afirmaban saber quién la escribió.

Las demás cartas que se suponen escritas por Pablo lo declaran así en el texto mismo. Ello no ocurre en el libro de Hebreos. Las epístolas generales (excepto 1 Juan) también indican en sus textos quién es el autor. También es verdad que el texto griego, en cuanto a vocabulario, figuras de lenguaje, expresiones, método de argumentación y gramática, suele tener un carácter totalmente distinto al de las epístolas tradicionalmente atribuidas a San Pablo.

Fecha

Quizá haya sido escrita en fecha tan temprana como 60 D.C. pero ya circulaba por lo menos por el año 95 D.C. El tono del libro sugiere la persecución de vísperas de la caída de Jerusalén en 70 D.C.

Destinatarios

No hay certeza sobre a quién se dirigió el libro. Desde luego, el contenido del libro deja claro que está dirigido a los cristianos judíos. Pero a los cristianos judíos de qué ciudad, no lo sabemos. Se han sugerido Roma, Jerusalén y Alejandrina. De ellas, la mayoría de los eruditos se inclina por Roma.

Versículo clave

Hebreos 4.14: «Por tanto, teniendo un gran sumo sacerdote que traspasó los cielos, Jesús el Hijo de Dios, retengamos nuestra profesión».

Propósito y tema

El autor escribe a un grupo de perseguidos cristianos judíos que, por estar en minoría y atribulados, se ven tentados a abjurar de su fe. Argumenta que la persona acerca de la cual hablaban las Escrituras y la profecía judaicas, es Jesús el Cristo. ¿Quién otro podía ser, argumenta el autor, puesto que Él es superior a sus predecesores y a los ángeles?

El Nuevo Pacto que Jesús vino a establecer y demostrar, es superior al antiguo Pacto y a la Ley de las Escrituras judías. La lógica del autor es clara; si lo nuevo es superior a lo antiguo, ¿por qué entonces recaer en lo viejo? Además, hay recursos incomparablemente más preciosos en conocer a Cristo que en limitarse a conocer la Ley del Antiguo Testamento. En Hebreos tenemos la más extensa argumentación polémica de toda la Biblia. Los argumentos procuran demostrar la preeminencia de Cristo y de su fe por sobre la fe judaica. El libro concluye con una exhortación en cuanto a la responsabilidad cristiana y las aplicaciones prácticas del Evangelio. El gran capítulo de la fe, «los santos ilustres», capítulo 11, y la afirmación del autor que Jesucristo es «el mismo ayer, hoy y por los siglos» (13.8), han inspirado a los creyentes de todas las épocas.

Bosquejo

INTRODUCCIÓN (1.1-3)

CRISTO, SUPERIOR A LOS ÁNGELES (1.4—2.18)

CRISTO, SUPERIOR A MOISÉS (3.1—4.13)

CRISTO, SUPERIOR AL SUMO SACERDOTE DEL ANTIGUO TESTAMENTO (4.14—10. 18)
    Cristo y Aarón (4.14—5.4)
    Cristo y Melquisedec (5.5—7.28)
    Cristo y el Nuevo Pacto (8.1—10.18)

APLICACIÓN PRÁCTICA (10.19—13.17)
    Exhortación a la firmeza (10.19-39)
    Ejemplos de fe (capítulo 11)
    Más exhortaciones prácticas (12.1—13.17)

CONCLUSIÓN Y BENDICIÓN (13.18-25)

Santiago

Autor

Una antigua tradición afirma que Jacobo el Justo, hermano de nuestro Señor y obispo o encargado de la primera iglesia de Jerusalén, fue el autor de este pequeño volumen (108 versículos).

Al autor se le ha llamado «Santiago rodillas de camello», pues según la tradición oraba tanto que se le formaron callos en las rodillas. Santiago es una contracción castellanizada de dos palabras latinas, sanctus Iacobus, que quiere decir san Jacobo. Hay en el Nuevo Testamento tres personas diferentes con dicho nombre. Jacobo el hijo de Zebedeo, llamado a veces Santiago el Mayor; Jacobo el hijo de Alfeo; y Santiago o Jacobo el hermano de nuestro Señor, a veces llamado el Justo, o el Menor. Es a Jacobo el Justo, o Santiago, a quien la Iglesia atribuye este libro.

Fecha

Muchos creen que este es el libro más antiguo del Nuevo Testamento pero probablemente Gálatas sea anterior. Puede datarse en 50 ó 51 D.C. o antes.

Destinatarios

Se dirige a las «doce tribus de la dispersión». Es muy probable que ello signifique simplemente los judíos esparcidos por la persecución. Son los apátridas de la antigüedad. Los eruditos los conocen como los judíos de la diáspora, aunque debe tenerse en cuenta que hubo en la historia judía varias de las llamadas dispersiones.

Versículos clave

Santiago 1.27: «La religión pura y sin mácula delante de Dios el Padre es esta: Visitar a los huérfanos y a las viudas en sus tribulaciones, y guardarse sin mancha del mundo».

Santiago 2.20: «¿Mas quieres saber, hombre vano, que la fe sin obras es muerta?»

Propósito y tema

A esta carta se la llama a veces «los Proverbios del Nuevo Testamento» por sus declaraciones sustanciosas, francas y homiléticas. Santiago es franco en verdad cuando de denunciar el pecado se trata, especialmente los pecados sutiles como el orgullo, la murmuración, la altivez, el materialismo y el ateísmo práctico (creer en Dios y no proceder como creyente). Siempre ha habido en la iglesia cristiana quienes han respetado esta carta por su equilibrio y sana doctrina. Está correcto lo de la justificación por la fe sola (que Santiago no destaca), pero demostrarla mediante las obras (especialmente de caridad) es la piedra de toque. Santiago presenta con cierta claridad esta piedra de toque: «La fe sin obras es muerta». Obsérvese el énfasis sobre la religión pura (1.27), lo que Cristo dice ser (1.1; 2.1, 7), y la regeneración individual (1.18, 21). Hay 54 mandatos en este breve libro. Compárese la enseñanza ética de Santiago con el Sermón del Monte (Mateo 5.7).

Bosquejo
SALUTACIÓN (1.1)

PIEDRA DE TOQUE DE LA FE (1.2-27)

LA FE Y LAS OBRAS (capítulo 2)

RESPECTO A DOMINAR LA LENGUA (capítulo 3)

CONTRA LA MUNDANALIDAD (4.1—5.6)

AMONESTACIÓN A VIVIR SANTAMENTE (5.7-20)

1 Pedro

Autor y fecha

Esta carta de Pedro (1.1) probablemente se escribió en Roma. Se emplea a Babilonia como símbolo de Roma. Se cree que esta carta fue enviada de Roma a Asia Menor entre los años 62 y 69 D.C.

Destinatarios

Se observará desde el comienzo mismo que este libro va dirigido a la dispersión (los expatriados) de los cristianos en este mundo hostil. Se señalan sitios específicos de Asia Menor (1.1)

Versículos clave

1 Pedro 4.12-13: «Amados, no os sorprendáis del fuego de prueba que os ha sobrevenido, Como si alguna cosa extraña os aconteciese, sino gozaos por cuanto sois participantes de los padecimientos de Cristo, para que también en la revelación de su gloria os gocéis con gran alegría».

Propósito y tema

1 Pedro nos recuerda un tanto el libro de Hebreos, porque la gente a quien se remite sufría gran persecución. El libro se ocupa de la actitud o disposición de espíritu del creyente en medio del sufrimiento; y Pedro, como buen pastor, da esperanza y aliento. Participar en los sufrimientos de Cristo (4.13) demostrará lo genuino y probado de nuestra fe y resultará en recompensa futura (1.6-7). Trata de la familia cristiana y del ciudadano cristiano.

Esparcidas en el libro hay algunas interesantes afirmaciones teológicas: por ejemplo que Cristo, después de muerto, predicó a los espíritus encarcelados. Obsérvese el énfasis en el acto salvador de Dios en Cristo (1.3-12) y la santidad (1.13-2.10).

Bosquejo

SALUTACIÓN (1.1-2)

SUFRIMIENTO Y SALVACIÓN (1.3-12)

SUFRIMIENTO Y VIDA SANTA (1.13—3.22)

REGOCIJARSE EN EL SUFRIMIENTO (capítulo 4)

EXHORTACIONES A LOS ANCIANOS Y A OTROS MIEMBROS DE LA IGLESIA (5.1-11)

OBSERVACIONES PERSONALES Y BENDICIÓN (5.12-14)

2 Pedro

Autor y fecha

Se discute mucho respecto a quién fue el autor. Las investigaciones contemporáneas tienden a descartar a Pedro como autor. Un vistazo al libro de Judas mostrará sorprendente similitud con 2 Pedro (comparar Judas 4-16 y 2 Pedro 2.1-8), y el estilo es distinto al de 1 Pedro. Añádase que los sucesos registrados en el libro sugieren acontecimientos posteriores a la muerte de Pedro; y resulta clara la razón de que algunos eruditos se resistan a atribuirle a Pedro este libro. Piensan que alguna persona del siglo segundo haya escrito empleando el nombre de Pedro (1.1) en busca de prestigio, procedimiento común en tiempos antiguos. Pero es más consecuente que Pedro haya escrito la epístola.

Algunos de los argumentos en favor de Pedro como autor son: que existe una antigua tradición de la iglesia que se lo atribuye; la diferencia de estilo puede explicarse. Puede que se haya valido de un secretario diferente, o que le escribió a un grupo distinto, etc.; 1.1 quizá no haya sido añadido sino puesto por el mismo Pedro. En realidad ningún argumento en contra de Pedro como el autor genuino es insuperable.

La fecha del libro probablemente se puede fijar cerca de la muerte de Pedro en 68 D.C.

Destinatarios

Según parece, esta carta fue dirigida a una iglesia local, pero no sabemos a cuál.

Versículo clave

2 Pedro 1.21. «Porque nunca la profecía fue traída por voluntad humana, sino que los santos hombres de Dios hablaron siendo inspirados por el Espíritu Santo».

Propósito y tema

Como libro un tanto apocalíptico, afirma la segunda venida de nuestro Señor. También clama contra los males de la herejía y los maestros equivocados. Hay en el libro declaraciones prácticas (como 1.2-7; 2.9) así como exhortaciones a acumular conocimiento. La fe cristiana es muy real e importante.

Bosquejo
SALUTACIÓN (1.1-2)

EXHORTACIONES A VIVIR SANTAMENTE (1.3-21)

CONTRA LOS FALSOS MAESTROS (capítulo 2)

LA SEGUNDA VENIDA DEL SEÑOR (3.1-17)

BENDICIÓN (3.18)

1 Juan

Autor y fecha

La tradición dice que Juan el Amado, miembro del círculo apostólico, fue el autor de este libro. En el Nuevo Testamento hay cinco Juan: Juan el Bautista; Juan el padre de Simón Pedro, Juan, miembro del Sanedrín (Hechos 4.6); Juan Marcos; y Juan el apóstol. Fue el último quien escribió la carta conocida como 1 Juan. Según parece, Juan la escribió en su ancianidad, quizás a comienzos del año 90 D.C.

Destinatarios

Escrita en Éfeso, esta breve carta fue probablemente una circular que debía leerse en las iglesias individuales alrededor de aquella gran ciudad de Asia Menor.

Versículos clave

1 Juan 5.11-12: «Y este es el testimonio: que Dios nos ha dado vida eterna; y esta vida está en su Hijo. El que tiene al Hijo, tiene la vida; el que no tiene al Hijo de Dios no tiene la vida».

Propósito y tema

El énfasis que se pone en el amor, la santidad, la vida espiritual, etc., nos recuerda el Evangelio de Juan. También el modo de enjuiciar el pecado se asemeja al de aquel evangelio. El énfasis en el amor es realmente hermoso; obsérvese también la relación entre la obediencia y el amor. El amor es lo contrario del temor, observa más adelante Juan. Jesucristo es, desde luego, muy importante para el autor, el cual deja clara su fe en que Aquel fue un hombre verdadero que vino a traernos vida. La clara enseñanza sobre el nuevo nacimiento se remacha con la enseñanza de que el cristiano viva en comunión con Dios. Incluye admoniciones contra las falsas enseñanzas; a este respecto obsérvese la afirmación de 4.2 (véase 2 Juan 7).

Bosquejo
INTRODUCCIÓN (1.1-4)

CONTRASTE ENTRE LA LUZ Y LAS TINIEBLAS (1.5—2.29)

EL AMOR MANIFESTADO EN LA OBEDIENCIA (capítulos 3—4)

VIDA ETERNA MEDIANTE CRISTO (capítulo 5)

2 Juan

Autor
La tradición atribuye al mismo hombre la escritura de 1 y 2 Juan.

Fecha
Probablemente por la misma época que 1 Juan.

Destinatarios
Una iglesia local («la señora elegida») y sus miembros («sus hijos»). (Véase v. 1.)

Versículos clave
2 Juan 9-10: «Cualquiera que se extravía, y no persevera en la doctrina de Cristo, no tiene a Dios; el que persevera en la doctrina de Cristo, ese sí tiene al Padre y al Hijo. Si alguno viene a vosotros, y no tiene esta doctrina, no lo recibáis en casa, ni le digáis: ¡Bienvenido!»

Propósito y tema
Este es uno de los más breves libros del Nuevo Testamento. Nos recuerda a 2 Pedro en su denuncia contra los maestros heréticos, y hace pensar en 1 Juan por el énfasis en las doctrinas de Cristo y del amor cristiano. Los versículos 4 y 12 son cálidas palabras personales para la «señora y sus hijos». Algunos piensan que hace referencia a una señora literal mientras que otros creen que habla acerca de una iglesia de manera simbólica.

Bosquejo
SALUDO Y ALABANZA (1-4)

EL ANTIGUO MANDAMIENTO DEL AMOR (5-6)

NO RECIBIR A LOS FALSOS MAESTROS (7-11)

MENSAJES PERSONALES (12-13)

3 Juan

Autor
El mismo de 1 y 2 Juan.

Fecha
Aproximadamente la misma de 1 y 2 Juan.

Destinatarios
El libro se dirige a cierto Gayo; pero ¿quién era éste? Nadie lo sabe a ciencia cierta. Es un nombre corriente empleado varias veces en el Nuevo Testamento. Puede que Gayo haya sido un líder activo de alguna iglesia local que Juan había visitado o de la cual había oído.

Versículo clave
3 Juan 11: «Amado, no imites lo malo, sino lo bueno. El que hace lo bueno es de Dios; pero el que hace lo malo, no ha visto a Dios».

Propósito y tema
Al parecer, Juan trata de trasmitir la idea de que hay una profunda diferencia entre la buena y la mala conducta, entre la conducta deficiente y la correcta. Como ejemplo, contrasta a Diótrefes, un mal individuo (le gustaba «tener el primer lugar», versículo 9), y a Demetrio, un buen creyente. En esta epístola hay también un sano énfasis en la oración, el fiel trabajo en la iglesia, y la integridad cristiana.

Bosquejo
GAYO: ANDA EN LA VERDAD (1-8)

DIÓTREFES: SE OPONE A LA VERDAD (9-11)

DEMETRIO: ALABADO POR LA VERDAD (12)

OBSERVACIONES FINALES (13-15)

Judas

Autor y fecha

Dice la tradición que Judas, hermano de nuestro Señor (Mateo 13.55), fue el autor de este libro. Judas era un nombre común, empleado varias veces en la Biblia. Pero este especial Judas era el hermano de Santiago. No llegó a ser creyente sino hasta después de la resurrección (Juan 7.5; Hechos 1.14). Es imposible saber la fecha exacta en que se escribió este libro. Puede sugerirse las décadas entre 70 y 80 D.C.

Destinatarios

Ignoramos a cuál iglesia se dirigió esta carta pero, según parece era una congregación acosada por la tentación y las enseñanzas heréticas. Puede que se haya destinado a más de una iglesia, y hasta a la Iglesia en general.

Versículo clave

Judas 3: «Amados, por la gran solicitud que tenía de escribiros acerca de nuestra común salvación, me ha sido necesario escribiros exhortándoos que contendáis ardientemente por la fe que ha sido una vez dada a los santos».

Propósito y tema

Esta carta nos recuerda a 2 Pedro y 2 Juan por su prevención contra la herejía o falsas enseñanzas. Si bien no destaca el contenido de la enseñanza herética, sí subraya el carácter de los herejes. La inmoralidad (4, 7, 16), la codicia (11, 16), la rebeldía ante la autoridad (8, 11) y la mundanalidad (no tienen al «Espíritu», versículo 19) caracterizan a quienes cultivan el espíritu contencioso. Su condenación es como la de Sodoma y Gomorra (7). Se ve claro que quien escribe es judío; por una parte, menciona la literatura judía. Destaca la fe una vez dada a los santos (3), y nadie debe pasar por alto la conocida y magníficamente bella doxología de los versículos 24-25, gran expresión de alabanza.

Bosquejo
SALUTACIÓN (1-2)

ADMONICIONES A LUCHAR POR LA FE (3-4)

PRUEBAS DEL JUICIO DIVINO EN EL PASADO (5-13)

SEGURIDAD DEL JUICIO DIVINO EN EL FUTURO (14-19)

NUEVAS ADMONICIONES A LA FIRMEZA (20-23)

BENDICIÓN (24-25)

Apocalipsis

Autor y fecha

Conocido como «Revelación a Juan», una antigua tradición atribuye el libro a Juan, el discípulo amado. El fragmento muratoriano (c. 170 D.C.), por ejemplo, lo atribuye a San Juan, y Justino Mártir aun antes (135) creía que Juan era el autor. La tradición afirma que fue autor de cinco libros del Nuevo Testamento: el Evangelio de Juan, 1, 2 y 3 Juan, y Apocalipsis. Escribió Apocalipsis estando preso en la isla de Patmos por su fe en Cristo (1.4, 9; 22.8). Muy conocido entre los cristianos de Asia Menor, ya en su tiempo lo llamaban profeta (22.9). Escribió el libro a fines de la década del 80 o comienzos de la del 90 D.C.

Destinatarios

Las siete iglesias de Asia Menor mencionadas en el libro: Éfeso, Esmirna, Pérgamo, Tiatira, Sardis, Filadelfia y Laodicea.

Versículos clave

Apocalipsis 1.1a, 5b-6: «La revelación de Jesucristo, que Dios le dio, para manifestar a sus siervos las cosas que deben suceder pronto. Al que nos amó, y nos lavó de nuestros pecados con su sangre, y nos hizo reyes y sacerdotes para Dios, su Padre; a él sea gloria e imperio por los siglos de los siglos. Amén».

Propósito y tema

El autor escribe a cristianos perseguidos. Los eruditos han dedicado mucho tiempo tratando de descifrar el libro. Una teoría es que se trata de una serie de visiones sobre el pasado; otra, que es una serie de visiones sobre el futuro. Hay otros que afirman que el gran énfasis del libro tiene que ver únicamente con el tiempo del propio Juan. Pero más importante que las teorías interpretativas son los grandes temas del libro que se presentan claramente. Estos temas son:

> Cristo y su Iglesia
> El propósito de Dios en la Historia
> La presencia de Dios en su iglesia, aun en la persecución
> El triunfo de los salvados
> La ira de Dios
> El juicio de Dios
> El reino de Dios

Apocalipsis 1.1a debe examinarse en forma especial —«la Revelación de Jesucristo»— porque aquí reside el gran impulso que movía al escritor. Anhela revelar a Jesús, Redentor y Vencedor del mal, y única esperanza sólida para el futuro. Hacia el final del libro, Cristo se revela en su segunda venida con los ejércitos del cielo (19.11-21), estableciendo su reino. También encontramos enseñanza acerca del juicio y la creación final sobre el gran trono blanco (20.1-15), y un nuevo cielo y una nueva tierra (21.1-8). La ciudad de Dios se describe en 21.9-22.5. Al final hay una hermosa actitud hacia la adoración de Dios, y esta oración debería estar en labios de todo cristiano verdadero: «Así sea, ven, Señor Jesús» (22.20).

Bosquejo

INTRODUCCIÓN Y MOTIVOS QUE IMPULSAN A ESCRIBIR (capítulo 1)

CARTAS A LAS SIETE IGLESIAS (capítulos 2—3)
    Éfeso (2.1-7)
    Esmirna (2.8-11)
    Pérgamo (2.12-17)
    Tiatira (2.18-29)
    Sardis (3.1-6)
    Filadelfia (3.7-13)
    Laodicea (3.14-22)

VISIONES DEL CIELO (capítulo 4—5)

LOS SIETE SELLOS (capítulos 6—7)

LAS SIETE TROMPETAS (capítulos 8—11)

SEÑALES DEL FIN (capítulos 12—14)

LAS SIETE COPAS (capítulos 15—16)

CAE EL CASTIGO SOBRE BABILONIA (capítulos 17—18)

TRIUNFO DE CRISTO (19.1—22.5)
    Cena de bodas del cordero (capítulo 19)
    Satanás atado (capítulo 20)
    Nuevos cielos y tierra (21.1—22.5)

EPÍLOGO Y BENDICIÓN (22.6-21)

CUADRO CRONOLÓGICO DE GOBERNANTES DEL NUEVO TESTAMENTO*
con fechas aproximadas

EMPERADORES DE ROMA	
Augusto (Octavio)	27 A.C.-14 D.C.
Tiberio	14-37 D.C.
Calígula	37-41 D.C.
Claudio	41-54 D.C.
Nerón	54-68 D.C.
Galba; Otón; Vitelio	68-69 D.C.
Vespasiano	69-79 D.C.
Tito	79-81 D.C.
Domiciano	81-96 D.C.
GOBERNANTES DE LA DINASTÍA HERODIANA	
Herodes el Grande (rey de los judíos)	37- 4 A.C.
Arquelao el etnarca (Judea)	4 A.C.- 6 D.C.
Herodes Antipas el tetrarca (Galilea y Perea)	4 A.C.-39 D.C.
Felipe el tetrarca (Iturea, Traconite y otros lugares)	4 A.C.-34 D.C.
Herodes Agripa I, rey (Iturea, Traconite. y otros lugares: 41-44 Judea, Galilea, Perea)	34-77 D.C.
Herodes Agripa II, rey (Iturea, Traconite y otros Lugares; 56 ó 61-D.C. 100 partes de Galilea y Perea)	53-100 D.C.
PROCURADORES DE JUDEA **(DESPUÉS DE ARQUELAO HASTA HERODES AGRIPA I)**	
Coponio	6-8 D.C.
M. Ambivio	9-12 D.C.
Annio Rufo	12-15 D.C.
Valerio Grato	15-26 D.C.
Poncio Pilato	26-36 D.C.
Marulo	37 D.C.
Herennio Capito	37-41 D.C.
PROCURADORES DE PALESTINA **(DE HERODES AGRIPA I A LA REVUELTA DE LOS JUDÍOS)**	
Cuspio Fado	44-46 D.C.
Tiberio Alejandro	46-48 D.C.
Ventidio Cumano	48-52 D.C.
M. Antonio Félix	52-60 D.C.
Porcio Festo	60-62 D.C.

* Basado en *The Oxford Annotated Bible*, p. 1534.

Capítulo 6

REVELACIÓN, LA INSPIRACIÓN DE LA BIBLIA*
por J. Oliver Buswell, Jr.

Una mujer de una tribu donde el Evangelio nunca se había predicado oyó por primera vez la historia del Rey del Cielo, que había enviado a su Hijo al reino corrompido y rebelde de los hombres para procurar la reconciliación, y hacer que se escribiera un libro explicando sus leyes y su plan de redención.

Al comprender la simplicidad y la grandeza de la historia, la mujer, se volvió hacia su vecina y le dijo: «Siempre pensé que debía de haber un Dios como este».

Este incidente ilustra el principio de la probabilidad intrínseca. Al llegar a la doctrina de la inspiración de la Biblia, no estamos llegando a una región extraña o improbable. Si Dios es como es, entonces que la Biblia sea su Palabra es justamente lo que esperaríamos.

Definiciones

El significado de la palabra revelación

La palabra «revelación» es de origen latino y significa «develación». Es la traducción de la palabra griega apokalypsis.

---

* Extracto del libro *Teología Sistemática* por J. Oliver Buswell, edición en español © LOGOI, Inc. 1979; versión en inglés *A Systematic Theology of the Christian Religion*, © Zondervan, Inc., 1962. Usado con permiso.

Introducción a la Biblia

El último libro de la Biblia fue llamado por su autor «El Apocalipsis [Develación] de Jesucristo». El título se refiere a la vuelta visible de Cristo. La misma frase, «manifestación de Jesucristo», se refiere a este suceso futuro en 1 Corintios 1.7; 2 Tesalonicenses 1.7; y 1 Pedro 1.7, 13.

Ordinariamente la palabra «revelación» no se refiere a develar o hacer visible un objeto o una persona sino a dar a conocer una verdad. Revelación en este sentido de la palabra puede ser en la forma de proposiciones, o en la de una experiencia de la cual es posible inferir la verdad.

La doctrina de la revelación, en la teología cristiana, significa que Dios se ha dado a conocer al hombre así como las verdades pertinentes a sí mismo. Se acostumbra a dividir el tema de la revelación en «general» y «especial». La revelación general incluye las evidencias para tener fe en Dios, aparte de Cristo y la Biblia.

El tema de la revelación especial ordinariamente se subdivide en el estudio de Cristo, en su encarnación, y en el estudio de la Biblia, como la Palabra inspirada de Dios. El tema de este capítulo es la revelación especial como se presenta en la Biblia, la cual aceptamos como la Palabra de Dios, inspirada e infalible.

La palabra «inspiración»

La palabra «inspiración» viene de una traducción algo inexacta de *theopneustos* que se encuentra en 2 Timoteo 3.16. Como Warfield dice, la palabra tal como la usamos es engañosa. Parece enseñar que Dios había soplado dentro de las Escrituras, no siendo esto el significado de la palabra original. Como ya se ha explicado, las Escrituras son «exhaladas por Dios». Son la mismísima Palabra de Dios, el producto de la acción creadora de Dios.

«Exhalación» sería una palabra mejor. Sin embargo, la palabra «inspiración» está bien establecida en el uso teológico y no se puede cambiar fácilmente. La definimos, entonces, como la obra del Espíritu Santo de Dios, al hacer que los autores de la Biblia escribiesen la Palabra de Dios sin error. Los escritores fueron inspirados en el sentido de que el Espíritu Santo obró por medio de ellos. Las Escrituras son inspiradas en el sentido de que son el producto de la obra del Espíritu Santo por medio de los escritores.

No negamos que la palabra «inspiración» tenga otros buenos usos. Lo que aquí estamos discutiendo es el uso teológico particular de la palabra con respecto a la doctrina de la Palabra de Dios.

Distinciones entre revelación e inspiración

Algunos excelentes escritores harían una distinción definida entre las palabras «revelación» e «inspiración». Shedd en su larga sección sobre bibliología, en el tomo I de su *Teología dogmática*, hace tal distinción.

Respeto todo lo que Shedd tiene que decir sobre este tema, pero prefiero usar las palabras con algo más de flexibilidad. Cada parte de la Biblia es una revelación de Dios, puesto que en ella se revela el conocimiento de Dios. Esto sería verdad si la materia de la cual se trata fuera un número de sucesos de conocimiento público (cuidadosamente averiguados por el método que Lucas indica en los primeros cuatro versículos de su evangelio); o la revelación de materia que de ninguna otra manera podría ser conocida, como en los sueños o visiones proféticos y las predicciones específicas de acontecimientos futuros. En vez de distinguir entre revelación inspirada e inspiración no revelada, preferiría distinguir entre revelación sobrenatural y revelación providencial dentro del proceso de inspiración.

No soy el único que prefiere decir que la Biblia, en conjunto y en cada una de sus partes, es una revelación. No solamente las partes que contienen materia no disponible a la investigación humana sin información especial de Dios, sino también en toda la materia de los anales históricos. La Biblia entera es una revelación de Dios.

Toda la Escritura es revelada y toda la Escritura es inspirada. No obstante, yo haría hincapié en que inspiración es un término más estrecho y se refiere sólo a la Biblia y sus escritores en la trasmisión de una revelación divina, autoritativa e infalible. El término «revelación», como se ha dicho, incluye las evidencias de Dios que se encuentran en la naturaleza fuera de la Biblia.

Distinción entre extensión y modo

Limitemos nuestra discusión a la obra del Espíritu Santo en producir las Escrituras, examinemos el significado de inspiración más en detalle. Las obras sobre el tema acostumbran a distinguir entre la extensión de la inspiración y la manera de la inspiración.

Luego, hay dos cuestiones: ¿Hasta qué punto son estos libros la mismísima Palabra de Dios? ¿Cómo hizo Dios que los diferentes libros de la Biblia llegaran a ser escritos?

La extensión de la inspiración

Entre los teólogos, que han mantenido algún tipo de fe en la revelación sobrenatural, hay diversidad de opiniones en cuanto al grado o extensión en que la Biblia es la Palabra infalible de Dios. Sabemos, por ejemplo, que hay errores en la traducción de nuestra versión; unos pocos, pero la traducción tiene errores. Sabemos también que hay lecturas que varían en el texto de los idiomas originales a como ha llegado a nosotros. Los casos en que no podemos estar seguros de las palabras originales son microscópicos en relación al total: la milésima parte es el cálculo hecho por Westcott y Hort. Sin embargo, no tenemos un texto libre de errores en el Antiguo o en el Nuevo Testamento.

Revelación, la inspiración de la Biblia

Hay algunos que irán más allá de los problemas de traducción y los problemas del texto, y argumentan que la Biblia misma, en el original, solamente contenía la Palabra de Dios, y también contenía «equivocaciones, errores, y discrepancias».
Podríamos clasificar cinco tipos de opiniones:

1. La opinión de que la Biblia es inspirada en cuanto nos trasmite «la Palabra de Dios» en ciertos pasajes y en ocasiones particulares. Esta es, creo yo, una declaración imparcial de la opinión bartiana, pero en ningún sentido está limitada a los que generalmente siguen la teología de Karl Barth.

2. Hay otros que tienen un punto de vista mucho más alto de la inspiración, esto es, que la Biblia es la regla infalible de fe y práctica en todos los asuntos religiosos, éticos, y espirituales, pero no en otras cosas. Esta fue la opinión del profesor Andrés C. Zenos, quien sostuvo que la palabra «infalible» quiere decir solamente que la Biblia no deja de realizar su propósito religioso, aunque contiene muchas «equivocaciones, errores, y discrepancias».
Es obvio que esta interpretación de la palabra «infalible» es contraria al uso histórico. Además, nuestro sistema cristiano de doctrina está tan íntimamente relacionado con acontecimientos históricos que si los asuntos históricos y reales no son trasmitidos correctamente, el creyente laico no tiene manera de determinar los límites de los así llamados valores religiosos.

3. La posición mantenida por los teólogos ortodoxos se designa como inspiración «plenaria» o inspiración «verbal». Frecuentemente se juntan las dos palabras para evitar cual-

quier ambigüedad. Se sostiene que la Biblia entera en todas sus palabras es la Palabra de Dios y «que no tiene errores en los escritos originales». Esto quiere decir que lo que la Biblia dice, cuando se entiende correcta y gramaticalmente en su fondo histórico, es absolutamente verídico.

4. Otra opinión ha sido la de aquellos que han sostenido la inspiración de las letras de la escritura hebrea y griega en un sentido netamente mecánico, rehusando reconocer que la ortografía no es esencial al significado de las palabras y que en los idiomas antiguos la ortografía nunca fue una cosa completamente determinada. Algunos han rehusado creer que los puntos usados para las vocales hebreas no aparecían en los escritos originales. Hasta he leído la opinión de que la forma de las letras hebreas cuadradas es inspirada, porque las letras están en las formas de las ventanas del cielo por las cuales tiene que pasar la luz. Los numerólogos cabalísticos bíblicos asumen alguna forma de la opinión de que las letras son inspiradas.

5. Ocasionalmente se encuentra la opinión de que tenemos que entender la Biblia literalmente en el sentido de que no se encuentran tropos (lenguaje figurado) en ella. Por supuesto, esta es una opinión. Sin embargo, no es raro para los que desean negar la veracidad y confianza que los cristianos depositan en la Biblia, los acusen de creer en un literalismo tosco.
En realidad, la principal definición de la interpretación literal es sencillamente «la construcción e implicación natural o usual... siguiendo el sentido ordinario y aparente de las palabras». Según esta definición, la interpretación «literal»

no deja de reconocer los tropos (lenguaje figurado) y viene a ser lo mismo que la interpretación gramático-histórica. «Literal» como opuesto de «figurativo» es sólo la cuarta de seis definiciones de «literal» en el diccionario.

Entre los usos que hemos notado, el punto de vista ortodoxo es conocido comúnmente como «inspiración verbal» o «sin error verbal en los escritos originales».

Cabe notar claramente que «inspiración verbal» es un término que se refiere a la extensión de la inspiración y no al modo. Ha habido malentendidos sobre este punto y algunos han tratado de atribuir al término «inspiración verbal» una teoría del modo de inspiración, conocida con el nombre de «dictado mecánico».

En la primavera de 1926, después que el Wheaton College adoptó oficialmente la «inspiración verbal» como una parte de su plataforma doctrinal, algunos de los exalumnos se me acercaron con una objeción formal, porque la inspiración verbal designaba un modo mecánico de dictado. Yo les contesté que tal no era el significado del término. «Verbal» quiere decir sencillamente que cada palabra es la Palabra de Dios y que cada palabra es verdad. Cuando adopté esta posición, el grupo abrió triunfalmente el diccionario oficial de Webster, edición de 1926, y leyó «la inspiración verbal extiende la inspiración a cada palabra, que se sostiene haber sido dictada por el Espíritu Santo». Entonces, cuando contesté que el diccionario estaba equivocado, pareció que estaba haciendo el ridículo.

Ahora bien, la C. y C. Merriam Company, editores del diccionario Webster, es una gran autoridad lexicográfica, que emplea a cientos de lectores en todo el mundo de habla inglesa, y que pone todo su empeño en publicar definiciones que reflejen correctamente el buen uso. No me desalenté en lo más mínimo, ni me desconcerté, sino que inmediatamente empecé a reunir datos.

La evidencia era bastante abrumadora. Mostró que los únicos que atribuyen dictado mecánico a la «inspiración verbal» son los que rechazan la inspiración verbal, mientras que numerosas autoridades eruditas, defendiendo la inspiración verbal declaran explícitamente que en ella no está implicada ninguna teoría mecánica ni de dictado. «Verbal» se refiere a la extensión de la inspiración, no al modo. Presenté este material a los editores, y cuando la segunda edición apareció en 1934 la frase citada fue omitida, y la definición que ahora se encuentra en el diccionario Webster no contiene este error.

Tengo que dar mi testimonio que este incidente aumentó mi confianza en la C. y C. Merriam Company. Sus definiciones se basan en la evidencia del uso, y la evidencia comprobó que «inspiración verbal» en su buen uso no implica una teoría de dictado mecánico.

EL modo de la inspiración

Cuando indagamos cómo Dios produjo los diferentes libros de la Biblia, la respuesta es que Dios habló a los padres por los profetas «muchas veces» [polumeros] y de «muchas maneras» [polutropos] (Hebreos 1.1). Dios no se ha limitado a un solo método.

Los libros de Moisés

Dios hizo que Moisés escribiese la historia de la creación del mundo y del hombre en forma sencilla y ordenada. La composición de los últimos cuatro libros del Pentateuco es bien clara. Pretenden ser, y obviamente lo son, un diario compuesto en el proceso del éxodo y los viajes en el desierto, compuestos bajo la dirección de Moisés, y sin duda arreglados en forma definitiva por Josué. La materia histórica de las Escrituras generalmente no pretende ser la comunicación sobrenatural de información de otro modo desconocida.

La profecía

Por otra parte, los escritos proféticos contienen porciones que definitivamente pretenden una revelación directa y sobrenatural. Estas porciones reclaman haber sido dadas en diferentes maneras bajo diferentes circunstancias, a veces por sueños, a veces por otras formas de la actividad de Dios.

Así aparece hoy el Monte Sinaí donde Moisés vió la zarza ardiendo que no se consumía y donde luego recibió los Diez Mandamientos.

Los evangelios

En el Nuevo Testamento, Mateo y Juan alegan haber sido escritos por miembros del círculo original de discípulos. Es costumbre aceptar el testimonio de Papías en cuanto a la composición del Evangelio de Marcos. Papías nos dice que Marcos escribió lo que Pedro predicó. Es interesante notar que el contenido del Evangelio de Marcos corresponde exactamente a lo que Pedro dijo que era imprescindible para el mensaje de un apóstol (Hechos 1.22).

El Evangelio de Lucas

El Evangelio de Lucas se compuso de una manera muy especial. En general todos concuerdan con que Lucas fue el compañero de viajes de Pablo, y el autor del evangelio que lleva su nombre, así como del libro de los Hechos. Los primeros cuatro versículos del Evangelio de Lucas nos permiten entrar íntimamente en su método de composición.

Lucas dice: «Puesto que ya muchos han tratado de poner en orden la historia de las cosas que entre nosotros han sido ciertísimas...» (v. 1).

Por estas palabras introductorias nos enteramos de que había muchas historias escritas de los hechos y dichos de Jesús. Por medio de un estudio cuidadoso de los evangelios podemos obtener un cuadro bastante claro de algunas de las fuentes escritas a las que se refiere Lucas. Sabemos por la historia que los estudiantes tomaban notas de las conferencias de sus maestros. Sería difícil no creer que los discípulos de Cristo anotaran lo que Él dijo e hizo. Sabemos también por la historia que el pueblo del siglo primero en Palestina escribía cartas acerca de los acontecimientos que eran de interés para ellos. Es imposible dudar que mucha gente escribió cartas acerca de los hechos y dichos de Jesús, y que muchos de los cristianos guardaban con cariño tales escritos.

Sabemos también por la historia que había muchos hombres en el primer siglo capaces de escribir informes bastante amplios. Esta fue una civilización altamente literata. Harnack en su libro Bible Reading in the Early Church [La lectura bíblica en la Iglesia Primitiva] muestra que la capacidad de leer y escribir entre los judíos del siglo I era tan alta como en las naciones civilizadas de hoy. Ramsey en la primera parte de su libro *Letters to the Seven Churches* [Cartas a las siete iglesias] da datos interesantes mostrando el mismo hecho. Las palabras de Lucas parecen tener referencia a más que meras cartas y notas fragmentarias. Parece que Lucas está diciéndonos que muchos habían escrito en forma más o menos completa, informes de lo que ellos sabían acerca de Jesús, y de sus dichos y hechos.

Luego Lucas continúa: «Tal como nos lo enseñaron los que desde el principio lo vieron con sus ojos y fueron ministros de la palabra...» (v.2).

Estas palabras nos dicen claramente que Lucas habló con testigos oculares que habían visto y oído las cosas que luego registró. Sabemos que Lucas estaba en Palestina mientras Pablo estuvo preso en Cesarea, es decir, un período de unos dos años. Lucas habría tenido oportunidad de hablar con testigos oculares durante este tiempo. Es muy probable que así haya conocido, de la misma María, los hechos del nacimiento e infancia de Jesús. Lucas por tanto declara haber tenido informes escritos y haber recibido el testimonio de testigos oculares.

Sigue: «Me ha parecido también a mí, después de haber investigado con diligencia todas las cosas desde su origen, escribírtelas por orden... para que conozcas bien la verdad de las cosas en las cuales has sido instruido» (vv.3,4).

Estas palabras son significativas del cuidadoso método de investigación de Lucas: «haber investigado con diligencia todas las cosas desde su origen». Nótese que Teófilo, a quien el evangelio y el libro de Hechos están dedicados, no era uno del círculo original de discípulos sino uno que había sido «instruido»; la palabra literalmente significa «catequizado». David Smith, en su libro *Life and Letters of Saint Paul* [Vida y Cartas de San Pablo] da evidencias de que los catecismos para nuevos creyentes se escribieron a una edad muy temprana en la historia de la iglesia del Nuevo Testamento.

A veces me he preguntado si «Teófilo» no sería el nombre dado por Lucas a la juventud y a los nuevos creyentes de la iglesia, más bien que a un individuo. Sin embargo esto es pura conjetura.

El hecho es que Lucas consideró que una cuidadosa investigación histórica y una presentación ordenada de los hechos en cuanto a los dichos y hechos de Jesús era imprescindible para el que no había sido testigo ocular de la vida y obra de Cristo.

Este prólogo de Lucas nos da una valiosa respuesta a la pregunta: Si Dios inspiró la Biblia, y usó influencia sobrenatural al hacer que fuera escrita, ¿cuál es el valor de un estudio de evidencia adicional?, ¿cuál es el valor de la investigación histórica? La respuesta sugerida aquí es que hay muchos que no saben o no reconocen que la Biblia es la Palabra inspirada de Dios. Para muchas de estas personas, el hecho de que Lucas fuera un historiador cuidadoso ha sido en su experiencia una ayuda a la fe.

Gálatas

El modo de inspiración de la Epístola a los Gálatas es de interés especial. Los ignorantes a veces han acusado a la iglesia de creer supersticiosamente que las partes de la Biblia fueron trasmitidas a los hombres enteramente escritas por un procedimiento netamente sobrenatural, desconectado de su relación a la experiencia histórica ordinaria. Es de suma importancia que nos demos cuenta de que Dios produjo la Biblia en el curso de la historia humana de tal manera que está íntimamente relacionada con los acontecimientos y problemas humanos.

Es como si cuando llegara el tiempo de echar las bases para la Epístola a los Gálatas, Dios empezara con el abuelo de Pablo quien fuera un fariseo celoso. La familia de Pablo había sido farisea por lo menos por dos generaciones anteriores, porque cuando dice, «soy fariseo, hijo de fariseo» (Hechos 23 .6), la palabra en el original es plural. En general los judíos de la dispersión fueron más celosos de sus tradiciones religiosas que los judíos de Palestina. Dios hizo que Saulo de Tarso tuviera la mejor educación rabínica posible a los pies de Gamaliel. Dios dio a Saulo una intensa lealtad y celo, y le permitió ser el principal perseguidor de la iglesia. Por una serie de sucesos la convicción creció en su corazón, y en el momento de su experiencia en el camino a Damasco, él iba dando «coces contra el aguijón».

Entonces el Señor lo convirtió súbita y violentamente; le dio las experiencias narradas en Damasco, Jerusalén, Siria, y Cilicia; lo trajo nuevamente a Antioquía; y por último lo envió con Bernabé en el primer viaje misionero. El celo ardiente de Pablo por las iglesias fundadas en este primer viaje misionero es muy evidente. Luego después, no sabemos exactamente cuando, las noticias llegaron de las iglesias de Galacia: «Tus iglesias recién fundadas se han apartado de la fe, han perdido su testimonio cristiano, se han judaizado, y buscan justificación por las obras de la ley».

La emoción abrumadora junto con el agudo análisis intelectual, característico de la Epístola a los Gálatas, fue así producida por una larga cadena de sucesos. Pablo derrama la pasión de su alma por estos nuevos cristianos a quienes ama tiernamente. Alguien ha dicho que la Epístola a los Gálatas es una chispa que salió incandescente del yunque de la controversia religiosa del primer siglo.

En cuanto al modo de inspiración, si la sabiduría humana hubiese deseado producir un tratado sobre la doctrina de la justificación por la fe sin las obras de la ley de tal envergadura que conmoviera al mundo, la sabiduría humana habría producido un artículo técnico enciclopédico para ser estudiado solamente en un ambiente académico.

Por el contrario, la sabiduría de Dios escogió un modo de producción que nos ha dado el mensaje ardiente capaz de poner fuego al mundo al ser descubierto de nuevo por Martín Lutero.

Resumen en cuanto al modo

En resumen, el modo por el cual las Escrituras fueron inspiradas envuelve una gran variedad de procedimientos, pero la mayor parte de la materia es de tal naturaleza que estuvo íntimamente entretejida con acontecimientos humanos decisivos en tiempos y lugares particulares en el proceso histórico.

Por supuesto que hay verdades intemporales en la Biblia, tal como cuando Jesús dijo: «Dios es Espíritu, y los que le adoran, en espíritu y en verdad es necesario que le adoren» (Juan 4.24).

Pero la Biblia en conjunto y en cada uno de sus libros, concuerda con las circunstancias particulares de los hombres y mujeres que llevan las cargas ordinarias y extraordinarias de la vida.

Testimonios

Denominacional

Que la iglesia ha enseñado que la Biblia es la Palabra infalible de Dios por todos los siglos es indiscutible. En mi opinión, el punto de vista que la iglesia ha mantenido históricamente se resume correctamente en la declaración de la Asamblea General de la Iglesia Presbiteriana en los Estados Unidos de Norteamérica, adoptada originalmente en 1910, repetida en 1916 y otra vez en 1923. Las palabras de la declaración son: «Es imprescindible a la Palabra de Dios, y a nuestras normas, que el Espíritu Santo moviese, guiase, e inspirase a los autores de las Sagradas Escrituras para guardarlos del error».

La «afirmación» de Auburn

La historia de esta declaración, como muchas cosas de importancia en el testimonio cristiano, es una historia de tragedia. La declaración sobre las Escrituras fue acompañada por otros cuatro puntos de doctrina presentados por la misma fórmula: «Es imprescindible a la Palabra de Dios y a nuestras normas que...» Los otros cuatro puntos fueron: el nacimiento virginal de Cristo, la expiación por sustitución, los milagros de Cristo y la resurrección corporal de Cristo. Poco después de la declaración de la Asamblea General en 1923, se publicó un documento llamado «La afirmación de Auburn» y fue firmado por el diez por ciento de los ministros ordenados de esa denominación. Llamada una afirmación, fue enteramente una negación. La primera parte del documento negó que la Asamblea General de la denominación tuviera el derecho de legislar en cosas doctrinales. Por supuesto que esto era verdad, pero la Asamblea General no había aprobado legislación alguna. Actuando bajo sus poderes constitucionales, había declarado lo que históricamente era la doctrina de la iglesia.

La segunda parte de la afirmación de Auburn fue una negación de los cinco puntos de doctrina que la Asamblea había declarado. Se dijo que la doctrina de la inerrabilidad de las Escrituras era «una doctrina muy dañina», y declararon que los otros cuatro puntos —el nacimiento virginal, la expiación sustitucional, los milagros, y la resurrección corporal de Cristo— eran sólo teorías que los ministros debidamente acreditados podían o no mantener. Desde 1923 la posición de los afirmacionistas ha llegado a predominar en la denominación.

Por supuesto, la posición adoptada en esta obra es que las asambleas generales de 1910, 1916, y 1923 tenían razón y que los afirmacionistas de Auburn estaban equivocados. En la época de la publicación de la afirmación de Auburn, la constitución de la denominación a la cual los signatorios pertenecían exigía que cada ministro ordenado debía dar una contestación afirmativa a la pregunta: ¿Creéis que las Escrituras del Antiguo y Nuevo Testamento son la Palabra de Dios, la única regla infalible de fe y conducta?

Me refiero a la historia de esta denominación en particular porque en general es típico de lo que ha acontecido en años recientes en las grandes denominaciones.

B. B. Warfileld y otros sobre la inspiración

En mi opinión, el más grande y claro exponente que hemos tenido de la verdadera doctrina de la inspiración de las Escrituras fue el Dr. B. B. Warfield (1851-1921) del antiguo Seminario de Princeton. Los escritos de Warfield sobre este tema se coleccionaron en un tomo titulado *Revelation and Inspiration* [La revelación y la inspiración], publicado por Oxford Press, 1927. Desgraciadamente este tomo se ha agotado, pero la mayoría de los artículos fueron impresos de nuevo en un tomo titulado *The Inspiration and Authority of the Bible* [La inspiración y la autoridad de la Biblia], publicado por The Presbyterian and Reformal Publishing Company en 1948.

Warfield permaneció intransigente, con fuerte lógica, en la posición histórica de la iglesia. Era un agustiniano y un calvinista.

Gnussen, Harris y Henry

Entre las obras más antiguas sobre la inspiración de la Biblia es de valor preeminente el libro *Theopneustia* por Gaussen, publicado primero en París en 1840, reimpreso por Moody Press hace algunos años. Samuel R.L. Gaussen fue profesor de teología sistemática en Ginebra.

Entre las obras más recientes son muy recomendables el libro *Inspiration and Canonicity of the Bible* [La inspiración y la canonicidad de la Biblia] por mi amigo y colega, el doctor R. L. Harris, Zondervan, 1957, y *Revelation and the Bible* [La revelación y la Biblia] por Carl H. F. Henry (editor) Presbyterian and Reformed Publishing Company,1958, que contiene artículos por veinticuatro eruditos bíblicos y conservadores. Mantiene un alto nivel de materia valiosa con muy pocos puntos débiles, considerando la variedad de autores.

La canonicidad

Definición

Será imposible dentro del compás de este capítulo dar una discusión adecuada a la historia del canon del Antiguo y del Nuevo Testamento. Tenemos que referir al estudiante a las grandes obras referentes al canon. Sugiero que empiece con la excelente obra del Dr. Harris, *La inspiración y la canonicidad*, en la cual encontrará no sólo valiosa y auténtica instrucción sino también adecuadas referencias bibliográficas. Por ahora tengo que limitarme a discutir el significado de «canonicidad» y su lugar en nuestro sistema de doctrina.

La palabra «canon» literalmente significa «regla». Quería decir una vara por la cual las cosas se mantenían en orden físicamente. Pero se usa metafóricamente en 2 Corintios 10.12-18 para indicar el gobierno de Dios para nuestro trabajo y la providencia de Dios en el mismo. Se usa también en Gálatas 6.14-16 para designar la «regla» del andar según la cruz de Cristo.

Aplicado a las Escrituras, la palabra «canon» se emplea por algunos escritores como equivalente de «una lista de libros». Sin embargo, esto es erróneo. Tales frases como «el canon de las Escrituras» o «la canonicidad de un libro» o «los sesenta y seis libros del canon» no designan meramente una lista de libros. La canonicidad de la Biblia es la cualidad o carácter de las Escrituras por el cual son nuestra regla de fe y vida, como la Palabra infalible de Dios. Por lo tanto, canonicidad es equivalente a autoridad, la divina autoridad de las Escrituras.

Canonicidad no es sinónimo de inspiración, pero ambas áreas son precisamente coextensivas. Aquellos libros que son inspirados son canónicos y aquellos libros que son canónicos, son libros inspirados.

El reconocimiento de la canonicidad

La canonicidad no es idéntica al reconocimiento por la iglesia. Mantengo que los libros de la Biblia fueron canónicos cuando fueron escritos, en el verdadero sentido de la palabra, es decir, fueron la regla de Dios para nuestra fe y vida. Estos libros fueron reconocidos como canónicos en el momento de ser escritos por la porción particular de la iglesia de Dios a la cual fueron escritos. El reconocimiento por la iglesia en conjunto, en algunos casos, requería tiempo. En general los varios libros de la Biblia fueron reconocidos por el pueblo de Dios como la Palabra de Dios al ser leídos y estudiados.

En períodos y en grupos en que no se leen ni estudian las Escrituras (como por ejemplo: en comunidades católico-romanas en general), hay oscuridad en cuanto a la canonicidad de los libros apócrifos, ciertos libros no inspirados que circulaban entre el pueblo de Dios en el mundo antiguo. Donde hay diligente estudio bíblico y familiaridad con la Palabra de Dios entre la gente, hay claridad en la discusión entre los sesenta y seis libros y los libros religiosos canónicos.

Cuando Jerónimo tradujo la Biblia al idioma común del pueblo (la Vulgata), entendió bien la diferencia entre los sesenta y seis libros y los libros apócrifos. Estos últimos los puso a un lado, en un casillero aparte. En tiempo de la Reforma protestante la misma distinción fue reconocida por los líderes, creyentes en la Biblia y temerosos de Dios. En los comienzos del movimiento misionero moderno la Sociedad Bíblica Británica y Extranjera, al publicar la Palabra de Dios para los paganos, hizo una distinción clara, omitiendo los libros apócrifos. Cuando y donde un grupo del pueblo de Dios estudia diligentemente las Escrituras, los libros canónicos serán reconocidos y los otros serán rechazados.

Frecuentemente se pregunta: ¿Cómo sabemos que estos libros son canónicos? Nada podía ser más falso que la respuesta dada por algunos personajes eclesiásticos al efecto de que los concilios de la iglesia han declarado que estos libros son autoritativos. En realidad, los primeros concilios de la iglesia no publicaron ninguna lista de libros. Había conocimiento común entre el pueblo del Señor en cuanto a cuáles libros tenían las características de canonicidad. No fue sino hasta fines del siglo IV que los concilios publicaron listas formales de los libros. Estas listas no fueron publicadas como decisiones autoritativas, sino como declaraciones de los libros que ya habían sido reconocidos por la comunidad cristiana.

No fue decisión de los concilios

En mis días universitarios, un buen profesor, que debería haber estado mejor informado, nos dijo a los estudiantes: «La lista de libros en el Antiguo Testamento fue determinada por un concilio de rabinos en Jamnia, y la lista de libros en el Nuevo Testamento fue determinada por un concilio de obispos en Nicea». El buen hombre meramente repitió un refrán. No tenemos ningún informe de decisiones oficiales del concilio de rabinos en Jamnia en cuanto a una lista de libros. Sabemos que los rabinos en Jamnia gozaban de influencia y que a veces conferenciaban juntos; pero la historia no nos presenta nada parecido a una decisión autoritativa sobre el canon por un concilio de rabinos. Antes de Cristo los creyentes judíos sabían cuáles libros eran inspirados, y la lista era un asunto de conocimiento común.

El concilio de Nicea no tomó acción alguna en cuanto a una lista de libros del Nuevo Testamento. Basados en la autoridad de los libros que todos sabían eran la Palabra de Dios, determinaron la definición de la gran doctrina de la Trinidad, la que descansa en el hecho de la deidad perfecta de Jesucristo.

Libros «perdidos» apócrifos

No hace muchos años un editor publicó un tomo titulado *The Lost Books of the Bible* [Los libros perdidos de la Biblia]. Se anunció la obra con cuadros llamativos y preguntas provocativas, tales como: «¿Por qué los obispos ocultaron estos libros? ¿Por qué estos libros no fueron incluidos en el canon sagrado?» Este fue uno de los fraudes religiosos más deshonrosos de los últimos tiempos. Todo el contenido publicado como «los libros perdidos de la Biblia» había ya existido en un tomo en inglés por más de doscientos años. Ninguno de los libros se había perdido. Ninguno de ellos se había ocultado. Los eruditos bíblicos siempre supieron de estos libros. No fueron conocidos por el público cristiano en general sencillamente porque no eran de bastante interés o importancia.

Los libros apócrifos del Antiguo Testamento se pueden encontrar en cualquier Biblia católico-romana. Los protestantes deberían tener copias para información propia. Hay una gran obra en dos tomos editada por el profesor Charles llamada *The Apocrypha and Pseudopigrapha of the Old Testament* [Los libros apócrifos y pseudopígrafos del Antiguo Testamento], que incluye no sólo los libros apócrifos de la Biblia católico-romana sino un número considerable de otros escritos religiosos relacionados más o menos con el Antiguo Testamento o el tiempo entre los testamentos.

La mejor edición de los libros apócrifos del Nuevo Testamento es la que editó M.R. James, Oxford Press, 1921. En su prefacio James dice: «Todavía se puede oír a algunas personas decir: Después de todo, estos evangelios y hechos apócrifos, como ustedes lo llaman, son tan interesantes como los antiguos. Pero sólo por accidente o por capricho no fueron puestos en el Nuevo Testamento. La mejor respuesta a esta frívola opinión ha sido siempre, y sigue siendo, producir los escritos y dejarlos que digan su propia historia. Muy pronto se verá que no hay más cuestión de que alguien no los haya excluido del Nuevo Testamento: ellos se han excluido a sí mismos. Interesantes como son... no alcanzan ninguno de los propósitos principales para los cuales fueron escritos: instruir en la religión verdadera y proveer una historia verídica».

En otras palabras, el profesor James dice que para saber por qué los libros apócrifos no están en el canon de la Escritura, y por qué los sesenta y seis libros lo están, la respuesta es, léalos y verá. La canonicidad es una cualidad de los libros que la mente guiada por el Espíritu puede percibir.

Criterios

Cuando un estudiante me pregunta: «¿Por qué consideramos estos libros como canónicos?», generalmente contesto: «¿Por qué consideramos un diamante como un objeto muy especial? ¿Por qué lo ponemos en un engarce y le pedimos a nuestra amada que lo lleve en el dedo anular de la mano izquierda?» La única respuesta es: «Puesto que un diamante es un diamante, se trata como diamante».

Pero eso es razonar a la redonda. Si, toda aclaración basada en hechos existenciales se puede considerar como circular. ¿Por qué es un hecho un hecho?, y ¿por qué se considera como un hecho? La única respuesta es, porque es un hecho.

Hay algo acerca de un diamante que es diferente. Esto no quiere decir que yo como un individuo pueda siempre distinguir entre un diamante genuino y una imitación. Podría ser engañado; no soy un experto. He comprado sólo un diamante en mi vida, y todavía centellea en el dedo donde lo coloqué. Sin embargo, hay algo en un diamante que es objetivo y determinable y que se puede conocer positivamente y aceptar como un hecho.

Para mí eso es exactamente la base de mi fe en los sesenta y seis libros. Son canónicos porque son la Palabra de Dios, y decir que son canónicos quiere decir que son la Palabra de Dios. Hay algo acerca de estos libros que es diferente.

En la repetición, podría ser engañado como individuo, pero el Espíritu Santo de Dios, obrando en los corazones del pueblo de Dios, al prestar atención a las Escrituras, siempre da evidencias de que son las Escrituras, que los libros inspirados son los libros inspirados. Nosotros los protestantes no tenemos deseos de ocultar o ignorar los libros apócrifos. Instamos solamente a que deben ser leídos para que la diferencia entre ellos y los libros inspirados sea apreciada por la iglesia en general de una manera más clara y definida.

Es mi convicción que si todo recuerdo de la Biblia como una colección de libros fuera borrada mágicamente de la mente del hombre, y si estos sesenta y seis libros fueran echados de nuevo al océano de la literatura, dentro de un tiempo relativamente corto serían otra vez recogidos y reconocidos como la Palabra infalible de Dios.

La confesión de Westminster

Lo que he tratado de decir es lo que creo es la enseñanza del capítulo I de la Confesión de fe de Westminster; especialmente las secciones 4 y 5. La sección 4 dice así: «La autoridad de las Santas Escrituras, por la que ellas deben ser creídas y obedecidas, no depende del testimonio de ningún hombre o iglesia, sino enteramente del de Dios (quien en sí mismo es la verdad), el autor de ellas; y deben ser creídas, porque son la Palabra de Dios» (2 Timoteo 3.16; 1 Juan 5.9; 1 Tesalonicenses 2.13).

Como he tratado de clarificar más arriba, este argumento no es más circular que cualquier otra declaración basada en hechos.

Pero, ¿cómo sabemos, cómo reconocemos la canonicidad de estos libros? La sección 5 dice así: «El testimonio de la iglesia puede movernos e inducirnos a tener para las Santas Escrituras una estimación alta y reverencial (1 Timoteo 3.15) a la vez que el carácter celestial del contenido de la Biblia, la eficacia de su doctrina, la majestad de su estilo, el consenso de todas sus partes, el fin que se propone alcanzar en todo el libro (que es el de dar toda gloria a Dios), el claro descubrimiento que hace del único modo por el cual puede alcanzar la salvación el hombre, la multitud incomparable de otras de sus excelencias, y su entera perfección, son todos argumentos por los cuales la Biblia demuestra abundantemente que es la Palabra de Dios. Sin embargo, nuestra persuasión y completa seguridad de que su verdad es infalible y su autoridad divina proviene de la obra del Espíritu Santo, quien da testimonio a nuestro corazón con la palabra divina y por medio de ella».

En este párrafo tenemos un resumen notable de la evidencia de la inspiración de la Biblia. Sería tentador presentar una larga disertación sobre cada una de las frases. Tómese; por ejemplo, «el consenso de todas sus partes» y elabórese el pensamiento de la unidad y coherencia del sistema doctrinal presentado en todo el cuerpo de los sesenta y seis libros. Esto incluiría el argumento del cumplimiento de profecías, que en sí mismo requeriría un tomo.

Para nuestro propósito actual no puedo más que hacer hincapié en que es «el Espíritu Santo dando testimonio a nuestro corazón con la palabra divina y por medio de ella» lo que da la evidencia final y concluyente. Esto no quiere decir que el cristiano individual pueda juzgar aparte del cuerpo de la iglesia, pero significa, sí, que Dios ha guiado a su iglesia y la guiará a reconocer las Escrituras por lo que son.

El libro es la autoridad

Hay que hacer aquí una advertencia. Ha habido aquellos que han tratado de torcer estas palabras de la Confesión de Westminster y hacer de ellas una doctrina de una mera «luz interior». Tengo que insistir en que un estudio honrado de la sintaxis de la oración debe aclarar que aquello a lo cual el Espíritu Santo da testimonio, en la conciencia espiritual colectiva del pueblo de Dios, es la autoridad y canonicidad de las Escrituras. De lo que el Espíritu Santo nos persuade es, según la Confesión, de «que su verdad es infalible y su autoridad divina. El Juez Supremo por el cual deben decidirse todas las controversias religiosas, todos los decretos de los concilios, las opiniones de los hombres antiguos, las doctrinas de hombres y espíritus privados, y en cuya sentencia debemos descansar, no es ningún otro más que el Espíritu Santo que habla en las Escrituras».

El punto de vista de Cristo y los apóstoles

Punto de vista de Cristo

Tal vez el artículo más sólido de Warfield sea el que se titula «The Real Problem of Inspiration» [El verdadero problema de la inspiración]. Se encontrará en los libros de Warfield mencionados anteriormente. Warfield muestra que el verdadero problema es si estamos listos o no para aceptar el punto de vista de la inspiración enseñado por Cristo y los apóstoles. Muestra que Cristo consideraba toda la Escritura conocida en ese día como la Palabra infalible de Dios: que los apóstoles fueron comisionados por Cristo para el establecimiento de la iglesia y para escribir el Nuevo Testamento; y que ellos también consideraban todas las Escrituras que conocían como la Palabra de Dios, con su autoridad y sin errores. Por lo tanto, si uno niega la veracidad total y la autoridad de la Biblia, niega la autoridad de los apóstoles y de

Catedral de las Bienaventuranzas, edificada en el lugar que se piensa Jesús predicó el Sermón del Monte.

Cristo mismo; y niega que sean dignos de confianza como maestros.

En el Sermón del Monte tenemos la declaración enfática de Cristo sobre la infalibilidad de la ley: «No penséis que he venido para abrogar la ley o los profetas; no he venido para abrogar, sino para cumplir. Porque de cierto os digo que hasta que pasen el cielo y la tierra, ni una jota [la letra hebrea más pequeña] ni una tilde pasará de la ley, hasta que todo se haya cumplido. De manera que cualquiera que quebrante uno de estos mandamientos muy pequeños, y así enseñe a los hombres, muy pequeño será llamado en el reino de los cielos; más cualquiera que los haga y los enseñe, este será llamado grande en el reino de los cielos. Porque os digo que si vuestra justicia no fuera mayor que la de los escribas y fariseos, no entraréis en el reino de los cielos» (Mateo 5.17-20).

Recuerdo bien haber asistido a una conferencia por un erudito de renombre, reconocido mundialmente como autoridad en el Sermón del Monte, profesor en una de nuestras grandes universidades, en una serie de conferencias sobre «Las enseñanzas de Jesús». El profesor llegó a este pasaje y, sin la menor evidencia objetiva, sin base histórica o documental, dijo muy positiva y concluyentemente: «No creo que Jesús jamás haya dicho eso».

Pero Lucas tenía evidencia de un dicho muy similar en un contexto diferente: «Más fácil es que pasen el cielo y la tierra, que se frustre una tilde de la ley» (Lucas 16.17). Y Juan había anotado en su cuaderno que Jesús en otra ocasión había dicho: «La Escritura no puede ser quebrantada» (Juan 10.35). Cuando, al tratar con los sutiles fariseos, Jesús tuvo ocasión de citar el Salmo 110.1, lo presentó diciendo: «¿Pues cómo David en el Espíritu le llama Señor...?» (Mateo 22.43,44).

Jesús apeló a Moisés: «Si creyereis a Moisés, me creeríais a mí, porque de mí escribió él. Pero si no creéis en sus escritos, ¿cómo creeréis a mis palabras?» (Juan 5.46,47). No sólo en estas referencias específicas sino en toda su actitud hacia el Antiguo Testamento, Cristo siempre dio evidencia de que lo aceptaba como la Palabra infalible de Dios. Además, sus discípulos, enseñados por Él, llevaban el mensaje de la inerrabilidad de las Escrituras a toda la iglesia en los primeros días.

Parece así pues, que tenemos toda razón para creer que Jesús enseñó la inerrabilidad de las Escrituras. Esto se infiere no solamente de sus palabras explícitas, como las ya citadas, sino de todo el complejo de circunstancias, todo lo cual indica la misma conclusión.

Los apóstoles y la autoridad de las Escrituras: Pedro

Al llegar a las enseñanzas de los apóstoles como se encuentran en el Nuevo Testamento, no tenemos sólo las referencias constantes a las Escrituras como la Palabra infalible de Dios sino

Revelación, la inspiración de la Biblia

también ciertos pasajes notables en los cuales se detalla la doctrina apostólica.

La famosa declaración de Pedro (2 Pedro 1.19-21) es precedida de una introducción significante. Él sabe (v.14) que su vida pronto terminará, como Cristo ya lo había dicho (Juan 21.18). Será diligente en escribir ciertas enseñanzas a fin de que sus lectores tengan siempre una minuta de estas cosas (v.15).

Continúa: «Porque no os hemos dado a conocer el poder y la venida de nuestro Señor Jesucristo siguiendo fábulas artificiosas, sino como habiendo visto con nuestros propios ojos su majestad. Pues cuando él recibió de Dios Padre honra y gloria, le fue enviada desde la magnífica gloria una voz que decía: Este es mi Hijo amado, en el cual tengo complacencia. Y nosotros oímos esta voz enviada del cielo, cuando estábamos con él en el monte santo» (vv. 16-19).

Hasta este punto el énfasis de Pedro es sobre el valor de su testimonio como de un testigo ocular.

Nótese que Pedro conecta la experiencia en el Monte de la Transfiguración con la segunda venida de Cristo, parousia. En los tres evangelios sinópticos, después de la experiencia de la transfiguración sigue inmediatamente la declaración de Cristo: «Hay algunos de los que están aquí, que no gustarán la muerte, hasta que hayan visto al Hijo del Hombre viniendo en su reino»

(Mateo 16.28). EL Dr. Basil Atkinson comenta sobre Mateo 16.28: «El versículo 28 ha causado muchas dificultades y disensión innecesaria. Su cumplimiento se puede encontrar en la transfiguración, que sigue inmediatamente (ocasión en la cual el apóstol Pedro afirma que los tres discípulos vieron la venida de Cristo) (Pedro 1.16)...» Parece que Pedro consideraba la visión en el Monte de la Transfiguración como un cumplimiento de la promesa de Mateo 16.28. Crisóstomo (345-407) sostiene que en la experiencia de la transfiguración, Pedro, Jacobo, y Juan vieron a Cristo en su reino, «en la visión».

El hecho más notable de la declaración de Pedro es que habiendo recordado la experiencia en términos vívidos, y como un testigo ocular, continúa: «Tenemos, más firme, la palabra profética; a la cual hacéis bien en estar atentos, como a una lámpara que luce en un lugar tenebroso, hasta que el día esclarezca, y el lucero nazca» (v.19a, V.M.). En otras palabras, Pedro mantiene que la palabra de la profecía escrita es más segura que el testimonio de él mismo como testigo presencial. Él puede creer más fácilmente la palabra profética que la experiencia de sus propios ojos y oídos.

Es verdad que el comparativo «más firme» puede considerarse como un sencillo superlativo, porque el uso gramatical es algo impreciso, pero no veo razón alguna para no tomar el comparativo literalmente. En verdad no es extraño observar que un testimonio personal esté sujeto a alucinaciones, a las que la palabra profética no está sujeta.

Pedro continúa: «Entendiendo primero esto [en vuestros corazones], que ninguna profecía de la Escritura es de interpretación privada, porque nunca la profecía fue traída por voluntad humana, sino que los santos hombres de Dios hablaron inspirados por el Espíritu Santo» (vv. l9b-21).

La traducción común de estas oraciones ha llevado a un concepto erróneo. Warfield ha mostrado que el sujeto de las observaciones de Pedro es la manifestación, o el llegar a ser, de la profecía. No está hablando de exégesis o hermenéutica, sino del procedimiento por el cual la profecía llegó a existir. Mientras que la mayoría de los libros humanos corrientes se escriben para dar interpretaciones humanas según el entendimiento y la voluntad humana, las Escrituras no se han producido de esta manera, sino que los escritores de las Escrituras han sido movidos o impulsados por el Espíritu Santo de Dios.

La doctrina de las Escrituras según Pablo

La doctrina de las Escrituras según Pablo (2 Timoteo 3.15-17) está de acuerdo con la de Pedro. «Desde la niñez has sabido las Sagradas Escrituras, las cuales te pueden hacer sabio para la salvación por la fe que es en Cristo Jesús. Toda la Escritura es inspirada por Dios, y útil para enseñar, para redargüir, para corregir, para instruir en justicia, a fin de que el hombre de Dios sea perfecto, enteramente preparado para toda buena obra». (Las Escrituras conocidas por Timoteo desde la niñez eran, por supuesto, del Antiguo Testamento).

Warfield, al definir la inspiración, trata de la palabra que comúnmente se traduce «es inspirada por Dios», y muestra que significa «el producto del aliento creador de Dios». Así como con referencia a la creación leemos: «Por la palabra de Jehová fueron hechos los cielos, y todo el ejército de ellos por el aliento de su boca» (Salmos 33.6). Y otra vez, «Porque él dijo, y fue hecho; él mandó, y existió» (Salmos 33.9); así también debemos pensar en las Escrituras como el producto de un acto creador divino.

El uso de la forma singular de la palabra «simiente» en Gálatas 3.16 verdaderamente muestra que Pablo consideraba que las Escrituras eran inspiradas verbalmente. Sin embargo, debemos notar que Pablo usó la palabra «simiente» como una ilustración para ayudar a que la mente comprenda y retenga la verdad, y no como un argumento de la exégesis del texto de Génesis. Pablo bien sabía que «simiente» es un término colectivo en hebreo y griego tanto como lo es en castellano (español). La forma singular meramente indica la verdad de que la salvación se efectuó por uno posterior a Abraham.

El testimonio de los autores de las Escrituras

Varios casos del Antiguo Testamento

La Biblia es una entidad muy estrechamente integrada, cada parte sostiene y a su vez es sostenida por otra. Es característico de los escritores referirse el uno al otro, tanto como a sí mismos, como proclamadores de la Palabra Dios.

En Josué 8.30-35 tenemos un reconocimiento claro de la inspiración de los libros de Moisés, predecesor de Josué. «Como Moisés siervo de Jehová los había mandado a los hijos de Israel, como está escrito en el libro de la ley de Moisés... También escribió allí sobre las piedras una copia de la ley de Moisés, la cual escribió delante de los hijos de Israel... de la manera que Moisés, siervo de Jehová, lo había mandado antes... Después de esto, leyó todas las palabras de la ley, las bendiciones y las maldiciones, conforme a todo lo que está escrito en el libro de la ley. No hubo palabra alguna de todo cuanto mandó Moisés, que Josué no hiciese leer delante de toda la congregación de Israel...»

El conocimiento de la ley como fue dada por Moisés se refleja en el reinado de Amasías (Reyes 14.6). «Pero no mató a los hijos de los que le dieron muerte, conforme a lo que está escrito en el libro de la ley de Moisés (Deuteronomio 24.16), donde Jehová mandó diciendo: No matarán a los padres por los hijos, ni a los hijos por los padres, sino que cada uno morirá por su propio pecado». Personalmente creo en una fecha temprana para la profecía de Abdías, a saber, en el reino de Joram, el hijo de Josafat. Creo que Joel 2.32, «En el monte de Sión... habrá salvación, como ha dicho Jehová», pueda ser un caso en que Joel esté citando a Abdías, versículo 17.

Isaías habla de las Escrituras dadas con anterioridad: «¡A la ley y al testimonio! ¡Si no dijeren conforme a esto, es porque no les ha amanecido!» (Isaías 8.20).

En la época del ministerio de Jeremías (Jeremías 26.17-19), «algunos de los ancianos de la tierra» citaron la profecía de Miqueas (Miqueas 3.12) y se refirieron a él como un verdadero profeta de Dios, y corroboraron el fondo histórico de Miqueas en el reinado de Ezequías.

Daniel sobre Jeremías

Uno de los casos más notables de verificación intrabíblica se encuentra en Daniel 9. Jeremías había profetizado dos veces (Jeremías 25.11,12; 29.10) que la cautividad en Babilonia duraría setenta años y que después habría una restauración. En efecto, Daniel puso su dedo en la página y en devota y humilde oración reclamó la promesa. Dice: «En el año primero de Darío, hijo de Asuero, de la nación de los Medos, que vino a ser rey sobre el reino de los caldeos, en el año primero de su reinado, yo Daniel miré atentamente en los libros el número de los años de que habló Jehová al profeta Jeremías, que había de cumplirse las desolaciones de Jerusalén en setenta años. Y volví mi rostro a Dios el Señor, buscándole en oración y ruego, en ayuno, cilicio y ceniza» (Daniel 9.1-3).

La oración de Daniel se basa en la profecía de Jeremías y también en el carácter de Dios como uno que es fiel a sus pactos (Daniel 9.4). Además, todo está en un marco que reconoce la autoridad de «la ley de Moisés» (v.13).

Esdras 1.14 también confirma la misma profecía de Jeremías.

Casos en el Nuevo Testamento en general

Que todos los autores del Nuevo Testamento consideran el Antiguo Testamento como de autoridad divina e infalible es demasiado conocido para que haya duda. Un vistazo a la larga lista de las citas y alusiones, catorce páginas de referencias a dos columnas, al final del Testamento Griego de Nestle, es evidencia abrumadora. Además, es un hecho bien conocido que los libros del Antiguo Testamento se citan como de autoridad divina, mientras que las citas de otras fuentes, de las cuales hay algunos casos en el Nuevo Testamento, nunca se dan como la Palabra de Dios.

Contrarreferencias del Nuevo Testamento

Dentro del Nuevo Testamento hay un número de contrarreferencias de bastante valor. Pedro se refiere a las epístolas de Pablo (2 Pedro 3.15), como «Escritura», y de una autoridad tal que los que tergiversaren lo que Pablo dice en ellas, para su propia destrucción lo hacen.

Existe un estrecho paralelismo entre el versículo 10 de Judas y 2 Pedro. Judas, en los versículos 17 y 18, dice: «...tened memoria de las palabras que antes fueron dichas por los apóstoles de nuestro Señor Jesucristo; los que os decían: En el postrer tiempo habrá burladores, que andarán según sus malvados deseos». Esto parece ser una referencia directa a 2 Pedro 3.2,3, y una referencia general a tales pasajes como 1 Timoteo 4.1, y 2 Timoteo 4.3,4. Así «los apóstoles a quienes Judas se refiere son Pedro y Pablo».

En 1 Timoteo 5.18, Pablo dice: «Pues la Escritura dice: No pondrás bozal al buey que trilla; y: Digno es el obrero de su salario». Las palabras «no pondrás bozal al buey que trilla» son una cita directa de Deuteronomio 25.4, pero las palabras «digno es el obrero de su salario» se citan de Lucas 10:7 (cf. Mateo 10.10). Ambas frases parecen estar presentadas por la misma fórmula, «la Escritura dice». Tenemos amplia razón para creer que el Evangelio de Lucas y el libro de Hechos fueron terminados durante el primer encarcelamiento de Pablo en Roma. Así Pablo estaría familiarizado con el Evangelio de Lucas antes de salir de aquel encarcelamiento. 1 Timoteo fue escrita después de que Pablo saliera de su encarcelamiento. Entonces tenemos amplia razón para creer que Pablo estaba citando el Evangelio de Lucas y que sencillamente tomó por concedido que el Evangelio de Lucas era «Escritura».

Afirmaciones de autoridad

Los escritores de las Escrituras constantemente afirman que están hablando la verdadera Palabra de Dios. «Así dice el Señor» y «La palabra del Señor vino a... diciendo» son fórmulas repetidas. Algunos ejemplos notables servirán para ilustrar la regla general. Moisés no sólo declaró ser un profeta de Dios que hablaba la Palabra de Dios con autoridad, sino que afirmó ser uno entre varios a los cuales el pueblo debería prestar atención, «Profeta de en medio de ti, de tus hermanos, como yo, te levantará Jehová tu Dios; a él oiréis» (Deuteronomio 18.15).

La declaración del apóstol Pablo de ser un maestro autoritario es notablemente clara y de tal naturaleza que si su afirmación no hubiese sido aceptada, todo su mensaje habría sido rechazado «...cuando recibisteis la palabra de Dios que oísteis de nosotros, la recibisteis no como palabra de hombres, sino según es en verdad, la palabra de Dios, la cual actúa en vosotros los creyentes» (1 Tesalonicenses 2.13).

«Pero os ordenamos, hermanos, en el nombre de nuestro Señor Jesucristo, que os apartéis de todo hermano que anda desordenadamente, y no según la enseñanza que recibisteis de nosotros... Si alguno no obedece a lo que decimos por medio de esta carta, a ese señaladlo, y no os juntéis con él, para que se avergüence. Mas no lo tengáis por enemigo, sino amonestadlo como a hermano» (2 Tesalonicences 3.6,14,15).

Verificación bíblica de la canonicidad

Hemos visto, de las palabras de Cristo y de los apóstoles, de las referencias de los escritores bíblicos entre sí, y de las afirmaciones de los autores mismos que hay abundante evidencia para la doctrina de que los libros bíblicos son canónicos en sí mismos y que fueron dados al pueblo de Dios de tiempo en tiempo como la Palabra de Dios.

TERCERA PARTE

NUESTRA BIBLIA: PERSONAS, LUGARES, OBJETOS

Capítulo 7

PERSONAS: MINIBIOGRAFÍAS DE GRANDES PERSONAJES BÍBLICOS

Esta es una lista selecta de personajes bíblicos; el tiempo y el espacio exigen brevedad. Son bosquejos; no biografías completas. Se dan en orden alfabético para mayor comodidad.

Aarón

Aarón, cuyo nombre es de significado incierto, fue el hijo mayor de Amram y Jocabed, de la tribu de Leví. Fue hermano de María y Moisés, esposo de Elisabet y padre de cuatro hijos. Moisés suplicó a Dios que hiciera de Aarón su profeta o «boca». Dios se lo concedió y Aarón se unió a Moisés. Por orden de éste, Aarón efectuó milagros con su vara (Éxodo 7.12ss., etc.). Ayudó a mantener en alto los brazos de Moisés en la batalla de Amalec, para que la «vara de Jehová fuera levantada». Aarón y sus hijos fueron nombrados sacerdotes (Éxodo 29.9), pero sólo Aarón fue ungido sumo sacerdote, puesto que desempeñó casi por cuarenta años. A su muerte, lo sustituyó su tercer hijo, Eleazar. Aunque Aarón temía a Dios, tuvo una gran falla: flaqueaba en el momento de la tentación. Mientras Moisés estaba en el monte Sinaí, Aarón permitió que el pueblo hiciera un ídolo de oro. Junto con María, Aarón criticó a Moisés por el matrimonio de éste con una etíope.

A veces mostraba poca fe y dudaba del poder de Dios. Como castigo, no se le permitió entrar en la Tierra Prometida. Murió a la edad de 123 años (Números 33.38-39).

Abdías Profeta

Poco se sabe respecto a la persona y vida de este profeta (véase Abdías, capítulo cuarto). Media docena de personas de la Biblia tienen por nombre «Abdías».

Abraham

Abraham se conoce como fundador de la religión hebrea, dirigido por Dios. Hijo de Taré, nació en Ur de los caldeos (hoy Irak). Abraham se casó con Sarai, su media hermana (Génesis 11.29-31). Dios se le apareció y le ordenó irse a Canaán, en donde sería el fundador de una gran nación (Génesis 12.1-2). Abraham tomó a su esposa, su sobrino Lot y un grupo de siervos y emprendió la marcha por fe. Dios se le apareció nuevamente y le prometió que su pueblo heredaría toda aquella tierra. Abraham se fue a Egipto durante un tiempo de hambre y regresó a Canaán muy rico. Se separó de Lot; no obstante, más adelante lo rescató de Sodoma, la ciudad que Dios destruyó. Impaciente en cuanto al cumplimiento de la promesa de Dios, Abraham tuvo un hijo, Ismael, engendrado en su sierva Agar. Cuando Abraham y Sara eran ya muy ancianos, Dios cumplió su promesa de darles un hijo. Les dio a Isaac, su único hijo. La gran prueba de Abraham fue la orden de entregar a Isaac como sacrificio a Dios. Como fue fiel, Dios proveyó un sacrificio en sustitución de Isaac. Abraham murió a la edad de 175 años. Se le conoce como uno de los héroes de la fe (Hebreos 11.8-13).

Personas: Minibiografías de grandes personajes bíblicos

Adán

Adán fue el primer hombre y a él le entregó Dios el dominio sobre todas las criaturas y la administración del huerto del Edén. Él también disfrutaba de la plena comunión con Dios. Sin embargo, Adán desobedeció a Dios al comer la fruta del árbol del conocimiento del bien y del mal (Génesis 2.17). Adán y Eva, su esposa, fueron expulsados del huerto del Edén y castigados con vida breve y trabajo. Tuvieron tres hijos: Caín, Abel y Set. Adán vivió 930 años y su vida se narra en Génesis 1—5, y se menciona además en otras partes de la Biblia. Pablo lo contrasta con Cristo: cuando Adán cayó, el pecado y la muerte entraron en el mundo; pero Cristo, «"el segundo Adán" fue justo y mediante Él se da la vida eterna» (véase 1 Corintios 15.22).

Agar

Agar era una egipcia al servicio de Sara, la esposa de Abraham. Creyéndose incapaz de concebir hijos, Sara le propuso a Abraham que tomara por concubina a Agar (Génesis 16.3). Más adelante, Agar huyó al desierto por los celos y dureza de Sara. Obedeció a un ángel que se le apareció en el desierto, y regresó a donde su ama. Después de su regreso dio a luz a Ismael, hijo de Abraham. (Véase «Ismael».)

Agripa I y II, Herodes

Nieto de Herodes el Grande, Agripa I gobernó como rey en Palestina. Hizo ejecutar a Jacobo, y él mismo murió devorado por los gusanos (Hechos 12). Su hijo Agripa II fue rey de ciertas partes de Palestina del norte, y es a él a quien Pablo dirige su discurso de Hechos 25.13 y ss.

Amós

Amós, contemporáneo de Isaías y Oseas, fue el primero de los profetas menores. Fue hijo de Nahum y padre de Matatías en la genealogía del Salvador (Lucas 3.25). Como natural de Judea, de la clase media o la clase baja, Amós vivió en Tecoa, en el Reino del Sur, unos 10 kilómetros al sur de Belén. Era la suya una aldea de pastores. Él tenía un pequeño rebaño de ovejas (Amós 1.1) y tenía a su cuidado unas higueras silvestres (Amós 7.14). Amós era «recolector» de higos. En Oriente, la fruta madura cae al suelo y luego es «recogida»; por lo común no se toma del árbol, como en Occidente. Puede también llamársele «pellizcador» de higos, pues suele irritarse de ese modo la fruta para acelerar la maduración. Aunque no se educó en las escuelas de los profetas, fue llamado por Dios a profetizar en Israel (Amós 7.15) durante los reinados de Uzías de Judá y Jeroboam II de Israel. Fue a Betel a reprenderla por sus pecados, pero Amasías el sumo sacerdote lo obligó a volver a Judá (Amós 7.10-17), mediante una orden de expulsión que obtuvo del rey Jeroboam. Después de regresar a su casa, Amós escribió sus discursos.

Ana

Ana fue la primera y más amada de las dos esposas de Elcana de Ramá. Su esterilidad la afligía mucho, especialmente cuando Penina, la segunda esposa, la atormentaba al respecto. Un día que la familia estaba en Silo ofreciendo sus sacrificios anuales, Ana estaba especialmente triste y comenzó a llorar porque no tenía hijos. Le prometió a Dios que si le daba un hijo varón se lo entregaría a Él. Su oración fue oída y dio a luz a Samuel (que significa «Dios oye»). Tan pronto como lo destetó, llevó a Samuel al templo a prepararse para servir a Elí el sacerdote (1 Samuel 1.24-28). Una vez al año, cuando Ana iba al templo a ofrendar sus sacrificios anuales, le llevaba a Samuel una túnica tejida por ella.

Dios bendijo a Ana por su obediencia dándole tres hijos y dos hijas. Se cree que María la madre de Jesús, conocía el cántico de alabanza que Ana entonó al dedicar a Samuel, porque es similar al que María elevó al contarle a Elisabet acerca de su visitante celestial. Referencias del Antiguo Testamento: 1 Samuel 1—2.

Ananías el discípulo

Ananías de Damasco tuvo una visión mediante la cual Dios le pedía bautizar a Saulo de Tarso. Al principio dudó, por la mala fama de Saulo, pero tranquilizado por Dios, fue a donde Saulo y le impuso las manos. Saulo recobró la vista y más adelante fue bautizado (Hechos 9.10-19). Una tradición dice que Ananías murió apedreado después de ser torturado por Luciano, gobernante de Damasco.

Ananías, el que defraudó a Dios

Como cristiano de la iglesia naciente, Ananías convino con Safira su esposa en entregar al fondo general sólo una parte de lo obtenido por sus tierras (fingiendo haberlo contribuido todo). Pedro lo condenó en público por mentir a Dios, y Ananías cayó muerto. Su esposa cayó muerta después. Los creyentes de la comunidad cristiana de Jerusalén entregaban voluntariamente sus propiedades para la extensión de la obra del Evangelio y para ayudar a los menesterosos. Las contribuciones se dedicaban a propósitos sagrados. Como el acto de Ananías estaba relacionado con asuntos religiosos, mintió a Dios, y fue culpable de pecado (Hechos 5.1-11). (Véase «Safira».)

Andrés

Andrés fue el primero de los discípulos llamados por Jesús, creció en Betsaida de Galilea, donde fue pescador junto con su hermano Simón Pedro. Con base en el testimonio de Juan el Bautista, Andrés logró que Pedro lo acompañara a escuchar a Jesús. Como apóstol, se menciona varias veces a Andrés en el Nuevo Testamento: en la alimentación de los cinco mil (Juan 6.8) informó a Jesús que un muchacho tenía cinco panes y dos peces. En Juan 12.20-22 presentó a Jesús algunos griegos y en Marcos 13.3, junto con Pedro, Santiago y Juan, solicita de Jesús más detalles sobre la destrucción del templo; el día de Pentecostés estuvo en el aposento alto con Santiago y los demás apóstoles (Hechos 1.13). La tradición dice que Andrés fue crucificado en Patrás de Acaya, pero no hay certeza al respecto.

Antipas
(Véase Herodes Antipas.)

Apolos
Apolos nació de padres judíos en Alejandría, Egipto. Era varón devoto, «poderoso en las Escrituras» (Hechos 18.24); pero sólo conocía las enseñanzas de Juan el Bautista. Apolos conoció a dos fabricantes de tiendas, Aquila y Priscila, los cuales le enseñaron más acerca de Dios. Tras la instrucción recibida de ellos, estuvo dos años en Acaya, y enseñó lo que había aprendido. Más tarde fue maestro en Corinto, después que Pablo se fue. En esa ciudad hubo divisiones en la iglesia; un grupo se proclamó seguidor de Pablo, otro de Apolos y otro de Cefas (Pedro), y uno más, seguidor de Cristo. Esa situación llevó a Pablo a escribir su Primera Epístola a los Corintios, en la cual les pide unirse «en una misma mente y un mismo parecer» (1 Corintios 1.10). La última mención a Apolo se halla en Tito (3.10).

Aquila
Aquila fue un judío fabricante de tiendas que alcanzó influencia en la iglesia cristiana en los días iniciales. Después que el

emperador Claudio ordenó la expulsión de todos los judíos que vivían en Roma, Aquila y su esposa Priscila se fueron a Corinto (Hechos 18.1-3). Allí conocieron a otro fabricante de tiendas, Pablo de Tarso, cuya ocupación primordial era esparcir el Evangelio de Cristo. Trabaron amistad, y Aquila y su esposa se convirtieron al cristianismo antes que Pablo se fuera de Corinto. Se destacaban por su celo cristiano (1 Corintios 16.19; Romanos 16.3-4), acompañaron a Pablo a Éfeso, y más tarde regresaron a Roma, en donde convirtieron su casa en sitio de reunión de la joven iglesia (Romanos 16.5). Después volvieron a Éfeso para continuar la obra del Evangelio, y esto es lo último que de ellos sabemos. (Véase «Priscila».)

Artajerjes I Asuero

Asuero es el nombre de cuatro reyes de Media y Persia en la Biblia y en los Apócrifos. En Tobías (14.15) de los Apócrifos se menciona a Asuero (o Astiages) junto con Nabucodonosor relacionándolo con la destrucción de Nínive (612 A.C.). En Daniel (9.1), se da el nombre de Asuero (o Ciaxares) al padre de Darío el medo (o Astiages, alrededor de 594 A.C.). En Esdras (4.6), Asuero (o Cambises, hijo de Ciro) se identifica como rey de Persia (529-521 A.C.). Darío Histaspes reinó en 521-485 A.C. Su hijo Jerjes, también llamado Asuero, reinó aproximadamente en 485-465 A.C. El libro de Ester habla mucho de este ilustre rey que se casó con Ester (Ester 1.1 ss.). Su hijo Artajerjes I (464-424 A.C.), se menciona en los libros de Esdras y Nehemías.

Balaam de Petor

Balaam, hijo de Beor, fue un profeta no israelita, oriundo de Petor, ciudad del norte de Mesopotamia. Notorio por sus poderes de adivinación, fue empleado por el rey de los moabitas para maldecir a Israel. Dios intervino valiéndose de una asna (Números

22.23-30), y Balaam bendijo a los israelitas en vez de maldecirlos. Predijo un glorioso futuro para el mismo pueblo al que se le había pedido maldecir. Más tarde hubo una batalla contra los madianitas. Balaam luchó con los madianitas contra Israel y fue muerto (Números 31.8).

Bartolomé

Bartolomé, hijo de Talmai, fue uno de los discípulos de Jesús; nació en Caná de Galilea. Se le menciona con este nombre en Mateo 10.3; Marcos 3.18; Lucas 6.14 y Hechos 1.13, y con el de Natanael en Juan 1.48. Juan nos da el único vistazo que de su personalidad tenemos. Natanael era sereno, pacífico y retraído. Era dado a meditar en las cosas del Señor (Juan 1.48-49). Al principio dudó en aceptar a Jesús como Salvador, pues no podía comprender que algo tan extraordinario procediera de Nazaret, pueblo adyacente a su aldea de Caná (Juan 21.2). Juan llama Natanael («Dios ha dado») a Bartolomé. Siempre andaba con otro discípulo amigo suyo, Felipe (Mateo 10.3; Marcos 3.18; Lucas 6.14; Juan 1.45).

Belsasar

Belsasar fue el rey del imperio babilónico durante una parte del cautiverio de los judíos. Cuando un rey anterior conquistó a Judá, se llevó del templo las vasijas de oro y plata. Belsasar empleó esos vasos para servir vino en sus banquetes. Apareció una mano que escribió sobre el muro, y Daniel fue el único capaz de interpretar la escritura que predecía la caída del imperio y la muerte del rey a manos de los medos y persas (Daniel 5.5-30). Eso se cumplió como en el 538 A.C.

Bernabé

Bernabé, que vivía en Jerusalén cuando se fundó la Iglesia, era un levita de Chipre. Fue uno de los primeros convertidos al cristianismo, y primo de Juan Marcos (4.10). Su verdadero nombre era José, pero los cristianos lo conocían por Bernabé, nombre que significa «hijo de consolación» (Hechos 4.36). Lo primero que oímos de Bernabé es que vendió uno de sus terrenos de Chipre y entregó el dinero a la comunidad cristiana. También ayudó a Pablo, aunque más tarde se separaron (Hechos 15.36-39). Se le describe como «varón bueno y lleno del Espíritu Santo». Era bondadoso, compasivo y comprensivo para con todos. Se le menciona por su nombre veintinueve veces en el Nuevo Testamento. La tradición afirma que fue el fundador de la iglesia ortodoxa de Chipre.

Caifás

Caifás fue el sumo sacerdote que desempeñó parte importante en el proceso contra Jesús. Cuando Jesús fue llevado ante Caifás, dos testigos falsos dijeron: «Este dijo: Puedo derribar el templo de Dios, y en tres días reedificarlo» (Mateo 26.61). Cristo no respondió. Entonces Caifás conminó a Jesús a que dijera si era el Cristo o no. A esto respondió Jesús: «Tú lo has dicho» (Mateo 26.64). Entonces Caifás lo acusó de blasfemo y lo envió a Poncio Pilato.

Caleb

Caleb, de la tribu de Judá, fue uno de los doce espías enviados por Moisés a Canaán. Diez de dichos espías informaron que los hijos de Israel no podrían apoderarse de la tierra. Caleb y Josué, por el contrario, dijeron: «Subamos luego, y tomemos posesión... porque más podremos nosotros que ellos». Por su buen informe, Dios los libró del castigo que impuso al resto del mur-

murador Israel, y se les permitió entrar en Canaán (Números 14.24). Cuando rindieron el informe, Moisés prometió a Caleb, Hebrón y las colinas circundantes como heredad. Cuarenta y cinco años más tarde, cuando tenía 85 de edad, Caleb reclamó Hebrón. Josué se lo otorgó «por cuanto había seguido cumplidamente a Jehová Dios de Israel».

César, Augusto

Augusto César fue el seguidor y heredero de Julio César. Su verdadero nombre era Octavio, pero se le dio el nombre de Augusto cuando alcanzó el poder supremo como emperador. En Lucas 2.1 se menciona que decretó que «todo el mundo fuese empadronado». Según parece, es la única referencia que a él hace la Biblia. Murió el año 14 D.C., tras reinar desde el año 27 A.C. (Claudio César también se menciona en el Nuevo Testamento: Hechos 11.28; 17.7; 18.2.)

Ciro el Grande

Ciro el Grande fue el fundador del imperio persa, que a su muerte se extendía desde el Mediterráneo hasta la antigua Bactria, en Asia. Derrotó a Lidia y Babilonia con la intención de invadir a Egipto y la India. Al entrar sin resistencia en Babilonia fue vitoreado como «Portador de Paz» por los habitantes de la ciudad agotada por las contiendas. Más adelante ayudó a los judíos reprimiendo a sus opresores, volviendo los cautivos y exiliados a su país natal y reconstruyendo el templo de Jerusalén. Murió en batalla en 530 A.C. Se menciona a Ciro en Isaías 44.28; 2 Crónicas 36.22; Esdras 1; 3.7; Daniel 1.21; 6.28; 10.1.

Claudio Lisias

Claudio Lisias fue un tribuno militar que ejerció el mando supremo en Jerusalén. Su tarea principal era mantener el orden durante las grandes fiestas judías. Durante un motín, Lisias arrestó al apóstol Pablo, creyéndolo cabecilla de una banda de asesinos. Más adelante Pablo fue nuevamente arrestado; en esta ocasión, ostensiblemente por mencionar la palabra «gentil» en un discurso (Hechos 22.21). Fue enviado ante el concilio judío, el que decidió matarlo. Claudio descubrió el complot y envió a Pablo bajo escolta a Cesarea, en donde los soldados lo entregaron al gobernador Félix. Admiraba mucho a Pablo por ser éste «ciudadano de nacimiento». Se menciona a Claudio Lisias en Hechos 21.31; 22.24; 23.26-30. La última referencia es la carta que escribió a Félix explicando cómo había actuado.

Cornelio

El Cornelio de Hechos 10 era un centurión italiano estacionado en Cesarea. Este devoto varón tuvo una visión en que se le ordenaba mandar en busca de Pedro para que le enseñara más acerca de Dios. Pedro, que simultáneamente había tenido una visión en la que se le mostraba que los gentiles no eran impuros, acudió a donde Cornelio y le enseñó acerca de Jesús y la misión de éste en el mundo. Como resultado de esta visita, Cornelio llegó a ser uno de los primeros gentiles convertidos y uno de los primeros en recibir los dones del Espíritu Santo bajo el ministerio de Pedro. (Según Hechos 10.44 ha sido llamado el Pentecostés de los gentiles). Cornelio creía en Dios y se le permitía adorar en la sinagoga. No seguía todas las costumbres judías, ni estaba circuncidado.

Daniel

Poco se sabe de los progenitores de Daniel. Fue llevado a Babilonia en 604 ó 605 A.C. y educado para el servicio del rey. Durante este adiestramiento, Daniel y sus tres jóvenes amigos se negaron a comer alimentos ofrecidos a los ídolos (Daniel 1.8) y pidieron que se les cambiara la comida. Después de someterlos a examen, se les otorgó lo pedido, pues se halló a estos jóvenes judíos en mejores condiciones físicas que quienes comían los alimentos del rey (Daniel 1.9-17); además, se destacaban de todos los demás en conocimientos y sabiduría. Daniel interpretó un sueño de Nabucodonosor que revelaba el futuro de su imperio. Tuvo también visiones del futuro del mundo. Además, interpretó para Belsasar, hijo de Nabucodonosor, la escritura aparecida sobre el muro. Por intrigas de sus rivales fue echado a la cueva de los leones debido a su fidelidad en adorar a Dios (Daniel 6.10-24). Esta intriga para librarse de Daniel fracasó debido a su gran fe. Daniel fue un profeta que hizo prosperar la causa de Dios.

David

En hebreo David significa «amado». Las principales fuentes de datos biográficos sobre David son los libros de Samuel y Reyes. David, hijo de Isaí, nació en Belén. Fue el menor de ocho hermanos y pasó la juventud como pastor. Dios envió a Samuel a ungir a uno de los hijos de Isaí como sucesor de Saúl. Desentendiéndose de los hijos mayores, ungió a David. Luego éste volvió a sus tareas pastoriles hasta que su talento musical y poético llegó a oídos del rey Saúl. Éste lo llevó a la corte, en donde, David trabó amistad con Jonatán, hijo de Saúl; David se casó con Mical, hija del mismo rey. Estas nuevas relaciones tuvieron suma importancia en la futura seguridad de David. En el palacio de Saúl aprendió mucho respecto a la vida cortesana y militar, todo lo cual contribuyó a prepararlo para ejercer el reinado. Cuando en su juventud mató a Goliat, conquistó gran popularidad, pero también atrajo la ira de Saúl, del cual tuvo que huir durante muchos años. David gobernó a Judá en Hebrón siete años y medio antes de llegar finalmente al trono de todo Israel. Reinó aproximadamente de 1011 a 971 A.C. Sus triunfos incluyen (1) el retorno del arca a Jerusalén, (2) la unión de las doce tribus, (3) el establecimiento de la capital en Jerusalén, (4) los planes para edificar el templo. Murió a los setenta años de edad, y fue sepultado en la «ciudad de David», Jerusalén.

Débora

Débora fue una profetisa que vivió entre Ramá y Bet-el en el monte de Efraín, en donde juzgó a Israel (Jueces 4.5). El pueblo había caído en total desaliento bajo la opresión de los cananeos. Débora inspiró al pueblo y llamó a Barac para que dirigiera las fuerzas contra Sísara y sus aliados. En la batalla de Cedes fueron derrotados los cananeos mandados por Sísara. Los detalles de esta liberación constan en el cántico de Débora y Barac (Jueces 5).

Dorcas

Dorcas (conocida también como Tabita, que significa «gacela») era una cristiana de Jope a quien Pedro resucitó (Hechos 9.36-43). Era amada por todos y notoria por sus buenas acciones y caridad, especialmente por la ropa que hacía y regalaba. Cuando Pedro la resucitó, la noticia cundió por todas partes, y como consecuencia muchos conocieron a Cristo.

Elí

(Véase Ana y Samuel.)

Elías

Elías tisbita, oriundo probablemente de la aldea de Tisbet, en Galilea, era amigo de la vida al aire libre (2 Reyes 1.8) y gran corredor (1 Reyes 18.26). Predijo una sequía (1 Reyes 17.1) como castigo por la idolatría de Israel (1 Reyes 18.18). Durante esta sequía Elías fue alimentado por cuervos en el arroyo de Querit (1

Reyes 17.5-6) y cuando el arroyo se secó fue alimentado por una viuda (1 Reyes 17.10-16). En un desafío en el monte Carmelo, el profeta demostró que Jehová Dios, y no Baal, era el verdadero Dios (1 Reyes 18.20-39). Jezabel, esposa del rey Acab, procuró entonces matar a Elías, y éste huyó por el desierto hasta el monte Horeb, en donde Dios lo mantuvo cuarenta días y cuarenta noches (1 Reyes 19.15-17). En el monte Horeb Dios, «en un silbo apacible», ordenó a Elías ungir a Hazael como rey de Siria, a Jehú como rey de Israel y a Eliseo como profeta suyo (1 Reyes 19.12-17). Igual que Enoc (Génesis 5.24), Elías fue trasladado al cielo sin pasar por la muerte.

Elifaz

«Elifaz temanita» fue uno de los tres «consoladores» de Job. Tras siete días y noches de silencio y quejas de Job, Elifaz habló condenando la actitud de Job y magnificando la grandeza, majestad y pureza de Dios. El argumento de su discurso es la falsa idea de que el sufrimiento es castigo del pecado (véase Job 2.11; 4.1-5.27; 15; 22). Véase el libro de Job, capítulo cuarto.

Elisabet

Elisabet fue una de las mujeres mejor relacionadas con Jesús. Fue esposa de Zacarías y madre de Juan el Bautista (Lucas 1.5, 57-63). Un notable acto de su vida fue el bendecir a María como «madre de mi Señor» (Lucas 1.43). Aunque poco se dice de ella, se la consideraba justa y obediente a Dios.

Eliseo

Eliseo, «hijo de Safat, de Abel-meola» (1 Reyes 19.16) fue el discípulo y sucesor del profeta Elías. Este «halló a Eliseo... que araba con doce yuntas delante de sí, y él tenía la última. Y pasando Elías por delante de él, echó sobre él su manto» (1 Reyes 19.19). Esto fue señal y símbolo de que Elías adoptaba a Eliseo por hijo y sucesor en el ministerio profético. Eliseo dejó a su familia y estuvo con Elías seis u ocho años antes que éste abandonara la tierra. La carrera de Eliseo se distingue por actos misericordiosos y actividad incesante. Su propósito único era completar las reformas de Elías en cuanto a renovar las antiguas verdades y librar a su pueblo del paganismo. Con frecuencia se le llamó «varón de Dios» (2 Reyes 4.9; 5.15). Algunos de sus milagros incluyen la multiplicación del aceite de la viuda (2 Reyes 4.1-7), volver inofensivas unas calabazas mortíferas (2 Reyes 4.38-41) y hacer que flotara un hacha en el río (2 Reyes 6.1-7). Por lo menos dos de sus milagros se asemejan a algunos de los de Jesús: la multiplicación del pan (2 Reyes 4.42-44) y la curación de Naamán el leproso (2 Reyes 5.1-14).

Enoc

Enoc fue hijo de Jared y padre de Matusalén (Génesis 5.18, 21). En la genealogía que consta en San Lucas ocupa un sitio entre los antepasados de Cristo (Lucas 3.37). Enoc era un varón que contrastaba con su tiempo. En una época en que «la maldad de los hombres era mucha en la tierra», Enoc «caminó con Dios» (Génesis 6.5; 5.24). De cada uno de sus antepasados se va diciendo, «y murió»; pero al llegar a Enoc tenemos la admirable expresión, «y desapareció, porque le llevó Dios» (Génesis 5.24). Esta sencilla y vigorosa afirmación da pie a la declaración de Hebreos: «Por la fe Enoc fue traspuesto para no ver muerte, y no fue hallado, porque lo traspuso Dios» (Hebreos 11.5).

Una curiosa tradición judía afirma que Enoc fue el inventor de la astronomía, el alfabeto y la aritmética. Vivió 365 años.

Epafras

Pablo lo llama cariñosamente «nuestro consiervo amado», y «fiel ministro de Cristo» (Colosenses 1.7); fundó la iglesia de Colosas, de la cual fue más tarde obispo. El alentador informe que dio a Pablo sobre la «fe en Cristo Jesús» de los colosenses y su «amor en el Espíritu» fortaleció al apóstol durante su primer encarcelamiento en Roma. El que Pablo lo llame «mi compañero de prisiones por Cristo Jesús» (Filemón 23) podría referirse a un verdadero encarcelamiento de Epafras (aunque la alusión podría ser a un cautiverio «espiritual» y no «físico»). El celo de Epafras lo llevó a evangelizar pueblos vecinos como Laodicea o Hierápolis (Colosenses 4.12-13). Al adherirse a Pablo en sus saludos a Filemón, demostró su constante preocupación por los miembros del Cuerpo de Cristo. Según la tradición, Epafras padeció el martirio en Colosas.

Epafrodito

Pablo menciona a Epafrodito en su carta a los filipenses, que lo habían enviado para que sirviera al apóstol en Roma (Filipenses 2.25). Su dedicación al servicio de la iglesia cristiana se demuestra por la ansiedad que sentía por no poder servir ni a Pablo ni a la iglesia a que pertenecía, mientras estuvo gravemente enfermo en Roma. Tan pronto como Epafrodito se restableció, Pablo trazó planes para que regresara a Filipos y le encomendó la carta dirigida a la iglesia de ese lugar. Los eruditos modernos concuerdan en que no hay que confundir a Epafrodito con Epafras, que estuvo relacionado con la iglesia de Colosas y se menciona en el libro de Colosenses.

Esaú

(Véase Jacob.)

Esdras

Esdras era un sacerdote judío exiliado en Babilonia cuando Ciro conquistó a Babilonia en 538 A.C. Fue escogido como líder de los judíos en aquel país, y recibió el encargo de dirigir a su pueblo de regreso a Jerusalén. En efecto, condujo a muchos sacerdotes y levitas de regreso a su santa ciudad. El propósito principal de Esdras fue volver a poner en vigencia la Ley y establecerla como autoridad suprema en lo civil y lo religioso. Al llegar a Jerusalén, lo afligió encontrar que algunos judíos habían tomado esposas extranjeras, lo cual había prohibido Dios (Esdras 9.1-3). Pero mediante su ministerio las esposas extranjeras fueron expulsadas (Esdras 10.17). Fue un gran varón de oración, y empleó el poder que Dios le daba para restablecer al pueblo judío como la verdadera nación de Dios.

Esteban

Esteban fue el más prominente de «los siete» diáconos elegidos (Hechos 6). Además de cumplir con sus deberes como tal, fue un poderoso predicador. Cuando pronunció su notable defensa (Hechos 7) en la que resumió la esencia de la historia del Antiguo Testamento, los líderes judíos —luego que él los señaló con su dedo acusador— se enfurecieron tanto, que arrastrado lo sacaron de la ciudad y lo apedrearon. Esteban fue el primer mártir de la iglesia cristiana. Por el testimonio de Esteban muchos se convirtieron y se unieron a la iglesia. Entre éstos se hallaba Saulo de Tarso, que había presenciado la inexcusable ejecución de Esteban.

Ester

Ester fue una judía de la tribu de Benjamín. Huérfana, fue adoptada y criada por su primo Mardoqueo. Por su gran belleza y elegancia fue elegida reina por Asuero. Cuando peligró la vida de sus conciudadanos mediante la matanza que Amán tramaba, arriesgó la vida tratando de modificar el edicto. La valentía y el encanto personal de Ester hicieron que Asuero añadiera al decreto de Amán el permiso de que los judíos se defendieran. La victoria de los judíos se conmemora mediante la fiesta de Purim (Ester 9.17-10.3).

Eva

Según Génesis, fue la esposa de Adán y la primera mujer. Eva comió el fruto del árbol del conocimiento, cediendo a la tentación y al pecado. Tentó a Adán para que la imitara. Fue castigada con los dolores del alumbramiento. Pablo se refiere a Eva en el Nuevo Testamento (2 Corintios 11.3; 1 Timoteo 2.13; Génesis 3.20; 4.1.).

Ezequías

Personaje del siglo octavo A.C. A la edad de 25 años, Ezequías fue el sucesor de su padre, el rey Acaz, en el trono de Judá. Reinó 29 años en Jerusalén. Se recuerda a Ezequías por la purificación del templo, por la implantación de una reforma moral y religiosa, el restablecimiento del culto a Jehová, y la celebración de la gran pascua de catorce días (anteriormente descuidada). Restableció también el empleo de los Salmos de David y Asaf, y dio cima a la colección de los proverbios de Salomón. Ezequías contribuyó mucho a la prosperidad de su pueblo y del reino mediante el rápido progreso de las obras públicas, el movimiento de reforma contra la idolatría, y el derrocamiento del poder asirio en Judea. Durante la lucha contra Asiria fue atacado por una enfermedad fatal, pero fue admirable su curación mediante la oración; Dios le concedió quince años más de vida. Ezequías cumplió la voluntad de Dios y vivió sus últimos años en paz. La historia del rey Ezequías se halla en 2 Reyes 18-20; Isaías 36-39 y 2 Crónicas 29-32.

Personas: Minibiografías de grandes personajes bíblicos

Ezequiel

La tradición judía afirma que Ezequiel, uno de los últimos profetas del Antiguo Testamento, escribió el libro que lleva su nombre. Descendía de una familia sacerdotal, y cuando en su juventud se preparaba para el sacerdocio, se halló entre los judíos que Nabucodonosor se llevó a Babilonia tras tomar a Jerusalén. Ezequiel fue llamado por Dios para que fuera «atalaya» (Ezequiel 3.17) de los judíos en cautiverio, para que los alentara y los ayudara a comprender mejor el plan y propósito de Dios. Los judíos anhelaban retornar a su hogar en Jerusalén, pero Ezequiel les hizo «comprender a Dios» y los ayudó a soportar sus padecimientos. Dios prometió a Ezequiel que el pueblo judío regresaría a Jerusalén después de setenta años de cautiverio. Profetizó la destrucción de Jerusalén; y, luego de la destrucción; preparó al pueblo judío para la nueva generación, reconstruyendo el pensamiento religioso de Israel en cuanto a la libertad y responsabilidad del individuo y el significado del genuino arrepentimiento.

Felipe el apóstol

Felipe el apóstol era natural de Betsaida, a orillas del mar de Galilea, de donde también eran Andrés y Pedro. Jesús lo llamó a ser su discípulo, y él obedeció inmediatamente e invitó a Natanael para acudir a donde Jesús y los suyos. Estuvo entre los que seguían a Jesús en el Calvario, y reunido con los del aposento alto después de la ascensión de Jesús. Pasado Pentecostés, Felipe siguió predicando.

Felipe el evangelista

Felipe estaba siempre dispuesto a dar testimonio de su Señor. Ya que fue nombrado como uno de los siete diáconos (Hechos 6.5), sabemos que tenía buena reputación y estaba lleno del Espíritu Santo (Hechos 6.3). Felipe ministró en Samaria, en donde realizó milagros que disminuyeron la popularidad de Simón el mago. Felipe predicó a las multitudes y llevó a muchos al conocimiento de Cristo. La conocida historia de Felipe y el eunuco es también significante. Felipe, viendo que el eunuco leía Isaías 53, le preguntó si comprendía la Escritura. El eunuco lo invitó a explicársela, y luego se convirtió (Hechos 8). Esta historia debe estudiarse por lo que enseña en cuanto a evangelismo personal. Nada se nos dice respecto a los antecedentes familiares de Felipe, pero Hechos 21.9 menciona cuatro «hijas doncellas que profetizaban». A Felipe se le recuerda principalmente como predicador y evangelista.

Felipe el tetrarca

Felipe el tetrarca o Herodes Filipos II (4 A.C.- 34 D.C.) fue hijo de Herodes el Grande y Cleopatra de Jerusalén. Fue el miembro más noble de la familia herodiana. Felipe gobernó la porción noreste de Palestina. Sus progresos territoriales fueron generales. Además, edificó la ciudad de Cesarea de Filipos y reconstruyó a Betsaida. Felipe fue un juez acucioso y justo. Cuando viajaba, llevaba consigo su tribunal judicial para que la justicia fuera más pronta y eficiente. Muerto Felipe, su territorio pasó a formar parte de la provincia de Siria.

Félix Antonio

Félix fue procurador romano de Judea, nombrado por el emperador Claudio. Se elevó desde la esclavitud, pues fue manumitido por Claudio César. Su gobierno sobre Judea se caracterizó por el desorden y el descontento continuos. Fue esposo de tres reinas, una de las cuales era hija del rey Agripa. Como procurador, generalmente fue cruel e injusto, y perpetró muchos crímenes odiosos valiéndose de su puesto. El Nuevo Testamento se refiere a él en términos más favorables (Hechos 23.24—24.27) que la mayoría de los libros de historia.

Festo, Porcio

Festo fue el sucesor de Félix en el gobierno de Judea. Fue nombrado por Nerón alrededor del año 60 D.C. y murió poco después. Se le menciona sólo en relación con Pablo; presidió la audiencia de Pablo en Cesarea (Hechos 25). Festo fue varón honrado, y posiblemente habría libertado a Pablo, de haber estado bien enterado del problema y de las tácticas empleadas por los acusadores de Pablo. Festo se distingue como uno de los mejores funcionarios romanos. Logró limpiar de ladrones el país y aplacar la agitación de su tiempo.

Filemón

Filemón fue un cristiano de Colosas, y líder de la iglesia de dicha ciudad. Era hombre acomodado e influyente. Además se le consideraba varón de carácter noble y elevado, generoso para con los amigos y los pobres, de espíritu compasivo y perdonador. Fue amigo de Pablo, por medio del cual probablemente se había convertido. Onésimo, esclavo de Filemón, tuvo un conflicto con su amo y huyó a Roma, en donde se convirtió mediante Pablo. Éste intercedió luego ante Filemón en favor de Onésimo, pidiéndole que lo perdonara y aceptara como hermano en Cristo. Se ignora si Filemón demostró su caridad cristiana hacia Onésimo, pero es de suponer que así haya sido. La historia de Filemón y Onésimo se narra en la breve epístola de Pablo llamada «Filemón». La tradición dice que Filemón murió como mártir en el reinado de Nerón.

Gayo

La epístola de 3 Juan se dirige a Gayo. Poco se sabe respecto a él, pero algunos lo han identificado con Gayo de Macedonia (Hechos 19.29), Gayo de Derbe (Hechos 20.4), o Gayo de Corinto (1 Corintios 1.14; Romanos 16.23).

Galión

Julio Anneo Galión era el procónsul romano de Acaya. En una disputa religiosa, los judíos llevaron a Pablo ante él, para que lo juzgara. Galión rehusó mezclarse en la disputa, y rechazó el caso (Hechos 18.2-16). Chocan las diversas teorías sobre la muerte de Galión. La tradición dice que fue muerto por orden de Nerón, junto con su «hermano», el filósofo Lucio Anneo Séneca. Julio Anneo había sido adoptado por la familia Galión, y la historia no aclara si fue hermano carnal o adoptivo de Séneca. Según San Jerónimo, Galión se suicidó en 65 D.C.

Gamaliel

Maestro judío de Pablo (Hechos 22.3) y persona muy estimada (Hechos 5.34), bisnieto del conocido rabí judío Hillel. Su actitud objetiva respecto a los cristianos fue realmente loable y valiente (Hechos 5) y contribuyó a la victoria de la iglesia naciente.

Gedeón

Fue uno de los grandes personajes del Antiguo Testamento y su historia puede leerse completa en Jueces 6—8. La señal del vellón, la derrota de los madianitas a manos de sólo trescientos soldados escogidos por Dios que emplearon cántaros y antorchas, y la negativa de Gedeón a dejarse coronar (primer intento por constituir la monarquía que consta en la historia hebrea), son partes de la historia de este justo juez de Israel.

Habacuc

Habacuc fue el octavo de los profetas menores. Poco se sabe de su vida personal, aunque se infiere, puesto que se le llama «el profeta» (Habacuc 1.1), que ocupaba algún puesto reconocido como líder religioso. La expresión «sobre mis instrumentos de cuerdas» (Habacuc 3.19) ha hecho pensar que era miembro del coro del templo. No se sabe con seguridad cuándo profirió su profecía. Clamó contra los males sociales de su tiempo y contra los caldeos, que habían incurrido en el desagrado de Dios. Fue el primero en emplear la expresión que el apóstol Pablo y Martín Lutero hicieron famosa: «El justo por su fe vivirá» (Habacuc 2.4).

Hageo

Hageo fue contemporáneo de Zacarías, el cual profetizó en el siglo sexto A.C. Ciro, rey de Persia, en el primer año después de conquistada Babilonia en 539 A.C., promulgó un decreto en que permitía el regreso de los judíos y la reconstrucción del templo. En Esdras 2 consta que 42.360 judíos regresaron; la edificación del altar y la construcción de los cimientos del templo se mencionan en Esdras 3 y 4. Hageo halló al pueblo en Palestina débil, desalentado y negligente en cuanto a sus prácticas religiosas. Su tarea fue alentarlos para reconstruir el templo y renovar un culto vigoroso.

Herodes Agripa

(Véase Agripa, Herodes.)

Herodes Antipas

Hijo de Herodes el Grande, y gobernador de Galilea y Perea por el tiempo en que Jesús murió. Al casarse con su sobrina Herodías, despertó la desconfianza de los judíos. Esto provocó una guerra con el rey Aretas IV, en la cual Antipas perdió su ejército. Juan el Bautista había reprendido a Antipas por vivir ilegalmente con Herodías. Por ello, ésta procuraba vengarse y logró que Antipas encarcelara a Juan. Instigada por ella, su hija Salomé, mediante artificios, hizo que Antipas decapitara a Juan (Mateo 14.1-12). Jesús describió a Herodes Antipas como una «zorra». Más adelante, en una etapa del juicio contra Jesús, pidió que le mostrara un milagro, lo cual no le fue concedido. Como intento por obtener más poder y prestigio, fue a Roma, donde fue acusado por Herodes Agripa I de conspirar contra los romanos. Murió en 39 D.C.

Herodes el Grande

Herodes, descendiente idumeo de Esaú, comenzó a gobernar en Judea en 37 A.C. y murió en 4 A.C. Fue bajo su gobierno que nació Jesús (Mateo 2.1; Lucas 1.5). Para ejercer un control más seguro de su reino, lo dividió en cuatro regiones naturales, sobre las cuales dio autoridad delegada a sus allegados políticos. Construyó una nueva ciudad marítima sobre el Mediterráneo y la llamó Cesarea en honor de César, que lo había nombrado rey. Aunque espiritual y moralmente era pagano, mantuvo la paz doméstica poniendo en vigor un estado policíaco. Pacificó a los judíos mediante la reforma tributaria y la reconstrucción del templo de ellos en Jerusalén. (Véanse mayores detalles en el capítulo quinto.)

Herodes Felipe II

(Véase Felipe el tetrarca.)

Isaac

Isaac fue el hijo de Abraham y Sara concedido en cumplimiento a lo que Dios les había prometido; pasó sus primeros años en Beerseba o sus alrededores. Abraham obedeció sin vacilación al mandato de Dios aun cuando se le ordenó sacrificar a

Isaac (Génesis 22). Pero Dios intervino e Isaac se libró de la muerte. Para complacer a Abraham, Isaac se casó con Rebeca, nieta del hermano de Abraham, de la cual tuvo dos hijos: Jacob y Esaú. Rebeca y su hijo menor, Jacob, obtuvieron de Isaac, mediante engaño, la bendición que correspondía a Esaú (Génesis 27). Esto puso entre los hermanos una enemistad que duró mucho tiempo, pero al final se reconciliaron. A Isaac se le recuerda especialmente por haber trasmitido la divina bendición del pacto desde Abraham hasta Jacob.

Isaías

Isaías, hijo de Amoz, pertenecía a una familia de alta posición social, según lo demuestra el acceso que tenía a la corte y al rey. Llegó a ser predicador de la corte, se casó y tuvo dos hijos. El capítulo seis del libro de Isaías cuenta su llamado al oficio profético, en el cual se mantuvo activo aproximadamente del 740 al 700 A.C. Aceptó este llamamiento aun cuando sabía que habría de ser trabajo estéril. Contaba con la seguridad que Dios le daba, de que del reino caído habría de surgir uno nuevo en el cual reinaría Dios. Murió durante el reinado de Manasés. Es el profeta de Israel mejor conocido, especialmente por sus pasajes mesiánicos (Isaías 7.14; 11; 53, etc.). (Véase Isaías, capítulo cuatro.)

Ismael

Ismael fue el hijo que Abraham engendró en Agar, sierva egipcia de Sara, entregada por ésta a Abraham como segunda esposa. Abraham trató que se cumpliera la promesa de Dios respecto a darle un hijo engendrando a Ismael. Más tarde se cumplió en verdad dicha promesa mediante el nacimiento de Isaac, hijo de Sara. Ismael y Agar fueron enviados al desierto de Beerseba, en donde estaban muriéndose de sed. Un ángel de Dios guió a Agar a donde había agua, y así ambos salvaron la vida. Ismael creció en el desierto de Parán, al sur de Canaán. Se casó con una egipcia y, en cumplimiento a lo prometido por Dios a Abraham, fue progenitor de doce príncipes que llegaron a ser los ismaelitas. Tuvo una hija que se casó con Esaú. Junto con Isaac, enterró a Abraham. Referencias: Génesis 16; 17; 21; 25.

Jacob y Esaú

Dios reveló a Rebeca que ella daría a luz gemelos importantes, porque de ellos nacerían dos grandes naciones: Esaú fue padre de los edomitas o idumeos; Jacob continuó la genealogía de la nación judaica y fue antecesor de Jesús. En este doble alumbramiento, Esaú nació primero, llegó a ser hábil cazador y fue el hijo favorito de Isaac. Jacob, tranquilo e inofensivo, fue el favorito de Rebeca. Al volver hambriento de la cacería, Esaú rogó a Jacob que le diera de comer. Jacob puso como condición indispensable que le cediera su derecho de primogenitura. Esaú consintió (Génesis 25.33). Un día en que Esaú había vuelto a salir de cacería, Rebeca persuadió a Jacob de que se hiciera pasar por Esaú, fuera junto a su padre que estaba medio ciego, y obtuviera la bendición que correspondía al primogénito. Logrado eso por Jacob, Esaú descubrió lo ocurrido y resolvió matar a su egoísta hermano después de que muriera su padre.

Para que el tiempo enfriara la ira de su hermano, Jacob huyó a Harán. Mientras iba en viaje tuvo una visión de una escalera que unía la tierra con el cielo, por la cual subían y bajaban ángeles, y Dios le aseguró la bendición del Pacto (Génesis 28.12-15). Al servicio de su tío Labán, Jacob trabajó catorce años para obtener la mano de Raquel, y seis más que le fueron pagados con ganado. Durante ese tiempo se casó con otras tres mujeres. Después de unos años, creyendo que Labán y sus hijos envidiaban su prosperidad y lo miraban con malos ojos, Jacob se alarmó y huyó con sus esposas y posesiones rumbo a Canaán. Tres días después

Labán descubrió la desaparición de Jacob. Los hombres de Labán alcanzaron a Jacob como una semana después, pero Dios lo libró de mal, y se puso fin a la reunión mediante un tratado. Se erigió un monumento de piedras y comieron en señal del pacto mediante el cual cada parte se comprometió a no pasar aquel punto para atacar a la otra. Antes de cruzar el río Jordán, Jacob se encontró con Esaú, el cual le perdonó sus maldades pasadas. Jacob había estado confiando en su propia fuerza para tener éxito. En lucha con Dios, aprendió que su propia fuerza era nula, y que tenía que orar pidiendo las bendiciones del Señor. Referencias: Génesis 25—34

Jacobo (o Santiago) el hermano de Jesús

Jacobo, hijo de María y José (Mateo 13.55; Marcos 6.3), no fue uno de los doce apóstoles (Mateo 10.2-4), ni fue al principio creyente en su hermano Jesús (Juan 7.5). Pero después de la resurrección llegó a creer, probablemente mediante alguna manifestación especial del Señor resucitado. (Cristo se manifestó a los quinientos, y «después apareció a Jacobo» [1 Corintios 15:7].) Recibió el título de apóstol (Gálatas 1.19), fue uno de los dirigentes en la iglesia de Jerusalén (Gálatas 2.9, Hechos 15), y, junto con los ancianos, recibió a Pablo cuando éste regresó de su tercer viaje misionero (Hechos 21.18). Es el autor de la Epístola de Santiago. Hay quienes infieren que era casado (1 Corintios 9.5). «El justo» llamaban los antiguos a Jacobo por sus sobresalientes virtudes. Según la tradición murió apedreado por los líderes religiosos.

Jacobo, el hijo de Alfeo

Jacobo fue hijo de Alfeo y María, que algunos suponen hermana de la madre de Jesús, según lo cual Jacobo sería primo de Jesús. Jacobo fue uno de los doce apóstoles (Mateo 10.3; Hechos 1.13). Fue llamado «Santiago el menor» o «el pequeño» quizá porque fuera de baja estatura. Jacobo tenía hermanos pero no se sabe cuántos ni quiénes eran. Posiblemente José (Mateo 27.56) y Mateo (Marcos 2.14).

Jacobo, el hijo de Zebedeo

Jacobo, hijo de Zebedeo y Salomé, hermano mayor de Juan, fue uno de los primeros discípulos de Jesús. Andaba Jesús por la orilla del mar de Galilea, cuando lo llamó. Jacobo abandonó inmediatamente sus negocios de pescador y lo siguió. Jesús dio a Jacobo y Juan el apodo de Boanerges, o «hijos del trueno» (Marcos 3.17). Junto con Pedro y Juan, formó el trío de discípulos íntimos de Jesús. Fue el primero de los doce en padecer el martirio. Murió en los primeros días de la iglesia apostólica por orden del rey Herodes Agripa I, allá por el 44 D.C. (Hechos 12.2).

Jeremías

Jeremías nació en el siglo séptimo A.C. en Anatot, no lejos de Jerusalén. Tenía veinte años de edad cuando el Señor lo llamó a ser su profeta. Profetizó el castigo de Jerusalén a manos de un pueblo de corazón empedernido y oídos reacios. Fiel bajo desesperadas y abrumadoras circunstancias de persecución, Jeremías vio a su pueblo pasar de la prosperidad bajo el rey Josías a una condición de perversidad bajo el mando de cuatro reyes impíos que levantaron ídolos y perseveraron en extraviar al pueblo. Presenció impotente la invasión babilónica, y finalmente —el cumplimiento de su profecía— la caída de Jerusalén. Para su seguridad, los simpatizantes de Jeremías, llevaron al profeta a Egipto en contra su voluntad y el mandato expreso del Señor (Jeremías 41.16-43:7). Predicó durante unos cincuenta años. Se le identifica con el libro del Antiguo Testamento que lleva su nombre.

Jerjes
(Véase Asuero.)

Jeroboam
Jeroboam, residente de Sereda, fue hijo de Nabat, de la tribu de Efraín. Trabajó en la construcción de fortificaciones durante el reinado de Salomón. Reconociendo las capacidades de Jeroboam, Salomón lo nombró jefe de la casa de José. Disgustado por la tiranía de Salomón, y dado que cierto profeta predijo que Dios le daría un reino, se rebeló contra Salomón. Por ello, éste procuró matarlo, lo cual forzó a Jeroboam a refugiarse en Egipto. Muerto Salomón, regresó y halló en el trono a Roboam, hijo de Salomón. Procurando aliviar la suerte del pueblo, que estaba abrumado de impuestos, Jeroboam tomó su representación, pero Roboam no aceptó ninguna instancia, y las diez tribus del norte se rebelaron, eligiendo a Jeroboam como su rey. Su reinado duró de 931/930 a 910/909 A.C. Pero su gobierno estuvo dominado por sus intereses personales. Para evitar que el pueblo fuera a Jerusalén en su peregrinación anual, revivió dos antiguos lugares de culto en Betel y Dan (1 Reyes 12.26-30). Erigió también una imagen de oro, y el nombre de Jeroboam se volvió sinónimo de maldad por la idolatría que inició.

Jetro
Jetro, sacerdote de Madián, era varón de mucha entereza, profundidad espiritual y sabio juicio. Su mayor notoriedad quizá le viene de su relación con Moisés, pues le dio refugio y trabajo cuando huía de Egipto. Moisés cuidó los rebaños de Jetro durante cuarenta años y se casó con su hija Séfora. Llamado por Dios para regresar a Egipto, Moisés llevó consigo a Séfora y sus dos hijos, pero pronto volvió a dejarlos al cuidado de Jetro. Después

del paso del Mar Rojo, Jetro se los devolvió a Moisés. Luego animó a Moisés a delegar parte de su trabajo a hombres con capacidad, buena relación con Dios, integridad y verdad (Éxodo 18.19-23). A Jetro se le llama también Reuel.

Joacim

Joacim fue rey de Judá e hijo de Joaquín. Su padre fue muerto por el rey Nabucodonosor, el cual permitió a Joacim reinar en lugar del rey difunto. (Reinó únicamente tres meses en 609 A.C.). Joacim y su pueblo fueron luego llevados cautivos a Babilonia. La caída de Jerusalén ocurrió alrededor de 597 A.C. (la destrucción total en 586 A.C.). Joacim estuvo encarcelado 37 años. A la edad de cincuenta y cinco fue liberado de la prisión. Se cree que Joacim tuvo hijos, pero éstos no se mencionan en la Biblia. Muy poco se sabe de la familia de Joacim. Referencias: 2 Reyes 24; 2 Crónicas 36.

Joaquín

Joaquín, hijo del rey Josías de Judá, ascendió al trono cuando Faraón Neco aprisionó en cadenas a su hermano Joacaz allá por el 609 A.C. A diferencia de su padre, Joaquín estableció impuestos directos, erigió ídolos e introdujo religiones paganas. Jeremías, profeta de Dios, lo amonestó, previniéndole que su gobierno impío tendría por fruto la destrucción de Jerusalén pero Joaquín no le hizo caso. Nabucodonosor venció a Faraón Neco, y el imperio cayó en manos de los caldeos. Luego de otra rebelión contra Nabucodonosor, Joaquín fue echado del trono y sustituido por Joacim su hijo (2 Crónicas 36.8). Se ignora si fue asesinado, pero se cuenta que su cuerpo fue echado fuera de la puerta de la ciudad y abandonado allí, recibiendo así «sepultura» de asno.

Personas: Minibiografías de grandes personajes bíblicos

Job

En la Biblia se menciona a Job como varón perfecto y justo, temeroso de Dios. Fue hombre acaudalado y vivió en tierra de Uz. En medio de su abundancia, Dios le envió tribulación: perdió su riqueza, su familia fue destruida y perdió la salud. En todo esto Job tuvo paciencia y firme confianza en Dios, aun ante las acusaciones de sus amigos. La aflicción abrumó a Job, pero dice el relato que «bendijo Jehová el postrer estado de Job más que el primero» (Job 42.12). Aunque padeció mucho, fue capaz de decir: «Yo sé que mi Redentor vive» (Job 19.25). (Véase «Job» en el capítulo cuarto.)

Joel

El profeta Joel fue hijo de cierto hombre llamado Petuel. Joel probablemente creció en Judá, y está claro que profetizó en Jerusalén. Es un tanto controvertible el tiempo exacto en que vivió y profetizó. Dos calamidades dieron pie a la producción literaria de Joel: una plaga de langostas y una gran sequía. El profeta llama al pueblo a orar y ayunar. Quizá parte del pueblo haya respondido, pues al final del libro de Joel hay una nota de optimismo.

Jonás

Jonás («paloma») fue hijo de cierto Amitai. Parece sin par entre los profetas hebreos por cuanto su propósito primordial no parece haber sido predicarle a Israel. El Señor le ordenó ir a Nínive a prevenir al pueblo que iba a destruir la ciudad (Jonás 1.1-2). En vez de obedecer a Dios, Jonás se embarcó para Tarsis. Surgió una gran tormenta y Jonás pidió a los hombres que lo tiraran por la borda, pues él era la causa de la tormenta. Dios preparó un gran pez que lo tragara. Finalmente Dios hizo que el pez lo vomitara en tierra seca (Jonás 2.10). Jonás fue a Nínive y previno a los ninivitas que serían destruidos, por lo cual ellos se arrepintieron. Jonás se considera símbolo de Cristo porque permaneció en el vientre del pez tres días, así como Cristo permaneció tres días en la tumba (Mateo 12.40).

Jonatán

Jonatán («don de Jehová») era el heredero aparente e hijo mayor del rey Saúl. Surge primero como el héroe de la guerra de Micmas, en que casi solo obtuvo la victoria para Saúl (1 Samuel 13-14). El pueblo lo amaba. Era atlético, gallardo, hábil jefe militar y uno de los personajes más admirables de toda la Biblia. Por lo que más se le recuerda es por la sin par devoción de su amistad para con David (sentimiento «más maravilloso que el amor de las mujeres» [2 Samuel 1.16]) bajo las más difíciles circunstancias (1 Samuel 18-20). Hasta estuvo dispuesto a renunciar a su derecho al trono en favor de David. Aunque Saúl persiguió a David y lo obligó a huir, Jonatán permaneció leal a su amigo. Muerto en la batalla del monte Gilboa, fue sepultado en Jabes, debajo de un árbol (1 Samuel 31.1- 13). Dejó un hijo: Mefiboset.

José

José fue hijo de Jacob y Raquel. Jacob amaba a José más que a los hermanos de éste, por ser el hijo de su ancianidad, y le dio una túnica de muchos colores. Sus hermanos, que lo odiaban, urdieron maldades en contra suya. Lo vendieron como esclavo por veinte piezas de plata (Génesis 37.28). Pero José confiaba en Dios y no consintió en pecar; el Señor lo acompañó y llegó a ser intérprete de los sueños de Faraón en Egipto. José predijo un tiempo de hambre, fue nombrado gobernador de Egipto y en los años de abundancia almacenó los excedentes de alimento. Los hermanos de José llegaron desde Canaán a comprar alimento durante el hambre. Él perdonó a sus hermanos y los trató bien;

Jacob se reunió con ellos en sus últimos años, y la familia volvió a estar junta (Génesis 45-46).

Josué

Héroe del libro de Josué e hijo de Nun, Josué («Jehová es salvación») fue primero ayudante de confianza y ministro de Moisés. Dirigió los ejércitos de Israel en una gran victoria contra los amalecitas en el Sinaí (Éxodo 17.8-16). Como representante de la tribu de Efraín entre los doce espías enviados a Canaán, junto con Caleb, constituyó la voz de minoría que alentó al pueblo a poseer la tierra por fe en Dios (Números 13.6, 8; 14.6,38). Larga vida y posición de jefe tras la muerte de Moisés fueron su recompensa por ello. Muerto Moisés, condujo a los hijos de Israel a través del Jordán hasta la Tierra Prometida (Josué 1-6). Bajo su dirección fueron conquistados Jericó y sus alrededores, se dividió la tierra y se establecieron las ciudades de refugio (Josué 7-21). Murió a la edad de 110 años y fue sepultado en Timnat-sera.

Juan el apóstol

Juan el apóstol, hijo de Zebedeo y Salomé, y hermano de Jacobo, fue pescador hasta que Cristo lo llamó a seguirlo. Según la tradición, Juan fue el más joven de los apóstoles, y el más recordado. A Juan el apóstol se le atribuyen cinco libros del Nuevo Testamento: el Evangelio de Juan, las tres epístolas de Juan y el Apocalipsis. De los doce apóstoles, Juan, Pedro y Jacobo o Santiago, fueron los más íntimos de Cristo. Los tres estuvieron con él en la resurrección de la hija de Jairo, en el monte de los Olivos, en el Getsemaní, etc., pero sólo Juan estuvo junto a la cruz cuando el Señor fue crucificado, y fue allí que Jesús le encomendó a su madre María, a quien Juan cuidó hasta que ella murió. Juan pasó sus últimos años en Éfeso, en donde, según parece, escribió su evangelio. Columna de la Iglesia de Jerusalén, fue exiliado a la isla de Patmos, en donde escribió el Apocalipsis. Referencias: Marcos 3.17; 14.33; Lucas 5.10; Hechos 3, etc.

Juan el Bautista

Juan el Bautista, el precursor de Cristo, nació tres meses antes que éste, y fue hijo de un sacerdote llamado Zacarías y su esposa Elisabet (Lucas 1.5-25, 57-80). Al llegar a la edad viril, Juan decidió dedicarse a predicar en el desierto anunciando a Jesús, el cual estaba a punto de presentarse ante los judíos. Aparte de su vestido, hecho de pelo de camello y atado con un cinturón de cuero, fue un segundo Elías que proclamó el mensaje de arrepentimiento: «Arrepentíos, porque el reino de los cielos se ha acercado» (Mateo 3.2). El antiguo historiador Josefo aclama a Juan el Bautista «varón excelente que amonestó a los judíos para que acudieran al bautismo, y practicó la virtud y la justicia para con todos los hombres, y la piedad para con Dios». Jesús también lo alabó. Nació cerca del 4 A.C. y fue decapitado entre el 29 y el 30 D.C. por Herodes Antipas por denunciar el matrimonio de éste con su cuñada Herodías (Mateo 4.1-12).

Juan Marcos

La primera referencia a Juan Marcos se halla en Hechos (12.12). Fue hijo de cierta María de Jerusalén y primo de Bernabé. Acompañó a Pablo y a Bernabé en su primer viaje misionero. Antes del segundo viaje, se suscitó una grave discordia entre Pablo y Bernabé respecto a Juan Marcos; esto provocó la separación de ellos, pues Bernabé apoyó a Marcos (Hechos 15.37-39), cuando éste echó pie atrás en el viaje (Hechos 13.13). Posteriormente Pablo tuvo considerable fe y confianza en Juan Marcos, pues cuando escribe a los colosenses (Colosenses 4.10) y a Filemón

Personas: Minibiografías de grandes personajes bíblicos

(Filemón 24), Marcos se halla en Roma y su presencia allá parece servir a Pablo de solaz. Una vigorosa tradición de la iglesia primitiva afirma que Juan Marcos fue también compañero de Pedro. Pasaron diez o doce años entre la última referencia a Juan Marcos en los Hechos, y la primera referencia que a él se hace en las Epístolas. Se cree que en esos años acompañó a Pedro. Hay pruebas de que estuvo con Pedro durante los últimos años del Apóstol, y de que en su Evangelio de Marcos narra la historia que oyó de Pedro. (Véase el libro de «Marcos», capítulo cuarto.)

Judas Iscariote

Judas Iscariote fue uno de los doce discípulos de nuestro Señor (Marcos 3.19). Respecto a él nada se sabe antes de que fuera discípulo. Después fue tesorero del círculo apostólico, pero lo tentó el dinero que manejaba, y su falta de honradez e infidelidad lo llevaron a traicionar a su Maestro. Antes de la Pascua Judas fue a los principales sacerdotes y convino en entregar a Jesús por treinta monedas de plata (Mateo 26.15). Durante la Pascua se le metió Satanás y abandonó la fiesta. La traición contra Cristo se ejecutó después de la Cena del Señor, en el huerto de Getsemaní (Mateo 26.47-50). Después de la crucifixión Judas confesó su delito e intentó devolver el dinero a los sacerdotes. Éstos no lo aceptaron, y Judas, llevado del remordimiento, fue y se ahorcó (Mateo 27.3-5; Hechos 1.15-20).

Judas, hermano de Jesús

Pocos datos hay sobre Judas. Hay en el Nuevo Testamento muchas personas con el mismo nombre. El Judas que aquí nos referimos fue hermano de Jesús y autor del pequeño libro que lleva su nombre. Como sus hermanos, no creyó en Cristo sino después de la resurrección. Más adelante, sin embargo, habla de sí mismo como «siervo de Jesucristo» (Judas 1). La relación espiritual con Cristo mediante Santiago fue más importante que su parentesco carnal con Cristo. Judas no se dice apóstol. Evidentemente era casado. Según la tradición, predicó en Mesopotamia y más tarde sufrió el martirio.

Lázaro

El nombre de Lázaro es una forma abreviada de Eleazar, que significa «Dios ha auxiliado». Quizá uno de los más íntimos amigos de Jesús fuera de los discípulos, Lázaro y sus dos hermanas, María y Marta, vivían en Betania. Muerto Lázaro, como era de familia pudiente, se le hizo un excelente funeral y se le enterró en la tumba familiar en Betania. Jesús lo resucitó aunque ya llevaba cuatro días de muerto durante el calor estival (Lucas 11.1-46). Muchas personas se convirtieron como consecuencia de este milagro, lo cual provocó los celos del Sanedrín. La tradición asegura que Lázaro tenía treinta años de edad cuando Jesús lo resucitó, y que vivió treinta años más. Algunos escritos dicen que Lázaro predicó en Francia después de su resurrección.

Lea

Lea («hastiada»), primera esposa de Jacob, era menos cortejada por no ser muy bella. Labán su padre, mediante engaño, hizo que Jacob se casara con ella en vez de con Raquel, después de siete años de trabajo para ganársela (Génesis 29). Lea le dio a Jacob seis hijos y una hija (Rubén, Simeón, Leví, Judá, Isacar, Zabulón y Dina); su sierva dio a luz a Gad y a Aser (Génesis 30.10-3). El Midrash (antigua exposición de escrituras judaicas) la considera mujer buena y honorable, aunque Jacob no la amaba. Fue sepultada en la tumba familiar de Macpela en Hebrón, y muy probablemente no descendió a Egipto con Jacob.

Lebeo
(Véase Tadeo.)

Lidia
Lidia, prosélita judía, vendedora de púrpura en Tiatira, y seguidora de Dios en Filipos, solía ir a orar a la ribera del río. Fue allí que Pablo y sus compañeros la hallaron. El Señor abrió su corazón. Ella y los suyos creyeron y fueron bautizados, convirtiéndose en los primeros frutos de Pablo en Europa (Hechos 16.11-15). Ansiosa de mostrar su gratitud, alojó a los apóstoles en su casa de Filipos después que fueron encarcelados (Hechos 16.15). El nombre Lidia, común en mujeres de aquel tiempo, quizá se haya derivado del distrito geográfico de Lidia. Sabemos que después de aquella primera conversión nació allí una iglesia; Lidia se convirtió en clave de una nueva forma de vida para Filipos y para Europa.

Lisias, Claudio
(Véase Claudio.)

Lot
Mientras Lot, hijo de Harán y sobrino de Abraham, vivía con éste en Egipto, la prosperidad de ambos provocó disputas entre algunos de sus pastores. Para zanjar los desacuerdos, Abraham decidió permitir que Lot eligiera la mitad de la tierra, ya fuera el fértil valle del Jordán o la menos apetecible Canaán. Lot eligió lo primero. Dios envió dos ángeles a Lot, que entonces vivía en la malvada ciudad de Sodoma, a decirle que sacara a su familia y huyera antes que la ciudad fuera destruida. Dejaron la huida para el último momento, y su esposa se convirtió en «estatua de sal» (Génesis 19.26) por no obedecer la orden divina de no mirar hacia la ciudad abandonada. Lot y los suyos huyeron a las monta-

ñas. Él engendró en sus hijas a los progenitores de las tribus de Moab y Amón (Génesis 19.37-38). Referencias del Nuevo Testamento: Lucas 17.28-32; 2 Pedro 2.7 ss.

Lucas

Lucas se menciona sólo tres veces por su nombre en el Nuevo Testamento (Colosenses 4.14; Filemón 24; 2 Timoteo 4.11). Era un médico griego muy culto, y escribió el Evangelio de Lucas y los Hechos de los Apóstoles. Lucas 1.2 revela que aquel médico no fue de «los que desde el principio lo vieron con sus propios ojos»; según parece, se unió al grupo de Pablo en Troas (Hechos 16.10), con el cual navegó hasta Macedonia. Fue amigo y compañero de viaje de Pablo, al cual acompañó durante nueve años. Pablo se refiere a él como el «médico amado», y en 2 Timoteo 4.11 nos suministra un último vistazo de su fiel amigo. (Véase «Lucas», capítulo 4.)

Malaquías

El nombre de Malaquías significa «mi mensajero». Algunos creen que Malaquías es simplemente el nombre del libro del Antiguo Testamento escrito por Esdras. Pero la mayoría de las demás fuentes afirma que es el último de los profetas. Sus mensajes fueron claros y tajantes, de aliento para el desanimado pueblo de Israel. Poco se sabe de él, excepto que fue un profeta que predicó y escribió.

Marcos

(Véase Juan Marcos.)

María de Betania

María, la hermana de Lázaro y Marta, sólo aparece brevemente en las Escrituras. Junto con su hermana Marta la vemos en el Evangelio de Lucas cuando reciben a Cristo en su hogar. María se sentó a los pies de Jesús oyendo embelesada las palabras que pronunciaba, mientras Marta estaba afanada sirviendo. Jesús alabó a María por haber «elegido la buena parte», lo que es realmente necesario (Lucas 10.42). La siguiente mención a María es en la resurrección de Lázaro. Tan pronto como Marta oyó que Jesús llegaba corrió a su encuentro, pero María se quedó en la casa hasta que Jesús la llamó. Ambas hermanas le dijeron: «Señor, si hubieses estado aquí mi hermano no habría muerto» (Juan 11.21-32). Aunque Lázaro tenía cuatro días de muerto, Cristo lo resucitó y muchos judíos que habían seguido a María creyeron. Juan declara que ésta es la misma María que ungió al Señor en la fiesta de Betania.

María, la madre de Jacobo y José

María era esposa de Cleofás; éste a su vez era hermano de José, el esposo de la virgen María. A María se le recuerda principalmente como miembro del grupo de mujeres que presenciaron la crucifixión, siguieron el cortejo fúnebre y fueron testigos de la sepultura de Cristo (Mateo 27.56, 61). Estuvo entre las primeras que llevaron especias al sepulcro para ungir el cuerpo de su Señor difunto. Pero al llegar al sepulcro, su dolor se convirtió en alegría porque su Señor había resucitado.

María, la madre de Juan Marcos

Madre de Juan Marcos y tía de Bernabé (Colosenses 4.10), puso su hogar a disposición de los creyentes como centro de adoración. Quizá fue allí donde se realizó la última cena, y el Pentecostés. También consta que al salir de la prisión Pedro fue allá (Hechos 12.12). Probablemente era una viuda acaudalada, que poseía casa propia y sirvientes (Hechos 12.13). Se dice que el hogar de María estaba en el extremo sur del monte Sión, distrito residencial en tiempos de Jesús.

María, la virgen

Hubo en la ciudad de Nazaret una virgen llamada María, comprometida en matrimonio con un hombre llamado José, del linaje de David. Un ángel del Señor le reveló que, por haber hallado gracia en los ojos del Señor, había sido elegida como virgen madre de Aquel que salvaría a Israel de sus pecados (Mateo 1.18-21). María pasó tres meses de su embarazo con Elisabet su prima, que había de ser la madre de Juan el Bautista. Al acercarse el tiempo del nacimiento de Jesús, María y José tuvieron que viajar a Belén por razones de impuestos (Lucas 2.1-5). Fue allá donde nació Jesús en un tosco establo (Lucas 2.6-7). El ministerio público de Jesús comenzó con el milagro de Caná de Galilea en donde María procuró que él proveyera el vino en la fiesta de bodas (Juan 2.1-11). María presenció la crucifixión de su hijo. Desde la cruz, Jesús pidió a Juan, su discípulo amado, que tomara en la vida de María el puesto del hijo agonizante, y a María le pidió trasladar su afecto maternal a Juan (Juan 19.25-27). Tras la ascensión de Jesús, María continuó como creyente devota del Camino, y la última vez que aparece es en el aposento alto (Hechos 1.14). Afirma la tradición que se fue a Éfeso a vivir cerca de Juan, y que allí pasó sus últimos años.

María Magdalena

En el pequeño pueblo de Magdala (hoy día Mejdel), famoso por su riqueza e inmoralidad, situado a unos cinco kilómetros de Capernaum, en la costa noroccidental del mar de Galilea, nació María Magdalena. Quizá sea la María de quien Jesús echó siete demonios (Marcos 16.9); se duda que sea la mujer de Lucas 7.37 que lavó los pies de Jesús con unguento y lágrimas. No debe confundirse a María Magdalena con María de Betania, hermana de Marta y Lázaro. La primera mención bíblica que de ella tenemos está en Lucas 8.2, en que junto con otras mujeres servía a

Jesús. Probablemente María Magdalena estuvo entre las mujeres de Lucas 23.49 que presenciaron la crucifixión, pues hallamos que más adelante (Marcos 16.1) fue con Salomé y María la madre de Jesús a ungir el cuerpo del Señor en el sepulcro. Pero en la tumba no estaba el cuerpo de Jesús, sino unos ángeles. Cuando Jesús le apareció en la tumba vacía, ella lo confundió con el jardinero hasta que él pronunció su nombre. Él le encargó ir a decir a los demás discípulos que pronto ascendería a Dios (Juan 20.11-18). Después de este incidente las Escrituras callan respecto a María Magdalena.

Marta, hermana de María y Lázaro

Marta, la hermana de María y Lázaro (Juan 11.1), fue una mujer admirable y devota amiga de Jesús. Marta vivía en Betania, en donde ella, como hermana mayor, hacía de ama de casa. Se le menciona en la resurrección de Lázaro, en Betania. En ese incidente Marta, al oír que Jesús estaba en camino, fue a su encuentro. En esta ocasión Jesús pronunció su magna declaración sobre la vida eterna (Juan 11.20-27). (Véase «Lázaro».)

Mateo

Mateo, o Leví, se destaca primordialmente como autor del evangelio que lleva su nombre. Fue hijo de Alfeo y vivió en Capernaum, donde fue recolector de impuestos en la aduana local. Aunque publicano, Mateo no era tan opulento como los publicanos romanos que subarrendaban la recolección de impuestos a gente del país como Mateo mismo. En Mateo 9.9 éste cuenta cómo fue llamado a ser discípulo: «Pasando Jesús de allí, vio a un hombre llamado Mateo, que estaba sentado al banco de los tributos públicos, y le dijo: Sígueme. Y se levantó y le siguió». (Dos relatos paralelos del llamamiento de Mateo se hallan en Marcos 2.14 y Lucas 5.27-28.) La fiesta que luego preparó Mateo en honor de Jesús fue la que hizo que los fariseos preguntaran a Jesús por qué comía y bebía con publicanos y pecadores. No hay en el Nuevo Testamento ninguna otra mención directa de Mateo, excepto la lista de apóstoles en Lucas 6.15. Se cree que Mateo predicó en Judea de 12 a 15 años y luego fue como evangelista al extranjero, y que murió en Etiopía o en Macedonia.

Matías

El único relato bíblico sobre Matías se halla en Hechos 1.15-26. En el círculo de los doce, desempeñó el puesto abandonado por Judas Iscariote. José Barsabás fue otro candidato para el puesto. Presentados ambos nombres ante el Señor, los discípulos pidieron en oración que Dios determinara mediante la suerte a cuál habían de elegir. La suerte cayó en Matías, el cual «fue contado con los once apóstoles» (versículo 26). Nada definido se sabe sobre Matías después de este acontecimiento, aunque se publicó un libro apócrifo con su nombre.

Matusalén

Matusalén vivió cuando la tierra estaba llena de vileza y maldad. Su nombre significa «liberado de la muerte». Fue hijo de Enoc y abuelo de Noé. Según la Escritura, fue el hombre de más larga vida. A la edad de 187 años tuvo por hijo a Lamec. Al morir tenía 969 años (Génesis 5.27).

Melquisedec

Dos veces se menciona a Melquisedec en el Antiguo Testamento (Génesis 14.18; Salmo 110.4). Fue un antiguo rey y sacerdote «del Altísimo» (Génesis 14.18). Después de una batalla, salió al encuentro de Abraham para ofrecerle bondadosamente pan y vino. Como rey de justicia y rey de paz, Melquisedec fue un eterno representante y cabeza del más excelso orden del sacerdocio. El libro de Hebreos presenta a Cristo como sumo sacerdote según el orden de Melquisedec (Hebreos 5.6).

Miqueas

Miqueas fue contemporáneo de Isaías y Oseas, y vivió en el siglo octavo A.C. Su nombre significa «el que es como Jehová», y fue quizás el primer hombre que profetizó o previno sobre la destrucción de Jerusalén. En su época hubo mucho pecado tanto en Israel como en Judá, y Miqueas fustigó el pecado en los hombres de todos los niveles sociales. Trató principalmente de la moralidad social y la religión personal; destacó la justicia, la bondad y la humildad. El mensaje de Miqueas resonó en todo Israel y Judá, no obstante pasó la mayor parte de su tiempo en el oeste de Judá. Su acuciosidad y su verdad aparecen en su estilo ferviente. Predijo que Jesús nacería en Belén (Miqueas 5.2). Miqueas 6.8 es uno de los grandes textos de la Biblia. «Oh hombre, él te ha declarado lo que es bueno, y qué pide Jehová de ti: solamente hacer justicia y amar misericordia, y humillarte ante tu Dios».

Moisés

Moisés, levita, fue hijo de Amram y Jocabed. Nació en Heliópolis, famosa ciudad del bajo Egipto. Fue adoptado por la hija de Faraón y educado «en toda la sabiduría de los egipcios» (Éxodo 21.1-15). Llegó a ser varón «poderoso en sus palabras y obras». Este primer período de su vida terminó cuando mató a un egipcio y tuvo que huir a Madián (Éxodo 2.15—4.31). Durante su exilio (período de 40 años) se casó con Séfora, hija de Jetro. Era pastor cuando se acercó a la zarza ardiendo y recibió el llamado de Dios. Cuando regresó a Egipto se convirtió en emancipador y dirigente de Israel (período de 40 años).

Moisés, líder del éxodo (Éxodo 5.1—15.21), llevó el pueblo al Sinaí después de pasar junto al Mar Muerto (Éxodo 15.22-19.2). Allí se convirtió en legislador (los diez mandamientos constan en Éxodo 20.1-17 y Deuteronomio 5.6-21). Guió a los israelitas desde el Sinaí a las fronteras de la Tierra Prometida, pero murió en Nebo. Moisés fue un gran profeta, general, administrador, legislador, estadista, liberador, prosista, poeta e historiador hebreo.

Naamán

Naamán, cuyo nombre significa «agradable», vivió en el siglo noveno A.C. Fue jefe militar encargado del ejército de su soberano (Ben-hadad) y muy respetado por sus compatriotas. Cosa extraña es que un leproso ocupara tan elevada posición, pero tal fue el caso de Naamán. La sierva de su esposa, que era israelita, le informó que en su tierra había un autor de milagros que podía curarlo. Naamán finalmente halló a Eliseo, quien lo mandó a bañarse siete veces en el río Jordán (2 Reyes 5.10). Aquel hombre orgulloso tardó algo en cumplir las instrucciones de Eliseo, pero cuando lo hizo, sanó (2 Reyes 5.14). Naamán era un hombre sincero y agradecido, y procuró abrumar de regalos al profeta. Reconoció el poder del Dios de Eliseo y lo tomó por su señor.

Nahum

Fue uno de los Profetas Menores y su nombre significa «compasivo». Prácticamente nada se sabe de su vida personal. Se menciona que era de Elcós, probablemente una aldea de Galilea. Se cree que su profecía fue escrita entre el 663 y el 612 A.C. (Véase «Nahum» en el capítulo 4.) Describe el castigo de Nínive, acerca del cual también profetizó su contemporáneo Sofonías. La profecía de Nahum es especialmente interesante porque predice la caída de Nínive, que efectivamente se produjo en 612 A.C. (capítulos 2—3).

Natán

Natán fue un profeta hebreo que vivió en tiempos de David y Salomón, a quienes sirvió como consejero espiritual. Fue consejero de David en cuanto a los planes para edificar el templo de Jerusalén. Cuando David cayó en adulterio con Betsabé, Natán lo reprendió (2 Samuel 12.1-10) diciéndole: «Tú eres el hombre»; en otra ocasión le informó de parte de Dios que Él no podría edificar el templo pero que «será afirmada tu casa y tu reino para siempre delante de tu rostro, y tu trono será estable eternamente» (2 Samuel 7.1-10). La última vez que se lo menciona en la Biblia (1 Reyes 1) es en relación con el futuro reino de Salomón, y con la frustración de los planes de Adonías, el hijo mayor de David, respecto a hacerse rey.

Natanael

(Véase Bartolomé.)

Nabucodonosor

Nabucodonosor, segundo rey de Babilonia, reinó de 605 a 562 A.C. Durante su reinado conquistó a Judá y llevó cautivos a los judíos. Construyó calles de baldosas, grandes muros, fosos, presas hidráulicas, templos de oro y cedro, y bellas estatuas de bronce. La más rara y hermosa creación arquitectónica de su reinado fueron los famosos jardines colgantes de Babilonia. Nabucodonosor fue el rey que echó en el horno ardiente a Sadrac, Mesac y Abed-nego por no adorar su ídolo. Cuando el fuego no los quemó, Nabucodonosor los honró a ellos y a su Dios (Daniel 3.28-30). Tuvo extraños sueños que no podía comprender, y llamó a Daniel para que los interpretara.

Nehemías

Nehemías, hijo de Hacalías, desempeñó un puesto importante en su juventud: tuvo el honor de ser copero del rey Artajerjes de Persia (464-424 A.C.). Nehemías halló gracia ante el rey, al cual le pidió permiso de ir a Jerusalén para ayudar a sus compatriotas en la reedificación de los muros que habían sido destruidos por Nabucodonosor. El rey le otorgó el permiso y nombró a Nehemías gobernador de la provincia de Judea. También dio a Nehemías cartas para los gobernadores de las provincias pidiéndoles ayudar a Nehemías para que viajara con seguridad de un lugar a otro. Una carta dirigida a Asaf solicitaba madera de los bosques del rey para construir los postes destinados a las puertas de la fortaleza del templo, para los muros de la ciudad, y para la casa que Nehemías iba a ocupar (Nehemías 2.7-8). «Pero oyéndolo Sambalat oronita y Tobías el siervo amonita, les disgustó en extremo que viniese alguno para procurar el bien de los hijos de Israel» (Nehemías 2.10). Tras renovar la ciudad Nehemías estableció reformas religiosas y sociales, ayudado por Esdras, el sacerdote y escriba. Nehemías gobernó en Judea hasta su muerte.

Nicodemo

El fariseo Nicodemo fue miembro del Sanedrín y varón destacado entre los judíos. Su historia se narra en Juan. Nicodemo solicitó una entrevista con Jesús. Se sintió confundido cuando Jesús le dijo que debía nacer de nuevo; tomó el nuevo nacimiento al pie de la letra y no en sentido espiritual. Jesús le explicó el significado (Juan 3.5-8). Aunque su encuentro con Jesús parece haber sido estéril, Nicodemo al parecer alzó la voz en la fiesta de los tabernáculos para defender a Jesús, cuando el Sanedrín lo acusaba (Juan 7.50-52). Al morir Jesús, Nicodemo proveyó para Cristo «mirra y áloe» (Juan 19.39). Quizá por ello lo hayan tildado de seguidor de Cristo; de ser así, llegó finalmente a ser cristiano «nacido de nuevo».

Personas: Minibiografías de grandes personajes bíblicos

Noé

Noé, el predicador de justicia, se menciona en nueve libros de la Biblia (Génesis, 1 Crónicas, Isaías, Ezequiel, Mateo, Lucas, Hebreos, 1 y 2 Pedro). Su historia completa se narra en Génesis 5—10. Noé fue descendiente de Adán por línea de Set, hijo de Lamec, y fue padre de Cam, Sem y Jafet. La época en que Noé vivió fue de indiferencia religiosa y desafío a Dios. Se recuerda a Noé especialmente en relación con el diluvio. Tenía 480 años de edad cuando Dios le ordenó construir un arca en que él, su familia y cada especie de animales limpios e inmundos estuvieran a salvo de las aguas destructoras de cuarenta días de lluvia. Noé, su familia y los animales entraron en el arca 120 años después. Llegó el diluvio y la tierra fue cubierta por el agua. Cuando un año más tarde bajaron las aguas, el arca reposó sobre el monte Ararat. Noé envió un cuervo y una paloma para saber si el agua había bajado lo suficiente. La segunda vez la paloma no regresó, y Noé supo que la tierra estaba seca. Un mes más tarde, él y su familia y los animales salieron del arca, Noé ofreció sacrificios quemados sobre un altar. Dios dio el arco iris como símbolo de su promesa de no volver a destruir la tierra mediante agua. Noé vivió 350 años después del diluvio y murió a la edad de 950 años.

Noemí

Noemí fue la esposa de Elimelec de Belén, madre de Mahlón y Quelión. Su historia está entrelazada con la de su nuera Rut. Noemí se fue con su esposo y sus hijos a Moab, porque había hambre en Palestina. Sus hijos se casaron con mujeres moabitas; Rut y Orfa. En los diez años siguientes murieron los hombres, dejando viudas a Noemí y sus dos nueras. Ella resolvió volver a Belén y aconsejó a sus nueras volverse a sus respectivos países. Orfa se volvió, pero Rut, muy encariñada con Noemí, se fue con ella a Belén. Rut pronunció famosas y bellas palabras: «No me ruegues que te deje, y me aparte de ti; porque adondequiera que tú fueres iré yo, y dondequiera que vivieres, viviré. Tu pueblo será mi pueblo, y tu Dios mi Dios» (Rut 1.16). El nombre de Noemí significa «agrado» o «delicia» pero cuando al regresar a Belén le preguntaron, «¿No es esta Noemí?», ella respondió: «No me llaméis Noemí, sino llamadme Mara; porque en gran amargura me ha puesto el Todopoderoso». Mara significa «amargura».

Onésimo

Onésimo fue el esclavo fugitivo de un cristiano griego llamado Filemón. Tras huir a Roma, Onésimo conoció a Pablo y se convirtió al cristianismo. Luego Pablo envió a Onésimo de regreso a Filemón con una carta (el libro de Filemón) en que explicaba la conversión de Onésimo y pedía a Filemón que lo recibiera como nuevo hermano en Cristo. (Véase «Filemón», capítulo cinco).

Oseas

Oseas el nombre se deriva de una palabra hebrea que significa «auxilio» —hijo de Beeri, fue el primero de los profetas menores, y el último profeta del Israel del Norte. Su profecía se produce poco después de Amós, hacia fines del reinado de Jeroboam II (c. 786-746 A.C.). Trabajó en pro de la unidad nacional, se opuso a las alianzas con extranjeros, y exigió una justa administración pública. Era un hombre sensible y tierno, que anhelaba el amor y el compañerismo. Oseas 1—3 narra la historia de su matrimonio con Gomer y el adulterio de ella. Esta historia nos ayuda a comprender lo que Dios siente respecto a la infiel Israel. Oseas profetizó contra el pueblo de Israel, al que reprendió y amenazó por su idolatría y maldad. Fervientemente les rogaba arrepentirse como único medio de evitar los males que sobre la nación se cernían. Oseas revela lo dispuesto que está Dios a perdonar y su gran anhelo de salvar a su pueblo. (Véase «Oseas» en el capítulo 4).

Personas: Minibiografías de grandes personajes bíblicos

Pablo

Pablo, oriundo de Cilicia, fue ciudadano romano por nacimiento. Su familia era de la tribu de Benjamín, y fue educado como fariseo. Estudió bajo Gamaliel (Hechos 22.3) y era muy culto (dominaba varios idiomas y conocía las literaturas hebrea y griega). Saulo, su nombre en lengua hebrea, fue un gran perseguidor de la Iglesia, como lo demuestra su aprobación de la muerte de Esteban (Hechos 7.58—8.1), pero la victoriosa muerte de Esteban lo impresionó hondamente. Se convirtió más tarde cuando iba rumbo a Damasco, luego de quedar ciego (Hechos 9.1-19; 22.5-16; 26.12-18). Recobró la vista cuando fue lleno del Espíritu Santo. Poco después fue a Arabia (Gálatas 1.17). Fue el gran misionero mundial del Nuevo Testamento; en territorio gentil empleaba su nombre romano de Pablo. Sus tres viajes misioneros constan en Hechos; realizó su obra en Asia Menor, Grecia y Roma. Padeció gran persecución (cárcel, lapidación, latigazos, etc.), pero nada detuvo su ministerio de predicación, curación, edificación de la Iglesia y escritura. Encarcelado por largos períodos en Roma, la tradición afirma que murió como mártir decapitado en Roma entre el 64 y el 68 D.C. Es el autor de la mayoría de las epístolas del Nuevo Testamento. Se ha dicho que Pablo es la más poderosa personalidad humana del Nuevo Testamento, y ciertamente su capítulo sobre el amor (1 Corintios 13) no tiene rival. Hay una antigua descripción tradicional de Pablo que lo presenta como «hombre de pequeña estatura, cejijunto, de nariz larga, calvo, de piernas arqueadas, fornido, lleno de bondad, pues a veces tiene aspecto de hombre y a veces su rostro parece de ángel».

Pedro, Simón

El nombre de Pedro significa «piedra». Fue hermano de Andrés e hijo de Jonás (o Johanán). Natural de Betsaida, se le presenta como tosco pescador. Se le menciona más veces que a cualquier otro personaje del Nuevo Testamento, aparte de Jesús. Estaba casado, y fue uno de los doce discípulos. Negó a Jesús en los días de la crucifixión (Mateo 26.73-75). Jesús se entrevistó con él después de resucitado (Véase 1 Corintios 15.5; Cefas es otro nombre con que se conoce a Pedro). En los Hechos de los Apóstoles es el personaje sobresaliente y líder apostólico en la primera parte del libro, capítulos 1—12. Habló ante los discípulos respecto a quien debía sustituir a Judas, y predicó a la multitud en Pentecostés (Hechos 2). Fue el instrumento de muchas curaciones (véase Hechos 3) y conversiones a Cristo (Hechos 4). Hasta resucitó a una mujer (Dorcas). Tuvo la valentía de predicar a los gentiles en casa de Cornelio (Hechos 10). Sus hechos y buenas obras fueron demasiado numerosos para anotarlos aquí. Influyó en el Evangelio de Marcos. En efecto, narró la historia que Marcos transcribió en su evangelio. Es el autor de 1 Pedro y de 2 Pedro también. Su gran confesión (Marcos 16.16) se destaca en el Nuevo Testamento. Cuando Herodes estuvo a punto de quitarle la vida, escapó mediante la intervención de Dios (Hechos 12.1-17) y no se le vuelve a mencionar en los Hechos sino en el capítulo 15 (Concilio de Jerusalén). La imagen que de él nos ha trasmitido la historia es la de un hombre impetuoso pero sincero en su proceder. La tradición afirma que murió crucificado cabeza abajo en Roma.

Poncio Pilato

Poncio Pilato era el procurador romano de Judea cuando Cristo fue crucificado (Mateo 27.2; Marcos 15.1; Lucas 23.1; Juan 18.28-29). Era personalmente responsable ante el emperador Tiberio por las cuestiones financieras, civiles, militares y penales de su provincia de Judea. La fama de Pilato obedece principalmente a su papel en el proceso y crucifixión de Jesús. Trató de librar a Jesús, pero el pueblo, por el contrario, exigió la libertad de Barrabás, el ladrón. Al condenar al Señor, Pilato desoyó su conciencia y las advertencias de su esposa. Llamó a Cristo «Rey de los judíos». Se cree que Pilato fue destituido de su puesto por Vitelo, gobernante de Siria, por haber ejecutado a muchos samaritanos. Iba rumbo a Roma para ser juzgado cuando murió el emperador, y se cree que de algún modo Pilato se salvó por entonces. La historia no vuelve a mencionarlo.

Priscila

Priscila, o Prisca, era la esposa de Aquila, fabricante de tiendas, junto con el cual se la menciona siempre (Hechos 18.2, 18, 26; Romanos 16.3; 1 Corintios 16.19; 2 Timoteo 4.19). Cuando Pablo estuvo en Corinto se alojó en su casa, y ellos a su vez viajaron con él hasta Éfeso. Pablo la alabó siempre por la empeñosa obra que realizaba para el progreso del cristianismo. El hogar de ella en Corinto, en Éfeso y en Roma fue sitio de reunión de las iglesias que en esas ciudades se formaron. Junto con su esposo ayudó en la preparación teológica de Apolos. Se ha sugerido, pero sin prueba alguna, que ella y su esposo fueron coautores de la Epístola a los Hebreos. (Véase «Aquila».)

Raquel

Raquel, cuyo nombre significa «oveja», fue la hija menor de Labán (Génesis 29.6). Jacob su esposo trabajó siete años para obtener su mano en matrimonio, pero fue engañado por Labán, quien lo hizo casar con Lea, la hermana mayor; de modo que Jacob tuvo que trabajar siete años más para obtener a Raquel. Ella fue estéril durante varios años y después dio a luz a José. Cuando Jacob abandonó el servicio de Labán, Raquel hurtó los terafines (ídolos) de su padre, mediante los cuales esperaba atraer prosperidad para ella y su marido. La primera impresión que Raquel produce es favorable; es atractiva por su personalidad, modales y vestido, y rápidamente conquista el afecto de Jacob; pero esta opinión cambia cuando hurta y miente respecto a los terafines de su padre. Raquel murió al dar a luz a Benjamín, y su sepulcro está cerca de Belén. Referencias: Génesis 29-35.

Rebeca

Rebeca fue hija de Betuel, hermana de Labán, esposa de Isaac y madre de Jacob y Esaú. Fue descubierta por un siervo de Abraham, y consintió en casarse con Isaac (Génesis 24). No tuvo hijos durante veinte años, pero finalmente dio a luz gemelos: Jacob y Esaú. En Génesis 27 leemos cómo Rebeca indujo a su hijo favorito, Jacob, a obtener mediante engaño la bendición de Isaac. Luego tuvo que enviar a Jacob a Mesopotamia para librarlo de la ira de Esaú. Rebeca murió antes que Isaac y fue sepultada en la tumba de Abraham, la cueva de Macpela, cerca de Hebrón.

Reuel

(Véase Jetro.)

Roboam

Roboam ocupó el trono después de muerto su padre Salomón. Por los torpes e impopulares impuestos que estableció, se produjo una división política en el reino unido. Las diez tribus del norte formaron la nación de Israel. Roboam, con las tribus de Judá y Benjamín, mantuvo el dominio de la ciudad capital, Jerusalén, y formó una nueva nación: Judá, reino del sur. Durante el reinado de Roboam, ya dividida la nación, Egipto logró invadir el país y tomar a Jerusalén y llevarse el tesoro del templo. Durante el reinado de Roboam (c. 922-915 A.C.), comenzó la decadencia de la nación hebrea.

Rut

Rut, cuyo nombre significa «compañera» o «apego», fue una moabita que llegó a ser antepasada de David, María y Jesucristo. Después que Noemí y Elimelec, junto con sus hijos Quelión y Mahlón por causa del hambre tuvieron que abandonar su hogar de Belén, Rut se casó con Mahlón. Murieron los varones, y quedaron viudas Noemí, Rut y Orfa. Noemí decidió regresar a Belén, y Rut, por el apego que le tenía, se fue con ella. Llegaron a Belén cuando comenzaba la cosecha de la cebada. Rut espigó los campos para ganarse el sustento y mantener a su suegra. En ese trabajo conoció a Booz, pariente de Noemí, quien la trató bondadosamente y luego se enamoró de ella. Booz compró la herencia de Mahlón en la heredad familiar y así, de acuerdo con la ley hebraica (Deuteronomio 25.5-10) adquirió el derecho de casarse con Rut. Su hijo primogénito fue Obed, quien fue padre de Isaí y abuelo de David. Referencia: el libro de Rut.

Safira

Safira (nombre arameo que significa «hermosa») fue esposa de Ananías y cómplice en el pecado por el cual murieron ambos. Vendida voluntariamente su propiedad, se quedaron con parte de la ganancia en vez de entregarla a la iglesia, y luego negaron haber hecho esto. Cuando Ananías tuvo que enfrentarse a Pedro respecto a la venta mintió, e inmediatamente cayó muerto. Unas tres horas después llegó Safira su esposa, ignorante de lo ocurrido. Al preguntarle Pedro por el precio obtenido por la tierra que habían vendido, repitió la mentira de su esposo y cayó bajo la misma condenación de Ananías. Pedro le respondió: «¿Por qué convinisteis en tentar al Espíritu del Señor? He aquí a la puerta los pies de los que han sepultado a tu marido y te sacarán a ti». Al oír esto, cayó muerta a sus pies (Hechos 5.7-10).

Salomón

Salomón (que significa «pacífico») o Jedidías (que significa «amado de Jehová») fue el hijo menor del rey David y Betsabé. Entronizado muy joven, Salomón acudió a Dios, no en busca de vida, riqueza o victoria, sino de sabiduría. Dios se la concedió, y así alcanzó la fama. La primera esposa de Salomón fue una princesa egipcia, pero se dice que tuvo 700 esposas y princesas, amén de 300 concubinas. Famoso por su sabiduría y por sus mujeres, se recuerda también a Salomón por sus escritos (que incluyen poesías y proverbios), su riqueza, su próspero comercio, sus magníficos edificios (que incluyen el templo, palacios y otras construcciones) y por su fortificación de Jerusalén y otras ciudades. Durante su reinado de 40 años (961-922 A.C.), Salomón hizo mucho en pro de su patria mediante el comercio y la riqueza, pero también permitió que se arruinara. Se construyeron templos paganos y se dejó al ejército sin preparación. Tras una vida de riqueza y lujo, Salomón dejó a Roboam su heredero sólo el cascarón de lo que había sido un gran imperio. La historia de Salomón se narra en 1 Reyes 1—14 y 2 Crónicas 1—13.

Samuel

Cuando nació Samuel, hijo de Elcana y Ana (1 Samuel 1.20), las doce tribus de Israel tenían poco más de tres siglos de habitar en Canaán. Había mucho descontento y contienda entre las tribus. El sacerdocio estaba carcomido de pecado e ineptitud. Elí el juez, ya viejo, era incapaz de enfrentarse a los problemas de su nación. En su tierna infancia, Samuel había sido entregado por Ana, su madre, al sacerdote Elí y dedicado al servicio de Jehová. Esto fue en cumplimiento a lo prometido por Ana cuando pidió un hijo a Dios. Samuel se hizo hombre al servicio del sacerdocio. Al morir Elí por la impresión que le causó la noticia de la muerte de sus irresponsables hijos, Samuel lo sustituyó como sacerdote de Israel. Fue el primer profeta de Israel y el último de los jueces. Nació, residió y fue sepultado en Ramá, distante unos 10 km. de Jerusalén. Durante su ministerio —que abarcó parte de la vida de Elí, Saúl y David— Dios eligió a Samuel como su principal vocero ante la pecadora Israel. Unió a las doce tribus en un reino al mando de Saúl, llevó al ejército hebreo a la victoria contra los filisteos, estableció el gobierno de Israel y sirvió como juez.

Sansón

Sansón fue nazareo desde su nacimiento y recibió una fuerza extraordinaria junto con el voto nazareo de no cortarse jamás el cabello. Sus hazañas fueron espectaculares; mató mil filisteos con una quijada de asno (Jueces 15.16), arrancó y se llevó a la rastra las puertas de Gaza (Jueces 16.3), etc. Sansón era muy dado a las mujeres y Dalila, una filistea, fue su favorita. Los señores filisteos la contrataron para que descubriera en dónde residía la fuerza de Sansón. Descubierto el secreto, le cortaron el pelo a Sansón mientras dormía, luego lo llevaron preso, lo torturaron y le sacaron los ojos. El pelo de Sansón volvió a crecer, y mientras los filisteos se mofaban de él en un gran banquete, él rogó a Dios que le diera fuerzas. Recobrado el vigor derribó las columnas que sostenían el techo del salón del festín, y todos, incluso Sansón, perecieron (Jueces 16.29-30).

Sara

Sara (en hebreo, «princesa») fue la esposa de Abraham y madre de Isaac. Originalmente se llamaba Sarai. Poco se sabe de su nacimiento y parentela, porque la Biblia no contiene el relato de sus primeros años. Como no podía darle un hijo a Abraham, le entregó por mujer a su sierva egipcia, Agar, para que le diera descendencia. Agar dio a luz a Ismael. Pero Dios le prometió a Sara un hijo, aunque ya era demasiado vieja para concebir. La promesa de Dios se cumplió cuando Sara dio a luz a Isaac. Al crecer los dos hijos, Ismael comenzó a burlarse de Isaac y Sara exigió que Abraham echara de su casa a Agar e Ismael. Dios le hizo entender a Abraham que Sara tenía razón, y la sierva fue expulsada. Treinta y siete años después de nacido Isaac, a la edad de 127 años, murió Sara en Hebrón. Fue sepultada en la cueva de Macpela. Referencia: Génesis 20-23. (Véase «Abraham» y «Agar».)

Saúl

Saúl fue el primer rey de Israel, hijo de Cis y miembro de la tribu de Benjamín. Según 1 Samuel 9.2 era de elevada estatura: «de hombros arriba sobrepasaba a cualquiera del pueblo». Desde hacía tiempo Israel quería tener rey; finalmente lo exigió. Pidieron a Samuel que nombrara un rey. Dios reveló a Samuel que un hombre llamado Saúl llegaría a buscarlo, y que ese era el elegido por Dios para rey. Todo marchó bien hasta que la obstinación de Saúl lo llevó al pecado (un ejemplo consta en 1 Samuel 15.) Dios ordenó a Saúl invadir a Amalec y destruir «todo lo que tiene». Pero Saúl no destruyó del todo el país. En efecto, su ejército se trajo consigo ganado y al rey; pretextaban que el ganado era para sacrificios y el rey para exhibirlo (Saúl era orgulloso). Es posible que un hombre cuente con la bendición de Dios y camine con Dios, y no llegue sin embargo a la meta señalada. Aunque elegido por Dios, Saúl cayó por su terquedad y pecado. Se suicidó después de consultar a la bruja de Endor. Al fin de sus días Saúl reconoció: «He hecho neciamente».

Sedequías

«E hizo lo malo ante los ojos de Jehová». Así podrían resumirse la vida y el reinado de Sedequías, el último rey de Judá (reinó del 597 al 586 A.C.). Tenía veintiún años de edad cuando Nabucodonosor, rey de Babilonia, lo puso en el trono. La ira de

Jehová se encendió contra Sedequías por cuanto éste hizo caso omiso del profeta Jeremías. Se rebeló contra Nabucodonosor, y más adelante puso sitio a Jerusalén. En el undécimo año del reinado de Sedequías, cuando el hambre consumía la ciudad, Sedequías y su ejército desamparó al pueblo y huyó a las llanuras de Jericó. Posteriormente, él y su ejército cayeron prisioneros. Sus hijos fueron ejecutados en presencia suya, y luego a él le arrancaron los ojos y lo encerraron en una prisión de Babilonia. Referencias: 2 Reyes 24.17-25.7.

Silas

Fue el misionero que en sustitución de Barnabé acompañó a Pablo en el segundo viaje a Macedonia y Corinto (Hechos 15.22-40; 2 Corintios 1.19); se le conoce también como Silvano (1 Tesalonicenses 1.1; 2 Tesalonicenses 1.1). Puede que haya sido el secretario o amanuense de Pedro (1 Pedro 5.12). Según la tradición, murió en Macedonia.

Simeón, el que bendijo a Jesús

Simeón («escuchante») fue un judío típico en cuanto a obediencia a la Ley de Moisés y en cuanto a la esperanza en la venida del Mesías. Dios le había prometido que no moriría sin ver al Cristo. Estaba en el templo cuando María y José, de acuerdo con la Ley, llevaron al niño para circuncidarlo. Simeón, dirigido por el Espíritu Santo, conoció que el niño era el Ungido de Dios y lo dedicó al servicio de Dios (Lucas 2.33-35).

Simeón, hijo de Jacob y Lea

Simeón fue el segundo hijo de Jacob y Lea. Su nombre se deriva de shama, que es el verbo hebreo «oír». Se le menciona dos veces en el Antiguo Testamento. En Génesis 42.24, su hermano José exige que se quede en Egipto como rehén, para que los otros regresen con Benjamín. Se le vuelve a mencionar cuando da muerte a los siquemitas para vengar la violación de su hermana Dina. A causa de ello es maldecido por Jacob (Génesis 49.5-7). Como consecuencia sus descendientes, aunque pertenecían a las doce tribus de Israel, fueron esparcidos y finalmente absorbidos por la tribu de Judá.

Simón el cananita

«Simón el cananita» fue uno de los doce apóstoles (Mateo 10.4; Marcos 3.18), y también se le llama Simón Zelote (Lucas 6.15; Hechos 1.13). Este último nombre aparece sólo en los escritos de Lucas. No debe confundírsele con Simón el hermano de Jesús. Poco o casi nada se sabe de Simón.

Simón de Cirene

Este Simón era un judío de la ciudad comercial de Cirene, situada en la costa norte de África. Iba entrando en Jerusalén cuando los soldados romanos lo obligaron a cargar con la cruz de Jesucristo hasta el Gólgota. El incidente consta en Mateo 27.32; Marcos 15.21 y Lucas 23.26. Como africano, quizá Simón haya sido negro o muy moreno.

Simón, el mago

Simón el mago (o hechicero) tenía tan hechizado al pueblo de Samaria que lo tomaban por «el gran poder de Dios». Creyó y fue bautizado (Hechos 8.13). Cuando Pedro y Juan llegaron a Samaria, y al imponer las manos a los nuevos convertidos éstos recibían el Espíritu Santo, Simón se impresionó muchísimo y ofreció comprarles ese poder. Pedro lo reprendió severamente diciéndole que su corazón no era recto delante de Dios, y que estaba «en hiel de amargura y en prisión de maldad». Aceptó mansamente la represión, y le suplicó al apóstol que orara pidiendo que ninguno de dichos males le acaeciera (Hechos 8.9-24). La compraventa de puestos eclesiásticos —mal especialmente notorio en la Edad Media— recibe el nombre de simonía, palabra derivada del nombre de Simón el mago.

Sofonías

Sofonías («ocultado por Jehová» o «Jehová oculta o protege») fue según se cree bisnieto de Ezequías. Profetizó durante el reinado de Josías (640-609 A.C.) (Sofonías 1.1). Profetizó la completa desolación de Judea por su idolatría y menosprecio del Señor. Sofonías fue sacerdote y le correspondió el deber de castigar a los falsos profetas. Caída Jerusalén, Sofonías fue llevado a Ribla, en tierra de Hamat, y muerto por los babilonios.

Tadeo

Tadeo (también llamado Lebeo), discípulo de Jesús no muy conocido (el nombre «Tadeo» aparece en Mateo 10.3, Marcos 3.18), nació según se cree en Odesa. La tradición afirma otras cosas acerca de él: que llegó a Jerusalén en donde fue bautizado por Juan el Bautista, que luego inició su ministerio, que regresó a su Odesa natal a predicar el Evangelio, y que murió y fue sepultado en Beirut. Hay cierta confusión respecto a su nombre, pero comparando Mateo, Marcos y Lucas casi no es posible dudar que los tres nombres, Lebeo, Judas el hermano de Jacobo y Tadeo pertenezcan a la misma persona.

Tomás

Tomás, uno de los apóstoles de Jesucristo, se menciona en todos los evangelios, pero en las escenas finales de Juan se convierte en figura prominente. Se cree que su nombre era Judas, pero que se le llama Tomás para distinguirlo de los otros dos Judas. El Evangelio de Tomás, recién descubierto, lo identifica como Dídimo Judas Tomás, pero la antigua versión siríaca de los evangelios dice que era «Judas, no el Iscariote» (Juan 14.22). La palabra «Tomás» corresponde en arameo a gemelo o «dídimo» en griego. Juan destaca tres rasgos esenciales de Tomás. Era dado a considerar las situaciones adversas peor de lo que eran, pero poseía una lealtad que lo mantenía firme a pesar del peligro. Esto aparece en Juan 11.16 cuando instó a los discípulos a ir con Jesús a Judea a despecho de la hostilidad judía. Tomás rehusó creer que Jesús había resucitado a menos de ver con sus propios ojos las señas de los clavos (Juan 20.28). La tradición declara que fue misionero y fundador de la iglesia de Mar Toma en India, y murió como mártir. Se dice también que escribió un evangelio apócrifo.

Timoteo

Timoteo nació en Listra. Fue hijo de un griego y de una judía llamada Eunice (Hechos 16.1; 2 Timoteo 1.5). Eunice y Loida, la madre de ésta, eran cristianas (convertidas en la primera visita de Pablo a Listra) e instruyeron a Timoteo en las Escrituras desde la juventud. En su segunda visita, Pablo descubrió grandes posibilidades en Timoteo, quiso emplearlo, y para no chocar con los prejuicios judíos lo hizo circuncidar (Hechos 16.3). Timoteo acompañó a Pablo en parte de su viaje por Macedonia. Cuando Pablo fue a Atenas, inmediatamente hizo que Timoteo se volviera a visitar la iglesia de Tesalónica. Durante la larga permanencia de Pablo en Éfeso, Timoteo «le sirvió» y fue enviado delante a Macedonia y Corinto para recordar a los corintios «mi proceder en Cristo» (1 Corintios 4.17). En Roma, Timoteo estuvo con Pablo durante su encarcelamiento, cuando el Apóstol escribió algunas epístolas. Timoteo mismo al parecer estuvo encarcelado algún tiempo (Hebreos 13.23). Algunas leyendas antiguas afirman que Timoteo fue obispo de Éfeso (véase 1 Timoteo 1.3), y que fue muerto por anatematizar la fiesta de Diana por su inmoralidad. Se menciona a Timoteo en 2 Corintios, Tito, Gálatas, Hechos, y naturalmente, en 1 y 2 Timoteo dirigidas a él. Es interesante que Pablo le haya dirigido la última carta que escribió (2 Timoteo).

Tito

Tito fue uno de los más fieles ayudantes de Pablo. Sus padres fueron griegos (Gálatas 2.3) y nada más sabemos de su origen. Se convirtió por la predicación del apóstol Pablo. Este gentil acompañó a Pablo a Jerusalén para oponerse a los judíos cristianos que exigían la circuncisión de los gentiles (Gálatas 2.1). Su carácter inspiraba tal confianza que se le envió a Corinto a recoger la ofrenda para los pobres de la iglesia de Jerusalén, y luego fue enviado a Creta cuando allá surgieron problemas (Tito 1.5). Más tarde, según parece fue a Dalmacia (2 Timoteo 4.10), situada en la costa oriental del mar Adriático. Se menciona a Tito en 2 Corintios, Gálatas, 2 Timoteo y, desde luego, en Tito.

Uzías, Rey de Judá

Uzías (siglo octavo A.C.) fue elegido por el pueblo como décimo rey de Judá. Comenzó a reinar siendo de dieciséis años, con victoriosas campañas militares contra los enemigos de su padre. Uzías sometió a los árabes y a los amonitas, derrotó a los filisteos y tomó las ciudades de Asdod, Gaza y Jabnet. Fortificó a Jerusalén y la dotó de equipo militar. Bajo el reinado de Uzías Judá prosperó. Uzías pecó al ofrecer incienso en el altar de Dios y fue castigado con lepra (2 Crónicas 26.19-21).

Zacarías

Zacarías era sacerdote de la clase de Abías, una de las veinticuatro órdenes sacerdotales desde el tiempo de las Crónicas. Dichas órdenes se turnaban en el servicio del templo. El día que le correspondió a Zacarías, fue éste al templo a cumplir con la ofrenda del incienso en el lugar santo. Estaba allí cuando se le apareció un ángel del Señor y le anunció que su esposa iba a dar a luz un hijo. Zacarías y su esposa ya eran bastante viejos; ella había sido estéril toda la vida; por las dudas, Zacarías pidió al ángel que le corroborara la noticia con alguna señal. Inmediatamente quedó mudo, y no recobró el habla sino después de haber dado al niño el nombre de Juan, en la circuncisión. Aquel niño fue Juan el Bautista, el que vino a preparar el camino para Jesucristo, el Mesías. Referencia: Lucas 1.

Zacarías el profeta

Zacarías escribió el libro del Antiguo Testamento que lleva su nombre. Profetizó al mismo tiempo que Hageo. El gran propósito del ministerio de Zacarías fue alentar a quienes iban a reconstruir el templo; por eso sus mensajes son profundamente inspirativos. Zacarías dice que la edificación de la casa de Dios es esencialmente una obra espiritual, y que ha de realizarse «No con ejército, ni con fuerza, sino con mi Espíritu, ha dicho Jehová de los ejércitos» (Zacarías 4.6). En los capítulos 1-6 bosqueja ocho visiones que recibió de noche, todas destinadas a dar ánimo al pueblo para que confiaran en que Dios estaba con ellos en su tarea de reedificar el templo. Hacia el final del libro tenemos notables profecías referentes al Mesías: Cristo traicionado por treinta monedas de plata (11.12-13); el costado horadado (12.10); el derramamiento de su sangre por los pecados del mundo (13.1); las marcas de los clavos (13.6); el esparcimiento de los discípulos (13.7); la destrucción de Jerusalén en días del Nuevo Testamento (14.2) y la segunda venida de Nuestro Señor (14.4). En 9.9-10 se profetiza la entrada triunfal con estas magníficas palabras: «Alégrate mucho, hija de Sión; da voces de júbilo, hija de Jerusalén; he aquí tu rey vendrá a ti, justo y salvador, humilde y cabalgando sobre un asno, sobre un pollino hijo de asna. Y de Efraín destruiré los carros, y los caballos de Jerusalén, y los arcos de guerra serán quebrados; y hablará paz a las naciones, y su señorío será de mar a mar, y desde el río hasta los fines de la tierra».

Zaqueo

Zaqueo era un conocido recolector de impuestos de Jericó. Se le menciona solamente en Lucas 19. Cuando Jesús llegó a esa ciudad, Zaqueo, hombre de pequeña estatura, tuvo que subirse a un sicómoro para ver por encima del gentío. Al verlo, Jesús le dijo que bajara para ir con él a cenar. Dada la mala fama de los recolectores de impuestos, la gente se asombró ante la invitación de Jesús. Pero la presencia del Señor convirtió a Zaqueo en un hombre diferente. Para hacerle honor a su nombre, que en la lengua original significa «puro», Zaqueo prometió entregar a los pobres la mitad de sus bienes y restituir el cuádruple a quienes injustamente hubiera despojado (Lucas 19.8). La salvación había llegado a la casa de Zaqueo, y más adelante se convirtió en discípulo.

Zorobabel

Zorobabel hijo de Salatiel, de la tribu de Judá y de la línea de David. Junto con Jesúa, en 536 A.C. guió desde Babilonia la primera colonia de israelitas cautivos a Jerusalén. En Jerusalén restableció la observancia de las prácticas sagradas de los judíos, incluso el culto público y la Fiesta de los Tabernáculos. El libro de Esdras cuenta cómo Zorobabel rechazó el auxilio de los samaritanos para reconstruir el templo. Los samaritanos se disgustaron y dificultaron la construcción luego de dos años y dos meses de trabajo (Esdras 4). Después de siete años logró terminar el templo.

Capítulo 8

LUGARES: GEOGRAFÍA Y ARQUEOLOGÍA*

Palestina y las tierras bíblicas

El monte de los Olivos mide unos 800 metros sobre el nivel del mar. Si se mira desde esa altura en un día claro puede verse brillar al oeste el mar Mediterráneo. Más cerca, precisamente bajo el monte, se halla el huerto de Getsemaní, y al oeste del huerto está Jerusalén, ciudad que hasta 1967 estuvo dividida entre judíos y árabes. En la sección de Jerusalén que pertenecía a Jordania se alzan minaretes, la cúpula de la roca (mezquita ubicada donde estuvo el antiguo templo judío) y cruces cristianas. Únicamente el catorce por ciento de sus habitantes son cristianos. En dicho lado de la ciudad hay excavaciones en el bíblico estanque de Betesda; y la torre Antonia, fortaleza en servicio en tiempos de Jesús, ha sido bastante bien delineada muy cerca del sector general de la Vía Dolorosa o «calle de la amargura».

Los rollos del Mar Muerto se exhiben en el lado que desde hace años es conocido como el lado israelí. En dicho lado se hallan también el sitio tradicional de la Última Cena, del Pentecostés y la tumba del más notable rey de Israel: David. Más allá de la ciudad, hacia el oeste, se extiende Israel hasta el Mediterráneo,

---

* En cuanto a los datos del capítulo ocho estoy en deuda especialmente con el artículo de *The Oxford Annotated Bible* (1962) titulado «Vistazo de Geografía, Historia y Arqueología de Tierras Bíblicas».

El monte de los Olivos y el Huerto de Getsemaní

así como, desde luego, hacia el norte y el sur. La impresión dominante que produce el nuevo estado de Israel (fundado a fines de 1940) es de energía, que se refleja en nuevas instituciones educativas y en millones de árboles nuevos.

Si se mira hacia el este desde el monte de los Olivos puede verse a lo lejos el Mar Muerto, y más allá, muy difusos, los montes de Moab, donde Moisés contempló la Tierra Prometida desde el monte Nebo, poco antes que Josué asumiera el mando (Deuteronomio 34.1). Cuando el día está claro, desde el monte Nebo puede verse toda Palestina. Mucho más cerca que las colinas de Moab y el Mar Muerto se halla Jericó, en el valle del Jordán. La ciudad se distingue por sus palmeras, sus cultivos de cítricos y de bananas. No lejos de la actual Jericó están las excavaciones de la antigua Jericó (varias veces edificada y no siempre en el mismo sitio). La fuente de Eliseo, al otro lado del camino frente a las excavaciones, suministra agua hoy día para muchas personas (se dice que Eliseo purificó sus aguas con sal, 2 Reyes 2.19-22). Dominando a Jericó se alza el monte de la Tentación, que se cree ubicado en la región desierta donde Jesús ayunó cuarenta días y fue tentado .

Lugares: Geografía y arqueología

Ya se mire al este o al oeste desde el monte de los Olivos, aparecen colinas estériles. Acurrucada en las colinas de vez en cuando se ve una aldea. Una de ellas es Betania, en donde una iglesia ocupa el lugar donde la tradición sitúa el hogar de Marta y María. Cerca de la iglesia hay una cueva funeraria que, según se dice, es la tumba desde la cual salió Lázaro resucitado. Hacia el este no se ve mucho verdor hasta que las colinas de Judea se desvanecen en el valle del Jordán. Dicho valle mide unos 100 km. de largo, y produce gran parte de los alimentos del Jordán. La región que se halla al este del Jordán se llama Transjordania y es parte del moderno estado de Jordania. Limita con Siria, Irak y Arabia Saudita.

Hacia el sur del monte de los Olivos se ven colinas muertas, y luego se extiende la inmensidad llamada desierto del Neguev, que separa a Palestina de los países situados al norte del Mar Rojo. Arabia, la península de Sinaí y Egipto, ubicados al sur del Neguev, se mencionan en la Biblia. Hoy sabemos que el Neguev estuvo densamente poblado en las épocas patriarcal e israelita.

Muy al norte están el Líbano («montañas anchas») y Siria. En el Líbano se halla Biblos (véase «Manuscritos y Versiones Antiguas») Tiro y Sidón de la antigua Fenicia; en Siria se encontraba Antioquía (actualmente en Turquía), en donde primero se llamó cristianos a los seguidores de Cristo. Por su tamaño, Antioquía fue la tercera ciudad del antiguo mundo romano; hoy día es una ciudad pequeña. La capital de Siria es Damasco. Los montes Líbano (paralelos a la costa) y Antilíbano limitan un valle que se comunica con el valle del Jordán. El río Orontes corre en dirección norte-sur, pero al pasar por Antioquía fluye al oeste. (Después de correr hacia el norte, el río dobla hacia el sur en dirección al mar).

La mayor elevación en la región de Palestina es el monte Hermón (casi 3.200 m.), cuya cumbre constituye el límite entre el moderno Líbano y Siria; la vertiente occidental pertenece al Líbano, y la oriental a Siria. Su cúspide está cubierta de nieve todo el año, y del monte fluyen riachuelos que van a dar al lago de Galilea (conocido como mar de Galilea, de Genesaret o de Tiberias; la ciudad de Tiberias está a orillas del lago). Mucho más al sur el Jordán desagua en el Mar Muerto. El sitio más bajo de la tierra, casi 450 m. bajo el nivel del mar. Cuando se nada en el Mar Muerto es imposible hundirse por el alto contenido de sales y minerales del mismo. Es uno de los lugares más ricos en recursos naturales en el mundo.

El río Jordán es famoso por los acontecimientos históricos con él relacionados: en él bautizó Juan a Jesús; se dividió para dar paso a los israelitas; Naamán se curó de su lepra al lavarse en sus aguas siete veces. Al norte del mar de Galilea tiene de 800 a 1.200 m. de ancho, y está bordeado de adelfas, tamariscos y otras plantas y arbustos propios de Tierra Santa. El río es importante para el riego.

El Jordán cerca de donde, según la tradición, fue bautizado Jesús y los hijos de Israel cruzaron el río.

Lugares: Geografía y arqueología

Al norte de Siria y Líbano se halla Turquía, que se extiende hacia el este y el oeste. En sus viajes misioneros, Pablo tomó rumbo al norte y al oeste para entrar en Asia Menor, las siete iglesias del Apocalipsis están muy al oeste, y fue en esa región, en Éfeso, ciudad rica en restos arqueológicos, donde San Juan vivió y murió. Cruzando el mar Egeo, Pablo pasó a Europa: a Grecia (donde aún pueden verse ciudades citadas en la Biblia como Corinto y Atenas) y, hacia el norte y el oeste, hasta Roma (en donde aún se mantienen en pie el foro y el Coliseo). En las afueras de Roma está la Vía Apia, recorrida por Pablo y también por viajeros del siglo veinte. Cerca de la Vía Apia hay catacumbas, tumbas subterráneas usadas por los primeros cristianos.

La isla de Chipre («cobre», metal que la isla exportaba en tiempos antiguos), ubicada al este Siria, y Creta, en el Egeo Sur, no quedaron fuera del programa misionero de los primitivos cristianos. En Delfos, Corinto, Efeso, Malta, Tesalónica, hay inscripciones que constituyen pruebas o paralelos de datos, lugares y acontecimientos de la Biblia.

Volvamos a Palestina. Jesús nació en Belén («casa de pan») de Judea, no lejos de Jerusalén. Se crió al norte de Judea, en Nazaret de Galilea. En los contornos de Belén se hallan los campos pastoriles de la historia navideña, y la tumba de Raquel. Los antepasados de David vivieron en Belén, y fue aquí donde Helena, la madre de Constantino, edificó la iglesia de la Natividad en el sitio donde se supone que nació el Señor (una cueva). Visitando en Belén y Nazaret los sitios relacionados con Jesús, se tiene la impresión de que verdaderamente fue educado en circunstancias muy humildes (el sitio tradicional de la carpintería de José en Nazaret, al igual que ciertos aspectos de la historia bíblica, indica bastante pobreza). Entre Judea y Galilea se hallaba Samaria; al este de Samaria, Perea; al norte de Perea y al sur del lago de Galilea se hallaba Decápolis («diez ciudades»). Al pie de las colinas de Galilea está el gran valle de Esdraelón (Jezreel o Armagedón) desde el cual se vislumbra el monte Carmelo. En este valle se libraron muchas batallas. Se comunica con la llanura de Aco y luego con el valle del Jordán. Caná (en donde Jesús transformó el agua en vino y en donde actualmente hay una iglesia con una cúpula color rojo vino), Endor (donde vivió la bruja de la historia del rey Saúl), Tabor (al pie del monte del mismo nombre), Naín (donde Jesús resucitó al hijo de la viuda) y Capernaum (donde se ha excavado una antigua y suntuosa sinagoga) se hallan en Galilea. Al sur y al oeste de Galilea están las ruinas de la antigua Cesarea; no debe confundírsela con Cesarea de Filipo, que se halla al norte y tierra adentro.

Palestina está constituida en conjunto por llanuras costeras, la región montañosa central, una cadena de valles, la meseta de Transjordania y el desierto. Abundan las aldeas, pueblos y ciudades (la Biblia menciona más de 600 poblados al oeste del Jordán). La vida nómada continúa hasta el presente. El camino que lleva de Jerusalén a Jericó por sobre las colinas de Judea cobró fama mediante la historia del buen samaritano que Jesús narró; hoy día, la «Posada del buen samaritano» está en la cumbre del camino entre Jerusalén y Jericó, y allí cerca hay una tradicional cueva de ladrones. (La posada aloja a militares, y fue construida por los cruzados.) El clima de Palestina y la región es muy semejante al de California: seco y soleado. El valle del Jordán recuerda el Valle Imperial de California, y su gran productividad. La flora —higos, uvas, chopos y aceitunas— es muy semejante a la de California.

El pueblo

Los cananeos fueron el pueblo conquistado en días de Josué. Eran principalmente de origen semítico, aunque existen pruebas de que en época temprana fueron infiltrados (segundo milenio A.C.) por pueblos no semíticos, como por ejemplo los horeos procedentes del alto Éufrates, y los heteos, a quienes Abraham compró la cueva de Macpela (Génesis 23. Macpela se convirtió en el principal cementerio de los patriarcas). Las pruebas arqueológicas señalan influencias mediterráneas en el arte cananeo ya desde el año 1500 A.C. Por ahí del año 1400 pueblos procedentes de la región egea habían llegado a Palestina y las regiones hacia el sur. Los filisteos, principales enemigos de Israel durante gran parte del Antiguo Testamento, llegaron desde Creta. Se habían establecido en numerosos sitios de Palestina poco antes de la conquista israelita. Abraham y los primeros judíos eran al parecer descendientes de arameos llegados a Siria y Mesopotamia desde el borde del desierto. De la línea abrahámica se separaron grupos como los moabitas y amonitas (cuyo padre fue Lot), los árabes (descendientes de Ismael) y los edomitas (cuyo padre fue Esaú).

Los cananeos y la arqueología

La arqueología y la investigación han sacado a luz bastantes datos respecto a los cananeos. Vivieron en la llamada edad de bronce (3000 a 1200 A.C.). Establecieron ciudades estados (que

Construcciones hechas por los cruzados en el puerto de la bíblica Cesarea, en la costa mediterránea.

se mencionan en el Antiguo Testamento y en cartas descubiertas en Mari); eran partidarios de la descentralización. Sus poblaciones se usaban como mercados, lugares de defensa y centros administrativos. Los cananeos construían sus ciudades en sitios elevados para facilitar su defensa, y unas ocho hectáreas solían considerarse extensión más que suficiente para la ciudad. A los métodos de fortificación dedicaban mucho estudio; además de elegir un sitio elevado para la ciudad, empleaban piedras gigantescas al pie de los terraplenes, muros de adobe y torres. En las ciudades grandes había una acrópolis. Las puertas de la ciudad se planeaban minuciosamente; se hacían de madera, bronce y piedra. Los gigantescos portones eran de madera, cuyos goznes de bronce giraban en perforaciones de piedra. Las afueras de las puertas de la ciudad se empleaban como mercado, tribunal al aire libre o cabildo abierto.

Las grandes ciudades cananeas eran dotadas de agua mediante manantiales, pozos, acueductos y cisternas. Bajo las murallas de la ciudad se cavaban túneles para acueductos que llevaban a la ciudad el agua de los manantiales; los manantiales mismos eran amurallados para defenderlos de ataques enemigos. Las cisternas eran como las de hoy día: tanques destinados a recoger el agua llovida. (Cerca de Beer-seba hay cisternas cavadas en la roca que datan de tiempos precananeos.) Dentro y fuera de las ciudades se cavaban pozos para que no faltara el agua (es costumbre en el Cercano Oriente que un solo pozo sirva a varios hogares).

En cuanto al culto, cada ciudad estado tenía uno o varios centros religiosos. Los famosos «lugares altos» eran sitios cercados al aire libre. En ellos había columnas o piedras (masse; bah) en los cuales los cananeos creían que moraban las divinidades. A veces había hileras de piedras. Éstas representaban a las familias o a los diversos grupos de adoradores. Un árbol o poste sagrado de madera (asherah) tenía aproximadamente el mismo simbolismo que la massebah. En los lugares altos había también un pozo o pila para ritos purificatorios y un altar de piedra. A veces un templo sustituía los lugares altos, o los suplementaba. Se ha descubierto un templo cananeo en Ai, una de las ciudades tomadas por los hebreos al iniciar su conquista. La religión cananea aparece en las excavaciones de templos en Laquiso, Megido y Siquem, y en las representaciones de Baal (por ejemplo en un cilindro procedente de Bet-el, de c. 1300 A.C.). Los descubrimientos de Ras Shamra también suministran datos sobre la religión cananea: Baal era un dios de las tempestades; su énfasis sobre la guerra y las relaciones sexuales «sagradas» con su secuela de desequilibrio social, constituyen parte de la información.

Los cananeos sepultaban a sus muertos en cuevas. Si no había cuevas, las excavaban de unos tres metros o más de largo, con capacidad para uno o más enterramientos. Se tendía al difunto sobre losas de piedra (en contraste con los fenicios prebíblicos, que sepultaban a sus muertos en grandes vasijas de arcilla). Se colocaban junto al difunto objetos que le pertenecían en vida, además de armas y alimentos para su viaje hacia el más allá. (Los egipcios colocaban alimentos en las tumbas con el mismo fin.) Los documentos de Tel-el-Amarna, unos 350, arrojan luz sobre la vida de Palestina y Siria desde aproximadamente 1400-1300 A.C. Una de las cosas que reflejan es la desintegración del dominio egipcio antes de la conquista realizada por Israel. Las tablillas de esos documentos están escritas en dialecto babilónico.

Los padres de Israel

Los fundadores de Israel, cuyo origen está en Abraham («el padre de la nación judía»), se llaman Patriarcas. El nombre se aplica específicamente a Abraham, Isaac, Jacob (Israel), y los doce hijos de Jacob cuyo nombre se da a las doce tribus de

Israel.* Si bien la arqueología nos ha ayudado a comprender la época patriarcal, el libro de Génesis es aún la principal fuente de datos. La arqueología ha resultado útil en cuanto repetidamente ha confirmado los relatos históricos (ello es cierto en cuanto a gran parte del Antiguo Testamento, y especialmente al período patriarcal), y ha enriquecido nuestro conocimiento de la situación cultural general de aquel tiempo. Basten dos o tres ejemplos. En Mari, cerca del río Éufrates y en Siria, se descubrieron 20.000 tablillas escritas en dialecto muy similar al que hablaban los patriarcas. Nos proporcionan abundancia de datos geográficos, históricos y religiosos respecto a Mesopotamia. En Nuzi (en Irak) se hallaron 20.000 tablillas de barro cocido en escritura cuneiforme y dialecto babilónico que nos muestran cultura y costumbres muy semejantes a las de los patriarcas. Un interesantísimo caso paralelo en un texto de Nuzi se refiere a un cambio del derecho de primogenitura como en la historia de Esaú. Tablillas de Shamrah (Ugarit, en la costa Siria al norte del Líbano) también presentan casos semejantes a los de la época patriarcal. Los patriarcas o padres no eran sedentarios; eran un pueblo transeúnte, nómada que vivía en campamentos móviles. Viajaban con sus ganados (su principal fuente de alimentación), en busca de pastos. El Génesis nos cuenta de grandes campamentos de los patriarcas y sus familias: Siquem fue la primera parada en Canaán (Génesis 12.6-7); luego, un sitio entre Bet-el y Ai, donde Abraham y Lot se separaron (Génesis 12.8; 13.3-11); Mamre, en donde Dios se le apareció a Abraham (Génesis 13.18); Beerseba en Neguev (Génesis 21.25-34). José, uno de los patriarcas, vendido como esclavo para Egipto, es una conocida historia bíblica. Este fue el inicio de una migración judía a aquel grande y antiguo país. Los elementos de esa historia hallan paralelos en pinturas murales o en relieves

---

* Si contamos a Leví, que no constituyó una entidad geográfica, hubo trece tribus.

procedentes de la antigüedad egipcia: la esclavitud, la escasez y el hambre, caravanas, etc. En efecto, las pinturas de los sepulcros en Beni Hasán en el Egipto medio, muestran una caravana de inmigrantes semíticos vestidos de ropas multicolores presentándose ante el gobernante.

Período de Moisés

Moisés fue llamado por Dios para librar a su pueblo de la de esclavitud egipcia. Los gobernantes hicsos reinaron antes del regreso de la dinastía nacional egipcia. Los hicsos habían tratado bien a los judíos, en comparación con los nacionales, que los sometieron a la esclavitud tan conocida por todo alumno de la escuela dominical. Dirigido por Dios, Moisés, de la tribu de Leví, llevó a los hijos de Israel a través del mar Rojo hasta el monte Horeb (Sinaí) (en donde Dios le dio el Pacto). Actualmente hay en el Monte Sinaí un monasterio ruso ortodoxo que encierra muchos raros documentos cristianos que han sido fotografiados y preservados en microfilm. Allí se han realizado algunos de los mayores descubrimientos de todos los tiempos. (Véase el capítulo «Antiguos Manuscritos y Versiones.») En Horeb Dios reveló a Moisés el Decálogo (los diez mandamientos) y otros detalles de la Ley. En muchos aspectos la Ley de Moisés nos recuerda el Código de Hammurabi, rey de Babilonia (c. 1792-1750 A.C.). Dicho código está inscrito en una estela de diorita negra que mide casi dos metros y medio de alto (descubierta en 1902 en Susa) que se halla en el museo del Louvre, París. El código está escrito en lengua acadia. Está dividido en 282 párrafos que tratan de derecho penal, civil y mercantil. Tiene un hondo sentido de justicia, como el código mosaico, si bien —cosa rara— no hay referencia alguna al homicidio en general. La semejanza entre los códigos mosaico y hammurábico se explica por la semejanza universal de los delitos, pero la atmósfera total de la ley hebrea es más humana que la babilónica.

En cuanto a religión, la moralidad asumía un aspecto práctico, y el culto se centraba en el arca del pacto, símbolo de la presencia de Dios entre su pueblo. El arca era un cajón de madera dentro del cual se hallaban las tablas de la Ley. Moisés junto con su pueblo anduvo errante por el desierto, el páramo, y su desobediencia le impidió llevar a Israel a poseer la Tierra Prometida. Apenas logró mirarla desde las alturas de Moab.

Período de la conquista

Los arqueólogos han sacado a la luz varias ciudades cananeas destruidas en el siglo XIII A.C.; de ese modo, algunos eruditos han fijado la fecha de la conquista dirigida por Josué en esa época. Otros evalúan la evidencia y colocan la conquista más temprano en el siglo XV A.C. Dicha conquista se narra en el libro de Josué. Bajaron por Moab, luego cruzaron el Jordán y tomaron a Jericó y Ai (la arqueología moderna ha excavado ambas ciudades). Desde allí Josué libró batallas en diferentes sitios de Canaán, triunfante a veces, vencido a veces (pero Jerusalén, la antigua Jebús de los jebuseos) no quedó permanentemente en manos israelitas sino en tiempos de David.

El establecimiento de las tribus se narra en Josué 13—21 y puede estudiarse mejor en un mapa bíblico de la Palestina en tiempos de Josué y los jueces. Ya asentados, disminuyeron un tanto los hábitos nomádicos de los judíos, pues cada grupo recibió un territorio determinado. Pero tuvieron que vivir junto con los cananeos, a quienes sólo parcialmente habían dominado. Esto influyó en la religión de Israel y en su vida doméstica, mediante alianzas matrimoniales. Toda la desdichada historia de los intentos de coexistencia aparece en el libro de los Jueces.

La monarquía

Luego del período de los jueces Israel, contrariando las vigorosas advertencias del último juez, Samuel, se erigió en monarquía (Moisés era partidario de la teocracia). Los reyes cananeos se habían enseñoreado de los judíos, que se mantenían como humildes poseedores en precario y administradores. Amón y Moab en la Transjordania, y los arameos en Siria, también tenían reyes. En parte para no ser menos que sus vecinos, y en parte para unificar a Israel, Saúl fue ungido rey. Su tarea fue difícil: desde el oeste atacaban los filisteos, y desde el este los amonitas. Los filisteos estaban organizados en una federación de cinco ciudades, con sus centros urbanos en Asdod, Askelón, Gaza, Gat, Ecrón. La arqueología y la investigación revelan claramente que el plan filisteo era conquistar a toda Palestina. Los objetos de cerámica filistea hallados en muchos sitios, demuestran lo amplia que había sido la infiltración de ellos. Además, es evidente que fueron los primeros que en Palestina emplearon el hierro, cuyo monopolio poseían, y que este metal no se empleó en Palestina antes de 1200 A.C. (Pero hay prueba de que allá por el año 4000 A.C. ya tenían metales). El hierro les dio una superioridad económica que los israelitas hallaron difícil de vencer. Las casas y la alfarería de los israelitas del período de los jueces reflejan circunstancias de inferioridad respecto a los filisteos.

Saúl estableció su capital en Gabaa de Benjamín. Los cimientos de sus palacios fortalezas han sido descubiertos unos ocho kilómetros al norte de Jerusalén. En Gabaa la vida era sencilla, aunque se han hallado algunas armas de hierro. Saúl se desempeñó bien a pesar de muchas dificultades, hasta que comenzó su vida de desobediencia contra Dios. El fin le sobrevino en una batalla en el valle de Esdraelón, donde también murió su hijo Jonatán.

Antes del año 1000 A.C. David fue ungido rey y gobernó en Hebrón siete años, y de ahí pasó la capital a Jerusalén, ciudad que había tomado a los jebuseos. En Jerusalén gobernó a las tribus del norte además de Judá y Benjamín. Bajo el gobierno de David fueron derrotados los amonitas y rechazados los filisteos.

La obra más destacada de Salomón fue la edificación del primer templo en el lugar de Jerusalén en que la tradición habría de ubicar siempre el templo, lugar donde actualmente hay, no un templo (dos se construyeron después de Salomón) sino una mezquita. La victoria sobre los filisteos permitió desarrollar el comercio con Fenicia; Hiram de Tiro suministró obreros calificados, y del Líbano llegó madera (1 Reyes 5.1-12) para el templo. A los lados del templo Salomón edificó depósitos para los tesoros. Los detalles artísticos del templo —querubines, palmeras, decoraciones— encuentran paralelos en el arte contemporáneo de Samaria, Ras Shamra y otros sitios. Pero el templo no es de ningún modo la única demostración del espíritu progresivo y la capacidad administrativa de Salomón. La arqueología ha demostrado su interés en los caballos militares (en Meguido se han descubierto caballerizas para 500 o más caballos —véase 1 Reyes 9.15,19). El empleo reciente del hierro se demuestra en las minas de ese metal y de cobre descubiertas en el Neguev. Cerca de Agaba se han hallado ruinas de una fundición. Además, estableció una base naval en Elat (Gezión-geber). Tenía una flota con navegantes fenicios, que recorría los mares hasta Arabia, India y el este de África en busca de oro (el término «oro de Ofir» aparece en la inscripción de una vasija), pavos reales, marfil, piedras preciosas, etc. (1 Reyes 9.26-28,10.22). Sus adelantos en ingeniería civil se muestran no sólo en el templo, sino en las residencias de los gobernadores locales de Meguido y Azor, así como en los enormes silos de Laquis y Betsemes.

Lugares: Geografía y arqueología

La monarquía dividida

Aunque el cisma de Jeroboam sólo reveló los sentimientos hostiles de los israelitas, logró separar el norte (Israel) del sur (Judá). Así quedó lo que la historia bíblica llama la monarquía dividida. Roboam reinó después de Salomón allá por el 931 A.C., pero el exceso de impuestos enfureció a los del norte y Jeroboam se separó con diez tribus. La dinastía de David retuvo el trono de Judá; el norte se independizó. Jeroboam fortificó a Siquem y la convirtió en la primera capital del norte (1 Reyes 12:25). Más adelante, la capital fue trasladada a Tirsa, en donde quedó hasta que Omri la trasladó a Samaria (1 Reyes 16.23, 24). De ahí en adelante Israel y Samaria fueron prácticamente términos sinónimos. Con el tiempo Tirsa fue abandonada, aunque volvió a ocuparse como residencia del gobierno allá por el 800 A.C. En Samaria Omri tuvo mejores comunicaciones con Fenicia y sus puertos. En consecuencia, el comercio floreció. En Samaria se descubrió una cisterna o pozo abierto (véase 1 Reyes 22.38), y en el reinado de Jehú se construyeron (842 ó 841) muros defensivos que se mantuvieron en pie hasta mediados del siglo II A.C.

La arqueología ha revelado otros datos sobre Samaria. Se han desenterrado sus cimientos y se sabe que toda la ciudad estaba rodeada por una doble muralla. En una habitación del palacio real aparecieron placas de marfil tallado, en parte doradas y en parte incrustadas, de las que se usaban para adornar muebles de madera. Como arte refleja influencias egipcias, orientales y mediterráneas. En las bodegas encontraron jarras quebradas con inscripciones hebreas, con indicación de que contenían aceite y vino como pago de impuestos. Las inscripciones de esas jarras son valiosas para el erudito bíblico, porque revelan los distritos administrativos del Reino del Norte. Igual que Samaria, Mizpa y Gabaa estaban bien fortificadas, ya que ambas eran ciudades fronterizas en tiempos de la monarquía dividida.

En Judá la economía era todavía fundamentalmente rural. Uzías (Azarías) cavó cisternas y construyó torres en el campo (2 Crónicas 26.10). Se abrieron negocios en Jerusalén, Hebrón y Laquis. Pero las relaciones entre Israel y Judá eran inciertas. Ya había franca hostilidad, ya tramas ocultas de uno contra el otro, y rara vez se aliaron para protegerse contra una potencia extranjera (e.g. Acab y Josafat se unieron contra los sirios, 1 Reyes 22.29-40). La alianza de Josafat y Joram contra Mesa (2 Reyes 3.4-7) quedó inscrita en una piedra moabita descubierta en 1868 y que se halla actualmente en el Louvre en París.

Israel tenía pleito permanente con Damasco respecto a Galaad, pero en una ocasión Israel y Siria se unieron para luchar contra Asiria, aunque fue en vano. El progreso de los asirios en el Cercano Oriente consta en los textos bíblicos y cuneiformes desde la batalla de Carcar, a orillas del río Orontes (cuando Acab y los sirios fueron derrotados en 853 o 854) hasta el tributo que se exigió del último rey de Israel. Finalmente, se produjo el largo asedio de Samaria por Salmanasar V. Sargón II, sucesor de su hermano, obtuvo la victoria final, y Samaria cayó en 722 A.C. Luego grandes cantidades de israelitas fueron deportados y substituidos por babilonios (2 Reyes 17.24). Hay prueba arqueológica de este suceso en los objetos de cerámica asirios y de otras nacionalidades que se han descubierto, y en la disminución de habitantes y empeoramiento de la situación económica.

También Judá se halló en dificultades con los asirios. La campaña de Senaquerib, sucesor de Sargón, consta en un prisma hexagonal de arcilla con inscripciones en asirio cuneiforme. En 701 Asiria sitió y tomó a Laquis. Un bajorrelieve (c. 690 A.C) procedente del palacio de Senaquerib en Nínive, representa a unos prisioneros que son llevados cautivos en carreta de bueyes. Algunos relieves de la caída de Laquis se hallan en el museo británico, y los relatos bíblicos del mismo suceso se hallan en 2 Reyes 18.

Mientras tanto, Ezequías se esforzaba por fortalecer a Jerusalén. Abrió en la roca un túnel de casi 600 m. de largo para llevar a la ciudad agua del manantial de la Virgen (2 Reyes 20.20; 2 Crónicas 32.30). Una inscripción hebrea, descubierta en 1880, narra los detalles de esa obra. Llegó el día en que Jerusalén fue sitiada por los ejércitos asirios, pero la ciudad se salvó milagrosamente y los ejércitos asirios perecieron (2 Reyes 19.35). Pero dicho suceso no impidió que los asirios realizaran posteriores ataques sobre Judá. Judá pensó en protegerse mediante alianzas con Egipto, a las cuales se oponían continuamente los profetas. A su tiempo cayó Asiria (612 A.C.) y advino el imperio neobabilónico. La nueva potencia siguió la tradición asiria y asedió a Judá. Nabucodonosor volvió a tomar a Laquis, que había sido reconquistada por Judá. En 1935 se hallaron en las ruinas de Laquis cartas escritas en hebreo antiguo referentes a sucesos que precedieron al sitio de la ciudad en 588 A.C. Jerusalén cayó finalmente y el templo fue destruido en 587 ó 586 A.C. Los judíos creativos e inteligentes fueron deportados, y el resto quedó bajo gobernantes babilónicos.

Períodos del exilio y del post-exilio

El exilio significó un reajuste total, como siempre ocurre con las deportaciones. Los judíos tuvieron que abandonar sus hogares, renunciar a sus derechos de propiedad, y establecerse en una tierra absolutamente extraña para ellos. Pero en cuanto se adaptaron al nuevo ambiente, los judíos demostraron su independencia y espíritu creador dedicándose a diversas profesiones, al comercio internacional y a las actividades bancarias. Los arqueólogos han descubierto contratos inscritos en tablillas en caracteres cuneiformes neobabilónicos, que demuestran esta participación en el comercio y las profesiones.

Liberados los judíos por Ciro en 538, algunos de ellos habían alcanzado tan buenas posiciones en los negocios y las profesiones y habían adquirido bienes raíces —en una palabra, estaban bien arraigados— que no quisieron regresar a Jerusalén y a su patria. De ahí en adelante habría judíos en diversos sitios además de Judá. Pero también ocurrió lo contrario, que de ahí en adelante habría una corriente más o menos continua de judíos que regresarían a su patria, lo cual es verdad aun hoy día. La arqueología demuestra que Judá no estuvo repoblada como en días antiguos sino en el siglo III A.C.

Ciro, rey de Persia, libertó a los judíos del dominio babilónico. Los judíos regresaron voluntariamente, pero con vigilantes persas. En algunas de las primeras monedas que se sepa fueron acuñadas en Palestina aparece la palabra yehud («Judá»). Esas monedas hebreas comenzaron a aparecer en el siglo V, y por ahí del III abundaban. También en el asa de las jarras a veces han aparecido inscripciones: por ejemplo yhd («Judá»), yrslm («Jerusalén»). La prueba arqueológica y textual demuestra que los exiliados judíos se concentraron en Jerusalén y en porciones al sudoeste de dicha ciudad. La Palestina del Sur llegó a ser conocida como Idumea, porque allí se habían establecido los edomitas (idumeos) después de la conquista babilónica.

La primera gran tarea de los exiliados que regresaron fue la reconstrucción del templo, llamado el Segundo Templo. La construcción se había iniciado y había de ser terminada bajo Zorobabel, gobernador de Jerusalén nombrado por los persas y judío de ascendencia real, pero diversas interrupciones retardaron la terminación de la obra. Finalmente, en 515 A.C. ó 516 A.C., y durante el reinado de Darío, se terminó.

La segunda gran tarea fue la reparación de los muros de Jerusalén bajo la dirección de Nehemías. Se organizaron los hombres en grupos. A cada grupo le tocaba reparar por completo la parte que se le asignaba. Se terminaron los muros y el hecho se celebró en el año 444 A.C. Los samaritanos y los amonitas habían estorbado vigorosamente la obra. Los samaritanos eran descendientes del pueblo instalado en Israel por los asirios; formaba parte de ese pueblo también el remanente israelita. Adoptaron la religión judía. Un resto de ese pueblo existe todavía (Véase la sección sobre el Pentateuco samaritano en el capítulo sobre «Manuscritos y versiones antiguas»).

Época del Nuevo Testamento

Augusto se coronó emperador de Roma en el año 27 A.C. Palestina y los territorios circundantes quedaron bajo la administración de gobernantes locales. A partir de 37-4 A.C., Herodes I (el Grande) fue rey de la región palestina. Su programa de edificación incluyó fortalezas rurales y palacios al sur de Jericó, un palacio de invierno, edificios públicos en Ascalón (de donde era Herodes) y Samaria (en donde construyó un templo dedicado al emperador Augusto). En Samaria también reconstruyó en parte los muros de la ciudad, y los reforzó con torres. Además, dio a Samaria un estadio, y le cambió de nombre, llamándola Sebaste. Edificó también residencias en Belén, llamadas el Herodio, y realizó considerables alteraciones estructurales en Antipatris y Cesarea. Levantó una fortaleza gigantesca en Masada. Utilizó los manantiales del sur de Belén para dotar de agua a Jerusalén mediante un acueducto. Remodeló una fortaleza en Jerusalén, añadiéndole comodidades residenciales. Pero su principal obra arquitectónica fue la reconstrucción del templo, el «Tercer Templo» o «Templo de Herodes». Lo rodeó de amplios atrios bordeados de pórticos. (Mayores detalles sobre el período entre los dos Testamentos, véanse en el capítulo cinco.)

Tras la muerte de Herodes en el año 4 A.C., Palestina fue gobernada por tetrarcas. Arquelao (4 A.C.- 6 D.C.) gobernó en

Judea y Samaria; Herodes Antipas (4 A.C.- 39 D.C.) en Galilea y Perea; Filipo (4 A C.- 34 D.C.) en los distritos de Iturea y Traconite, al sudoeste del monte Hermón. Palestina volvió a unificarse bajo Herodes Agripa I, el cual construyó el tercer muro de Jerusalén y gobernó la tetrarquía de Filipo desde 37 D.C., Galilea desde 39, Samaria y Judea desde 41, hasta su muerte en 44 D.C. Pocos detalles arqueológicos de su período se conocen, aunque se sabe que su hermana Berenice, según la inscripción que ella hizo poner, reconstruyó en Cesarea edificios levantados por Herodes el Grande. Más adelante, Herodes Agripa II adquirió la tetrarquía de Filipo y varias ciudades galileas en 50 D.C. hasta el año 100. En períodos intermedios las regiones fueron gobernadas por un delegado del emperador enviado desde Siria, mientras Samaria y Judea fueron puestas bajo la jurisdicción de un procurador romano residente en Cesarea, en la costa.

Esa fue la época de Jesús. Durante mucho tiempo se ha discutido respecto al sitio de la muerte y resurrección de Jesús. La iglesia del Santo Sepulcro en Jerusalén señala el sitio donde según la tradición murió, pero fuera de los muros de la ciudad hay actualmente una colina con forma y apariencia de calavera. Algunos la consideran el verdadero Gólgota. Muy cerca de allí hay una tumba abierta, descubierta por el general Gordon en 1883, con la ranura en la roca para hacer rodar la piedra que servía de puerta. Se dice que allí se produjo la resurrección y actualmente hay en ese lugar un jardín mantenido por una entidad evangélica en los alrededores del «huerto del sepulcro». Se han descubierto bastantes tumbas cerradas con piedras en forma de ruedas que datan de tiempos romanos. Dato interesante es que cierto número de tumbas examinadas en 1945 por E. L. Sukenik, tienen inscrito el nombre de «Jesús», que pudiera referirse a Cristo; quizá sean tumbas cristianas de los primeros tiempos (antes del año 50 D.C.), En muchas otras inscripciones en tumbas aparecen nombres como

Lugares: Geografía y arqueología

Simón, Lázaro, Judas, Ananías y José, lo cual muestra la popularidad de dichos nombres que, por cierto, también se hallan en el Nuevo Testamento. Los judíos se rebelaron contra los romanos en 66 D.C Al principio obtuvieron algunos triunfos, pero Jerusalén fue finalmente tomada y el templo destruido por última vez el año 70 D.C. El acuñamiento de moneda sugiere la actitud de los judíos antes del año 70 D.C.: acuñaban monedas de plata para demostrar su independencia de Roma. Pero conforme los judíos fueron perdiendo terreno, las monedas se volvieron de calidad inferior y más escasas. Algún tiempo después del año 70 D.C., las monedas romanas (con la inscripción ludaea capta) señalan la victoria romana. Del templo destruido en 70 D.C. no se han encontrado muchos rastros arqueológicos, aunque un letrero en lengua griega que prohibía a los gentiles (bajo pena de muerte) entrar en el Templo propiamente dicho fue descubierto en 1871 (Hechos 21.28). Otra advertencia semejante se descubrió en 1935. Además del estanque de Betesda (Juan 5.2) arriba mencionado, el estanque de Siloé (Juan 9.11) fue descubierto al sur del sitio del templo. Incidentalmente, el muro de Sicar cerca de Siquem (Juan 4.5, 6) todavía está en uso.

Capítulo 9

LUGARES Y COSAS

El tabernáculo, templos y sinagogas

El tabernáculo

El tabernáculo, construido por mandato de Dios, era una tienda rectangular apoyada por una armazón de madera. Como estaba recubierta de tela y pieles de animales, era portátil; correspondía a los levitas plantarla, levantarla y transportarla. Una vez que se estableció, la columna de humo reposó sobre el Tabernáculo. Dos aposentos, uno más pequeño que el otro, constituían la parte interior, rodeada por el atrio del Tabernáculo. El aposento menor era el Lugar Santísimo; en él se entraba únicamente el día de la expiación, y sólo el Sumo Sacerdote podía entrar. En el Lugar Santísimo estaba el arca con el propiciatorio y los querubines. Todo estaba recubierto de oro. El aposento grande era el «Lugar Santo», en donde se hallaban el altar del incienso, la mesa con los panes de la proposición y el candelabro de oro. El santuario se empleaba para el culto de cada día. Los dos aposentos estaban separados por un grueso velo.

Al entrar en Canaán, Josué hizo que el tabernáculo se estableciera en Silo. Mientras estuvo allí se le añadieron habitaciones para los sacerdotes. Las descripciones bíblicas del Tabernáculo se hallan en Éxodo 25-27, 30, 36-40.

Introducción a la Biblia

El templo

Hubo tres templos judíos, todos en Jerusalén, y todos más o menos en el mismo terreno.

Templo de Salomón

El primero fue el de Salomón. David había pensado edificarlo; reunió materiales y compró el terreno (1 Crónicas 22.7-8; 2 Samuel 24.18-35), pero Dios le prohibió hacerlo. El rey Salomón inició la construcción en el cuarto año de su reinado y la terminó unos siete años más tarde. Fue edificado en el sitio que hoy ocupa la mezquita llamada «Mezquita de la Roca». La arqueología no ha descubierto restos del Templo de Salomón.

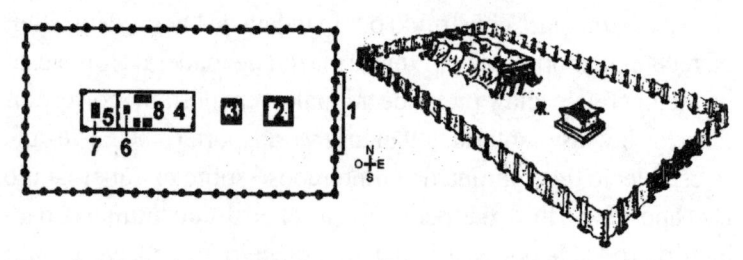

Izquierda: Plano del Tabernáculo. Derecha: Reconstrucción del Tabernáculo

1. Puerta
2. Altar
3. Fuente
4. Lugar Santo
5. Lugar Santísimo
6. Altar de incienso
7. Arca
8. Panes de la proposción y candelero

El Templo de Salomón se describe en 1 Reyes 6—7 y 2 Crónicas 3—4. (Tiene claras semejanzas con el templo de Ezequiel, una visión que aparece descrita en Ezequiel 40—43.) Era rectangular, y estaba orientado de este a oeste. Era de pequeñas dimensiones: medía por dentro poco más de 31 m. de largo, y más de 10 de ancho. En el atrio interior había un altar de bronce para las ofrendas quemadas (1 Reyes 8.22, 64; 9.25). El lavatorio de bronce («mar de bronce» 1 Reyes 7.23-26) era una gran pila circular de

Lugares y cosas

Reconstrucción del Templo de Salomón

más de cinco metros de diámetro. Estaba sostenida por doce bueyes de bronce dispuestos en cuatro grupos de tres, cada uno de los cuales miraba a un punto cardinal diferente. Se hallaba entre el altar de bronce y el pórtico. Respecto a la posterior eliminación de los bueyes, véase 2 Reyes 16.17.

La entrada del templo estaba embellecida por puertas decoradas, a cuyos lados había dos columnas de bronce llamadas Jaquín y Boaz (1 Reyes 7.21; 2 Crónicas 3.15-17). Más allá de las puertas estaba el pórtico, luego el Lugar Santo, y finalmente el Lugar Santísimo. El pórtico tenía unos 10 m. de ancho y cinco de fondo; el Lugar Santo, en donde se llevaban a cabo los ritos corrientes, tenía unos 20 m. de largo y diez de ancho, y estaba separado del pórtico por puertas de ciprés. El Lugar Santo recibía luz a través de unas ventanas cerca del cielorraso (1 Reyes 6.4), y en este aposento se hallaban el altar del incienso, la mesa de los panes de la proposición y cinco pares de candeleros, todo recubierto de oro. Puertas de madera, también de ciprés, daban al Lugar Santísimo, al cual según parece se entraba una sola vez al año, en la fiesta de la expiación. Este aposento, que medía unos 10 m. en cuadro, era un cubo perfecto. Contenía dos querubines de madera, que medían unos 5 m. de alto, y el arca del pacto. El ala izquierda de un querubín tocaba el ala derecha del otro, y

Plano del Templo de Salomón

debajo de ellas estaba el arca (1 Reyes 6.23-28); las otras alas tocaban uno y otro lado del aposento. La presencia de Dios en el Lugar Santísimo estaba simbolizada por una nube (1 Reyes 8.10).

Las paredes, las puertas y los tableros estaban recubiertos de oro. Se empleó mucho cedro del Líbano, y los fenicios ayudaron en la construcción (1 Reyes 5.10,18; 7.13-14). La obra de cantería no era visible. Por todas partes debían verse oro y ornamentación. Los aposentos del alto probablemente estaban destinados a la vestimenta sacerdotal, y se empleaban como depósitos seguros para las ofrendas. El plano del Templo de Salomón era semejante al que damos más abajo.

Desdichadamente el Templo de Salomón no fue respetado. Sisac de Egipto confiscó los tesoros del templo (1 Reyes 14.26) durante el reinado de Roboam, hijo de Salomón. En años posteriores se emplearon los tesoros del templo para aplacar a los enemigos (1 Reyes 15.18; 2 Reyes 16.8, etc.). Además, el paganismo (ídolos, un altar extraño) se introdujo en el recinto sagrado (2 Reyes 16.17; 21.4; 23.1-12). En el siglo VII Josías reparó el Templo cuando el pueblo aportó los fondos necesarios para ello (2 Reyes 22.4). En el siglo VI Nabucodonosor confiscó todas sus preciosas posesiones y lo destruyó. Pero el sitio continuó siendo sagrado para los judíos (Jeremías 41.5).

Segundo templo (Templo de Zorobabel)

Tras el exilio babilónico, judíos fieles reconstruyeron el templo. Este segundo templo se mantuvo en pie más de quinientos años. Algunos tesoros que Nabucodonosor se había llevado fueron devueltos por los exiliados que volvían, allá por el 567 A.C. Ciro otorgó permiso para reconstruir el templo. El libro de Esdras cuenta la historia (véase también Hageo, Zacarías, Nehemías); Zorobabel, gobernador de Jerusalén, apoyó el plan, por lo cual a veces el segundo templo se conoce como Templo de Zorobabel. Se inauguró en 515. Medía unos 10 m. de largo y unos 24 de alto. En el libro apócrifo de 1 Macabeos, hay una descripción de parte del mobiliario (1 Macabeos 1.21-23; 4.49-51). Pero no fue posible volver a colocar en el nuevo templo el arca del pacto, pues durante el exilio se perdió y jamás se volvió a hallar; de modo que el Lugar Santísimo quedó vacío. Sólo una cortina separaba el Lugar Santísimo del Lugar Santo. En el Lugar Santo, un candelabro de siete brazos ocupó el sitio de los diez candeleros de Salomón. Pero la nueva casa de Dios fue sin duda inferior en belleza y perfección a la de Salomón, aunque era aproximadamente del mismo tamaño. El segundo templo fue profanado en el siglo II A.C. (1 Macabeos 1.54), pero poco después fue purificado por los macabeos (1 Macabeos 4.36-59), quienes también lo fortificaron para defenderlo de ejércitos enemigos.

El Templo de Herodes

Herodes el Grande, como maniobra política, edificó el tercero y último templo. En realidad fue una reconstrucción y no un edificio enteramente nuevo, aunque se amplió bastante el terreno que ocupaba (llegó a tener unos 500 x 300 m.). La construcción

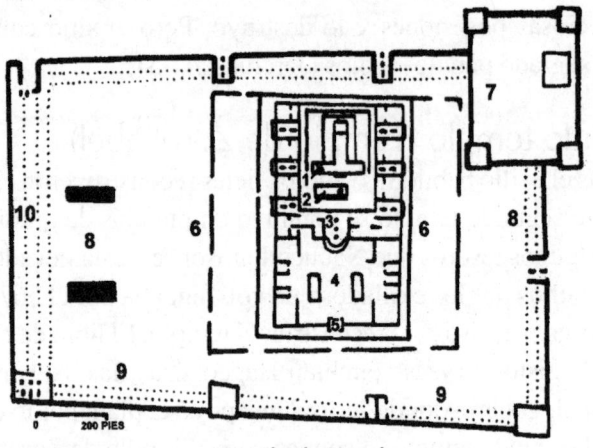

Templo de Herodes

1. Atrio de los sacerdotes
2. Altar
3. Atrio de Israel
4. Atrio de las mujeres
5. Puerta Hermosa
6. Balaustrada
7. Fortaleza Antonia
8. Atrio de los gentiles
9. Pórtico de Salomón
10. Pórtico real

se inició en 19 A.C. y su parte principal quedó terminada diez años después, aunque se continuó trabajando durante algún tiempo (véase Juan 2.20). El enorme terreno del templo estaba rodeado de piedras que medían hasta 5 m. de largo y poco más de un metro de alto. ¡Con razón las admiraban! (Marcos 13.1). Aún se conservan restos de ese muro; también hay restos de algunas de las puertas. Quizá la puerta del este haya sido la Hermosa de Hechos 3; la ornamentación de las puertas es de bronce, en estilo corintio. En la esquina noroeste estaba situada la fortaleza Antonia; los procuradores se alojaban en ella cuando estaban en la ciudad y allí había una guarnición de soldados para sofocar cualquier tumulto que surgiera (como el de Hechos 21).

Bordeando el terreno del Templo, pero dentro de los muros, había un pórtico; los lados del sur y el este eran respectivamente llamados Pórtico Real y Pórtico de Salomón (Hechos 3.11). En los diversos pórticos tenían sus mesas los cambistas (Juan 2.14-16), y era también allí donde los escribas disputaban y enseñaban. Más allá del pórtico y rodeando toda la parte principal del templo, se hallaba el atrio de los gentiles. Entre éste y la parte interior había una balaustrada con letreros en griego y latín en que se advertía a los gentiles, bajo pena de muerte, que estaba prohibido pasar la balaustrada. Dos de esos letreros han aparecido.

A la entrada del atrio de las mujeres había arcas destinadas a recoger dinero para los gastos del culto (Marcos 12.41-44). Dentro del atrio de los sacerdotes estaba el altar hecho de piedra bruta. El plano general del templo era el mismo del de Salomón. El velo de Mateo 27.51 y Marcos 15.38 dividía el Lugar Santo del Santísimo. El Lugar Santo medía unos 20 m. de largo, 10 de ancho y 20 de alto; el Lugar Santísimo medía unos 10 m. por cada lado, y 20 de alto. En los lados norte, sur y oeste había tres pisos de habitaciones.

La perfección y belleza del Templo no habrían de ser admiradas mucho tiempo, pues en el año 70 D.C. Los romanos lo destruyeron (y no ha vuelto a ser reconstruido) y se llevaron a Roma sus objetos de oro como símbolo de su victoria militar.

Sinagoga

La palabra «sinagoga» significa «unión o reunión». Su origen se pierde en la bruma de los tiempos, pero es probable que existiera durante el exilio. En ese tiempo los judíos han de haber querido tener sitios en donde reunirse, ya que no era posible acudir al Templo de Jerusalén. Hasta es posible que las sinagogas o sus antecedentes existieran antes del exilio. Pero la más antigua prueba arqueológica procede del siglo III A.C., y consiste en una inscripción relativa a una sinagoga egipcia cerca de Alejandría. La palabra «sinagoga» en Salmo 74.8 quizá se refiera a la misma clase de institución. Según parece, en un tiempo fue costumbre edificar las sinagogas sobre colinas. Pero en tiempos del Nuevo Testamento, siempre que era posible se construían junto a algún río (Hechos 16.13), sin duda porque esto facilitaba el administrar los ritos de purificación. El diseño arquitectónico solía incluir tres puertas frontales y un vestíbulo con columnas, que conducía al santuario rectangular. El santuario también tenía columnas. Había una galería destinada a las mujeres, a quienes no se les permitía sentarse junto con los hombres en la planta baja del santuario. Separado por una cortina, había un aposento destinado a guardar los rollos de la Tora (Ley), cubiertos de lino. Los ancianos se sentaban en la plataforma, en la cual había también una mesa para la lectura, desde la cual, sentado, un varón exponía las Escrituras. En la sinagoga había también lámparas, trompetas y cuernos que se empleaban en días especiales. El culto en la sinagoga incluía una extensa oración por un ayudante, durante la cual la congregación se mantenía en pie, mirando hacia Jerusalén. Siete miembros de la congregación pasaban adelante a leer los pasajes correspondientes al día. Era costumbre leer toda la Tora cada cierto número de años, pero también se usaban otras partes del Antiguo Testamento. En la época del Nuevo Testamento cada versículo se leía en hebreo y luego se traducía al arameo. Después de la lectura señalada, se elegía una porción de los Profetas y se leía, después de lo cual era explicada por un voluntario, o por algún encargado (Marcos 1.21,39; Hechos 13.5, etc.). Finalmente había una bendición, a menudo a cargo de un sacerdote. Sólo gradualmente los actos del culto fueron asumidos por encargados oficiales (véase Hechos 13.15; Lucas 4.20; Hechos 22.19). El culto de la sinagoga, a diferencia del Tabernáculo y el Templo, giraba en torno a la palabra hablada, y no a la ceremonia; ello estimulaba un clima espiritual más lleno de vida.

Lugares y cosas

Instrumentos musicales

La música, tanto vocal como instrumental, se menciona a menudo en la Biblia. En realidad, la Biblia refleja una gran sensibilidad hacia la música y su belleza. La tradición afirma que Jubal fue «padre de todos los que tocan arpa y flauta» (Génesis 4.21). Ella era símbolo y expresión de gozo en las fiestas, días sagrados y bodas. Reyes y reinas se deleitaban con ella, y hasta los pastores tenían su lira. David organizó un coro y orquesta (1 Crónicas 15.16-24); había canto antifonal de los Salmos; y el libro de los Salmos (himnario de los antiguos hebreos) insta diciendo «Cantad alegres a Jehová». Y en las batallas también había música.

¿Cómo era esa música? En verdad nadie lo sabe, pero si en algo se parecía a la música del Cercano Oriente tal como hoy la conocemos, debe haber tenido un sonido extraño para los oídos occidentales, por basarse en una escala diferente a la nuestra. ¿Cómo eran los instrumentos? También los conocimientos al respecto son oscuros, pero la etimología de los nombres de los instrumentos, los descubrimientos de instrumentos antiguos y de representaciones artísticas de los mismos en el Cercano Oriente, más una pizca de imaginación, ayudan en el intento de reconstrucción.

Adufe

1 Samuel 10.5; 2 Samuel 6.5; Salmo 150.4, Reina Valera (R.V.); Nácar Colunga (N.C.). Es una especie de pandero.

Arpa

Junto con la flauta, es el primer instrumento que se menciona en la Biblia (Génesis 4.21). Se hacía de madera de ciprés o sándalo. Era un pequeño instrumento de cuerdas. Se tocaba con los dedos o con un plectro. Probablemente tenía de ocho a diez cuerdas, y su tamaño y forma eran diversos. David tranquilizaba al rey Saúl al son del arpa (1 Samuel 16.16). Se empleaba en el culto en el Templo y en diversas fiestas. Algunos han sugerido que es de origen sirio. Los egipcios usaban arpas tan altas como un hombre. La lira era un instrumento semejante pero más pequeño, y se pulsaba con ambas manos.

Bocina

La Biblia de Straubinger (Str.) la llama «cuerno». El cuerno de carnero o de vaca era un sencillo instrumento de viento que producía una serie de notas empleadas como señales. Se menciona en Josué 6.4, 6, 8, 13. A veces se le llama «trompeta».

Campanillas

Diversas clases de campanillas se empleaban en tiempos bíblicos. Las mujeres usaban campanillas o cascabeles como adorno en las muñecas y tobillos para atraer la atención y la admiración (Isaías 3.16-18). El borde del manto del sumo sacerdote tenía campanillas como adorno y para anunciar su entrada y su salida (Éxodo 28.33-35). Solía ponerse campanillas a los caballos como adorno y para ayudar al dueño a encontrar el animal extraviado.

Címbalo

Los címbalos, empleados especialmente en tiempos del Antiguo Testamento en las fiestas y ceremonias (1 Crónicas 15.19; Esdras 3.10), eran de diferentes clases. Algunos eran platillos de bronce que se golpeaban unos contra otros. Otros eran cónicos o casi cónicos, con agarraderas, y se entrechocaban verticalmente. Había otros que se raspaban uno con otro. David y los israelitas tocaron címbalos y otros instrumentos cuando llevaban el arca a Jerusalén (2 Samuel 6.5). La única vez que se mencionan los címbalos en el Nuevo Testamento es en el gran capítulo del amor, 1 Corintios 13 (versículo uno). Salmo 150.5. La versión Straubinger lo llama a veces «sistro».

Cítara

1 Samuel 16.23; Job 21.12 Str. La cítara es una lira antigua con caja de resonancia.

Castañuelas

2 Samuel 6.5 posiblemente se refiera a las castañuelas, instrumento musical que David y sus músicos tocaban. El nombre de este instrumento se deriva de «castaña», pues en tiempos antiguos se pegaban dos castañas a los dedos y se golpeaban para hacer música. Más adelante las castañuelas se hicieron de pequeños címbalos en forma de cuchara. En Egipto se hacían de metal, hueso y madera. Salmo 150.5 puede referirse a las castañuelas.

Cuerno

Véase Bocina.

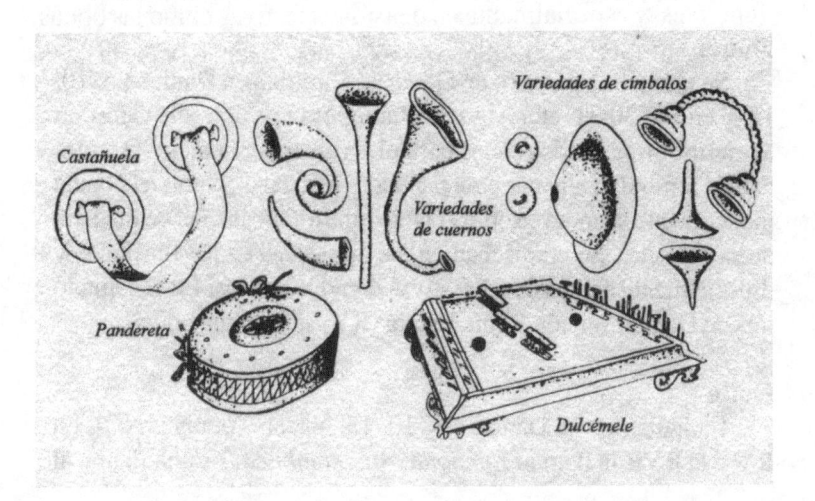

Decacordio

Se menciona en Salmo 33.2 y 144.9. Straubinger lo llama «salterio de diez cuerdas» y «arpa de diez cuerdas». La Biblia de Jerusalén lo llama «lira de diez cuerdas».

Dulcémele

Con este nombre se menciona en la versión «King James» inglesa el instrumento llamado zampoña (RVR) y sambusa (RV, Str.). Pero el dulcémele era una caja de resonancia con cuerdas tendidas en hileras, y se tocaba con una especie de martillitos. Daniel 3.5,10,15.

Flauta

Se menciona primero en Génesis. También en Daniel 3.5, 10, 15, y en Job 30.31, etc. Algunas flautas eran de una sola caña con agujeros; otras, de dos cañas paralelas (una para la melodía y otra para la armonía); algunas eran parecidas a la gaita, y otras a la flauta moderna que se mueve sobre el labio inferior. Se hacían de madera, hueso o metal. Se empleaban en las orquestas, en los funerales, y especialmente en ocasiones festivas como las bodas. En el capítulo tres de Daniel, versión Reina Valera (RV) se la llama pífano.

Gaita

La hallamos en Daniel 3.5, 10, 15, Nácar-Colunga (NC). La RV y la RVR la llaman zampoña; Str., sambuca. Es una flauta, al modo de chirimía, que se acompaña del tamboril.

Lira

Véase Arpa.

Órgano

Se menciona en Salmo 150.4, RV y NC. Es un instrumento de viento compuesto de muchos tubos, donde se produce el sonido mediante el aire impelido por un fuelle.

Pandero

El pandero o pandereta es un instrumento de madera cuyo vano está cubierto por una piel muy tirante. Era símbolo de alegría. Se parece al tambor, pero tiene sólo una piel estirada sobre el marco, y a veces lleva discos de metal en la parte de afuera. Al golpear sobre la piel, los discos tintinean aumentando la alegría de la fiesta. Éxodo 15.20; 1 Samuel 10.5; Salmo 81.2; 150.4 lo mencionan. (Véase «tambor».)

Pífano

Se menciona en el capítulo tres de Daniel, RV. Es un flautín de tono muy agudo.

Salterio

El salterio del antiguo Israel era semejante al arpa (Str. a veces lo traduce «cítara») y se empleaba para el culto y para las fiestas.

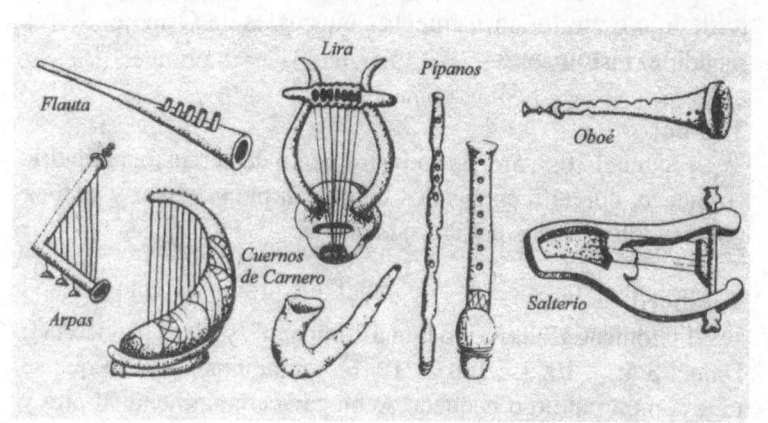

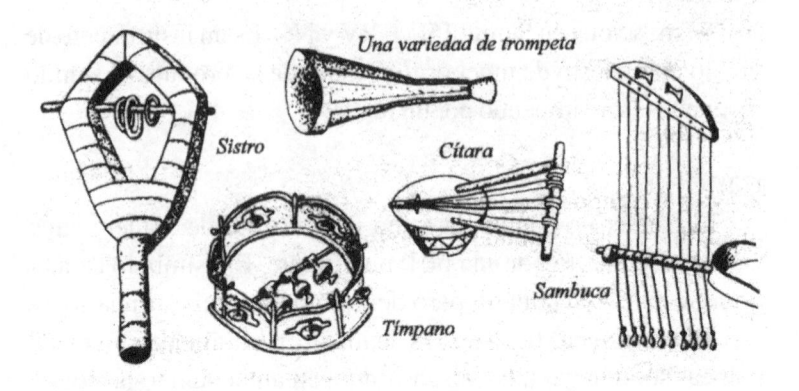

Se pulsaba con los dedos, y no con plectro. Algunos han sugerido que su nombre hebreo, que significa «botella», describe la forma del instrumento. Quizá haya sido de origen fenicio. 1 Samuel 10:5; 2 Crónicas 5:12; Salmo 71:22.

Sambuca

Algunos la llaman «trígono», y era un instrumento portátil semejante al arpa, que se ataba a la cintura del músico, el cual la mantenía vertical al tocar mientras caminaba. El número de sus cuerdas variaba; los griegos y los romanos la consideraban objeto de lujo entre los instrumentos musicales de Oriente. Sólo se menciona en Daniel 3.5,7,10,15, versión de Straubinger. Era parte de la orquesta de Nabucodonosor.

Sistro

2 Samuel 6.5, Str. La palabra hebrea que se traduce sistro se deriva del verbo «sacudir». En un marco atravesado por un alambre, colgaban unos anillos de metal que producían un tintineo al sacudir el instrumento.

Tambor

1 Samuel 10.5, Str. Es un instrumento de percusión, cilíndrico, hueco, cubierto en sus dos bases con pie estirada, y se toca golpeándolo con dos palillos o baquetas.

Tamboril

1 Crónicas 13.8 (NC lo llama «tímpano», y Str., «pandereta») Daniel 3.5, 7, 10, 15; Job 21.12. Es un tambor pequeño que se toca con un palillo o baqueta. Acompaña comúnmente al pito y se usa en las danzas populares. En ocasiones, RV lo llama «pandero». Es un instrumento de alegría.

Tímpano

Jueces 11.34, Str.; 1 Samuel 10.5; 1 Crónicas 13.8; Salmo 150.4, NC. La RVR lo llama a veces «pandero». Es un atabal o tamboril.

Trompeta

Solía hacerse de cuerno de carnero o cabra. A veces se le llama «cuerno». Se empleaba para señales en la guerra, como en el caso de Gedeón (Jueces 7.16-23). Otra clase de trompeta era recta y metálica. Dios mandó a Moisés hacer dos trompetas de plata (Números 10.1-10). Se mencionan las trompetas en Apocalipsis 8.2. 1 Tesalonicenses 4.16 (véase Mateo 24.31 y 1 Corintios 15.52) menciona «la trompeta de Dios» en la segunda venida.

Zampoña

Daniel 3.5, 7, 10, 15, RV y RVR. Es un instrumento rústico a modo de flauta, o compuesto de muchas flautas.

Introducción a la Biblia

Fiestas y días sagrados de los judíos

Año Nuevo
(Véase Trompetas.)

Año Sabático
Cada séptimo año se apartaba como año sabático. La arada y el cultivo se suspendían durante este año, y cuanto la tierra produjera durante ese lapso, era para los pobres, los siervos y otros semejantes (véase Levítico 25.2-5). No había peligro de que faltara el alimento, pues Dios había prometido que el sexto año daría suficiente para los tres años. Las deudas debían entrar en mora o perdonarse, y debía leerse la ley ante el pueblo en la fiesta de los tabernáculos (Deuteronomio 31.10-13).

Cuarto mes
La fiesta del cuarto mes, que correspondía al día 17 de tamuz, conmemoraba varios sucesos. En este día los israelitas habían hecho el becerro de oro y Moisés había quebrado las tablas de la ley el mismo día del año (Éxodo 32.19). En este día se suspendieron los sacrificios diarios durante una escasez de ganado anterior a la destrucción de Jerusalén, y se dice que dicha ciudad fue sitiada por Nabucodonosor el 17 de tamuz.

Dedicación
La fiesta de la dedicación era primordialmente una festividad neotestamentaria en recuerdo de la purificación del Templo por Judas Macabeo en 164 A.C., después que fue profanado por Antíoco Epifanes. Se la llama también fiesta de las luces, pues cada noche el Templo y las casas se iluminaban con lámparas, linternas y antorchas. El festival dura ocho días. Hoy día se le llama Hanukkah. Juan 10.22.

Expiación

Se celebra cada año. Hoy día se la llama Yom Kippur. El día de expiación era un importante día de reposo en la vida religiosa judía. Ningún trabajo se realizaba en él, y había servicios matutinos y vespertinos así como sacrificios expiatorios en pro de los sacerdotes, ofrendas de pecado en pro del pueblo y ofrendas quemadas en pro de sacerdotes y pueblo. La sangre de un animal se derramaba para expiar los pecados de los sacerdotes y el pueblo, y a fin de purificar el santuario de impurezas. Éxodo 30.10; Levítico 16; 23.27-32; Números 29.7-11.

Hanukkah
(Véase Dedicación.)

Jubileo

El año del jubileo era después de pasadas siete semanas sabáticas de años, o sea cuarenta y nueve años. El quincuagésimo año era tiempo de reposo y redención para Israel. La ley daba reposo a la tierra durante este año, y a nadie se le permitía sembrar ni cosechar (Levítico 25.11). Además, si alguien, por pobreza, había vendido propiedades suyas sin haber logrado redimirlas, éstas volvían a manos suyas sin paga durante el año del jubileo. La ley establecía además que durante este año cualquier israelita que hubiera caído en esclavitud por deudas, debía ser liberado junto con su familia. De modo que el año del jubileo era de libertad para los pobres y de reposo del trabajo para Israel. Levítico 25.8-55; 27.17-24.

Linternas
(Véase Dedicación.)

Luna Nueva

El novilunio señalaba el comienzo de un nuevo mes, por lo que se celebraba como una división del tiempo. El día trigésimo del mes se apostaban atalayas en las colinas de Jerusalén para observar la salida de la nueva luna. Tan pronto como la divisaban, corrían a la ciudad a dar la nueva al sanedrín, el cual daba el aviso oficial. El día se celebraba con sacrificios y fiestas especiales. Éxodo 40.2, 17; Números 10.10; 28.11-14; Salmo 81.3; Amós 8.5; Colosenses 2.16.

Ofrenda de la leña

De Nehemías 10.34 y 13-31 se desprende que ciertos días estaban consagrados a la fiesta de la ofrenda de la leña. En ellos los israelitas recogían leña para el templo. Es principalmente un día de fiesta campestre, y probablemente se celebraba el 21 de Ab y el 21 de Elul.

Panes sin levadura

La fiesta de los panes sin levadura venía inmediatamente después de la Pascua, y duraba del 15 al 21 de Nisán. Su nombre obedece a que solamente pan sin levadura podía consumirse durante estos siete días. El primero y el séptimo días de la fiesta la gente reposaba del trabajo y celebraba santa convocación en recuerdo de su histórica liberación de Egipto. El segundo día, la primera espiga de la nueva cosecha de cebada se presentaba como ofrenda mecida al Señor. Éxodo 12.15-20; 13.6-8; Deuteronomio 16.3-8; Mateo 26.17; Marcos 14.1,12; Lucas 22.1,7; Hechos 12.3; 20.6.

Pascua

La Pascua era la más importante de las grandes fiestas judías, pues conmemoraba la liberación de Israel de la última plaga que cayó sobre los egipcios, así como su libertad del cautiverio egipcio. La Pascua fue instituida cuando Dios ordenó al jefe de cada familia que rociara sangre en los postes de las puertas para que cuando el ángel de la muerte pasara, fuera salvo el primogénito de cada familia. La Pascua se celebraba el 14 de Nisán y era seguida por la fiesta de los panes sin levadura. Éxodo 12; 13.1-10; Levítico 23.5-14; Números 9.2-14; Marcos 14.1; Lucas 2.41; Juan 19.14.

Pentecostés

Es la segunda en importancia de las festividades judías. El Pentecostés se celebraba cincuenta días después de la Pascua y conmemoraba la conclusión de la cosecha y la ofrenda de los primeros frutos sobre el altar. Ningún trabajo podía hacerse en él, y diversas ofrendas se presentaban a Jehová como gratitud por la cosecha. Éxodo 22.29; 23.16,19; Levítico 23.10-21; Números 28.26-31; Deuteronomio 16.9-12. En el Nuevo Testamento, el Pentecostés está particularmente relacionado con la venida del Espíritu Santo. Hechos 2; 20.16; 1 Corintios 16.8. El Pentecostés se conoce también como fiesta de las semanas, o día de los primeros frutos.

Primeros frutos

(Véase Pentecostés.)

Purim

La fiesta de Purim consta en Ester 9.26-31. Fue instituida por Mardoqueo, por sugerencia de Ester, para conmemorar la liberación de los judíos de Persia del mortal complot de Amán. El 14 y 15 de Adar eran días de ayuno y gozo; había intercambio de regalos y se daba limosna a los pobres. Véase el libro de Ester.

Quinto mes

El ayuno del quinto mes (9 de Ab) se celebra por varias razones: (1) En dicho día Nabucodonosor destruyó el Templo; (2) Tito destruyó el segundo Templo el mismo día del año; (3) Se dice que en ese día Jehová prohibió a los hijos de Israel entrar en la Tierra Prometida (Números 14.29-31); (4) El 9 de Ab se considera también como el aniversario de la toma de la ciudad de Beter por el emperador Adriano.

Sábado

Los israelitas observaban rígidamente el séptimo día de cada semana como día de reposo. No se permitía en él ninguna clase de trabajo, pues el sábado debía apartarse para el Señor. Éxodo 20.8-11; 31.12-17; Levítico 23.1-3.

Semanas

(Véase Pentecostés.)

Tabernáculos

La tercera en importancia de las grandes fiestas anuales, la fiesta de los tabernáculos, se celebraba desde el 15 hasta el 22 de Etanim. Era una fiesta de las cosechas y conmemoraba el comienzo de la peregrinación por el desierto. Por toda la ciudad se construían enramadas, y todo el que hubiera nacido israelita estaba obligado a vivir en una de dichas enramadas mientras duraba la fiesta, en recuerdo de la divina protección durante la peregrinación en el desierto. La fiesta de los tabernáculos también señalaba el fin de la recolección de las frutas, el aceite y el vino, y la conclusión del año de festividades. Éxodo 23.16; 34.22; Levítico 23.34-36, 39-44; Números 29.12-40; Deuteronomio 16.13-15; 31.10-13; Juan 7.2.

Trompetas

La fiesta de las trompetas se celebraba el primer día del mes sabático de Etanim. Señalaba el comienzo del año nuevo civil de los judíos. Estaba consagrado al reposo y a los ejercicios espirituales, además de fiestas y sonar de trompetas. Era un mes sagrado, que incluía el día de expiación, el día décimo y la fiesta de los tabernáculos el día 15. La fiesta de las trompetas se conoce hoy con el nombre de Rosh Hashanah. Levítico 23.24-25; Números 29.1-6.

CALENDARIO DE FIESTAS Y DÍAS SAGRADOS DE LOS JUDÍOS

Fiesta	Fecha hebrea	Fecha nuestra
Purim	14-15 de Adar	Febrero-marzo
Pascua	14 de Nisán	Marzo-abril
Panes sin Levadura	15-21 de Nisán	Marzo-abril
Pentecostés	5 de Siván	Mayo-junio
Cuarto mes	17 de Tamuz	Junio-julio
Quinto mes	9 de Ab	Julio-agosto
Ofrenda de Leña	21 de Ab	Julio-agosto
Ofrenda de Leña	21 de Elul	Agosto-septiembre
Expiación	10 de Etanim	Septiembre-octubre
Tabernáculos	15-22 de Etanim	Septiembre-octubre
Dedicación	25 de Quislev	Noviembre-diciembre

Sectas y partidos de los judíos

Asesinos

Se les llama también «sicarios» u «hombres de la daga». Los asesinos eran un grupo de militantes nacionalistas judíos que atacaban con daga a quienes consideraban enemigos de la nación. Parece que algunos eran seguidores de cierto egipcio llegado a

Jerusalén en 54 D.C., diciéndose profeta. En Hechos 21.38, equivocadamente toman a Pablo por líder de ese grupo.

Escribas

Desde época temprana desempeñan los escribas parte importante en la vida religiosa judía. Su profesión era primordialmente la de sacerdote, y en tiempos anteriores al exilio eran simples secretarios que atendían la correspondencia y la contabilidad del rey (e.g. 2 Samuel 8.17). Más adelante comenzaron a copiar la ley y diversos escritos sagrados, y con el tiempo llegaron a ser eruditos en cuestiones religiosas (Esdras 7.11). Gradualmente se apartaron de la clase sacerdotal y llegaron a ser intérpretes oficiales de la ley (véase Lucas 5.17 —«doctores de la ley»— y Mateo 23.7, «Rabí»). Marcos 12.28; Lucas 10.25; 20.39.

Esenios

Aunque en ninguna parte del Nuevo Testamento se les menciona, se cree que el partido esenio surgió allá por el siglo II A.C. El nombre «esenio» significa «santo» y, según Filón, contaban con unos 4.000 miembros. Los esenios vivían en su mayor parte a lo largo de la costa occidental del mar Muerto, muy lejos de las distracciones del resto del mundo. Constituían una comunidad ascética y se consideraban el verdadero remanente del pueblo de Dios. Tenían todas las cosas en común (véase la iglesia primitiva, Hechos 4.32-37), y renunciaban a toda riqueza y lujo. Su credo teológico era semejante al de los fariseos. El descubrimiento de los rollos del mar Muerto ha arrojado nueva luz respecto al credo y prácticas de los esenios (véase El manual de disciplina hallado cerca de Qumran).

Fariseos

Aunque algunas características de los fariseos pueden descubrirse ya en tiempos postexílicos bajo Esdras y Nehemías, los fariseos no llegaron a ser un partido diferenciado sino en la última mitad del siglo II A.C. Primero se les conoció como separatistas por su oposición a la influencia paganizante de Antíoco Epifanes, y más tarde se les dio el título de «fariseos» que significa «los separados». La principal característica de los fariseos era su estricta observancia de la ley. Su énfasis estaba en la letra más que en el espíritu de la ley. Por ello, el nombre «fariseo» se volvió sinónimo de «hipócrita» (véase la denuncia de Jesús en Mateo 23). Su enseñanza básica incluía la creencia en (1) la divina providencia, (2) los ángeles y espíritus, (3) la inmortalidad del alma, (4) la resurrección, (5) recompensas y castigos futuros, y (6) un literal reino mesiánico en la tierra. Evitaban todo posible contacto con los paganos y era notorio su orgullo y su gazmoñería. Marcos 7.1-13; Lucas 14.1-6; Hechos 23.6; 26.5; Filipenses 3.5.

Herodianos

Los herodianos constituían un partido más político que religioso. Derivan su nombre de la familia de Herodes, a la cual apoyaban como gobernantes de la nación judía, y cuya causa trataban de promover. Sólo tres veces se les menciona en la Biblia. Los herodianos se unieron a los fariseos contra Jesús, a quien consideraban enemigo común, e intentaron hacer que Jesús cayera en actitudes sediciosas contra Roma, o por lo menos desacreditarlo entre los judíos (Mateo 22.15-22; Marcos 12.13-17). Marcos 3.6.

Saduceos

La palabra saduceo viene de una palabra hebrea que significa «justicia» y también se asocia con la familia de Sadoc, de cuyo nombre creen algunos que se deriva el de saduceo. Los saduceos llegaron a ser un partido definido más o menos al mismo tiempo que los fariseos: la última mitad del siglo II A.C. Estaban constituidos primordialmente por sacerdotes procedentes de familias ricas y aristocráticas; tenían poca influencia entre el pueblo común. Con mucha frecuencia se contrastan las enseñanzas de los saduceos con las de los fariseos, ya que su credo parece haber sido teológicamente el polo opuesto del de aquellos. Los saduceos negaban la inmortalidad, la resurrección, los ángeles y los espíritus, así como la posibilidad de futuras recompensas y castigos, todo lo cual eran dogmas fundamentales de la fe farisaica. Negaban además la divina providencia, afirmando que las acciones del hombre dependen del libre albedrío de éste. Marcos 12.13-17.

Zelotes

Los zelotes se constituyeron en partido alrededor del año 66 D.C. Su nombre proviene de un derivado hebreo que significa «celoso» y estos estaban poseídos de un odio profundo. De naturaleza esencialmente política, los zelotes eran fanáticos nacionalistas judíos partidarios de la rebelión armada contra Roma.

El sanedrín

Se desconoce el origen del Sanedrín. Una antigua tradición afirma que se originó con Moisés y sus setenta ayudantes ancianos (Números 11.16-24). Esdras reorganizó un Sanedrín después del exilio, dice la tradición. Según parece, el número de miembros variaba, pero el número completo de 70 ó 71 fue fijado después de Esdras. Por aquel tiempo, los saduceos y los fariseos formaban parte de él. Entre los saduceos, había unos llamados «alma del Sanedrín», varones que habían sido sumos sacerdotes o candidatos para el puesto. Los fariseos o doctores de la ley tenían mayor influencia que los saduceos en tiempos de nuestro Señor. Los «ancianos» eran los miembros del Sanedrín (no eran ni saduceos ni fariseos). Los escribas eran los expertos de la ley (Mateo 26.57). José de Arimatea era miembro del Sanedrín. Los métodos para seleccionar sus miembros variaron con los siglos. El sumo sacerdote era el que presidía el Sanedrín; por eso es que Caifás presidió en el proceso de Jesús, y Ananías en el de Pablo (Hechos 23.2). Hablando en términos generales, el territorio en que el Sanedrín ejercía jurisdicción estaba limitado a Judea, aunque los judíos de todas partes respetaban su autoridad y recibían su influencia (Hechos 9.2). La autoridad romana no disminuyó en nada su poder esencial; era la corte suprema de los judíos (Mateo 26.59; Marcos 14.55; Lucas 22.66; Juan 11.47; Hechos 4.15; 5.21 ss.; 6.12 ss., 22.30; 23.1 ss., 24.20). En Mateo 5.22 «sanedrín» significa simplemente cualquier tribunal de justicia. El Sanedrín mantenía su propia fuerza de policía, la que tenía autoridad para arrestar, procesar (Mateo 26.57 ss., Juan 19.7, Hechos 4, Hechos 22-24) y ejecutar sus sentencias, excepto la de muerte (exceptuando el caso en que un gentil traspasara el límite y se introdujera en la parte prohibida del Templo [Hechos 21.28 ss. véase lo dicho sobre el Templo, capítulo IX]). Aun en cuanto a la pena capital, podía sentenciar y pedir la ratificación del procurador. Tratándose de la pena de muerte, los miembros más jóvenes del Sanedrín tenían que votar primero (votaban poniéndose de pie) para no ser influidos por el voto de los más ancianos, y la regla era que los asuntos se decidían por la mitad de los votos más dos. Cuando se dictaba sentencia de muerte, se ejecutaba al día siguiente; por tanto, nunca se dictaba tal sentencia la víspera del sábado, por ser contrario a la ley judía ejecutar al reo en el día santo. El único caso de pena de muerte en el Nuevo Testamento es la muerte de Jesús (la muerte de Esteban fue un caso de violencia multitudinaria). No celebraban sesión en día feriado ni en sábado (el Sanedrín se reunía en días preestablecidos, pero no se sabe cuáles eran). Un principio que aplicaba el Sanedrín era conceder siempre al acusado el beneficio de la duda, por ello sabemos que el proceso de Jesús fue contrario a la justicia.

Durante las sesiones, el grupo se sentaba formando un semicírculo, de modo que podían mirarse unos a otros cara a cara. Los secretarios estaban al frente, uno anotando lo que se decía en favor del acusado, y el otro, lo que decía la acusación. Los estudiantes de derecho, que eran aspirantes a puestos en el Sanedrín, asistían a las sesiones para aprender. Hacían quórum en el tribunal veintitrés miembros.

Plantas y animales

Plantas de la Biblia

Abrojo

Planta de tallos rastreros, con fruto armado de fuertes púas. Se menciona en el Sermón del Monte (Mateo 7.16). Es símbolo de esterilidad en Hebreos 6.8.

Acebuche

Se menciona en Romanos 11.17, RV. Es el «olivo silvestre» de la RVR. Hay diversas variedades. Su madera, sumamente dura, se emplea para arados, hormas de zapatos, rayos de rueda, etc. El fruto, llamado acebuchilla, se aprovecha como alimento para ganado de cerdas lanar y cabrío. Se usa como patrón para injertar el olivo.

Aceituno

(Véase Olivo.)

Ajenjo

Se da este nombre a varias plantas del género artemisia. Los tallos, hojas y flores, tienen sabor muy amargo. Es en relación con eso que se menciona en Deuteronomio 29.18; Jeremías 23.15; Apocalipsis 8.10-11. Tiene efectos medicinales, pero su abuso es de consecuencias tóxicas: epilepsia absíntica y alucinaciones.

Ajo

El ajo de tiempos bíblicos era muy semejante al de hoy día. Se empleaba como condimentos y como artículo de primera necesidad, por lo cual les hizo falta a los israelitas en su viaje a la Tierra Prometida (Números 11.5).

Álamo

El álamo alcanza de 10 a 20 m. de altura y es originario de Palestina y Siria. Las hojas son verdes, con el revés blanco. Es un árbol muy común en Tierra Santa. Génesis 30.37; Oseas 4.13.

Alcaparra

La alcaparra abunda en Palestina. Es un arbusto espinoso, y su flor en botón se empleaba como digestivo. También se empleaba como estimulante. Algunos dicen que a esta planta se refiere Eclesiastés 12.5.

Algarrobo

El algarrobo alcanza altura considerable, más de 12 m.; produce vainas largas, negras, como de habichuela, que sirven de alimento a los animales. En la historia del hijo pródigo menciona este fruto (Lucas 15.16). El algarrobo es muy conocido en tierras bíblicas, y se ha empleado con fines medicinales. La vaina alcanza una cuarta de largo.

Alheña

Este arbusto se menciona únicamente en el Cantar de los Cantares 1.14 y 4.13. Se da en Judea y produce flores blancas y perfumadas. Sus hojas secas pulverizadas pueden usarse para teñir el cabello o las uñas en tonos rojizos y amarillentos.

Almendro

El almendro es común en tierras bíblicas. Sus bellas flores rosadas y blancas son un anuncio de primavera cada año; se dan en enero o febrero. El almendro es silvestre, pero también se cultiva por su fruto, muy apreciado por los orientales. El árbol alcanza el triple del tamaño de un hombre. Pasajes referentes al almendro incluye Jeremías 1.11, en que se emplea como figura de lenguaje; Eclesiastés 12.5, que menciona sus flores. La vara de Aarón era una rama de almendro (Números 17:8). La flor del almendro se empleaba como decoración en el santuario hebreo. El aceite de almendras es famoso en todo el mundo; 114 libras de almendras producen unas 50 libras de aceite. Génesis 43.11.

Áloe

El áloe del Nuevo Testamento es una planta suculenta, de hojas gruesas y carnosas y un tallo alto, con un racimo de flores acampanadas. De sus hojas se obtenía una sustancia llamada aloína, que mezclada con incienso perfumado se empleaba para purificar los cuerpos de los difuntos. Nicodemo empleó esta mezcla cuando fue al sepulcro de Jesús (Juan 19.38-40). El áloe del Antiguo Testamento (Salmo 45.8; Proverbios 7.17) era muy valioso. En este caso se trataba de un árbol que alcanzaba unos 80 m. de alto. Era muy apreciada su madera. El corazón del árbol se empleaba a veces para incrustarle piedras preciosas.

Amapola

La hiel que se menciona en Mateo 27.34 en la crucifixión, era según algunos, el jugo de la amapola, que contiene opio. (Véase Marcos 15.23; véase también «Mirra».) Este jugo es narcótico; el sueño que produce insensibiliza a la persona. Jesús rechazó la mezcla de hiel y vinagre, prefiriendo mantenerse consciente durante sus sufrimientos. La palabra hiel representa todo lo amargo y ponzoñoso (Hechos 8.23). Como veneno, a veces se traduce «cicuta».

Arrayán

El arrayán es una planta perenne muy conocida en Palestina. Isaías lo emplea como símbolo del Mesías Prometido (41.19; 55.13). Lo menciona Nehemías 8.15; se empleaba para construir cabañas en la fiesta de los tabernáculos (fiesta de las cabañas). Con el nombre de mirto, era símbolo de gloria para los griegos. El nombre hebreo de Ester, Hadasa (Ester 2.7), significa «arrayán».

Avena

La avena de tiempos bíblicos probablemente era la espelta, grano semejante al trigo, aunque de calidad inferior, que se daba en tierra estéril. Isaías lo menciona (28.25) y Ezequiel lo incluye en una receta de panadería (4.9). También se menciona en relación con las siete plagas (Éxodo 9.2).

Anémona

Es posible que los «lirios» de Mateo 6.28 y Lucas 12.27 sean anémonas, que abundan en Palestina. Las flores de la anémona, que van del carmesí al púrpura, lucen esplendorosas en primavera. La planta alcanza unos 15 cm. de alto.

Bálsamo

Hay varias clases de bálsamo en la Biblia. La mirra es uno de ellos. Jeremías habla en sentido figurado de «bálsamo de Galaad» (8.22). Hoy día se encuentran en los alrededores del mar Muerto bastantes árboles de bálsamo que alcanzan de 8 a 10 m. de altura. Es un arbusto de follaje siempre verde con flores blancas y fruto semejante a la manzana. De su corteza se obtiene una resina que se empleó con fines medicinales hasta el siglo XVII. Génesis 37.25.

Boj

El boj se da en el Líbano y Chipre. Se menciona en Isaías 60.13. Algunos eruditos creen que también es el árbol que se menciona en Isaías 41.19 y Ezequiel 27.6. El boj es un árbol ornamental, y su durable madera es apropiada para construcción.

Calabacera

Es una cucurbitácea trepadora. Se menciona en 2 Reyes 4.39. Algunos dicen que la calabacera que dio sombra al profeta Jonás (Jonás 4.6-10) era la higuerilla que produce el aceite de ricino.

Canela

La canela no se producía en Tierra Santa. Se importaba de Arabia y Ceilán. Se obtiene de la corteza interna del árbol respectivo, y se aprecia por su fragancia. Se menciona en Proverbios 7.17 y Apocalipsis 18.13. También como figura de lenguaje se menciona en el Cantar de los Cantares 4.14 y en relación con el óleo sagrado (Éxodo 30.23).

Caña aromática

La caña aromática no es originaria de Palestina sino importada de la India y Arabia. Se la conoce también como cálamo aromático y como ácoro. Se aplica en perfumería y es medicinal. Se menciona en Cantar de los Cantares 4.14 y Ezequiel 27.19.

Cardo

El cardo, muy común en Palestina, es una mala hierba de flores amarillas y tallo espinoso. En las orillas del mar de Galilea hay una variedad que alcanza hasta un metro de alto. Abrojos, cardos y espinas suelen mencionarse en la Biblia (Hebreos 6.8; Mateo 7.16; Génesis 3.18; Oseas 10.8).

Casia

La casia, algo semejante al árbol de la canela, tiene muchos usos. Su fragante corteza suele mezclarse con otras especias. Los retoños se emplean como condimentos culinarios. Cierta sustancia hecha de las vainas y hojas de la casia era importante artículo de comercio en tiempos bíblicos (Éxodo 30.24 NC; Ezequiel 27.19).

Castaño

El castaño es un árbol umbroso. Se da especialmente en Siria y en las costas del Mediterráneo en general. Su fruto es globular, pequeño y cubierto de espinas. Cada año se le cae la cáscara. El nombre hebreo de este árbol significa «descascararse» Génesis 30.37; Ezequiel 31.8.

Cebada

La cebada, cereal de consumo popular, se ha cultivado por todas partes desde la antigüedad. Se siembra a fines de otoño y se cosecha en primavera, por la época de la Pascua. En la alimentación de las cinco mil personas, Jesús bendijo los panes de cebada de un muchacho (Juan 6.1-13). Es de suponer que el muchacho fuera pobre, pues el ordinario pan de cebada costaba la mitad del pan de trigo (2 Reyes 7.1,16,18). La cebada se menciona también en relación con las plagas (Éxodo 9.31), con la historia de Rut (Rut 1.22; 2.17,23; 3.2,15), la Pascua (Levítico 23.10), y muchos otros casos.

Cedro

El cedro de bayas pardas alcanza unos 6 m. de alto y se empleaba para los sacrificios en el Templo. Se da en montañas altas y rocosas; produce una fruta pequeña, semejante a la naranja. El cedro del Líbano es diferente; es un imponente árbol siempre verde que suele alcanzar unos 40 m. de altura. Exuda una resina aromática que se siente al caminar por un cedral. Su bellota tarda tres años en madurar; la madera de cedro es muy durable. Se empleó en la construcción del Templo (1 Reyes 6—7) y de ella se hacían muebles y embarcaciones. Los cedros del Líbano simbolizan, entre otras cosas, fortaleza, belleza, nobleza, bondad, y al Mesías. (Ezequiel 17.22-24; 1 Reyes 5.6,8-9; 9.11; Jeremías 22.7).

Cicuta

Planta bienal, que produce una sustancia oleaginosa, venenosa, que a veces se daba a los prisioneros condenados a muerte. La planta alcanza un metro y medio de alto y sus hojas se parecen a las del helecho. El veneno se extrae de la raíz. (Probablemente sea el «ajenjo» de Deuteronomio 29.18). Es probable que haya sido el veneno que le dieron a Sócrates. Los pasajes en que el «ajenjo» aparece como veneno en la Biblia, quizá se refieran a esta planta. (Véase también «hiel» y «amapola»).

Cidra

Ignoramos si la palabra cidra se menciona realmente en la Biblia. Algunos eruditos piensan que Levítico 23.40 se refiere a ella. El árbol alcanza dos o tres veces la altura de un hombre. Las hojas se parecen a las del limón o el naranjo. El fruto se parece al limón, pero es más grande, y su exterior no es tan liso.

Ciprés

El ciprés es un árbol siempre verde corriente en Europa meridional, y especialmente característico de Tierra Santa. Hoy día, millares de cipreses se emplean como rompevientos. Es un árbol bello y gracioso, cuya madera dura es útil para construcción. (Cierto historiador antiguo dijo que las puertas de ciprés del templo de Diana en Éfeso; parecían nuevas después de cuatrocientos años.) La madera de ciprés se menciona en relación con la edificación del santuario (1 Reyes 6.15-35). También se empleaba en la construcción de embarcaciones. En la Biblia abundan las referencias al ciprés (Isaías 55.13; 60.13; Oseas 14.8, etc.).

Cizaña

Es una de las malas hierbas más dañinas de Tierra Santa. Es casi imposible distinguir entre la cizaña y el trigo mientras van creciendo. En la cosecha, se separan mediante aventamiento, ya que el grano de cizaña es más pequeño y liviano. El grano de cizaña suele contener un hongo venenoso, que al ingerirse produce mareos, náuseas y a veces la muerte. Job 31.40; Mateo 13.24-30, 36-43.

Comino

El comino, planta pequeña y delicada, solía cultivarse en Palestina. Jesús la mencionó (Mateo 23.23). Su fruto es medicinal, y la semilla se usa como especia. Se cosecha golpeando la planta con un palo (Isaías 28.27). Decía Teofrasto que es una de aquellas plantas que medran más mientras más las maldicen.

Culantro

El culantro es de la familia de la zanahoria; sus hojas son como las del perejil, tiene flores blancas o rosadas, y la semilla, gris y redonda, contiene un aceite valioso como condimento. Se da silvestre en la región del Mediterráneo, y desde hace mucho se emplea para fines culinarios y medicinales; también se emplea en perfumería. El pan, tortas y carne, suelen condimentarse con él. Números 11.6-9 menciona su uso entre los israelitas. Véase también Éxodo 16.31.

Encina

La encina se menciona a menudo en la Biblia (Génesis 35.4; Ezequiel 27.6; Zacarías 11.2). Hay muchas especies en Palestina, y se empleaba en muchas maneras: para sombra, construcción, etc. Algunas religiones la tenían por árbol sagrado. La encina simbolizaba poder y fortaleza (ver e.g. Isaías 2.13; Amós 2.9).

Enea

La enea de Tierra Santa crece junto a los arroyos y ríos. Sus hojas, semejantes al pasto, sirven para hacer cestos, asientos, tejidos, etc. Muchas especies se dan en tierras bíblicas. En Job 8.11 se le llama «junco» y en Isaías 35.7, «caña».

Enebro

Se menciona en 1 Reyes 19.4. Es un árbol de unos 3 a 4 m. de altura, con tronco ramoso, copa espesa, de madera rojiza, fuerte y olorosa.

Espino

Hay varias clases de espinos en Tierra Santa. La corona de espinas con que coronaron a Jesús, quizá haya sido el «espino de Cristo» o de «Jerusalén», que se da en Palestina. Produce flores blancas y pequeñas que crecen muy junto a las largas, agudas y traicioneras espinas. El espino de Mateo 7.16 es diferente; es quizá la variedad que produce lustrosas bayas anaranjadas más o menos del tamaño de ciruelas pequeñas. Se empleaban los espinos como setos para proteger los cultivos contra el ganado y los camellos. Había otra variedad de planta siempre verde espinosa también empleada para setos. Los espinos se usaban como leña (Salmo 58.9). En el Antiguo Testamento abundan las referencias a ellos como figura (2 Samuel 23.6; Ezequiel 28.24; Oseas 2.6).

Grana

La grana o quermes, es un insecto hemíptero que vive en las hojas de una especie de encina achaparrada llamada «coscoja», en la cual produce una excrescencia de la que se obtiene un color rojo. Levítico 14.51.

Granado

El granado, arbusto silvestre propio de Persia y Siria, tiene hojas verdes y brillantes, y flores de rojo vivo. El fruto es de color rojo oscuro, aproximadamente del tamaño de la naranja, con cáscara gruesa, pulpa jugosa y muchas semillas. Las flores se empleaban como remedio contra la disentería, y el fruto es una delicia refrescante para los habitantes del desierto. La granada se ha empleado como símbolo en diversas religiones; simboliza la vida y la fertilidad en la tradición cristiana. Las ropas del sumo sacerdote estaban adornadas con granadas (Éxodo 28.31,33-34). Números 13.23; Deuteronomio 8.8; Cantar de los Cantares 6.11; 7.12.

Hiel
Véase Amapola; véase también «ajenjo» y cicuta.

Higuera
En la Biblia se menciona la higuera por lo menos diez veces. La famosa fábula de Jotam, Jueces 9.7, es un ejemplo. Es un arbusto común en Palestina. Lleva fruto unos diez meses del año; fructifica en tres etapas: tardía en otoño, verde en invierno y primicias maduras. Cuando Jesús maldijo la higuera (Marcos 11.13), no era la época de las primicias maduras ni de los higos tardíos; por lo tanto, esperaba higos verdes. El higo se ha empleado con fines medicinales (Isaías 38.21); suele emplearse la higuera como figura de lenguaje en la Biblia (Mateo 7.16); Adán y Eva emplearon las hojas, grandes y anchas, para cubrirse (Génesis 3.7); la fruta se come seca o fresca, en tortas o en mezclas.

Hisopo
Hay dos clases de hisopo en la Biblia. El del Nuevo Testamento es una planta alta de color verde pálido, fuertes tallos y hojas como cintas. El grano que produce el hisopo se conoce como «trigo de Jerusalén» y es parte importante de la dieta palestinense. Una esponja empapada en vinagre fue puesta en un hisopo para humedecer los labios de Jesús en la crucifixión (Juan 19.29). El hisopo del Antiguo Testamento era familia de la menta, y enteramente distinto del ya mencionado. Esta planta tiene tallos velludos, hojas pequeñas y racimos de flores doradas. Los israelitas lo empleaban en la Pascua para asperjar sangre sobre los postes (Éxodo 12.22), para purificar a los leprosos (Levítico 14.4) y para otros ritos de purificación («Purifícame con hisopo, y seré limpio», Salmo 51.7).

Lugares y cosas

Incienso

El árbol del incienso se produce principalmente en la India y el norte de Arabia. Su madera es dura y de larga vida, y la resina que el árbol produce se emplea como incienso. El nombre del incienso quiere decir «que arde fácilmente». Entre los regalos que los Magos llevaron al niño Jesús estaban: oro, incienso y mirra (Mateo 2.11).

Junco

El junco (papiro) es corriente a lo largo del Nilo. Sus largos tallos suministraron el material para hacer la más antigua forma de papel que se conoce, llamada «papiro». El corazón de los tallos se cortaba en tiras que se unían para formar hojas.

Lenteja

De forma algo semejante a la arveja, la lenteja se emplea como legumbre y para hacer pan. Abunda en Palestina. Jacob dio a Esaú «pan y del guisado de las lentejas». Génesis 25.34; 2 Samuel 17.28; 23.11; Ezequiel 4.9.

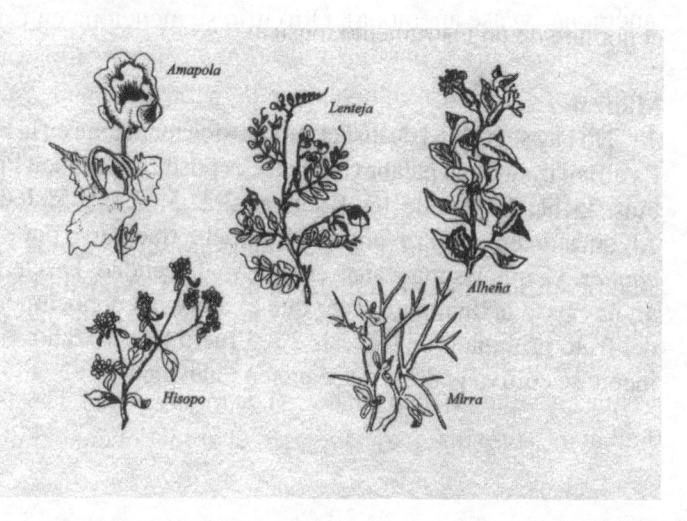

Lino

El lino era planta importante en el antiguo Israel y Egipto, pues de él se fabricaban telas. Se arrancaban las plantas, se dejaban secar al sol (Josué 2.6), luego se echaban en agua hasta que se pudriera la parte externa del tallo. Después se peinaban las fibras internas y se sacaban los hilos del tallo. Finalmente se tejían. Los sacerdotes usaban ropa de lino (Éxodo 28.6), las cortinas del Tabernáculo eran del mismo material (Éxodo 26.1), pero se prohibía a los israelitas usar ropa en que se mezclaran la lana y el lino (Deuteronomio 22.11). El lino se menciona repetidamente en la Biblia. Véase Éxodo 9.31; Proverbios 31.13, etc.

Lirios

A varias plantas se las llama lirios en la Biblia. La «azucena junto a la corriente de las aguas» (del apócrifo Eclesiástico 50.8 NC) se conoce hoy con el nombre de iris. Sus flores son de color amarillo pálido; el bulbo solía secarse y ponerse en los baúles de ropa para perfumarla. También se empleaba con fines medicinales. Los «lirios del campo» (Mateo 6.28) quizá se refieran a la anémona (véase anémona). Otro lirio se menciona en Cantar de los Cantares 5.13. Este lirio, de flores rojas y tallo verde, era símbolo de belleza. En hebreo se llamaba «Sushan» y era también el nombre de un instrumento musical.

Manzano

No hay seguridad de que el manzano se mencione en la Biblia. Es difícil traducir la palabra hebrea. Las posibilidades son Proverbios 25.11; Cantar de los Cantares 2.3, 5; 7.8; 8.5; Joel 1.2. Algunos dicen que Proverbios 25.11 debe traducirse por albaricoques, ya que las manzanas eran de mala calidad. Desde luego, no hay base textual para creer que el árbol del conocimiento, el del fruto prohibido de Génesis 2 y 3 fuera un manzano. Actualmente se cultiva poco el manzano en Palestina.

Menta

La menta se empleaba en Palestina en unas 41 medicinas, como perfume (griego: «fragante»), en las sinagogas, y como condimentos. Hay tres variedades de menta en Palestina. La menta crece silvestre. Mateo 23.23; Lucas 11.42.

Mirto
(Véase Arrayán.)

Mirra

La palabra mirra inmediatamente nos recuerda la visita de los Magos que llevaron regalos de oro, incienso y mirra (Mateo 2.11) al niño Jesús. Esta mirra es la resina de un arbusto espinoso de corteza delgada como papel, que se empleaba como especia y medicina, en cosméticos y como perfume, y para la confección del óleo sagrado (Éxodo 30.23-33). Se importaba de Arabia y África pues no se produce en Palestina. También se empleaba para ungir a los muertos (véase Juan 19.39-40). Según Marcos 15.23, a Jesús le brindaron una mezcla de vino y mirra cuando estaba en la cruz (véase «hiel» y «amapola».) La mirra de Génesis 37.25 y 43.11 probablemente sea el «lot», pequeña planta que abunda en Palestina y que produce abundantes flores de mucho colorido, semejantes a rosas silvestres. Su resina también se emplea en perfumería.

Nardo

Para la producción de un valioso perfume, el nardo se importaba de la India del Norte; el valor de una libra de dicho perfume equivalía casi a un año de salario de jornalero. Es una planta pequeña de tallo velloso, de la cual se hace el fragante ungüento de color rojizo. Era muy apreciado en tiempos del Antiguo Testamento (Cantar de los Cantares 1.12 y 4.14) María ungió a Jesús con ungüento de nardo (Marcos 14.3-6, Mateo 26.6 ss.; Juan 2.1 ss.).

Nogal

Cantar de los Cantares 6.11 es, según parece, la única referencia bíblica al nogal. En tiempos bíblicos abundaban los nogales, pero hoy son escasos en Palestina.

Olivo

El olivo abunda en Tierra Santa y es muy apreciado. Su fruto, la aceituna u oliva, es de amplio consumo. El aceite de oliva es fuente de ingresos, ingrediente culinario y combustible para lámparas. La madera del olivo es de color amarillento y de bello jaspe. El mejor terreno para el olivo es el seco y un tanto pedregoso, por lo cual prospera admirablemente en el Cercano y Mediano Oriente. Es un árbol de gran longevidad; se nos dice que aun hoy día en el huerto de Getsemaní («huerto del molino de aceite de olivo»), algunos de los olivos tienen siglos de edad. Para la primera cosecha se tarda por lo menos diez años, y el mejor fruto no aparece sino hasta que el árbol alcanza treinta de edad. La altura de los árboles es variable, y a veces alcanza de 12 a 15 m. de alto. La cosecha es en septiembre y octubre. Las aceitunas caen sacudiendo o vareando el árbol, y se recogen del suelo. En tiempos bíblicos, las aceitunas que quedaban en el árbol eran «para el extranjero, para el huérfano y para la viuda» (Deuteronomio 24.20; Isaías 17.6; 24.13); La oliva y su aceite (que se extraía con un primitivo molino de piedra) son figuras de lenguaje corrientes en la Biblia, para simbolizar la prosperidad, el gozo y la vitalidad. El Monte de los Olivos, cercano a Jerusalén, con su tierra soleada y rocosa, es sitio ideal para el olivar que todavía existe ahí. Génesis 8.11; Salmo 55.21; Proverbios 5.3; Oseas 14.6.

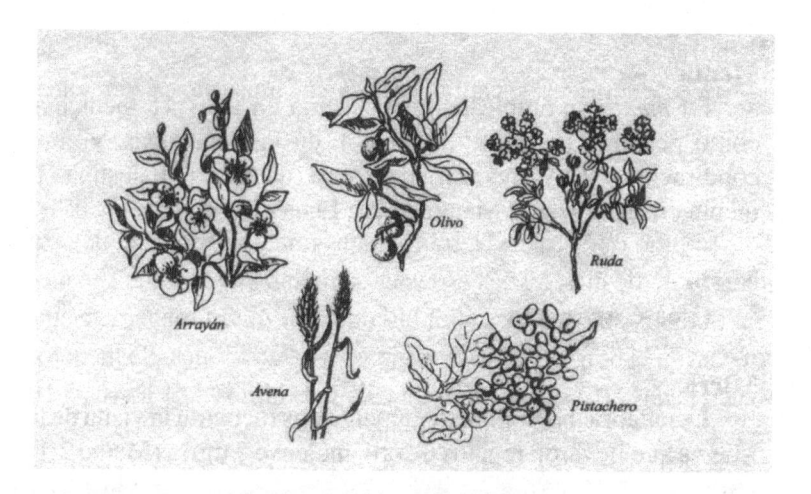

Olmo

Se menciona en Oseas 4.13. Era uno de los árboles umbrosos que atraían a los paganos para su culto. En la región mediterránea no alcanza gran tamaño. La madera es fuerte, y algunas variedades son estimadas como árboles decorativos.

Palmera

Una de las refrescantes vistas del valle del Jordán es la graciosa palma datilera. Hay muchas clases de palmeras, pero la datilera es la única que se da bien en Tierra Santa. Su fruto no se menciona directamente en ninguna parte de la Biblia, pero sí se habla mucho de la belleza del árbol y del empleo de sus palmas. Véase por ejemplo Juan 12.13, el famoso pasaje de la entrada triunfal. Números 33.9; 2 Crónicas 28.15; Apocalipsis 7.9.

Papiro

(Véase Junco y el capítulo sobre «Manuscritos y versiones antiguas».)

Pino

El pino o abeto de Tierra Santa es una conífera que alcanza casi 20 m. de alto. Varias especies se hallan en el monte Líbano. En tiempos antiguos era símbolo de nobleza. Su madera se empleaba en la construcción de templos y habitaciones. Se menciona en Isaías 60.13, y algunos dicen que el ciprés de 1 Reyes 5.10 e Isaías 37.24, corresponde al pino.

Pistachero

El pistachero o alfónsigo produce el fruto llamado pistacho, al cual probablemente se refiera Génesis 43.11.

Roble

El roble es común en Tierra Santa. Tiene ramas extendidas como el castaño, y puede alcanzar más de 15 m. de alto. Da sombra, produce cierta trementina y era considerado árbol sagrado. La semilla es comestible. Se menciona en Génesis 12.6.

Rosal

Muchas plantas de la Biblia reciben el nombre de rosal. El «rosal que crece junto al arroyo» de Eclesiástico 39.17 (libro apócrifo) es la adelfa, arbusto venenoso. La rosa de Isaías 35.1 se refiere a una planta liliácea, probablemente un narciso, que daba flores de amarillo brillante y se da silvestre en las áreas desérticas de Palestina. La «rosa de Sarón» (Cantares 2.1) se refiere a otra liliácea, una especie de tulipán. Se da en el llano de Sarón —a veces se le llama tulipán de Sarón— y produce flores de rojo brillante. El rosal como tal no se menciona en la Biblia. El nombre «Rodas» (Hechos 12.13) significa «rosa».

Ruda

Aunque sólo una vez se menciona en la Biblia, la ruda es muy valiosa. Se empleaba como desinfectante, como condimentos culinario y era ingrediente de unos 84 medicamentos. La ruda alcanza un metro y medio de alto; da racimos de flores amarillas en lo alto del tallo. Lucas 11.42.

Sándalo

El sándalo se da en abundancia en los montes del Líbano y Galaad. Alcanza una altura de unos 20 m. El fruto del sándalo es negro y globular; el árbol tiene forma piramidal. El rey Salomón se refiere al sándalo (o junípero griego, como también se le llama) en relación con la edificación del Templo (2 Crónicas 2.8).

Sauce

El sauce es común en casi todo el mundo. Se da junto a las aguas (Isaías 44.4); su angosta hoja es verde por encima y blanca por debajo. Un jugo amargo que se extraía de sus renuevos se empleaba como sustituto de la quinina. El sauce de Salmo 137.1-5 probablemente se refiera al álamo temblón, cuyas hojas cuelgan hacia abajo y se mueven hacia atrás y adelante, como «llorando».

Sicómoro

A diferencia del conocido sicómoro de Occidente, el de Tierra Santa produce un fruto semejante al higo, y por lo verde se parece a la morera (al fruto suele llamársele «higo de morera»). Sus ramas crecen cerca del suelo, de modo que hasta un hombre pequeñito como Zaqueo podía agarrarse de una rama baja y subir al árbol (Lucas 19.1-4). El sicómoro produce una especie de higos amarillentos con manchas oscuras, menos sabrosos que el higo, pero abundantes; eran muy solicitados, especialmente por los pobres. Este sicómoro semejante a la higuera se da en Egipto (Salmo 78.47) y en Tierra Santa. El profeta Amós era un «podador» de sicómoros (Amós 7.14), lo cual entre otras cosas significa que pellizcaba la fruta tierna para apresurar la maduración. Hoy día se emplea una aguja de efecto hipodérmico. 1 Reyes 10.27; 1 Crónicas 27.28; Isaías 9.10. Se llama cabrahigo a la higuera macho silvestre.

Tamarisco

Muchas especies de tamariscos abundan en la región del Mediterráneo. El árbol tiene ramas graciosamente curvas, hojas pequeñas, flores rosadas, y puede alcanzar tamaño considerable. Se le tenía por árbol sagrado en el Antiguo Testamento. Los árabes lo consideran sagrado hoy día; según la leyenda, sus hojas, cuando el viento pasa dicen «Alá, Alá». Génesis 21.33; 1 Samuel 22.6; 31.13.

Trigo

El trigo es un cereal conocido en todo el mundo. El de Génesis 41.1-7 produce siete espigas en cada tallo y se cosecha en junio. Esdras 7.22; Salmo 81.16, etc.

Vid

El de la vid era un cultivo corriente en Tierra Santa. La vendimia era desde julio hasta octubre. Los racimos de uvas se echaban en un lagar y el jugo se convertía en vino o en vinagre. La Biblia denuncia la embriaguez (Isaías 28.1; Oseas 4.11). Las uvas se comían también frescas, pasas (1 Samuel 25.18), o en pasta (Oseas 3.1). En la Biblia hay muchas referencias a las uvas y su cultivo (Génesis 40.10-11; Cantares 2.13, 15; Isaías 5.2-7; Jeremías 8.13). A Israel se le representa por una viña (Oseas 10. 1). Jesús dijo:«Yo soy la vid verdadera, y mi Padre es el labrador», y luego añadió que sus discípulos son los pámpanos o ramas (Juan 15.1-8). Además, el Antiguo Testamento considera la vid como símbolo de perdón (Joel 2.19); y el Nuevo Testamento, como símbolo de la sangre de nuestro Señor, mediante la cual se obtiene el perdón (1 Corintios 11.25).

Animales
(aparte de las aves)

Abeja

Las cuatro veces que la Biblia se refiere a las abejas son Deuteronomio 1.44; Jueces 14.8; Salmo 118.12; Isaías 7.18. La miel se menciona más a menudo; por ejemplo, en la historia de Sansón (Jueces 14.8, 9,18). La abeja de Palestina es pequeña y abunda; se le mantiene doméstica por su miel desde hace siglos. Las colmenas de arcilla rojiza pueden verse hasta el día de hoy en Palestina. El nombre de Débora significa «abeja».

Araña

Isaías 59.5 y Job 8.14 usan de la telaraña como figura de lenguaje. Se menciona a la araña en Proverbios 30.28. Muchas especies de arañas existen en tierras bíblicas.

Asno

Al asno se le menciona más de cien veces en la Biblia. Hasta el día de hoy es la bestia más común en Palestina y en todas las tierras bíblicas. Pasajes que lo mencionan son Éxodo 13.13; 20.17; 21.33; Isaías 1.3; 30.24, etc. Hablando en términos generales, los asnos han abundado más que los caballos en tierras bíblicas.

Tienen paso seguro y no exigen muchos cuidados. Los agricultores solían tener varios. No olvidemos que Jesús entró triunfalmente en Jerusalén cabalgando un pollino (Marcos 11.2 ss.).

Áspid

El áspid es una víbora, quizá la cobra egipcia. Es venenoso; hoy día es raro en Palestina. Deuteronomio 32.33; Job 20.14, 16; Salmo 58.4; 91.13; Isaías 11.8.

Avispa

Éxodo 23.28, Deuteronomio 7.20 y Josué 24.12 son los tres pasajes bíblicos que mencionan a la avispa. Se dice que se envió como plaga contra los enemigos de Israel. Las avispas abundan en Palestina.

Becerra

La becerra o novilla se menciona de vez en cuando en el Antiguo Testamento. Se estimaba y era una figura de lenguaje (Jeremías 46.20; Oseas 10.11). A veces se empleaba como animal de labranza (Jueces 14.18) y para sacrificios (Deuteronomio 21.3, 4). Las cenizas de la «vaca bermeja» se empleaban en ritos de purificación (Números 19.2-22; 31.23).

Becerro

(Véase toro.)

Caballo

El caballo se menciona muchas veces en la Biblia (e.g. Génesis 41-43; 47.17; Apocalipsis 9.7). simbolizaba la guerra pues se empleaba para arrastrar carros militares y en él cabalgaban también los guerreros. Los escritores bíblicos dicen vez tras vez que la victoria se obtendrá no por causa de los caballos sino de Dios;

por lo tanto, no leemos que el pueblo judío los empleara tanto como sus vecinos paganos. En la entrada triunfal, Jesús no cabalgó como guerrero, sino en un pacífico borrico. La mayoría de los pasajes acerca del caballo están en el Antiguo Testamento. Se le menciona, por ejemplo, cuando Elías fue llevado al cielo (2 Reyes 2.11). El Apocalipsis menciona al caballo (6.2-8; 9.16-19; 19.11-16; cp. La visión de Zacarías 1.8; 6.2-8), el libro de Santiago menciona el freno (Santiago 3.3). Fuera de eso, el Nuevo Testamento prácticamente no se ocupa de él.

Cabra

La cabra aparece muchas veces en la Biblia (e.g. Levítico 1.10; Números 7.17,23). Se empleaba para sacrificios (recuérdese el macho cabrío de Azazel). Jesús la menciona en una parábola (Mateo 25.31-46), y una que otra vez se menciona como figura de lenguaje en el Antiguo Testamento (Ezequiel 34.17; Daniel 8.5, etc.). De leche de cabra se hacía queso y mantequilla; su carne era comestible y de la piel se hacían vestidos y odres.

Cabrito

Al cabrito se le menciona muchas veces en el Antiguo Testamento; se le consideraba carne excelente, por lo tierna. A veces se ofrecían cabritos como sacrificio, aun como sacrificio pascual, aunque lo corriente era sacrificar ovejas. Entre las referencias a los cabritos tenemos Génesis 27.9; 37.31 e Isaías 11.6. El último es un pasaje mesiánico. (Véase «cabra»).

Camello

Los camellos, desde luego, abundan en tierras bíblicas desde hace siglos. Como el asno, es animal de paso seguro, excelente bestia de carga, aunque no se adapta a las regiones montañosas. Hasta el día actual, quien viaje por el Oriente verá a menudo esta «nave del desierto» surcando lentamente los ardientes arenales. Génesis 12.16; 24.30; 1 Reyes 10.2; 2 Reyes 8.9; Isaías 30.6 no son más que unas cuantas referencias a este animal. Pero los israelitas no solían emplearlo mucho. Puede transportar enormes cargas en viajes de unos 50 Km. continuos. Las hembras dan hasta seis litros de leche diariamente, de la cual pueden hacerse mantequilla y queso. Su cuero es bueno, y algunos comen su carne (aunque a los israelitas les estaba prohibida, Levítico 11.4). El Nuevo Testamento menciona al camello en Mateo 3.4 y Marcos 10.25.

Carnero

El carnero se empleaba como animal para sacrificios, especialmente expiatorio (Levítico 5.15 y otros pasajes). De sus cuernos se hacían trompetas (Levítico 25.9; Josué 6.4). En Daniel, se compara a los medos y persas con el carnero o macho cabrío (Daniel 8.3-4, 20).

Cerdo

A la nación judía no le era lícito comer carne de cerdo. En 1962 se dieron en Israel nuevas leyes que prohíben la cría de cerdos. En la historia del hijo pródigo vemos que el joven, como colmo de su desgracia, tuvo que cuidar cerdos. Jesús se vale aquí del cerdo por una razón muy especial: para mostrar al pródigo en la más triste e inmunda de las situaciones. Las religiones paganas empleaban el cerdo con fines rituales (Isaías 66.17), y quizás ésta haya sido una de las razones por las cuales se le consideró inmundo aunque, naturalmente, la carne de cerdo se descompone rápidamente en climas cálidos, y a menudo es portadora de parásitos. Las piaras o hatos de cerdos se mencionan en Mateo 8.30; Marcos 5.11; Lucas 8.32; 15.15. Es vigoroso el lenguaje de Jesús al decir, «Ni echéis vuestras perlas delante de los cerdos» (Mateo 7.6). Dato interesante es que los mahometanos tampoco permiten comer carne de cerdo.

Chacal

Este animal carnívoro todavía se ve en sitios desiertos de Palestina. La Biblia suele mencionar figurativamente a los chacales, como en Isaías 13.22 y Salmo 44.19.

Ciervo

Sólo huesos de ciervos se encuentran hoy en Palestina, pues se han extinguido esos animales. El ciervo era algo así como el venado y su carne era comestible (Deuteronomio 14.5). Era veloz como el rayo, y por sus rápidos y bellos movimientos constituía adecuada figura de lenguaje (e.g. Génesis 49.21; 2 Samuel 22.34; Proverbios 5.19; Isaías 35.6). El pasaje bíblico más famoso respecto al ciervo es Salmo 42.

Cordero

Al cordero se le menciona con frecuencia tanto en el Antiguo como en el Nuevo Testamento. El cordero saltarín es símbolo de alegría (Salmo 114.4,6); también simboliza mansedumbre e inocencia (Isaías 53:7). Se le empleaba como víctima para sacrificios;

en efecto, ninguna fiesta israelita se realizaba sin ofrecer un cordero. En la fiesta de los tabernáculos se sacrificaban más de cien corderos. El propio Jesús fue llamado Cordero Pascual. La imagen de un cordero que mana sangre, todavía se emplea para representar la obra redentora de nuestro Señor.

Dromedario

El dromedario es un camello de una sola joroba. (Véase camello.)

Escorpión

Se habla del escorpión en sentido recto y figurado en la Biblia. Hay varias especies, algunas de las cuales se encuentran en Palestina y otras en países circundantes. El escorpión tiene un aguijón venenoso; su punzada es dolorosa, pero rara vez mortal. Deuteronomio 8.15 y Ezequiel 2-6 están entre las pocas referencias del Antiguo Testamento al escorpión. En el Nuevo Testamento, Jesús lo menciona en Lucas 10.19 y 11.12. También aparece en Apocalipsis 9.3,5, 10. La región al sudoeste del mar Muerto lleva por nombre «Cuesta de los Escorpiones».

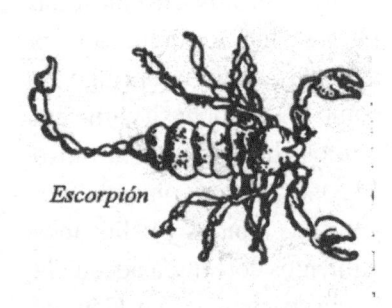

Escorpión

Lagartija

Se la menciona en Levítico 11.30, y según algunos en Proverbios 30.28.

Langosta

Las langostas aparecen muchas veces en la Biblia. Son corrientes en Palestina. La invasión de la langosta se atribuye a castigo de Dios (Deuteronomio 28.38). Entonces como ahora, dichos insectos formaban nubes que ocultaban el sol. En treinta minutos eran capaces de devorar toda fruta y follaje que hallaran a su paso. Con razón compara Joel al ejército invasor con la langosta (Joel 2.1 ss.). Algunas especies se han empleado como alimento.

León

El rey de los animales se menciona más de cien veces. Hoy día no se hallan leones en Palestina. Pero en tiempos bíblicos había muchos, y eran temidos con razón. Se dice que Sansón mató uno (véase Jueces 14.5, 6); David defendió su rebaño contra el león (1 Samuel 17.34); y el profeta Amós menciona esa fiera (Amós 3.12). Su crueldad, rugidos, voracidad y escondrijos se mencionan en las Sagradas Escrituras. Se compara al león con el diablo en 1 Pedro 5.8, en donde el apóstol representa a Satanás como un león rugiente buscando a quien devorar. En la Biblia, a menudo se usa al león como metáfora (Ezequiel 1.10 Daniel 7.4; Oseas 5.14; Apocalipsis 4.7). La expresión, «león de la tribu de Judá» se refiere a Cristo (véase Apocalipsis 5.5 y compárese con Génesis 49.9).

Leopardo

Este animal carnívoro existe en algunas partes de Palestina. Se emplea figuradamente al leopardo en el Antiguo Testamento (Jeremías 13.23; Isaías 11.6, etc.). Daniel lo menciona en 7.6 y en el Apocalipsis tenemos un leopardo que surge del mar (Apocalipsis 13.2).

Leviatán

El significado de la palabra leviatán es variable. Job 41.1 y Salmo 74.14 quizá se refieran al cocodrilo, mientras el leviatán del mar en Salmo 104.26 quizá tenga otro significado. Se hace alusión a un dragón mitológico en Isaías 27.1.

Liebre

Sólo dos veces se menciona a la liebre en la Biblia (Levítico 11.6 y Deuteronomio 14.7). Es tenida por inmunda. Hay diversas especies en Palestina.

Lobo

Habían lobos en Palestina. Los pastores lo odian por su ferocidad. Suele usársele como figura de lenguaje en la Biblia; Isaías habló del día mesiánico en que el lobo y el cordero vivirían juntos (Isaías 11.6; 65.25). Jesús lo menciona varias veces (Mateo 7.15; 10.16; Lucas 10.3; Juan 10.12). San Pablo, en su famoso discurso ante los ancianos de Éfeso, deja ver claramente que habrá «lobos» que tratarán de arrebatar miembros del redil de la Iglesia (Hechos 20.29).

Mosca

Las moscas no se mencionan con frecuencia en el Antiguo Testamento (ejemplos: Eclesiastés 10.1 e Isaías 7.18). Sin embargo, nunca faltan en el Cercano y el Medio Oriente, como lo sabe todo el que haya viajado por esas regiones. Una de las plagas de Egipto (Éxodo 8.21 ss.) fue de moscas o de algún otro insecto (el hebreo no es específico al respecto). En tierras bíblicas las moscas son portadoras de enfermedades de la vista y suelen verse posadas en las comisuras del ojo humano.

Mulo

Hay bastantes referencias al mulo en el Antiguo Testamento (e.g. 1 Reyes 18.5; Esdras 2.66; Salmo 32.9; Zacarías 14.15). Los mulos se empleaban con fines militares y como bestias de carga. Recuérdese que Absalón murió cuando cabalgaba en un mulo (2 Samuel 18.9). Se cree que dichos animales no eran criados en Palestina, sino importados.

Murciélago

Se habla del murciélago en Levítico 11.19, Deuteronomio 14.18 e Isaías 2.20. En los pasajes de Levítico y Deuteronomio se le tiene por animal inmundo, y por tanto no era lícito comer su carne. Los murciélagos abundan en Palestina; prosperan especialmente en clima cálido o tibio. Varias especies se han identificado en Palestina.

Oso

Los osos están casi extinguidos en Palestina, pero en tiempos bíblicos abundaban. Los libros de Daniel y Apocalipsis mencionan al oso en relación con las visiones (Daniel 7.5; Apocalipsis 13.2). David tropezó con osos (1 Samuel 17.34,36,37). Isaías se refiere al oso en un contexto mesiánico (Isaías 11.7). Un conocido proverbio se refiere a él (Proverbios 17.12). Profetas y poetas emplean al oso como figura de lenguaje (Isaías 59.11; Lamentaciones 3.10; Amós 5.19).

Perro

El perro es conocido desde la antigüedad en tierras orientales. Se empleaba como guardián doméstico, y a menudo como perro ovejero. Los israelitas lo consideraban útil, pero no lo apreciaban tanto como hoy día en Occidente. En efecto, los israelitas menospreciaban al perro, a menos que fuera guardián. La Biblia menciona los perros unas cuarenta veces (e.g. Éxodo 11.7; Job 30.1; Isaías 56.10). Había en Palestina muchos perros salvajes (también los había domesticados) que merodeaban en manadas voraces, devorando la inmundicia de las calles (Salmo 59.14-15);

hasta comían cadáveres(1 Reyes 14:11; 16:4;21:19,23).Con su figura de chacal y cola de lobo, el perro salvaje no era compañía agradable (los israelitas no acariciaban ni siquiera a los perros domésticos), aunque por lo común era fácil espantarlos. Llamar perro a alguien era un insulto (2 Samuel 16.9).

Pez

Los peces y la pesca se mencionan en la Biblia pero generalmente sin especificar clases o especies. Jesús ha de haber estimado a los pescadores, pues eligió a hombres de ese oficio como algunos de sus discípulos. El pez era símbolo de los primitivos cristianos. Su nombre en griego representaba la expresión «Jesucristo, Hijo de Dios, Salvador». La ley judaica prohibía comer ciertas clases de mariscos, incluyendo ciertos moluscos. Por otra parte, el pescado ceremonialmente «puro» era parte regular de la dieta judía (Mateo 7.10; 14.19 ss.; Juan 21.9). En el mar Muerto no pueden vivir peces (los peces del Jordán mueren al llegar a dicho mar), pero el Mediterráneo y el lago de Galilea aún suministran pesca, como en tiempos bíblicos.

Piojos

En Éxodo 8.16-19 y Salmo 105.31 se mencionan los piojos, aunque algunos eruditos dicen que sería mejor traducir «mosquitos». Aarón suscitó la tercera plaga golpeando el polvo; las partículas de éste se transformaron en piojos que atormentaban a los seres humanos y a los animales en Egipto.

Polilla

No faltan polillas en Oriente. Es corriente el daño que producen en telas y materiales de muchas clases. El Antiguo Testamento emplea la polilla como analogía (Job 14.19; Salmo 39.11; Oseas 5.12, etc.). El Nuevo Testamento previene «No os hagáis tesoros en la tierra, donde la polilla y el orín corrompen, y donde ladrones minan y hurtan» (Mateo 6.19-20). Véase también Lucas 12.33 y Santiago 5.2.

Pulga

La pulga es corriente en el Medio Oriente; es una plaga de hombres y animales. Su picadura es irritante y suele producir inflamación y picazón. David se compara a sí mismo con una pulga en 1 Samuel 24.14. También se menciona la pulga en 1 Samuel 26.20, aunque quizá sea una traducción incorrecta.

Rana

Rara vez se mencionan las ranas en la Biblia. La plaga de ranas en Egipto —la segunda— se halla en Éxodo 8.1-15 (también en Salmo 78 y 105). Una vez se refiere el Nuevo Testamento a la rana (Apocalipsis 16.13) como símbolo de impureza.

Ratón

En la Biblia se considera a los ratones como animales inmundos (Levítico 11.29; Isaías 66.17, en donde el autor clama contra los ritos paganos que incluían el comer ratones). En 1 Samuel 5.6 y 6.4 leemos de una plaga que azotó a los filisteos y que quizá fuera peste bubónica, trasmitida por los ratones. La caída del ejército de Senaquerib (2 Reyes 19.35 e Isaías 37.26) probablemente tuvo por causa una peste propagada por una multitud de ratones (el historiador Heródoto consideraba a los roedores como causa de la derrota del ejército).

Saltamonte

(Véase Langostas.)

Sanguijuela

Según parece, sólo hay un pasaje de la Biblia en que se mencione la sanguijuela. Proverbios 30.15. Es difícil determinar con exactitud a qué animal se refiere aquí, pero la referencia a la codicia es bastante clara.

Serpiente

La serpiente se emplea en la Biblia tanto en sentido recto como figurado. Una o dos especies como el áspid o cobra y la víbora cornuda se mencionan, pero generalmente se dice serpiente sin especificar clase. Sus características se presentan como análogas a rasgos del carácter humano o del diablo. Son engañosas, como dragones, se arrastran, son venenosas, astutas. La serpiente de bronce (2 Reyes 18.4) fue una especie de símbolo. La vara de Moisés se transformó en serpiente (Éxodo 7.9). (Véase víbora.)

Toro

Hay frecuente referencia a los bovinos en la Biblia. El toro, la vaca, la novilla o becerra, el ganado, son términos que aparecen vez tras vez. Ello indica la estima en que se tenía a la vaca y al toro entre el pueblo palestino. Y es natural, pues daba carne y cuero, y, en el caso de la vaca, leche. La vaca y el toro eran además auxiliares de labranza. Unas cuantas de las muchas referencias al toro y al ganado son Números 7.3; Deuteronomio 22.10; 25.5; 1 Samuel 6.7; 1 Reyes 12.28; 19.19; 2 Reyes 10.29. El becerro o ternero se empleaba a menudo para sacrificios (Génesis 18.7; 1 Samuel 28.24; 1 Reyes 1.9, etc.).

Vaca

(Véase Toro.)

Víbora

Hay varias clases de víboras en la región de Palestina. La palabra griega que se traduce por «víbora» generalmente abarca todas las serpientes venenosas. Hechos 28.3-6 narra el incidente en que Pablo fue mordido por una víbora en la isla de Malta. Jesús llamó «generación de víboras» a los escribas y fariseos (Mateo 12.34; 23.33). (Véase «serpiente».)

Zorra

Dos especies de zorras había en Palestina, una grande y otra pequeña. Nehemías 4.3; Cantares 2.15; Lamentaciones 5.18; Ezequiel 13.4; Lucas 9.58; 13.32; Mateo 8.20, son ejemplos en cuanto a las menciones bíblicas a la zorra. Jesús llamó «zorra» a uno de los Herodes (Herodes Antipas) (Lucas 13.32).

Aves

En la Biblia son numerosas las referencias a las aves. Una razón obvia es que abundan en Palestina. La Biblia las emplea con frecuencia como figuras de lenguaje (pajarillos, águila, gorrión, etc.). Pero resulta difícil identificar con certeza algunas de las aves de las Sagradas Escrituras.

Abubilla

La abubilla se menciona en Levítico 11.19 y Deuteronomio 14.18. Tiene pico largo y curvo, y en la cabeza un copete que puede extender a manera de abanico. Se encuentra en Palestina en primavera y verano.

Águila

El águila se menciona varias veces en las Sagradas Escrituras. Varias especies existen en la región de Palestina. La ley judía prohibía su carne como alimento. Es apropiada para el lenguaje figurado por su gracioso vuelo, por su habilidad para protegerse y alimentarse, y por lo bien que cuida a sus aguiluchos. Hay referencias al águila en Ezequiel y Daniel (Ezequiel 1.10 y Apocalipsis 4.7). Los artistas cristianos la han empleado como símbolo en la escultura y la pintura (para representar a San Juan el evangelista, etc.)

Alcaraván

Quizá el «erizo» de Isaías 14.23; 34.11 y Sofonías 2.14 debería traducirse alcaraván. Es un ave zancuda que vive en regiones pantanosas. Se distingue por su lamentable grito, que suele escucharse sólo de noche. Cuando se enoja, el alcaraván eriza las plumas del cuello y esponja las del resto del cuerpo.

Avestruz

El avestruz era más abundante en tiempos bíblicos que hoy día. Se le menciona varias veces en las Escrituras (Job 30.29; Isaías 13.21; Jeremías 50.39; Miqueas 1.8, etc.). Varias veces aparece como figura de lenguaje. Es un ave grande capaz de correr a enorme velocidad. Su carne estaba prohibida (Deuteronomio 14.15).

Búho

De vez en cuando se menciona al búho en las Sagradas Escrituras. Es probablemente una de las aves inmundas, aunque hay dificultades de traducción en los pasajes de Levítico 11 y Deuteronomio 14. En Palestina, los búhos hacen sus nidos cerca de las poblaciones, de preferencia en los olivos. Hay varias especies de búhos en Tierra Santa. La lechuza es más pequeña que el búho. En el habla popular, se llama mochuelo a distintas aves rapaces nocturnas.

Buitre

El buitre es un ave de rapiña bastante grande. A veces se confunde con el águila (Mateo 24.28, «águila» en unas versiones, «buitres» en NC). Es conocido en Tierra Santa. Job 39.27 probablemente se refiera al buitre; la RV y RVR lo traducen «águila»).

Cigüeña

El nombre hebreo de la cigüeña significa «piadosa» o «bondadosa», sin duda por la conocida abnegación de esa ave para con sus polluelos. La ley judía la prohibía como alimento. Se menciona la cigüeña en unos cuantos pasajes (Levítico 11.19; Deuteronomio 14.18; Salmo 104. 17; Jeremías 8.7; Zacarías 5.9). Hay por lo menos dos especies de cigüeña: una es un ave de color negro; la otra es la conocida ave blanca que puede verse en el valle del Jordán, emigrando hacia el norte en marzo y abril.

Codorniz

Recuérdese que los israelitas comieron codornices (Éxodo 16.13; Números 11.31-33, etc.). La codorniz suministra excelente carne, aunque debe comerse con moderación. Son interesantísimos sus hábitos migratorios: sale de Europa en el otoño; pasa a la región mediterránea y de ahí al África, en donde permanece hasta la primavera. Suele volar en grandes bandadas, aprovechando a veces el empuje del viento.

Cuervo

En diversas ocasiones se menciona al cuervo en la Biblia. En Lucas 12.24 Jesús dijo: «Considerad los cuervos, que ni siembran ni siegan...» En Cantar de los Cantares 5.11 se habla del cuervo y, desde luego, en la historia del profeta Elías junto al arroyo de Querit, hallamos a los cuervos llevándole alimento. También se le menciona en relación con el diluvio (Génesis 8.7). El cuervo es negro y tiene fama de dañino. Vive en campos desolados. Come frutas, insectos y hasta los ojos de los animales muertos, y de las crías vivas también.

Cuervo marino
(Véase Somormujo.)

Gallina y gallo

El gallo y la gallina se mencionan varias veces en el Nuevo Testamento. Mateo 26.34, 74-75 en relación con la negación que de Jesús hizo Pedro. En la antigüedad se empleaban los gallos como despertadores (el gallo se convirtió así en símbolo de vigilancia), y en tiempos de Jesús los huevos de gallina se empleaban como alimento en Palestina (Lucas 11.12). Marcos 13.35 menciona «el canto del gallo», que era la tercera vigilia de la noche (de la medianoche a las tres de la madrugada). El amoroso cuidado de Jesús hacia Jerusalén se compara con el cuidado de la gallina para con sus polluelos (Lucas 13.34; Mateo 23.37).

Garza

No hay certidumbre sobre si la palabra que así se traduce del hebreo se refiera en verdad a la garza. Pero ésta puede que sea el ave de Levítico 11.19 y Deuteronomio 14.18. Vive en las ciénagas y tiene cierto parecido con la cigüeña. Se le encuentra en las orillas del mar de Galilea.

Gavilán

Tres veces se menciona al gavilán en el Antiguo Testamento (Levítico 11.16; Deuteronomio 14.15; Job 39.26). Algunos eruditos creen que la referencia hebrea es a otra ave, quizá el halcón. El gavilán es un ave de rapiña; su carne estaba prohibida por la ley. Es frecuente en Palestina.

Gaviota

La gaviota era una de las aves inmundas según Levítico 11.16. Se la menciona en Deuteronomio 14.15. Es un ave palmípeda que puede verse en las orillas del mar de Galilea y del Mediterráneo.

Golondrina

No hay seguridad de que el hebreo bíblico mencione la golondrina; pero hay cuatro pasajes del Antiguo Testamento que así lo traducen (Salmo 84.3; Proverbios 26.2; Isaías 38.14 y Jeremías 8.7). Es un ave muy conocida en Tierra Santa.

Gorrión

Se menciona al gorrión en Salmo 84.3 y Proverbios 26.2. Donde otras versiones le dan ese nombre, la nuestra dice solamente «pajarillos» en Mateo 10.29,31 y Lucas 12.6,7. Probablemente sea el gorrión el pajarillo al cual se refería Jesús.

Grulla

Hay alguna incertidumbre respecto a la palabra que se traduce grulla en Isaías 38.14 y Jeremías 8.7, por ejemplo. En todo caso, es un ave zancuda parecida a la cigüeña. Emigra a Palestina y los países meridionales en el invierno.

Milano

No se sabe con certeza si el original hebreo de Deuteronomio 14.13 se refiere en verdad al milano, aunque algunos eruditos opinan que sí. Job 28.7 también podría referirse a la misma ave. Existen varias especies en Palestina (el milano rojo y el negro son comunes). Del milano se dice que posee excelente vista.

Paloma

Hay varias especies de palomas en Palestina. Se empleaban como sacrificio purificatorio. Por su bajo precio, la ley establecía que los pobres podían ofrecer dos palomas en lugar de un animal mayor, en ciertos casos. Es interesante que los padres de Jesús tuvieron que acogerse a esa disposición (Lucas 2.24). Una de las más famosas referencias a la paloma es «...sed, pues, prudentes como serpientes, y sencillos como palomas» (Mateo 10.16). En la religión cristiana, los artistas han simbolizado muchas cosas con la paloma: paz, esperanza, el Espíritu Santo (porque en el bautismo de Jesús intervino una paloma) (Mateo 3.16; Marcos 1.10; Lucas 3.22; Juan 1.32).

Pavo real

Salomón importó el pavo real de Ceilán o la India. Se le menciona en 1 Reyes 10.22 y 2 Crónicas 9.21 solamente.

Pelícano

Los pelícanos se ven con frecuencia en Palestina, especialmente en las costas del mar de Galilea, en grandes bandadas. Motivo de controversia entre los eruditos es si el original hebreo menciona o no al pelícano. Posiblemente se le mencione en Levítico 11.18; Deuteronomio 14.17; Salmo 102.6; Isaías 34.11 y Sofonías 2.14.

Perdiz

La perdiz es común en Palestina, pero sólo dos veces se la menciona en las Escrituras (1 Samuel 26.20 y Jeremías 17.11). Algunas especies se crían en las montañas. Hay unas clases más pequeñas que otras, y varían en cuanto a color. Se encuentran perdices en los desiertos y cerca del mar Muerto.

Somormujo

El somormujo está entre los animales inmundos de Levítico 11.17 y Deuteronomio 14.17. Es una gran ave palmípeda común en el río Jordán y el mar de Galilea. Se alimenta de peces.

Tórtola

Es una de las diversas clases de palomas. Véase Lucas 2.24.

Tiempos, medidas, pesos y dinero

Tiempo

Año

El año nuevo del calendario civil judío comienza en el otoño, pues su primer mes es Etanim, que corresponde más o menos al período de mediados de septiembre a mediados de octubre. El antiguo año hebreo quizás haya constado de 354 días en vez de 365. Los once días de diferencia hacían necesario que cada dos o tres años se añadiera un décimotercer mes (véase más abajo MES). Con el tiempo se cambió esto de modo que el año tuviera solamente doce meses.

Día

Los judíos contaban sus días de una a otra puesta de sol, de modo que el oscurecer marcaba el inicio de un nuevo día. Hasta el presente, los días sagrados de los judíos, el sábado inclusive, comienzan al ponerse el sol. Desde luego, había otro empleo más popular de la palabra «día» que la aplicaba al período de doce horas durante el cual hay luz solar. (Véase Semana).

Estaciones

En Palestina, el año se divide en dos grandes estaciones: la estación seca y la de las lluvias. La estación seca o verano dura de mediados de mayo a mediados de octubre; en ella hay sol necesario para que las cosechas maduren. La estación lluviosa dura los otros seis meses del año.

Hora

En el Antiguo Testamento, no parece que el término hora indique una específica duración de tiempo, como el concepto moderno. Lo cierto es que sólo cinco veces se emplea esa palabra en el Antiguo Testamento y sólo en el libro de Daniel (3.6,15; 4.19,33; 5.5). En el Nuevo Testamento se emplea muchas veces el término, pero con significado totalmente distinto; mientras en el Antiguo Testamento esa voz no se aplica a una definida división de tiempo, en el Nuevo a menudo se aplica a una de las doce horas del día (Juan 1.9). Los babilonios fueron los primeros en dividir el día en doce horas. Las civilizaciones griega y romana adoptaron esa división, por lo cual los escritores del Nuevo Testamento también la emplean. La tercera hora del día correspondía más o menos a las nueve de la mañana, la sexta hora, al mediodía, la novena (hora nona), a las tres de la tarde, etc. En el Nuevo Testamento hay numerosas referencias a las horas del día: Marcos 15.25 indica que Jesús fue crucificado en la hora tercera;

Hechos 10.30, dice que Cornelio estaba orando a la hora novena; etc. Dato interesante es que la duración de las horas en el Nuevo Testamento variaba de 49 a 71 minutos.* La razón de esto es obvia. Los días se alargan o se acortan según la estación, y cada día se dividía en doce partes, desde la salida hasta la puesta del sol.

Mes

Los judíos dividían su calendario en doce meses, más o menos como hoy día. Cada mes comenzaba con la aparición de la luna nueva, y consistía de 29 a 30 días, según la duración de cada ciclo lunar. Cada cierto tiempo era necesario añadir un décimotercer mes, ya que el año solar contiene unos once días más que el año lunar. Durante muchos siglos los judíos han dado a sus meses los nombres del calendario babilónico.

MESES DEL AÑO

Nombre judío	Equivalencia española
1. Nisán	Marzo-abril
2. 2. Zif	Abril-mayo
3. Siván	Mayo-junio
4. Tamuz	Junio-julio
5. Ab	Julio-agosto
6. Elul	Agosto-septiembre
7. Etanim	Septiembre-octubre
8. Marhesvan	Octubre-noviembre
9. Quislev	Noviembre-diciembre
10. Tebet	Diciembre-enero
11. Sebat	Enero-febrero
12. Adar	Febrero-marzo
Ve'adar	Mes intercalado

* W. Corswant, *A Dictionary of Life in Bible Times*. Londres: Hodder & Stoughton, 1960, p. 149. Los datos de la Sección G están basados en Corswant.

Reloj de sol

Dos referencias al reloj de sol hay en el Antiguo Testamento: 2 Reyes 20.11 e Isaías 38.8. No se da ninguna descripción exacta del instrumento, pero en el pasaje de Isaías, los «grados» en el reloj de Acaz se mencionan en relación con las sombras, lo cual por lo visto era el método para marcar el tiempo.

Semana

No había nombres para los días de la semana en el antiguo sistema judío, salvo las expresiones «primer día», «segundo día», «tercer día», etc. Es muy probable que los judíos hayan tenido una semana de siete días, aunque algunos han sugerido un período de diez días. Es indudable que las fases de la luna determinaban la división, pero también se han sugerido razones teológicas para la misma, tal como el carácter sagrado del número siete en el pensamiento judío, y el relato del Génesis en cuanto a los seis días de la creación y el reposo en el día séptimo.

Tarde

A menudo se refiere la Biblia a la tarde, que al parecer era para los judíos y sus familias parte importante del día. Los sacrificios y días especiales de los judíos con frecuencia correspondían a la tarde. Era tiempo de adoración y de reunión de la familia como unidad. Era también el período de «la fresca», cuando se levantaban las suaves brisas que durante los calurosos meses del verano eran portadoras del alivio que anhelaba todo habitante de Palestina y del Cercano y Medio Oriente.

Tiempo

En términos generales, los hebreos no tenían un concepto exacto del tiempo, como lo tiene el hombre moderno. El tiempo era algo muy general. Era a menudo una condición del ser más que una verdadera cronología (e.g., es evidente que se decía de un hombre que estaba en los cuarenta años de edad mientras mantuviera el pleno vigor de la madurez). En cuanto al empleo en forma generalizada de los números véase Jueces 3.11; 4.3, etc. En otras ocasiones las indicaciones de tiempo en la Biblia eran más específicas («El primer día de la semana... hallaron removida la piedra del sepulcro...» [Lucas 24.1-2]). Los griegos y los romanos eran más exactos en el cómputo del tiempo.

Medidas

Dedo, mano o palmo menor.

En términos generales, las medidas en los escritos judíos de la antigüedad son sólo aproximadas. La anatomía humana era la base para la medición, considerándose el dedo la medida mínima, que era unos 3/4 de pulgada (2 cm. aprox.). Cuatro dedos juntos constituían una mano (palmo menor), que equivalía a poco más de 7 y 1/2cm.

Palmo

El palmo era otra unidad de longitud y consistía en la distancia entre el pulgar y el meñique, con la mano abierta. El palmo equivalía a unos 23 cm. Se menciona el palmo, por ejemplo, en Éxodo 28.16 e Isaías 40.12 (como expresión poética).

Codo

El codo era la distancia entre el codo y el extremo del dedo cordial. Naturalmente, esto varía de una persona a otra, razón por la cual el codo «común» medía unas 18 pulgadas (casi 46 cm.) y el «codo mayor», más de 53 cm. El codo se menciona en 2 Crónicas 3.3 y otras partes del Antiguo Testamento, y en el Nuevo Testamento en Mateo 6.27, Lucas 12.25, Juan 21.8 y Apocalipsis 21.17.

Bato

El bato equivalía a unos 37 litros. Era una medida para líquidos como el agua, el vino o el aceite. El bato corresponde en términos generales a la medida para áridos conocida como «efa».

Braza

Se usa para medir profundidades (Hechos 27.28). Medía aproximadamente 1.80 m. Se decía que correspondía a la distancia entre los extremos de las manos, con los brazos abiertos era una medida romana.

Cab

El cab equivalía a cuatro logs, o sean unos 2 lts. Se menciona únicamente en 2 Reyes 6.25 en relación con la hambruna.

Camino de un sábado

La ley judía permitía caminar sólo una distancia limitada en día sábado, aproximadamente de 1/2 a 3/4 de milla (Hechos 1.12).

Coro

El coro es una medida tanto para líquidos como para áridos. Equivale aproximadamente a 230 lts. El trigo y la harina se medían por coros en el Antiguo Testamento (1 Reyes 4.22; 5.11).

Cuerda

Al parecer, no es posible determinar la longitud exacta de la cuerda del Antiguo Testamento. Era, naturalmente, alguna medida en forma de cordel; pero a veces se empleaba también para determinar niveles de terreno. En la Biblia se mencionan o se sugieren líneas de demarcación de terrenos (Salmo 16.6 puede ser una referencia a estas demarcaciones).

Efa

El efa equivale a tres seahs, o unos 19 lts. Era una medida común para áridos. (Véase «bato».)

Estadio

El estadio equivalía aproximadamente a 180 m., aunque era un tanto variable. El Nuevo Testamento emplea varias veces el término, por ejemplo en Lucas 24.13, Juan 6.19 y Apocalipsis 14.20. En el antiguo stadion griego se realizaban competencias atléticas. De ahí la aplicación deportiva de nuestro moderno «estadio».

Gomer

El gomer era una medida para áridos; era 1/10 de efa.

Homer

El homer se supone que equivalía a la carga que un asno podía transportar, lo cual era aproximadamente 230 lts. Equivale al coro.

Log

En tiempos del Antiguo Testamento, si bien las medidas para áridos no siempre eran exactas ni consecuentes, en términos generales el log —medida para líquidos— equivalía aproximadamente 31 centilitros.

Milla

La milla medía unos 1.487 m. Se deriva de la palabra mille, que significa mil pasos (dobles), y la empleaban los romanos para medir caminos, los cuales se marcaban con «piedras miliares». Se dice que equivalía a ocho estadios.

Seah

El Seah es una medida para áridos, como la harina o los granos (Véase Génesis 18.6 y 1 Samuel 25.18). Equivale a 6.15 lts.

Yugada

Esta unidad todavía se emplea en Siria, y se dice que equivale a la cantidad de tierra que una yunta de bueyes puede arar en un día.

Pesos

Libra

El único peso que se menciona en el Nuevo Testamento es la libra romana (Juan 12.3; 19.39). Equivalía a 0,72 lbs. actuales, o a 11 ½ oz.

Mina

La mina equivalía a cincuenta siclos, o unas 20 onzas. Se menciona la mina en el Antiguo Testamento (e.g. Ezequiel 45.12). Es de origen sumerio. Se empleaba para medir clases especiales de mercadería, particularmente metales preciosos que por lo menos en alguna ocasión se emplearon como dinero. Más adelante, la mina llegó a ser una unidad monetaria.

Siclo

Corrientemente pensamos que el siclo indica dinero, pero originalmente la palabra hebrea de la cual se derivó siclo indicaba el hecho de pesar el dinero (saqal-«pesar»). Antes de que se acuñara el dinero, la mercadería se compraba y se vendía por su peso en oro o plata (es decir, una cantidad del mismo). Según parece, el sistema israelita de medidas se deriva del sistema babilónico en el cual, según Corswant, *A Dictionary of Life in Bible Times*, «cada peso era sesenta veces mayor que el que le precedía» (p.296). Como medida de peso, el siclo equivalía a unos 0.4 oz.

Talento

El talento hebreo se derivaba del talento babilónico, y originalmente denotaba una medida de peso, aunque más adelante llegó a ser unidad monetaria. Equivalía a 75.558 lbs. En el Nuevo Testamento se relaciona con el sistema monetario griego. (Véase a seguir la sección sobre el Dinero.)

Dinero*

No siempre negociaron los judíos con monedas. El método inicial fue al parecer el trueque primitivo; después, se pesó la plata o el oro usando como equivalencia el siclo (véase «Siclo»). No fue sino hasta el exilio que los judíos acuñaron monedas. Después del siglo once A.C. los judíos acuñaron su propio dinero. Hasta ese entonces empleaban las monedas de otros países (de Fenicia y Roma, e.g.). Al acuñar su propia moneda no grababan el rostro de los gobernantes o reyes, sino símbolos que les eran caros, como la espiga de trigo, un racimo de uvas o una vela. También había inscripciones en las monedas, a menudo referentes a la liberación de Israel.

Aun después que se acuñó moneda, solía pesarse el dinero además de contarlo, pues las monedas no tenían peso uniforme.

---

* Equivalencias reflejan la economía estadounidense en 1964.

Blanca

El lepton judío, que se traduce por blanca, valía la octava parte de un centavo de los Estados Unidos. Con una blanca podían comprarse dos pajarillos (Mateo 10.29; Lucas 12.6). Era una moneda de bronce, la más pequeña unidad monetaria en tiempos de Jesús. Marcos 12.42.

Cuadrante

El cuadrante, pequeña moneda romana de bronce, valía poco más de un centavo de los Estados Unidos. Posibles referencias son Mateo 5.26 y Marcos 12.42.

Denario

El denario era una moneda romana de plata que se empleó comúnmente en Palestina a partir del siglo I A.C. Valía aproximadamente 16 centavos, y era más o menos lo que un peón común podía ganar por día (Mateo 20.2). Se menciona el denario en Mateo 22.19 y Lucas 10.35, entre otros lugares.

Didracma

El didracma era una moneda griega de plata. Se menciona en el Nuevo Testamento (Mateo 17.24); valía unos 32 centavos y equivalía a medio siclo judío de plata. Era el monto del impuesto que todo judío debía pagar anualmente para el mantenimiento del templo.

Dracma

Este era una moneda griega de plata corriente en la antigüedad. El historiador Lucas lo menciona (Lucas 15.8-9). Valía más o menos lo mismo que un denario, o sea unos 16 centavos de oro.

Dracma de oro

El dracma de oro (Esdras 2.69; 8.27, etc.) es quizá la moneda acuñada más antigua del Antiguo Testamento. Era de oro, de tiempos de Darío I, cuya efigie aparecía en la moneda.

Estatero

El estatero era una moneda griega que se menciona en Mateo 17.27. Equivalía a cuatro dracmas, por lo cual la llamaban también tetradracma. Su valor se calcula en 74 centavos.

Mina

La mina, de origen sumerio, fue al principio una medida de peso, pero después llegó a ser unidad monetaria como el talento. Era ya de oro, ya de plata, y su valor alcanzaba unos 16 dólares estadounidenses. La palabra que se traduce «libra» en 1 Reyes 10.17, Lucas 19.28, etc., parece referirse a la mina.

Siclo

El siclo, originalmente medida de peso en el antiguo Israel, se empleó después como moneda. Hay referencia a medios siclos, cuartos de siclo y veinteavos de siclo. Ignoramos cuál era su valor exacto, pero se cree que el siclo de plata equivalía a 1/15 del siclo de oro. 2 Samuel 14.26; Ezequiel 45.12; etc.

Talento

El talento, originalmente medida de peso, más adelante llegó a representar una gran suma de dinero. Era de plata o de oro. Es difícil calcular el valor del talento, pero probablemente equivalía a unos $960 estadounidenses.

Donald E. Demaray

Guía de Estudio

INTRODUCCIÓN A LA BIBLIA

GUÍA DE ESTUDIO PREPARADA POR LA

FACULTAD LATINOAMERICANA DE ESTUDIOS TEOLÓGICOS

Contenido

Cómo obtener un curso acreditado por FLET..............457
Cómo hacer el estudio...458
Cómo establecer un seminario en su iglesia...............459
Metas y objetivos del curso...462
Tareas en general..463
Tareas para cada lección...467
Lecciones..471
Manual para el facilitador...505
Hoja de calificaciones..551

Cómo obtener un curso acreditado por FLET

Si el estudiante desea recibir crédito por este curso, debe:

1. Llenar una solicitud de ingreso y enviarla a la oficina de FLET.
2. Proveer una carta de referencia de su pastor o un líder cristiano reconocido.
3. Pagar el costo correspondiente. (Ver «Política financiera» en el *Catálogo académico*.)
4. Enviar a la oficina de FLET o entregar a un representante autorizado una copia de su diploma, certificado de notas o algún documento que compruebe que haya terminado los doce años de la enseñanza secundaria (o educación media).
5. Hacer todas las tareas indicadas en esta guía.

Nota: Ver «Requisitos de admisión» en el *Catálogo académico* para más información.

Cómo hacer el estudio

Cada libro describe el método de estudios ofrecido por esta institución. Siga cada paso con cuidado. Una persona puede hacer el curso individualmente, o se puede unir con otros miembros de la iglesia que también deseen estudiar.

En forma individual
Si el estudiante hace el curso como individuo, se comunicará directamente con la oficina de la Universidad FLET. El alumno enviará su examen y todas sus tareas a esta oficina, y recibirá toda comunicación directamente de ella. El texto mismo servirá como «profesor» para el curso, pero el alumno podrá dirigirse a la oficina para hacer consultas. El estudiante deberá tener a un pastor o monitor autorizado por FLET para tomar su examen (sugerimos que sea la misma persona que firmó la carta de recomendación).

En forma grupal
Si el estudiante hace el curso en grupo, se nombrará un «facilitador» (monitor, guía) que se comunicará con la oficina. Los alumnos se comunicarán con el facilitador, en vez de comunicarse directamente con la oficina de FLET. El grupo puede escoger su propio facilitador, el pastor puede seleccionar a algún miembro del grupo que cumpla con los requisitos necesarios para ser guía o consejero, o los estudiantes pueden desempeñar este rol por turno. Sería aconsejable que la iglesia tenga varios grupos de estudio y que el pastor sirva de facilitador de uno de los grupos; cuando el pastor se involucra, su ejemplo anima a la congregación entera y él mismo se hace partícipe del proceso de aprendizaje.

Estos grupos han de reunirse una vez por semana en la iglesia bajo la supervisión del facilitador para que juntos puedan cumplir con los requisitos de estudio (los detalles se encontrarán en las próximas páginas). Recomendamos que los grupos (o «peñas») sean compuestos de 5 a no más de 10 personas.

El facilitador seguirá el manual para el facilitador que se encuentra al final del libro. El texto sirve como «profesor», mientras que el facilitador sirve de coordinador que asegura que el trabajo se haga correctamente.

Cómo establecer un seminario en su iglesia

Para desarrollar un programa de estudios en su iglesia, usando los cursos ofrecidos por la Universidad FLET, se recomienda que la iglesia nombre a un comité o a un Director de Educación Cristiana. Luego, se deberá escribir a Miami para solicitar el catálogo ofrecido gratuitamente por FLET.

El catálogo contiene:

1. La lista de los cursos ofrecidos, junto con programas y ofertas especiales,
2. La acreditación que la Universidad FLET ofrece,
3. La manera de afiliarse a FLET para establecer un seminario en la iglesia.

Luego de estudiar el catálogo y el programa de estudios ofrecidos por FLET, el comité o el director podrá hacer sus recomendaciones al pastor y a los líderes de la iglesia para el establecimiento de un seminario o instituto bíblico acreditado por FLET.

Introducción a la Biblia

Universidad FLET
14540 SW 136 Street No 200
Miami, FL 33186
Teléfono: (305) 232-5880
Fax: (305) 232-3592
e-mail: admisiones@flet.edu
Página web: www.flet.edu

El plan de enseñanza LOGOI

El proceso educacional debe ser disfrutado, no soportado. Por lo tanto no debe convertirse en un ejercicio legalista. A su vez, debe establecer metas. Llene los siguientes espacios:

Anote su meta diaria: _____
Hora de estudio: _____
Día de la reunión: _____
Lugar de la reunión: _____

Opciones para realizar el curso

Este curso se puede realizar de tres maneras. El alumno puede escoger el plan intensivo con el cual puede completar sus estudios en un mes y entonces, si desea, puede rendir el examen final de FLET para recibir acreditación. Si desea hacer el curso a un paso más cómodo lo puede realizar en el espacio de dos meses (tiempo recomendado para aquellos que no tienen prisa). Al igual que en la primera opción, el alumno puede rendir un examen final para obtener crédito por el curso. Otra opción es hacer el estudio con el plan extendido, en el cual se completan los estudios y el examen final en tres meses. Las diversas opciones se conforman de la siguiente manera:

Guía de estudio

Plan intensivo: un mes (4 sesiones) Fecha de reunión
Primera semana: Lecciones 1-2 _____
Segunda semana: Lecciones 3-4 _____
Tercera semana: Lecciones 5-6 _____
Cuarta semana: Lecciones 7-8, y
Examen final de FLET _____

Plan regular: dos meses (8 sesiones) Fecha de reunión
Primera semana: Lección 1 _____
Segunda semana: Lección 2 _____
Tercera semana: Lección 3 _____
Cuarta semana: Lección 4 _____
Quinta semana: Lección 5 _____
Sexta semana: Lección 6 _____
Séptima semana: Lección 7 _____
Octava semana: Lección 8, y
Examen final _____

Plan extendido: tres meses (3 sesiones) Fecha de reunión
Primer mes: Lecciones 1-3 _____
Segundo mes: Lecciones 4-6 _____
Tercer mes: Lecciones 7-8, y
Examen final _____

Introducción a la Biblia

Metas y objetivos para el curso

Descripción del curso

Una introducción a la Biblia que examina los conceptos de la inspiración, revelación, canonicidad e infalibilidad de las Escrituras. El curso también repasa la historia del texto bíblico en español.

Metas

1. (Cognitiva) El estudiante adquirirá los conocimientos introductorios fundamentales acerca de la Biblia que le proveerán una base para estudios bíblicos futuros.
2. (Afectiva) El estudiante ganará más confianza en la autoridad y la inspiración de las Escrituras.
3. (Conducta/volativa) El alumno explicará a otras personas los conocimientos introductorios acerca de la Biblia adquiridos en este curso.

Objetivos

Cognitivos:
1. El alumno dará un examen acumulativo satisfactorio al final del curso acerca de los datos introductorios de la Biblia estudiados en las ocho lecciones.
2. El alumno entregará un informe escrito de la lectura adicional. (Ver sección «Tareas en general».)
3. El alumno escribirá un resumen de temas. (Ver sección «Tareas en general».)
4. El alumno entregará un cuaderno con las tareas para cada lección (Ver detalles en la sección «Tareas para cada lección».)

Afectivos y de conducta:
1. El estudiante iniciará el proceso de compartir sus conocimientos introductorios acerca de la Biblia adquiridos en este curso, redactando dos principios transferibles basados en cada lección (16 en total).
2. El alumno también mostrará el aumento en su confianza en la autoridad y la inspiración de las Escrituras a través del resumen de temas, en el que describe cómo ha cambiado su punto de vista durante el curso.

Tareas en general

Las tareas están diseñadas para aumentar el conocimiento del alumno en los temas fundamentales acerca de la Biblia. El estudiante completará las siguientes tareas a fin de demostrar que ha alcanzado las metas y los objetivos descritos anteriormente. [Nota: El alumno que estudia de manera individual enviará todas sus tareas (junto con su examen final) directamente a la sede de FLET en Miami. Los estudiantes que estudian en un grupo se las presentarán al facilitador]:

1. Leerá el texto *Introducción a la Biblia* por Donald E. Demaray. (La comprensión de su lectura será evaluada en el examen final.)

2. Además, el alumno leerá 200 páginas como lectura adicional en el área de introducción al Antiguo Testamento, introducción al Nuevo Testamento, o bibliología (doctrina de la Biblia). El estudiante debe entregar al facilitador (o enviar a la sede de FLET en el caso del alumno que estudie individualmente) un registro de lecturas que detalle el texto usado, el autor, y la cantidad de páginas que leyó en

dicho texto. Este registro también debe incluir breves evaluaciones u observaciones acerca de lo leído (enseñanzas provechosas, áreas de acuerdo y desacuerdo, preguntas que salieron a relucir). El alumno puede cumplir este requisito con los siguientes libros, u otros relacionados con el tema de introducción a la Biblia, si estos no están disponibles: [Esta tarea deberá ser entregada junto con la hoja de respuestas del examen final al facilitador (si estudia en un grupo) o la oficina de FLET (si estudia individualmente), y será evaluada de acuerdo con el porcentaje de la tarea completada.]

Lista de libros sugeridos

A continuación proveemos una lista de textos posibles para lectura y evaluación. El estudiante puede seleccionar las lecturas de esta lista y/o escoger libros similares.
[Nota: FLET no necesariamente comparte la opinión de los autores.]

Archer, Gleason L., *Reseña crítica de una introducción al Antiguo Testamento*. Chicago: Moody Bible Institute, 1981.

Berkhof, Louis. *Teología sistemática*. Michigan: T.E.L.L., 1981.

Boice, James Montgomery. *Los fundamentos de la fe cristiana*. Miami: Editorial Unilit - LOGOI, Inc., 1996.

Calvino, Juan. *Institución de la fe cristiana*. Buenos Aires: Nueva Creación, 1967.

Chafer, Lewis S. *Teología sistemática*. 2 Vols. Spanish Publications, 1999.

Darby, J. N. *Introducción a la Biblia*. Ediciones bíblicas, 1991.

Garreth, James Leo. *Teología sistemática*. El Paso: Casa Bautista de Publicaciones, 1996.

Gritter, W. V. y Kaller, Donald W. *Confesión de fe de Westminster*. México: Libros Desafío, 1993.

Harrison, Everett F. *Introducción al Nuevo Testamento*. Grand Rapids: Libros Desafío.

La Sor, William Sanford; Hubbard, David; y Bush, Frederick. *Panorama del Antiguo Testamento*. Grand Rapids: Libros Desafío, 1995.

Packer, J. I. *Teología concisa*. Miami: Editorial Unilit.

Pearlman, Myer. *Teología bíblica y sistemática*. Editorial Vida.

Ryrie, Charles C. *Teología bíblica del Nuevo Testamento*. Editorial Portavoz, 1983.

Ryrie, Charles. *Teología básica*. Miami: Editorial Unilit, 1993.

Scroggie, W. Graham. *¿Es la Biblia la Palabra de Dios?* Barcelona, España: Editorial CLIE.

Turner, Donald. *Introducción al Antiguo Testamento*. Editorial Portavoz, 1999.

Tenney, Merrill C. *Nuestro Nuevo Testamento: Estudio panorámico del Nuevo Testamento*. Grand Rapids: Portavoz, 1973.

Young, E.J. *Una Introducción al Antiguo Testamento*. Grand Rapids: T.E.L.L., 1981.

3. El alumno presentará un resumen escrito de temas. Este consistirá en no más de diez páginas (escrito a máquina), y debe ser escrito de forma coherente y concisa. El alumno explicará en sus propias palabras su punto de vista acerca de los siguientes temas: a) la inspiración de la Biblia, b) la inerrancia, c) la canonicidad, d) los manuscritos y versiones antiguas, y e) las traducciones al español. Como parte de este objetivo debe:

   a. Explicar cuál es su propia convicción acerca del tema.
   b. Comparar su punto de vista al principio y al final del curso.
   c. Detallar áreas del texto que le gustaron, y/o áreas de desacuerdo con el texto de estudio. También debe dar las razones por qué le gustaron o por qué no está de acuerdo.

Esta tarea debe ser entregada el día del examen final al facilitador (si está estudiando en un grupo), quien la enviará a FLET, o enviada a la oficina de FLET en Miami (si está estudiando individualmente). Será evaluada de acuerdo al porcentaje completado, el contenido del resumen, y la claridad de expresión.

4. Aprobará un examen final que evalúa su conocimiento acerca del texto completo. Este examen estará basado en las preguntas de repaso de cada semana y cualquier otra materia indicada en las tareas. Si el estudiante está estudiando en un grupo, el examen será tomado por el facilitador, quien lo enviará a la oficina de FLET para su corrección. Si está estudiando como individuo, el examen será tomado por el monitor autorizado, quien luego deberá enviarlo directamente a la oficina de FLET.

5. El alumno que estudia de forma individual enviará al final del curso las tareas para cada lección a la oficina de FLET. Si está estudiando en un grupo, el estudiante deberá presentar las tareas a su facilitador en la cuarta y en la última lección. Sin embargo, el alumno no debe dejar de hacer sus tareas de acuerdo con el avance de las lecciones. (Véanse las lecciones respectivas para los detalles.) [Nota: Estas tareas serán evaluadas de acuerdo con el porcentaje de la tarea completada.]

Tareas para cada lección

Después de haber completado la lectura apropiada para cada lección, el alumno realizará lo siguiente:

1. Respuestas para las preguntas de repaso: Anotará en un cuaderno las respuestas para las preguntas de repaso, en sus propias palabras, y el número de la página en que se encuentra la respuesta que la respalda. [Nota: En la

sección «Respuestas a las preguntas de repaso» del Manual del facilitador, encontrará las respuestas a estas preguntas. Sin embargo deben ser usadas como una manera de comprobar sus respuestas. No forme el hábito malo de leer las preguntas primero y solamente buscar las respuestas. Eso no sería una buena manera de aprender, y sería una especie de deshonestidad y engaño. El estudiante mismo será perjudicado al final.]

2. Dos preguntas propias: Esta porción de la tarea se relaciona con la lectura del alumno y su interacción con las preguntas de repaso. El estudiante debe escribir en el primer cuaderno por lo menos 2 preguntas propias concernientes a la lección (y que no han sido tratadas o desarrolladas ampliamente por el autor). Estas preguntas deben representar aquellas dudas, observaciones, o desacuerdos que surgen en la mente del estudiante a medida que vaya leyendo el texto de estudio (o después al reflexionar sobre el contenido del mismo). De manera que las preguntas deben, en su mayoría, salir a relucir naturalmente en la mente del alumno mientras lee y procesa la información en el texto. Se espera que el estudiante además comience a tratar de solucionar su pregunta o duda. Es decir, el estudiante debe hacer un esfuerzo en buscar la respuesta a la pregunta o duda que se le presentó (por lo menos explorando alternativas o respuestas posibles). Este ejercicio ayudará al alumno a aprender a pensar por sí mismo y tener interacción con lo que lee. Así, se permite que el estudiante exprese su desacuerdo con el autor (si lo tiene) mientras que explique y justifique su motivo. Para cumplir con este requisito el estudiante debe escribir

la pregunta y sus posibles respuestas de acuerdo a su propio proceso de razonamiento.

3. Dos principios transferibles: El estudiante redactará dos principios transferibles, es decir dos enseñanzas derivadas de la lección que sirvan de provecho y edificación, tanto para el estudiante como también para otros. Estos principios o enseñanzas se deben expresar en forma concisa, preferiblemente en una sola oración (ej.: «El creyente debe defender la sana doctrina aun a gran costo personal»). Aconsejamos (lo siguiente no será evaluado) que el estudiante busque la oportunidad para compartir estas enseñanzas con otras personas, ya sea en una clase, en un estudio bíblico, en un sermón, o en una conversación personal; con el propósito de servir para la edificación del creyente y de testimonio para la evangelización de los no creyentes.

4. Una lista de los libros de la Biblia, con una frase que resuma el contenido de cada uno. En las lecciones 3-6, el alumno deberá hacer una lista de los libros bíblicos estudiados en la lección y escribir una frase que describa el contenido de cada uno.

Calificación Final

Lectura adicional: 20%
Resumen escrito de temas: 15%
Examen final: 25%
Tareas para cada lección: 40%

Total: 100%

Nota:
(1) El alumno que está estudiando en un grupo debe prepararse con anticipación para cada clase, es decir debe cumplir con las tareas correspondientes para cada lección, de tal manera que pueda participar en el desarrollo de cada clase y colaborar en la mutua edificación del grupo.
(2) Si el alumno está estudiando en un grupo, su facilitador debe consultar el «Manual del facilitador» para familiarizarse con los pasos de la primera reunión. Véase este al final del libro.

Lección 1

(Corresponde al capítulo 1 del texto)

T*area antes de leer el capítulo 1: Cómo leer y aprender*
1. La lectura

En esta primera lección el alumno conocerá los principios de cómo aprender de manera eficaz, cómo leer y evaluar un libro, y cómo comenzar a estudiar un libro de la Biblia. Además, comenzará a aplicar estos principios con la lectura del primer capítulo del texto *Introducción a la Biblia*. También el alumno deberá leer la Epístola de Pablo a los Efesios y examinar el bosquejo visual que hemos provisto como modelo. Finalmente, deberá dar un vistazo a las otras lecciones (2-8) para familiarizarse con el material, el proceso de aprendizaje, y las tareas.

El alumno deberá aprender a usar libros para adquirir nuevos conocimientos. Para sacar el mayor provecho del aprendizaje el estudiante deberá seguir tres pasos sencillos con cada texto que usa: leer, entender, evaluar/hacer.

- **Leer:** Conozca el libro y lo que dice usando tres fuentes de información:

    a. El libro en sí: Lea la portada, el título y subtítulo, el índice, el prefacio.
    b. El capítulo: Lea los títulos, subtítulos, fotografías y gráficas.
    c. El texto: Lea la información detallada contenida en el capítulo.

- **Entender:** Determine lo que el autor dice y cómo estructura su material para comunicarlo. El lector debe tratar de descubrir la estructura lógica del autor. ¿Qué es lo que está tratando de comunicar? ¿Con qué ideas, material, o evidencia está tratando de respaldar sus conceptos? ¿Es verdad lo que el autor dice o no? ¿Cómo sabe usted si es verdad o no? Recuerde que el mero hecho de que algo sea lógico no quiere decir que sea verdad. Por ejemplo, parece ser lógico y racional que el hombre se gane el cielo por sus obras. Sin embargo, en realidad es falso ya que la Biblia enseña: «Pero al que obra, no se le cuenta el salario como gracia, sino como deuda; mas al que no obra, sino cree en Aquel que justifica al impío, su fe le es contada por justicia» (Ro 4.4-5). Esto es lógico y también es verdad.

- **Evaluar/Hacer:** Evalúe lo que el autor ha escrito y decida cuáles de sus ideas debe usted adoptar ¿Está seguro que entiende lo que el escritor ha tratado de comunicar? Determine si está de acuerdo o no con las ideas expresadas en el libro. Debe poder decir por qué está usted de acuerdo o en desacuerdo. También debe pensar en cuáles han de ser las consecuencias de las ideas del autor. ¿Qué desea el autor que el lector haga? ¿Qué cambios positivos o negativos resultarían si hiciera lo que el escritor sugiere? A veces el autor no da suficiente información para que pueda formarse una opinión completa por lo que tal vez usted necesite leer materiales adicionales.

2. El aprendizaje

El alumno debe aprender algo acerca del proceso de aprendizaje. Entre los conceptos que nos ayudan a aprender están los siguientes:

- **Comprender:**
  1) Capte el sentido general de lo que desea aprender.
  2) Después, examine las partes.
  3) Habiendo realizado estas dos tareas trate de comprender de nuevo la totalidad, esta vez usando la nueva información que ha adquirido en el segundo paso.
  4) Repita el proceso cuantas veces pueda hasta lograr la mayor comprensión. Véase la explicación:

- **Aplicar:** Observe cómo el material estudiado se aplica a su vida. Recordemos y prestemos atención a la información que nos concierne. A veces no captamos su importancia inmediatamente. Reflexione en el material y descubra en qué área de la vida puede aplicar los nuevos conocimientos.

- **Repetir:** La repetición es otra manera por la cual aprendemos. Cuando repetimos el material que deseamos aprender, ya sea escribiendo, hablando o dibujando lo estudiado, el aprendizaje se facilita. La repetición representa uno de los grandes secretos de la educación.

- **Visualizar:** Las ayudas visuales facilitan grandemente el proceso de aprendizaje. El poder ver los conceptos de forma visual, organizada y atractiva nos ayuda a recordar la materia que deseamos aprender.

Introducción a la Biblia

En nuestros cursos el alumno aprenderá más a fondo a entender la Biblia. Puede comenzar a acostumbrarse a practicar buenos principios para el estudio de las Escrituras. Use estos pasos:

1. El estudiante debe leer por completo y sin interrupción el libro de la Biblia que desea estudiar. Esto significa comenzar con el primer versículo del primer capítulo y seguir leyendo sin perder el hilo hasta terminar el libro. Esto ayuda a cumplir con la primera regla del aprendizaje, es decir, captar una vista panorámica de la materia.

2. El alumno puede hacer un bosquejo personal y visual del libro. En realidad debe intentar hacer varios bosquejos a fin de acomodar la información variada que descubre. Este paso no pierde de vista el aspecto global del primero, pero sí enfatiza los aspectos particulares del libro.

3. El alumno debe repetir el proceso a lo largo de su vida a fin de conocer la Biblia y obedecer a Dios cada vez más.

Guía de estudio

Cómo preparar bosquejos

EFESIOS

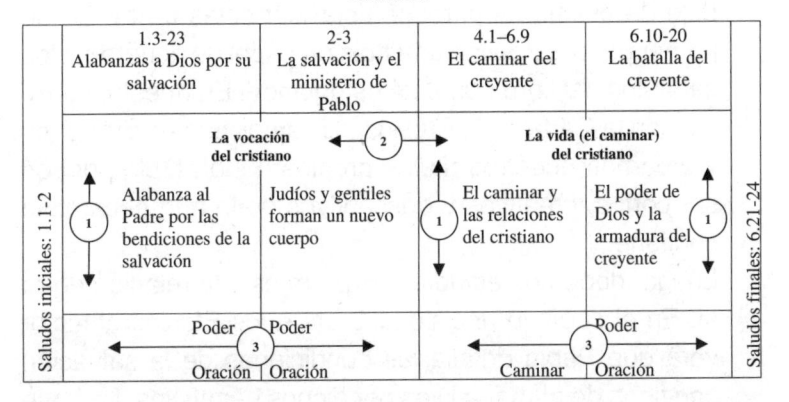

Saludos iniciales: 1.1-2	1.3-23 Alabanzas a Dios por su salvación	2-3 La salvación y el ministerio de Pablo	4.1–6.9 El caminar del creyente	6.10-20 La batalla del creyente	Saludos finales: 6.21-24
	La vocación del cristiano ← 2 →		La vida (el caminar) del cristiano		
	Alabanza al Padre por las bendiciones de la salvación	Judíos y gentiles forman un nuevo cuerpo	El caminar y las relaciones del cristiano	El poder de Dios y la armadura del creyente	
	Poder ← 3 → Poder Oración Oración		Poder ← 3 → Poder Caminar Oración		

Los siguientes números corresponden a la gráfica de arriba.

1. El estudiante debe captar las relaciones dentro de un capítulo o párrafo.

La mayoría de las Biblias están divididas en capítulos, párrafos y versículos. Debemos entender que estas divisiones no forman parte de los manuscritos originales. Es decir, dichas divisiones se agregaron después, y por tanto pueden estar equivocadas en algunos casos. (Por ejemplo, se ha reconocido que la división en Hechos 5.1 está mal colocada, ya que divide el contraste entre Bernabé en 4.36,37,y Ananías y Safira en 5.1-11.) Esto no afecta la doctrina de la inerrancia, ya que Dios no inspiró estas adiciones. Estas divisiones se añadieron sencillamente como puentes para ayudarnos a encontrar porciones o versículos específicos en las Escrituras.

Con relación al desarrollo de un bosquejo visual, se pueden utilizar las divisiones en capítulos provistas en nuestras Biblias para notar cómo se divide el libro (pero no deje de evaluar si parecen estar correctas o no). En un primer paso, se divide una hoja de papel de acuerdo a los capítulos del libro que esté estudiando. En nuestro ejemplo con la Carta a los Efesios utilizamos cuatro divisiones y creamos nuestros títulos propios. Estos títulos deben ser cortos, creativos y descriptivos de lo que el capítulo contiene.

Luego, debemos estudiar los párrafos y la relación entre sí. En el capítulo uno de la Carta a los Efesios el lector verá que Pablo detalla las bendiciones de la salvación con fines de alabar a Dios por dichos beneficios. La frase «para alabanza de su gloria» se repite tres veces (1.6, 12,14) y Pablo detalla el papel del Padre, del Hijo y del Espíritu Santo en la salvación que Dios provee. Además, el apóstol concluye la sección con una oración que reconoce el gran poder de Dios y pide que los creyentes conozcan a Dios y todos los beneficios, recursos y propósitos de la salvación que Él les ha dado. Por lo tanto, en el capítulo 1 la segunda porción (1.15-23) proviene de las verdades detalladas en la primera sección (1.3-14). [Nota: Estudie los capítulos 2 y 3, y observe si hay un patrón similar allí.]

2. **El alumno debe entender las relaciones entre las diversas secciones en un libro de la Biblia.**
En la Carta de Pablo a los Efesios podemos ver que la epístola se divide en dos secciones principales. En la primera mitad (los capítulos 1-3) se afirma la posición del

creyente en vista de las grandes bendiciones de la salvación por gracia y el cuerpo nuevo (la iglesia) que Dios ha creado. En la segunda mitad (capítulos 4-6) vemos cómo Pablo basa las instrucciones dadas a los cristianos sobre las grandes realidades de la salvación y el nuevo cuerpo que ha creado, es decir la iglesia. Al notar la relación entre la primera y la segunda mitad de la epístola observamos que para que el cristiano pueda caminar digno de su vocación debe comprenderla y captar el gran poder e inmensos privilegios que posee en Cristo.

El reconocimiento de la salvación por gracia aparte de las obras (2.8-9) resulta ser la única base para las buenas obras de la vida cristiana (2.10 y 4.1ss). [Nota: Estudie la sección acerca de la batalla del creyente en el capítulo 6 a fin de tratar de descubrir su relación con lo que le precede en el resto de la epístola.]

3. **El estudiante debe descubrir los temas que se hallan en todo el libro (o porciones del mismo).**
Algunos temas aparecen en todo un libro o porciones del mismo. El descubrir dichos temas nos ayuda a captar lo que el autor intenta comunicar en el libro de la Biblia que estamos estudiando. En Efesios, por ejemplo, vemos que la alabanza a Dios, su poder, la oración, y la creación, composición y misión de la iglesia son temas clave en la epístola. También la palabra «caminar» que se repite en los capítulos 4 y 5 es sumamente importante para discernir la estructura y el énfasis en dichas secciones. Pablo, sin dudas, estaba enfatizando el «caminar», o sea el vivir del cristiano, y especificando las acciones y disposiciones que deben caracterizar al creyente. Tales tipos de

observaciones nos ayudan a comprender un libro y ver su unidad. (Nota: Estudie la epístola a fin de descubrir otros temas destacados allí.)

4. **El alumno puede comparar su bosquejo con otros en los manuales bíblicos, comentarios y Biblias de estudio u otros recursos.**
El bosquejo nos ayuda a ver el desarrollo del pensamiento del autor en forma concreta. Es posible hacer varios bosquejos que destacan aspectos diferentes de un libro. Después de hacer nuestro propio estudio y crear nuestras gráficas debemos examinar otros recursos para evaluar nuestros descubrimientos.

Preguntas de repaso

Al contestar las preguntas, escriba (en su cuaderno) la respuesta y el número de la página donde la descubrió. En un segundo paso, formúlese y escriba 2 preguntas propias. Por lo tanto, cuando le venga una pregunta nueva a la mente, ya sea basada en el material del capítulo o quizás en las mismas preguntas a continuación, escríbala en su cuaderno a fin de compartirla después con el grupo. Si está haciendo el curso sin ser miembro de un grupo o peña, trate de descubrir la respuesta a su pregunta con la ayuda del texto, con la Biblia, en otros libros de referencia, o consultando a un maestro de la Biblia o a su pastor.

1. ¿Cuál es el origen lingüístico y el significado de la palabra «Biblia»?
2. ¿Qué significa «testamento» en la Biblia?

3. ¿A qué se refiere el término «Escritura» cuando se emplea en el Nuevo Testamento?
4. ¿Cuáles son las divisiones de la Biblia hebrea?
5. ¿Cuales escritos del Nuevo Testamento aparecieron primero?
6. ¿En qué idiomas fue escrita la Biblia?
7. ¿Cuál es el mensaje central de la Biblia?
8. ¿Qué escuela de interpretación «espiritualiza» (en forma exagerada) el contenido bíblico, haciendo que los eventos y las cosas representan verdades espirituales?
9. ¿Qué significa «exégesis»?
10. ¿Cuál ha sido la actitud de la Iglesia hacia los libros apócrifos del Antiguo Testamento y los libros pseudoepígrafos del Nuevo Testamento?

Dibujos explicativos

Estos dibujos han sido diseñados a fin de proveerle una manera sencilla de organizar y memorizar puntos esenciales del capítulo. Los puntos esenciales de estos dibujos son parte de la materia que el alumno debe aprender para los exámenes.

La unidad de la Biblia

Creación   Cristo   Nueva Creación
Antiguo   Nuevo
Testamento   Testamento

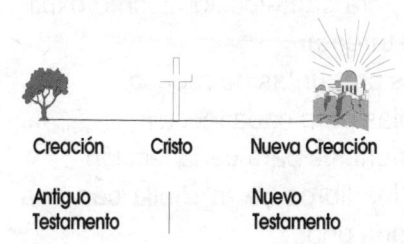

• **Explicación:** Este cuadro lo ayudará a recordar que la Biblia está compuesta de dos secciones principales, El Antiguo Testamento y el Nuevo Testamento, y que toda la Biblia apunta a Cristo, el mensaje principal. También muestra que la Biblia comienza con la creación (Génesis) y termina con la nueva creación (Apocalipsis).

Ejercicios

En su cuaderno...
Escriba **2 preguntas propias**, dando sus posibles respuestas.
Escriba **2 principios transferibles**, enseñanzas derivadas de la lección que sirvan de provecho y edificación.

NOTA:

El alumno que está estudiando en forma individual debe solicitar inmediatamente a la oficina de FLET una copia del examen final. Debe dar la dirección postal de su pastor o monitor autorizado que supervisará el examen. (Debe solicitar la autorización de su supervisor a la oficina de FLET.)

En el caso de los alumnos que estudian en un grupo, el facilitador será quien pedirá este examen.

Recuerde que las tareas son:
1. Un registro de la lectura adicional, como indicado en la explicación de las tareas.
2. El resumen escrito de temas, como indicado en la sección de tareas.
3. El cuaderno de tareas para cada lección (como explicadas en la sección de tareas):
   a) Respuestas para las preguntas de repaso.
   b) Dos preguntas propias para cada lección.
   c) Dos principios transferibles para cada lección.
   d) Una lista de todos los libros de la Biblia con una frase que resuma cada uno.

Lección 2

(Corresponde a los capítulos 2 y 3 del texto)

Preguntas de repaso

Capítulo 2
1. ¿Cuál era el idioma que hablaban Jesús y sus discípulos?
2. ¿Cómo eran los manuscritos más antiguos de la Biblia?
3. ¿Cuántos documentos originales de la Biblia existen hoy?
4. ¿Existen errores en las copias de los manuscritos bíblicos?
5. ¿De qué fecha es el manuscrito más antiguo de porciones del Nuevo Testamento («Fragmento Rylands»)?
6. ¿Qué son los «rollos del mar Muerto»?
7. ¿Cuántos documentos existen que son copias de porciones del Nuevo Testamento?
8. ¿Qué es la «Septuaginta»?
9. ¿Qué es la «Vulgata»?
10. Mencione dos razones históricas que explican la falta de documentos originales de la Biblia

Capítulo 3
1. ¿Desde qué siglo datan las porciones más antiguas de la Biblia en castellano?
2. ¿Cómo se llama el ejemplar más antiguo de porciones de la Biblia en español?

3. ¿A quiénes mayormente se deben la traducción y la difusión del Antiguo Testamento en español durante los siglos XIII a XVI?
4. ¿Quién terminó la traducción de la Biblia entera al castellano en 1569?
5. ¿Por qué se publicaron fuera de España muchas traducciones españolas de la Biblia?
6. ¿Cómo se llama el caballero andante que repartía las Sagradas Escrituras en España durante el siglo XIX?
7. ¿Cómo se llama el italiano radicado en Uruguay que repartía Biblias en América Latina durante el siglo XIX?
8. ¿Cuántas Biblias distribuyó este italiano personalmente?
9. ¿Cómo respondió la Iglesia Católica Romana a los esfuerzos de este hombre?

Dibujos explicativos

Los documentos más antiguos

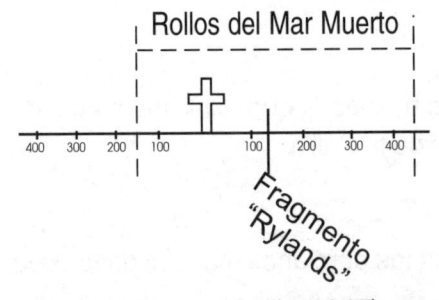

• **Explicación:** Este diagrama habla de 1) los documentos más antiguos que poseemos del Antiguo Testamento, los rollos del mar Muerto (copias del A.T. en hebreo encontrados en el año 1947), que datan desde el segundo siglo A.C. hasta el quinto siglo D.C.; y 2) el documento más antiguo que poseemos del Nuevo Testamento, el fragmento «Rylands» (30 palabras en griego del Evangelio de Juan 18) que data de la primera mitad del segundo siglo D.C.

Dos traducciones importantes

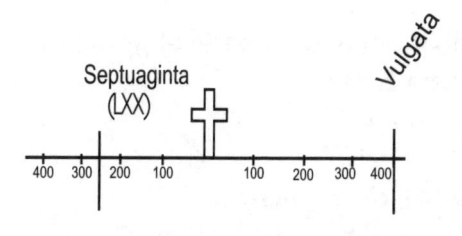

• **Explicación:** Este diagrama demuestra dos traducciones importantes: 1) la Septuaginta, traducción del A.T. al griego, alrededor del año 250 A.C., pero posiblemente terminada hasta poco antes de Cristo, y 2) la Vulgata, traducción de toda la Biblia al latín hecho por Jerónimo alrededor del año 400 D.C. No tenemos los originales de estas traducciones, sino solamente copias que datan de siglos después.

Ejercicios

En su cuaderno...

Escriba **2 preguntas propias**, dando sus posibles respuestas.

Escriba **2 principios transferibles**, enseñanzas derivadas de la lección que sirvan de provecho y edificación.

Lección 3

(Corresponde al capítulo 4 del texto, desde el principio hasta Ester)

Preguntas de repaso

1. ¿Cuál es la tesis de Demaray acerca de la autoría del Pentateuco?
2. ¿Qué significa la palabra griega «Génesis»?
3. ¿Cuáles son los dos acontecimientos centrales del libro de Éxodo?
4. Según Demaray, ¿Qué deja en claro el libro de Levítico?
5. ¿Cuál es el contenido principal del libro de Números?
6. ¿Qué narra el libro de Josué?
7. ¿En qué libro se repite mucho la frase, «cada uno hacía lo que bien le parecía»?
8. ¿Quién era Rut?
9. Describa el contenido de 1 Samuel.
10. ¿Cuál es el período histórico que relata 2 Samuel?
11. ¿Cuál es el período histórico que abarcan 1 y 2 Reyes?
12. Describa el período histórico que relata 1 y 2 Crónicas.
13. ¿Qué narra el libro de Esdras?
14. ¿Qué proyecto dirigió Nehemías?

Guía de estudio

Dibujos explicativos

Las divisiones del Antiguo Testamento

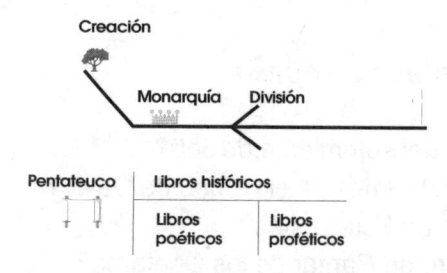

• **Explicación:** En este dibujo se puede ver el período histórico abarcado en cada una de las cuatro divisiones del Antiguo Testamento. El Pentateuco cubre el tiempo desde la creación hasta poco antes de entrar la tierra prometida. Los libros históricos comienzan con la conquista, la monarquía, y terminan con el retorno del cautiverio babilónico. Los libros poéticos son del período de la monarquía. Los libros proféticos comienzan durante la división, poco antes del cautiverio de Israel, y terminan después del retorno del cautiverio babilónico.

Ejercicicios

En su cuaderno, haga una lista de todos los libros de la Biblia estudiados en esta lección, y anote al lado una frase que resuma el contenido de cada uno.

También, en su cuaderno...

Escriba **2 preguntas propias,** dando sus posibles respuestas.

Escriba **2 principios transferibles**, enseñanzas derivadas de la lección que sirvan de provecho y edificación.

Lección 4

(Corresponde al capítulo 4, desde Job hasta el final)

Preguntas de repaso

1. ¿Cuál era el propósito del sufrimiento de Job?
2. ¿Cuál era el uso de los Salmos en el tiempo de David?
3. ¿Cuál es la conclusión de Eclesiastés?
4. ¿De qué se trata el libro de Cantar de los Cantares?
5. Mencione dos temas de Isaías.
6. ¿Cuál fue el resultado de las predicaciones de Jeremías?
7. ¿Qué evento lamenta Jeremías en el libro de Lamentaciones?
8. ¿En qué época profetizó Ezequiel?
9. ¿Cómo se llama el rey de Babilonia que se vio forzado a reconocer la soberanía de Dios en el libro de Daniel?
10. ¿Cuál es la mejor descripción del contenido de Oseas?
11. ¿Cuál es el sobresaliente libro misionero del Antiguo Testamento?, según Demaray.
12. ¿Cuál es el tema de Miqueas?
13. ¿Cuál es el tema de Hageo?
14. ¿Aproximadamente cuántos años trascurrieron entre Malaquías y Juan el Bautista?

Guía de estudio

Dibujos explicativos

Bosquejo del Antiguo Testamento
Memorice el siguiente cuadro

Etapa	Personajes importantes	Fechas aproximadas	Lugares importantes	Libros bíblicos
Los comienzos	Adán Noé		Edén Babel	Génesis
Los patriarcas	Abraham Isaac Jacob José	2000 a.C. (Abraham)	Ur Canaán Egipto	Génesis
El éxodo	Moisés	1446 a. C. (el éxodo)	Egipto El desierto	Éxodo hasta Deuteronomio
El reino establecido	Josué Samuel Saúl David Salomón	1000 a.C. (David)	Palestina	Poetas Josué hasta..... ....
El reino dividido	Jeroboam (Israel) Roboam (Judá)	930 a.C. (División)	Samaria (capital de Israel) Jerusalén (capital de Judá)	2 Crónicas
El cautiverio	Sargón II (rey de Asiria) Nabucodonosor (rey de Babilonia) Jeremías (profeta en Jerusalén) Daniel (profeta en Babilonia)	722 a.C. (cautiverio de Israel) 586 a.C. (cautiverio de Judá)	Asiria Babilonia	Los profetas Ester

Ejercicios

En su cuaderno, haga una lista de todos los libros de la Biblia estudiados en esta lección, y anote al lado una frase que resuma el contenido de cada uno.

También, en su cuaderno...

Escriba **2 preguntas propias**, dando sus posibles respuestas.

Escriba **2 principios transferibles**, enseñanzas derivadas de la lección que sirvan de provecho y edificación.

NOTA:

El alumno que estudia en un grupo deberá presentar al facilitador las tareas para cada lección desarrolladas hasta este momento (tareas de las lecciones 1-4). Estas serán revisadas para evaluar su progreso.

El alumno que estudia individualmente deberá enviar estas tareas al final del curso, junto con la hoja de respuestas del examen final.

Recuerde que las tareas son:
1. Un registro de la lectura adicional, como indicado en la explicación de las tareas.
2. El resumen escrito de temas, como indicado en la sección de tareas.
3. El cuaderno de tareas para cada lección (como explicadas en la sección de tareas):
   a) Respuestas para las preguntas de repaso.
   b) Dos preguntas propias para cada lección.
   c) Dos principios transferibles para cada lección.
   d) Una lista de todos los libros de la Biblia con una frase que resuma cada uno.

Lección 5

(Corresponde al capítulo 5 del texto, desde el principio hasta Romanos)

Preguntas de repaso

1. ¿A qué se debe la influencia de la cultura griega en las tierras bíblicas?
2. ¿En qué difiere el canon de la Septuaginta del canon hebreo del Antiguo Testamento?
3. ¿Qué hecho de Antíoco Epífanes IV ofendió mucho a los judíos?
4. ¿Quiénes eran los Macabeos?
5. ¿Cuál es la mejor manera de explicar la formación de los tres evangelios sinópticos?, según Demaray.
6. ¿Cuál es la mejor forma de distinguir entre los destinatarios de los evangelios?
7. ¿Cuál es el propósito particular del Evangelio de Mateo?
8. ¿Qué decía Eusebio acerca de Marcos?
9. ¿Cuál de estas frases describe mejor a Lucas, el autor del evangelio?
10. ¿Cuáles son los nombres de los dos evangelistas que eran discípulos de Jesús?
11. ¿Cuál de los cuatro evangelios fue escrito para todo el mundo, poniendo énfasis en la deidad de Cristo?
12. ¿Cuál de los cuatro evangelios fue escrito para los romanos, destacando las obras de Cristo más que Sus palabras?

13. ¿Cuál es la razón del orden de las cartas de Pablo en el Nuevo Testamento?
14. ¿Qué doctrinas se destacan en Romanos?

Dibujos explicativos

Memorice los siguientes cuadros:

Los cuatro evangelios

Evangelio	Lectores	Característica	Datos del autor
Mateo	Judíos	Profecía Cumplida	- Publicano - Apóstol
Marcos	Gentiles (Romanos)	Simple	- Acompañó a Pablo y Bernabé en 1er viaje. - No era apóstol, pero era vocero por Pedro.
Lucas	Teófilo	Detallado	- Médico - Compañero de Pablo en sus viajes. - Autor de Hechos - No era apóstol.
Juan	Mundo	Teológico	- Pescador, de Éfeso - Autor de 1,2,3 Juan y Apocalipsis - Apóstol - El «discípulo amado»

Los seis períodos en el tiempo entre los dos Testamentos

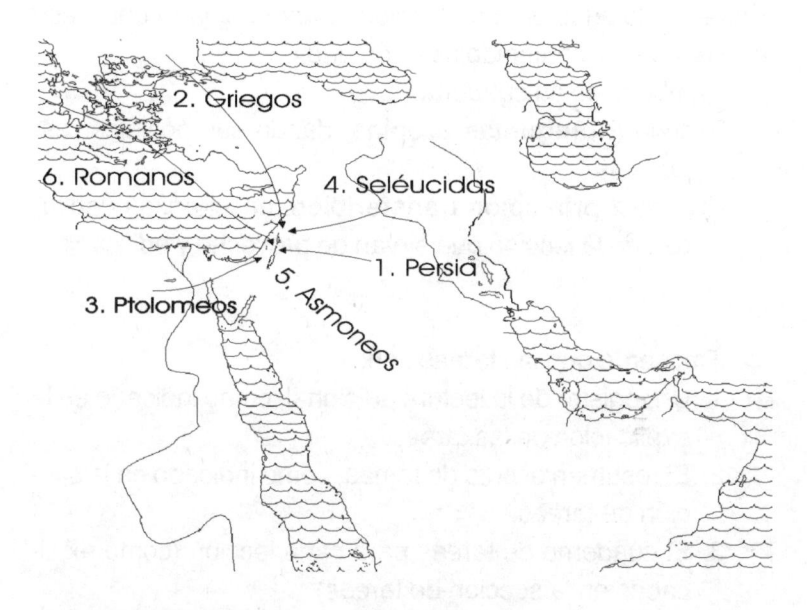

- **Explicación:** Entre el Antiguo Testamento y el Nuevo Testamento, los judíos quedan bajo el control de varias potencias, en el siguiente orden cronológico:
  1. Persia (conquistó a Babilonia)
  2. Los griegos (Alejandro Magno)
  3. Los ptolomeos (Egipto)
  4. Los seléucidas (Siria)
  5. Los asmoneos (Eran judíos que se rebelaron. En este caso, quedaron independientes un tiempo.)
  6. Los romanos (hasta el tiempo del Nuevo Testamento)

Ejercicios

En su cuaderno, haga una lista de todos los libros de la Biblia estudiados en esta lección, y anote al lado una frase que resuma el contenido de cada uno.

También, en su cuaderno...

Escriba **2 preguntas propias**, dando sus posibles respuestas.

Escriba **2 principios transferibles**, enseñanzas derivadas de la lección que sirvan de provecho y edificación.

Recuerde que las tareas son:
1. Un registro de la lectura adicional, como indicado en la explicación de las tareas.
2. El resumen escrito de temas, como indicado en la sección de tareas.
3. El cuaderno de tareas para cada lección (como explicadas en la sección de tareas):
    a) Respuestas para las preguntas de repaso.
    b) Dos preguntas propias para cada lección.
    c) Dos principios transferibles para cada lección.
    d) Una lista de todos los libros de la Biblia con una frase que resuma cada uno.

Lección 6

(Corresponde al capítulo 5 del texto, desde 1 Corintios hasta el final)

Preguntas de repaso

1. ¿Qué problema de la iglesia en Corinto enfrenta Pablo especialmente en su primera carta dirigida a esa iglesia?
2. ¿Qué problema enfrenta Pablo especialmente en su Segunda Carta a los Corintios?
3. ¿En qué cartas Pablo escribe consejos para dos pastores jóvenes?
4. ¿En qué epístola se defiende especialmente la libertad cristiana?
5. ¿En qué cartas está el énfasis en la segunda venida de Cristo?
6. ¿En qué carta se insta a vivir gozosamente en Cristo en circunstancias adversas?
7. ¿En qué carta Pablo escribe a un amigo acerca de un esclavo llamado Onésimo?
8. ¿En qué carta se enseña que «la fe sin obras es muerta»?
9. ¿Quién escribió el Apocalipsis?
10. ¿Cuál es la carta que procura demostrar la preeminencia de Cristo y el nuevo pacto?

Ejercicios

En su cuaderno, haga una lista de todos los libros de la Biblia estudiados en esta lección, y anote al lado una frase que resuma el contenido de cada uno.

También, en su cuaderno...

Escriba **2 preguntas propias**, dando sus posibles respuestas.

Escriba **2 principios transferibles**, enseñanzas derivadas de la lección que sirvan de provecho y edificación.

Recuerde que las tareas son:
1. Un registro de la lectura adicional, como indicado en la explicación de las tareas.
2. El resumen escrito de temas, como indicado en la sección de tareas.
3. El cuaderno de tareas para cada lección (como explicadas en la sección de tareas):
    a) Respuestas para las preguntas de repaso.
    b) Dos preguntas propias para cada lección.
    c) Dos principios transferibles para cada lección.
    d) Una lista de todos los libros de la Biblia con una frase que resuma cada uno.

Lección 7

(Corresponde al capítulo 6 del texto)

1. ¿Qué significa «revelación» literalmente?
2. ¿Cuál es la diferencia entre revelación general y revelación especial?
3. ¿Qué significa la palabra griega traducida «inspirada» en 2 Timoteo 3.16?
4. ¿Qué podríamos decir como conclusión en cuanto al modo de inspiración que Dios usó en la composición de la Biblia?
5. ¿Qué significa «canonicidad» usada en relación con la Biblia?, según Buswell.
6. ¿Cuándo llegaron a ser canónicos los libros de la Biblia?, según Buswell.
7. Si uno niega la veracidad total y la autoridad de la Biblia, ¿qué otra autoridad estará negando?
8. ¿Cuál es la referencia del texto clave donde Pablo enseña la doctrina de la infalibilidad de las Escrituras?
9. ¿En qué versículo un autor del Nuevo Testamento cita a Pablo, demostrando que aceptó sus cartas como Palabra de Dios?
10. ¿Cuál es la profecía en Daniel que comprueba la inspiración de su mensaje?

Dibujos explicativos

Resumen de cada libro de la Biblia

Estudie este cuadro, comparándolo con el resumen que usted mismo ha escrito. Memorice todos los libros en su orden correcto. Sin necesariamente memorizar cada palabra, conozca la idea básica de los resúmenes del contenido de cada libro.

EL ANTIGUO TESTAMENTO

El Pentateuco	
1 Génesis	Los Comienzos
2 Éxodo	Liberación de Egipto
3 Levítico	Reglas para los levitas, los sacerdotes
4 Números	El censo y el período en el desierto
5 Deuteronomio	La repetición de la ley

Los Libros Históricos	
6 Josué	La entrada a la tierra prometida
7 Jueces	Guerra con los países vecinos
8 Rut	Historia de la mujer moabita que llegó a ser israelita
9 1 Samuel y 10 2 Samuel	Las vidas de Samuel, Saúl, y David
11 1 Reyes y 12 2 Reyes	Salomón y otros reyes hasta el cautiverio
13 1 Crónicas y 14 2 Crónicas	Repite la historia de Israel desde Saúl hasta el cautiverio
15 Esdras	Retorno del remanente a Jerusalén
16 Nehemías	Retorno del remanente
17 Ester	Mujer judía que llegó a ser reina de Persia durante el cautiverio

Los Poetas	
18 Job	Hombre justo que sufrió, y pregunta ¿por qué?
19 Salmos	Cancionero de Israel
20 Proverbios	Joyas de sabiduría
21 Eclesiastés	Peregrinaje espiritual, buscando el sentido de la vida
22 Cantares	Canción de amor

Guía de estudio

Los Profetas	
Los cinco Profetas Mayores	
23 Isaías	Un llamado al arrepentimiento. Promesas del Mesías
24 Jeremías	Un llamado al arrepentimiento que no fue escuchado.
25 Lamentaciones	Lamenta la destrucción de Jerusalén.
26 Ezequiel	Visiones del juicio de Dios y la futura restauración
27 Daniel	Este profeta confronta al rey Nabucodonosor. Visiones del juicio y del retorno
Los doce Profetas Menores	
28 Oseas	El amor de Dios para su pueblo infiel
29 Joel	El Día del Señor, juicio devastador
30 Amós	Denuncia a Israel por injusticia con los pobres
31 Abdías	País vecino, Edom, será castigado por invadir a Judá
32 Jonás	El profeta huye y es tragado por un pez
33 Miqueas	Explotación de los pobres y la perversión del sacerdocio
34 Nahum	Profecía de la destrucción de Nínive
35 Habacuc	El profeta duda de la justicia de Dios
36 Sofonías	Juicio sobre Judá y otras naciones
37 Hageo	Anima a reconstruir el templo
38 Zacarías	Visiones de la restauración y del Mesías
39 Malaquías	Acusaciones contra los sacerdotes

EL NUEVO TESTAMENTO

Los Evangelios	
1 Mateo	Para los judíos, para mostrar que Jesús es el Mesías
2 Marcos	Para los gentiles en Roma, simple y lleno de acción

3 Lucas	Para Teófilo, detallado
4 Juan	Para los gentiles, para que crean, teológico
Historia de la Iglesia	
5 Hechos	Historia de la extensión de la Iglesia
Cartas	
De Pablo	
6 Romanos	La Salvación es por la fe
7 1 Corintios	Contra divisiones
8 2 Corintios	Pablo defiende su ministerio
9 Gálatas	Contra el legalismo
10 Efesios	Unidad en Cristo
11 Filipenses	Gozo en medio del sufrimiento
12 Colosenses	Vida nueva en Cristo
13 1 Tesalonicenses y	La segunda venida de Cristo
14 2 Tesalonicenses	
15 1 Timoteo y	Consejos para un pastor joven
16 2 Timoteo	
17 Tito	Instrucciones para los líderes en Creta
18 Filemón	Pablo pide a Filemón que reciba a Onésimo como un hermano
Otras	
19 Hebreos	La superioridad de Cristo
20 Santiago	Contra el libertinaje
21 1 Pedro	La esperanza
22 2 Pedro	
23 1 Juan	Dios es luz y amor
24 2 Juan	
25 3 Juan	
26 Judas	Contra los maestros falsos
Profecía	
27 Apocalipsis	La victoria en Cristo

Ejercicios

En su cuaderno...

Escriba **2 preguntas propias**, dando sus posibles respuestas.

Escriba **2 principios transferibles**, enseñanzas derivadas de la lección que sirvan de provecho y edificación.

Recuerde que las tareas son:
1. Un registro de la lectura adicional, como indicado en la explicación de las tareas.
2. El resumen escrito de temas, como indicado en la sección de tareas.
3. El cuaderno de tareas para cada lección (como explicadas en la sección de tareas):
    a) Respuestas para las preguntas de repaso.
    b) Dos preguntas propias para cada lección.
    c) Dos principios transferibles para cada lección.
    d) Una lista de todos los libros de la Biblia con una frase que resuma cada uno.

Lección 8

(Corresponde al capítulo 8 del texto)

NOTA: Los capítulos 7 y 9 del texto sirven como información de referencia, pero no es necesario leerlos para este curso.

Preguntas de repaso

1. ¿En cuántos períodos se divide la historia de Israel en el texto, y cuáles son?
2. ¿Qué pueblo ocupaba Palestina en los tiempos de Josué, y cuál era su origen?
3. ¿Cómo era la religión cananea?
4. ¿Por qué tuvieron que emigrar a Egipto los patriarcas?
5. ¿A quién levantó Dios para librar a Israel de Egipto?
6. ¿Cómo influyeron en el pueblo de Israel los pueblos que vivían en la tierra de Canaán?
7. Nombre los tres primeros reyes de Israel, antes de la división, en su orden cronológico.
8. Finalmente, ¿qué imperio destruyó a Jerusalén y el Templo, y en qué año?
9. ¿Qué rey persa permitió el regreso de los judíos a su tierra?
10. ¿Por qué fue destruida Jerusalén después de Cristo, y en que año sucedió?

Dibujos explicativos

El plano del tabernáculo

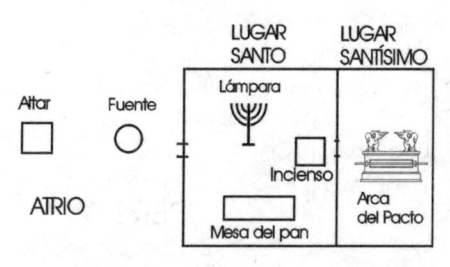

• **Explicación:** El tabernáculo en el Antiguo Testamento tenía dos salas principales: el lugar santo y el lugar santísimo. En el lugar santísimo estaba el arca del pacto, y en el lugar santo estaban la lámpara, la mesa del pan, y el altar del incienso. En el atrio afuera estaba el altar de sacrificio y la fuente para lavarse. El tabernáculo nos enseña que Dios desea habitar entre su pueblo. También nos muestra que el hombre pecador sólo puede disfrutar de la comunión con el Señor por medio del sacrificio y la purificación. El arca servía de trono movible para el Señor, el Gran Rey de Israel.

NOTA: El alumno será responsable por conocer los nombres de las tres áreas del tabernáculo y de los muebles en cada una de ellas.

Mapa del Medio Oriente

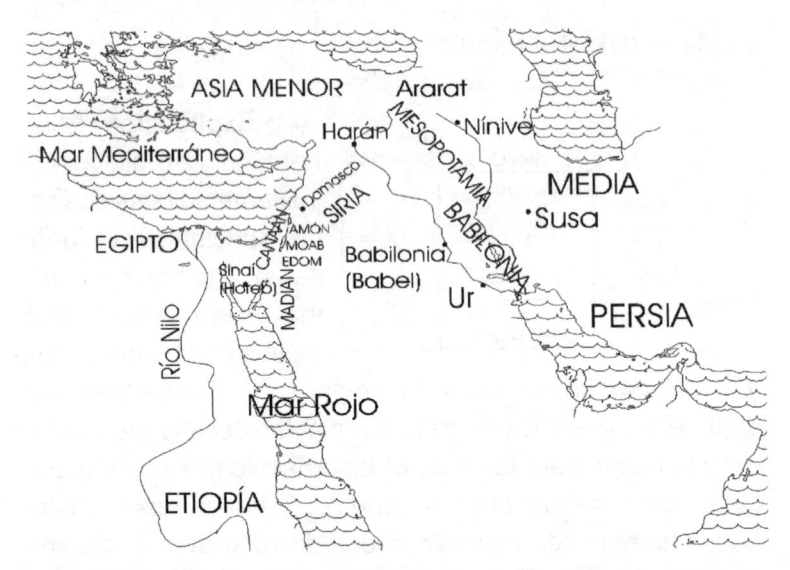

Mapa mostrando: Mar Mediterráneo, Asia Menor, Ararat, Harán, Nínive, Mesopotamia, Siria, Damasco, Egipto, Canaán, Amón, Moab, Edom, Sinaí (Horeb), Madián, Babilonia (Babel), Babilonia, Ur, Media, Susa, Persia, Río Nilo, Mar Rojo, Etiopía.

- **Explicación:** La historia del Antiguo Testamento se comprende mejor al conocer la geografía del antiguo Medio Oriente. Podemos localizar los sitios importantes que aparecen en los relatos bíblicos que cuentan no solo del origen de Israel sino también de su historia y sus fines.

NOTA: El alumno no será responsable por conocer todos los nombres del mapa. El mapa es solamente para referencia.

Ejercicios
  En su cuaderno...
  Escriba **2 preguntas propias**, dando sus posibles respuestas.
  Escriba **2 principios transferibles**, enseñanzas derivadas de la lección que sirvan de provecho y edificación.

Examen final

El alumno debe prepararse para dar el examen final, repasando las preguntas de cada una de las ocho lecciones, y también repasando todos los dibujos explicativos, el bosquejo del Antiguo Testamento, y el resumen de cada libro de la Biblia, ya que pueden ser incluidos en el examen. (No está incluido el mapa del Medio Oriente.) El examen tendrá preguntas de selección múltiple. Las preguntas están basadas en las preguntas de repaso y en los dibujos explicativos, pero están expresadas de otra manera, de tal manera que el alumno tendrá que reflexionar y aplicar su conocimiento a nuevas preguntas en vez de simplemente repetir las respuestas memorizadas.

El alumno que está estudiando individualmente debe pedir al pastor o monitor autorizado que supervise su examen final, que lo firme, y que lo envíe a la oficina de FLET. Los alumnos que están en un grupo deben entregar sus exámenes al facilitador, quien los enviará a la oficina de FLET.

Si el alumno está estudiando en un grupo, debe entregar todas las tareas al facilitador cuando se presente para el examen final. Si está estudiando como individuo, debe enviar sus tareas directamente a la oficina de FLET después de rendir el examen final.

Recuerde que las tareas son:
1) Un registro de la lectura adicional, como indicado en la explicación de las tareas.
2) El resumen escrito de temas, como indicado en la sección de tareas.
3) El cuaderno de tareas para cada lección (como explicadas en la sección de tareas):

a) Respuestas para las preguntas de repaso.
b) Dos preguntas propias para cada lección.
c) Dos principios transferibles para cada lección.
d) Una lista de todos los libros de la Biblia con una frase que resuma cada uno.

Manual para el facilitador

Introducción

Este material ha sido preparado para el uso del facilitador de un grupo o peña. Dicho facilitador sirve para guiar a un grupo de 5-10 estudiantes a fin de que completen el curso de ocho lecciones. La tarea demandará esfuerzo de su parte, ya que, aunque el facilitador no es el instructor en sí (el libro de texto sirve de «maestro»), debe conocer bien el material, animar y dar aliento al grupo, y modelar la vida cristiana delante de los miembros del grupo. La recompensa del facilitador en parte vendrá del buen sentir que experimentará al ver que está contribuyendo al crecimiento de otros, del privilegio de entrenar a otros y del fruto que llegará por la evangelización. El facilitador también debe saber que el Señor lo recompensará ampliamente por su obra de amor.

Instrucciones específicas

Antes de la reunión: *Preparación*
A. Oración: expresión de nuestra dependencia en Dios
   1. Ore por usted mismo.
   2. Ore por los estudiantes.
   3. Ore por los que serán alcanzados y tocados por los alumnos.

B. Reconocimiento
   1. Reconozca su identidad en Cristo (Romanos 6-8).
   2. Reconozca su responsabilidad como maestro o facilitador (Santiago 3.1-17).

3. Reconozca su disposición como siervo (Marcos 10.45; 2 Corintios 12.14-21).

C. Preparación
1. Estudie la porción del alumno sin mirar la guía para el facilitador, es decir, como si usted fuese uno de los estudiantes.
   a. Note aspectos difíciles, así se anticipará a las preguntas.
   b. Tome nota de ilustraciones o métodos que le vengan a la mente mientras lee.
   c. Tome nota de aspectos que le sean difíciles a fin de investigar más, usando otros recursos.
2. Estudie este manual para el facilitador.
3. Reúna otros materiales, ya sea para ilustraciones, para aclaraciones, o para proveer diferentes puntos de vista a los del texto.

Durante la reunión: *Participación*
   Recuerde que el programa FLET sirve no solo para desarrollar a aquellos que están bajo su cuidado como facilitador, sino también para edificar, entrenar y desarrollarlo a usted. La reunión consiste de un aspecto clave en el desarrollo de todos los participantes, debido a las dinámicas de la reunión. En la peña varias personalidades interactuarán, tanto unos con otros, como también con Dios. Habrá personalidades diferentes en el grupo y, junto con esto, la posibilidad para el conflicto. No le tenga temor a esto. Parte del «currículum» será el desarrollo del amor cristiano. Tal vez Dios quiera desarrollar en usted la habilidad de solucionar conflictos entre hermanos en la fe. De cualquier modo, nuestra norma para solucionar los problemas es la Palabra inerrante de Dios.

Su propia madurez, su capacidad e inteligencia iluminada por las Escrituras y el Espíritu Santo lo ayudarán a mantener un ambiente de armonía. Si es así, se cumplen los requisitos del curso y, lo más importante, los deseos de Dios. Como facilitador, debe estar consciente de las siguientes consideraciones:

A. El tiempo u horario:
  1. La reunión debe ser siempre el mismo día, a la misma hora, y en el mismo lugar cada semana, ya que esto evitará confusión. El facilitador siempre debe tratar de llegar con media hora de anticipación para asegurarse de que todo esté preparado para la reunión y resolver cualquier situación inesperada.
  2. El facilitador debe estar consciente de que el enemigo a veces tratará de interrumpir las reuniones o traer confusión. Tenga mucho cuidado con cancelar reuniones o cambiar horarios. Comunique a los participantes en la peña la responsabilidad mutua que tienen el uno hacia el otro. Esto no significa que nunca se debe cambiar una reunión bajo ninguna circunstancia. Más bien quiere decir que se tenga cuidado y que no se hagan cambios innecesarios a cuenta de personas que por una u otra razón no pueden llegar a la reunión citada.
  3. El facilitador debe completar el curso en las ocho semanas indicadas (o de acuerdo al plan de estudios elegido).

B. El lugar:
  1. El facilitador debe asegurarse de que el lugar para la reunión estará disponible durante las ocho semanas del curso. También deberá tener todas las llaves u otros recursos necesarios para utilizar el local.

2. El lugar debe ser limpio, tranquilo y tener buena ventilación, suficiente luz, temperatura agradable y suficiente espacio a fin de poder sacarle buen provecho y facilitar el proceso educativo.
3. El sitio debe tener el mobiliario adecuado para el aprendizaje: una mesa, sillas cómodas, una pizarra para tiza o marcadores que se puedan borrar. Si no hay mesa, los estudiantes deben sentarse en un círculo a fin de que todos puedan verse y escucharse el uno al otro. El lugar entero debe contribuir a una postura dispuesta hacia el aprendizaje. El sitio debe motivar al alumno a trabajar, compartir, cooperar y ayudar en el proceso educativo.

C. La interacción entre los participantes:
  1. Reconocimiento:
     a. Saber el nombre (y apodo) de todos.
     b. Saber los datos sencillos: familia, trabajo, nacionalidad.
     c. Saber algo interesante de ellos: comida favorita, etc.
  2. Respeto para todos:
     a. Se debe establecer una regla en la reunión: Una persona habla a la vez y todos los otros escuchan.
     b. No burlarse de los que se equivocan ni humillarlos.
     c. Entender, reflexionar, y/o pedir aclaración antes de responder a lo que otros dicen.
  3. Participación de todos:
     a. El facilitador debe permitir que los alumnos respondan sin interrumpirlos. Debe dar suficiente tiempo para que los estudiantes reflexionen y compartan sus respuestas.

b. El facilitador debe ayudar a los alumnos a pensar, a hacer preguntas y a responder, en lugar de dar todas las respuestas él mismo.
c. La participación de todos no significa necesariamente que todos los alumnos tienen que hablar en cada sesión (ni que tengan que hablar desde el principio, es decir, desde la primera reunión), más bien quiere decir, que antes de llegar a la última lección todos los alumnos deben sentirse cómodos al hablar, participar y responder sin temor a ser ridiculizados.

Después de la reunión: *Evaluación y oración*
A. Evaluación de la reunión y oración:
   1. ¿Estuvo bien organizada la reunión?
   2. ¿Fue provechosa la reunión?
   3. ¿Hubo buen ambiente durante la reunión?
   4. ¿Qué peticiones específicas ayudarían al mejoramiento de la reunión?
B. Evaluación de los alumnos:
   1. En cuanto a los alumnos extrovertidos y seguros de sí mismos: ¿Se les permitió que participaran sin perjudicar a los más tímidos?
   2. En cuanto a los alumnos tímidos: ¿Se les animó a fin de que participaran más?
   3. En cuanto a los alumnos aburridos o desinteresados: ¿Se tomó especial nota a fin de descubrir cómo despertar en ellos el interés en la clase?
C. Evaluación del facilitador y oración:
   1. ¿Estuvo bien preparado el facilitador?
   2. ¿Enseñó la clase con buena disposición?
   3. ¿Se preocupó por todos y fue justo con ellos?

4. ¿Qué peticiones específicas debe hacer al Señor a fin de que la próxima reunión sea aún mejor?

Ayudas adicionales

1. Saludos: Para establecer un ambiente amistoso caracterizado por el amor fraternal cristiano debemos saludarnos calurosamente en el Señor. Aunque la reunión consiste de una actividad más bien académica, no debe carecer del amor cristiano. Por lo tanto, debemos cumplir con el mandato de saludar a otros, como se encuentra en la mayoría de las epístolas del Nuevo Testamento. Por ejemplo, 3 Juan concluye con las palabras: «La paz sea contigo. Los amigos te saludan. Saluda tú a los amigos, a cada uno en particular». El saludar provee una manera sencilla, pero importante, de cumplir con los principios de autoridad de la Biblia.

2. Oración: La oración le comunica a Dios que estamos dependiendo de Él para iluminar nuestro entendimiento, calmar nuestras ansiedades y protegernos del maligno. El enemigo intentará interrumpir nuestras reuniones por medio de la confusión, la división y los estorbos. Es importante reconocer nuestra posición victoriosa en Cristo y seguir adelante. El amor cristiano y la oración sincera ayudarán a crear el ambiente idóneo para la educación cristiana.

3. Creatividad: El facilitador debe hacer el esfuerzo de emplear la creatividad que Dios le ha dado tanto para presentar la lección como también para mantener el interés

durante la clase entera. Su ejemplo animará a los estudiantes a esforzarse en comunicar la verdad de Dios de manera interesante. El Evangelio de Marcos reporta lo siguiente acerca de Juan el Bautista: «Porque Herodes temía a Juan, sabiendo que era varón justo y santo, y le guardaba a salvo; y oyéndole, se quedaba muy perplejo, pero le escuchaba de buena gana» (Marcos 6.20). Y acerca de Jesús dice: «Y gran multitud del pueblo le oía de buena gana» (Marcos 12.37b). Notamos que las personas escuchaban «de buena gana». Nosotros debemos esforzarnos para lograr lo mismo con la ayuda de Dios. Se ha dicho que es un pecado aburrir a las personas con la Palabra de Dios. Hemos provisto algunas ideas que se podrán usar tanto para presentar las lecciones como para proveer proyectos adicionales de provecho para los estudiantes. Usted puede modificar las ideas o crear las suyas propias. Pídale ayuda a nuestro Padre bondadoso, todopoderoso y creativo a fin de que lo ayude a crear lecciones animadas, gratas e interesantes.

Conclusión

El beneficio de este estudio dependerá de usted y de su esfuerzo, interés y dependencia en Dios. Si el curso resulta ser una experiencia grata, educativa y edificadora para los estudiantes, ellos querrán hacer otros cursos y progresar aún más en su vida cristiana. Que así sea con la ayuda de Dios.

Estructura de la reunión

1. Dé la bienvenida a los alumnos que vienen a la reunión.
2. Ore para que el Señor calme las ansiedades, abra el entendimiento, y se manifieste en las vidas de los estudiantes y el facilitador.
3. Presente la lección (puede utilizar las sugerencias provistas).
4. Converse con los alumnos las preguntas de repaso. Asegure que hayan entendido la materia y las respuestas correctas. Pueden hablar acerca de las preguntas que le dieron más dificultad, que fueron de mayor edificación, o que expresan algún concepto con el cual están en desacuerdo.
5. Anime a los estudiantes a completar las metas para la próxima reunión. Además, comparta algunas ideas para proyectos adicionales que los alumnos puedan decidir hacer. (Utilice las sugerencias provistas.)
6. Revise los cuadernos de los alumnos para asegurar que estén haciendo sus tareas para cada lección.
7. Termine la reunión con una oración y salgan de nuevo al mundo para ser testigos del Señor.

Calificación Final

El facilitador tendrá que calificar algunas tareas y enviar las notas a la oficina de FLET. Otras tareas serán recibidas solamente, y enviadas a la oficina de FLET para su evaluación.

Lectura adicional: 20%
Resumen escrito de temas: 15%

Examen final: 25%
Tareas para cada lección: 40%

Total: 100%

Calificación detallada

Lectura adicional: 20%

El facilitador calificará esta tarea según el número de páginas que el estudiante informó haber leído en su registro de lecturas. Ya que el total de páginas de lectura adicional son 200, cada página vale 1/10 punto. Para calificar simplemente se dividirá el número de páginas leídas entre 20. Por ejemplo, si el alumno leyó 150 páginas e hizo el registro de lecturas correspondiente, recibirá 15 puntos hacia la calificación final.

Resumen escrito de temas: 15%

El facilitador se encargará de recoger esta tarea al final del curso y enviarla a la oficina de FLET para su evaluación. Hay 5 temas y tres preguntas que deben ser contestadas por cada tema. Cada pregunta contestada correctamente vale un punto, lo cual daría una calificación de 15 puntos por esta tarea.

Examen final: 25%

Este examen será enviado al facilitador de la oficina de FLET. Una vez que los alumnos hayan rendido el examen, el facilitador enviará las hojas de respuesta a la oficina de FLET para su evaluación. El facilitador tiene que asegurar que cada alumno indique claramente su nombre y apellido, y su número de identidad.

Tareas para cada lección: 40%

El facilitador debe guiarse por las siguientes pautas para calificar las tareas para cada lección.

Las tareas para cada lección constan de cuatro partes y suman un total de 40 puntos. Cada una de las cuatro partes tiene un valor de 10 puntos, y será evaluada de acuerdo con el porcentaje de la tarea completada.

Por ejemplo, si el alumno anotó las respuestas para 96 de las 100 preguntas de repaso, recibirá 9.6 puntos [(96÷100)x10]. Si hizo las dos preguntas propias para solamente siete de las ocho lecciones, recibirá 8.8 puntos [(7÷8)x10]. Si escribió dos principios transferibles para seis de las ocho lecciones, recibirá 7.5 puntos [(6÷8)x10]. Si hizo la lista de los libros bíblicos con solamente 60 de los 66 libros, recibirá 9.1 puntos [(60÷66)x10]. Así, la calificación de la tarea de este alumno será 35 puntos (9.6+8.8+7.5+9.1=35) de un total de 40.

Después de calcular las notas de la «lectura adicional» y de las «tareas para cada lección», el facilitador enviará una hoja con las notas a la oficina de FLET, junto con las hojas de respuesta del examen final y los resúmenes de temas.

Lección 1

(Corresponde al capítulo 1 del texto)

Cómo leer y aprender

Esta primera clase es de suma importancia porque establece las bases para lo que se ha de hacer durante el resto del curso. Usted como facilitador necesita empaparse con el contenido de esta primera lección, para llegar bien preparado. En esta clase se presentan los principios del aprendizaje, y se estudia el primer capítulo del texto.

Para esta primera clase usted, como facilitador, tiene por lo menos dos metas principales:

Conocer
1. Conocer a los alumnos y que ellos lo conozcan a usted.
2. Estar familiarizado con el plan de estudios para el primer año.
3. Haber revisado el texto para este curso, *Introducción a la Biblia*.
4. Anotar cualquier otra meta personal que tenga.

Explicar
En esta primera clase usted debe poder explicarle a su grupo:
1. Las metas que nos proponemos cumplir al hacer este estudio sobre la Biblia.
2. La estructura o el manejo de las reuniones: cómo se llevarán a cabo las reuniones que usted coordinará.
3. Las demás tareas indicadas.

NOTA:

Si el facilitador no tiene copias del examen final, debe pedirlas a la oficina de FLET inmediatamente.

Sugerencias para comenzar la clase

Las siguientes sugerencias se pueden utilizar para comenzar la clase de manera creativa. Después de la oración, usted puede presentar la lección por medio de una de estas ideas (o una suya).

1. Haga la siguiente pregunta a sus alumnos: Si supieran que van a sufrir un naufragio y estarán perdidos en una isla no habitada por un año, ¿qué libros les gustaría tener con ustedes? Después de que los estudiantes respondan con brevedad, diga: Esta pregunta nos obliga a establecer prioridades en cuanto a lo que leemos. Nos motiva a considerar qué libros de los que actualmente conocemos consideramos los más importantes y por qué. La Biblia es la Palabra de Dios y por lo tanto debe tener la más alta prioridad en nuestras vidas. Sabemos que no es cuestión de adorar las Escrituras sino de considerar su fuente, Dios mismo, y prestarle el cuidado y atención que le corresponde como la Palabra autoritativa del Señor. Sin embargo, aunque sabemos que las Escrituras merecen nuestro estudio cuidadoso, muy a menudo apenas las leemos. Esto es cierto tal vez por muchas razones. Entre ellas:

- Pereza: No queremos hacer el esfuerzo.
- Pecado: No queremos enfrentar nuestro pecado.
- Temor: No sabemos cómo leer o entender la Biblia.

Introducción a la Biblia

- Confusión: Hemos tratado de entender las Escrituras anteriormente pero sin éxito.
- Conceptos erróneos: Pensamos que la Biblia es sólo para los pastores y ministros.

Nuestro estudio de hoy nos ayudará a comenzar a entender este gran libro que seguirá dándonos sus tesoros por toda nuestra vida.

2. Pida a los estudiantes que piensen en una razón por la cual las personas no leen la Biblia. Después de que todos den su breve opinión, presente el tema de la clase diciendo: La lección de hoy tal vez nos ayudará a vencer algunas de estas cosas que estorban nuestra lectura de la Biblia a fin de que conozcamos más este libro y a su autor.

3. Presente la sesión con esta pregunta: ¿Por qué piensan que Dios escogió el medio escrito para comunicar su Palabra? Después de un tiempo de interacción, diga: Ya que hemos visto la sabiduría de preservar la verdad en forma escrita aprendamos más acerca de este gran libro.

4. Desarrolle su propia idea creativa para comenzar y presentar la lección.

Respuestas a las preguntas de repaso

1. «Biblia» viene del griego y significa «libros». En griego la forma es plural, pero en latín (y castellano) la palabra llegó a significar no muchos libros, sino un libro.

2. En la Biblia, «testamento» casi siempre significa «pacto».
3. «Escritura» se refiere al Antiguo Testamento o alguna parte de él.
4. Las divisiones de la Biblia hebrea son la ley, los profetas, y las escrituras.
5. Los escritos del Nuevo Testamento que aparecieron primero eran las epístolas.
6. La Biblia fue escrita en hebreo y griego, con algunas partes del Antiguo Testamento en arameo.
7. El mensaje central de la Biblia es la salvación por medio del Señor Jesucristo.
8. La escuela de interpretación «alegórica».
9. «Exégesis» significa extraer de la Escritura lo que realmente contiene.
10. La iglesia católica acepta los libros apócrifos, pero no acepta los libros pseudoepígrafos, mientras la iglesia protestante no acepta ninguno de los dos.

Sugerencias para proyectos adicionales

Estos proyectos son opcionales para aquellos alumnos que desean profundizar más en sus estudios.

1. El estudiante debe leer un libro deuterocanónico y uno canónico. El alumno debe hacer sus observaciones y reportar qué descubrió en ambas lecturas.
2. Un proyecto original desarrollado por el alumno, el guía o ambos.

Tareas

El facilitador debe recordar a los alumnos que las tareas para el curso son:
1. Lectura del texto completo de Demaray, excepto los capítulos 7 y 9.
2. Lectura adicional, como indicado en la explicación de las tareas.
3. El resumen escrito de temas, como indicado en la sección de tareas.
4. El cuaderno de tareas para cada lección (como explicadas en la sección de tareas):
   a) Respuestas para las preguntas de repaso.
   b) Dos preguntas propias para cada lección.
   c) Dos principios transferibles para cada lección.
   d) Una lista de todos los libros de la Biblia con una frase que resuma cada uno (lecciones 3-6).

Al terminar la reunión, pida que lleguen a la próxima reunión (repita la hora y el lugar) puntualmente. Ser cumplidor es un requisito del que sirve a Dios.

Recuerde que el éxito de su peña o grupo de estudio dependerá en gran parte de la disciplina que usted ejerce como facilitador. Aunque trate a todos con amor, a la misma vez hágalo con firmeza.

Concluya la clase con un período de oración, invitando a dos o tres a pedir la bendición de Dios sobre esta tarea espiritual que como grupo emprenden.

Lección 2

(Corresponde a los capítulos 2 y 3 del texto)

Sugerencias para comenzar la clase

Estas sugerencias se pueden utilizar para comenzar la clase de manera creativa. Después de la oración, usted puede presentar la lección por medio de una de estas ideas, o una propia, o también con el proyecto adicional de uno de los alumnos.

1. Haga la siguiente pregunta a los alumnos y permita que varios respondan: ¿Piensan que la posible idolatría de los manuscritos originales de la Biblia es buena explicación para su desaparición? Después de unos minutos de discusión presente la lección.

2. Consiga una versión griega del Nuevo Testamento o una copia del Antiguo Testamento en hebreo. Colóquela(s) abiertas de manera que los estudiantes puedan verla(s) al entrar. Asegúrese de que todos la(s) vean y pregunte: ¿Qué piensan ustedes que motivaría a alguien para aprender estos idiomas?

3. Aprenda algunos datos adicionales acerca de Casiodoro de Reina. Junto con otra persona desarrollen una dramatización que conste de «Una entrevista a Casiodoro de Reina». Después de la entrevista, presente el tema de la clase; o, como alternativa, conduzca la clase entera haciendo el papel de Casiodoro de Reina.

Introducción a la Biblia

4. Contacte las Sociedades Bíblicas o alguna librería cristiana para adquirir información acerca de las últimas traducciones o versiones en castellano. Trate de conseguir ejemplares a fin de compararlas en la clase. Después de un tiempo de investigación, reflexión e interacción presente el tema de la sesión.

5. Desarrolle su propia idea creativa para comenzar y presentar la lección.

Respuestas a las preguntas de repaso

Capítulo 2
1. Arameo
2. Eran rollos de papiro o de pergamino.
3. Ninguno
4. Sí, pero no son significantes.
5. De principios del siglo dos D.C.
6. Son porciones del Antiguo Testamento en hebreo que datan desde el segundo siglo A.C. hasta el quinto siglo D.C.
7. Un poco más de 5.000
8. Una traducción al griego del Antiguo Testamento
9. Una traducción al latín de toda la Biblia
10. a) En el año 303, el emperador Diocleciano ordenó la destrucción de toda literatura cristiana. b) El papiro no se conserva en buen estado.

Capítulo 3
1. Del siglo trece D.C.
2. Al pueblo judío
3. Casiodoro de Reina

4. Porque la Iglesia Católica prohibía traducciones en lengua común desde el año 1229.
5. George Burrow
6. Francisco Penzotti
7. 125.000
8. Lo pusieron en la cárcel.

Sugerencias para proyectos adicionales

Estos proyectos son opcionales para aquellos alumnos que desean profundizar más en sus estudios.

1. El estudiante puede hacer un estudio adicional acerca de uno de los manuscritos antiguos de las Escrituras enumerados en el capítulo 2. Después puede hacer una breve presentación de sus descubrimientos a los otros alumnos de la peña.

2. El alumno puede realizar una investigación más detallada de una de las traducciones antiguas nombradas en el capítulo 3. En una de las siguientes reuniones el estudiante puede presentar una breve exposición a sus compañeros.

3. El estudiante debe aprender cómo escribir y decir las letras de los alfabetos griegos y/o hebreos.

4. Un proyecto original desarrollado por el alumno, el guía o ambos.

Tareas

El facilitador debe recordar a los alumnos que las tareas para el curso son:
1. Lectura del texto completo de Demaray, excepto los capítulos 7 y 9.
2. Lectura adicional, como indicado en la explicación de las tareas.
3. El resumen escrito de temas, como indicado en la sección de tareas.
4. El cuaderno de tareas para cada lección (como explicadas en la sección de tareas):
   a) Respuestas para las preguntas de repaso.
   b) Dos preguntas propias para cada lección.
   c) Dos principios transferibles para cada lección.
   d) Una lista de todos los libros de la Biblia con una frase que resuma cada uno (lecciones 3-6).

Lección 3

(Corresponde al capítulo 4, desde el principio hasta Ester)

Sugerencias para comenzar la clase

Estas sugerencias se pueden utilizar para comenzar la clase de manera creativa. Después de la oración, usted puede presentar la lección por medio de una de estas ideas, o una propia, o también con el proyecto adicional de uno de los alumnos.

1. Usted puede comenzar la clase haciendo la siguiente pregunta y viendo cuántos están de acuerdo y cuántos no: «Verdad o mentira, en el Antiguo Testamento las personas eran salvas por seguir los Diez Mandamientos. Es decir, llegaban al cielo por cumplir con la Ley. Pero al llegar Jesucristo en el Nuevo Testamento, la salvación se logra sólo por fe, sin obras». Después de discutir esto con los alumnos puede leer el pasaje de Génesis 15 en el Antiguo Testamento junto con Romanos 4.1-11 en el Nuevo. Con estos dos pasajes usted puede mostrar indudablemente que la salvación siempre se ha debido a la gracia de Dios y no a nuestros propios esfuerzos. Tanto en el Antiguo como en el Nuevo Testamento la fe ha sido la única condición para ser justificados delante de Dios. Entonces diga: La confusión sobre la salvación nos provee sólo un ejemplo de por qué debemos conocer el Antiguo Testamento. Entre las otras están la profecía mesiánica, el plan de Dios para el futuro, los libros de sabiduría, y las riquezas de adoración y alabanza que se encuentran en

los Salmos. Para comprender el Nuevo debemos comprender el Antiguo. La clase de hoy nos ayudará a lograr este fin.

2. Seleccione un personaje sobresaliente de uno de los libros del Antiguo Testamento estudiados en esta lección (Adán, Abraham, Moisés, Noé, David, Salomón, etc.), aprenda algunos datos adicionales acerca de dicho individuo y realice una representación de él, de manera que de testimonio del rol que protagonizó y cómo Dios uso su personaje en el A.T.

3. Desarrolle su propia idea creativa para comenzar e introducir la lección.

Respuestas a las preguntas de repaso

1. Moisés escribió la mayor parte del Pentateuco, excepto por unas porciones pequeñas.
2. «Origen» o «comienzo».
3. La liberación del cautiverio en Egipto y la entrega de la Ley.
4. Que el modo adecuado de allegarse a Dios es por medio del sacrificio y la purificación.
5. La historia de los 40 años de peregrinación en el desierto.
6. La conquista y la división de la tierra de Canaán.
7. Jueces
8. Mujer moabita que se casó con Booz y fue antepasada de David.
9. La historia de los judíos desde el nacimiento de Samuel hasta la muerte de Saúl.

10. Abarca el período de la vida de David.
11. Desde la muerte de David hasta el cautiverio babilónico.
12. Desde los primeros reyes hebreos hasta el cautiverio babilónico.
13. Dos regresos del cautiverio babilónico a Jerusalén, uno dirigido por Zorobabel, y otro dirigido por Esdras.
14. La reconstrucción de los muros de Jerusalén.

Sugerencias para proyectos adicionales

Estos proyectos son opcionales para aquellos alumnos que desean profundizar más en sus estudios.

1. El alumno puede investigar la teoría de la evolución para ver cuales son las inconsistencias científicas y cuales son los problemas bíblicos con esta teoría.

2. El alumno puede hacer un estudio de la vida de Abraham para ver cómo creció su fe en las distintas etapas de su vida.

3. Un proyecto original desarrollado por el alumno, el guía o ambos.

Tareas

El facilitador debe recordar a los alumnos que las tareas para el curso son:
1. Lectura del texto completo de Demaray, excepto los capítulos 7 y 9.
2. Lectura adicional, como indicado en la explicación de las tareas.

3. El resumen escrito de temas, como indicado en la sección de tareas.
4. El cuaderno de tareas para cada lección (como explicadas en la sección de tareas):
    a) Respuestas para las preguntas de repaso.
    b) Dos preguntas propias para cada lección.
    c) Dos principios transferibles para cada lección.
    d) Una lista de todos los libros de la Biblia con una frase que resuma cada uno (lecciones 3-6).

Lección 4

(Corresponde al capítulo 4, desde Job hasta el final)

Sugerencias para comenzar la clase

Estas sugerencias se pueden utilizar para comenzar la clase de manera creativa. Después de la oración, usted puede presentar la lección por medio de una de estas ideas, o una propia, o también con el proyecto adicional de uno de los alumnos.

1. Seleccione un personaje sobresaliente de los libros del Antiguo Testamento estudiados en esta lección (Job, Daniel, Ezequiel, Oseas, Isaías, Jeremías, etc.), aprenda algunos datos adicionales acerca de dicho individuo y realice una representación de él, de manera que dé testimonio del rol que protagonizó y cómo Dios uso su personaje en el A.T.

2. Cree una dramatización en la cual el «cristiano típico» se encuentra con alguien (puede ser hasta un miembro de alguna secta o de otra religión) que comienza a hacerle preguntas acerca del Antiguo Testamento. Puede desarrollar la dramatización de modo que el «cristiano típico» sepa muy poco en cuanto a cómo responder, o tal vez de manera que el de la otra creencia conozca más acerca del Antiguo Testamento que el mismo cristiano.

3. Desarrolle su propia idea creativa para comenzar e introducir la lección.

Respuestas a las preguntas de repaso

1. Era una prueba.
2. Se usaban para alabanza en el templo.
3. Aparte de Dios, todo es insensatez.
4. El amor matrimonial, que simboliza el amor de Cristo por la iglesia.
5. Denuncia la necesidad de reforma religiosa, y profetiza del Mesías venidero.
6. Su profecía cayó al vacío.
7. La toma de Jerusalén bajo Nabucodonosor.
8. Durante el cautiverio babilónico.
9. Nabucodonosor
10. La historia de la esposa infiel de Oseas es figura de la infidelidad de Israel con Dios.
11. Jonás
12. Destaca el juicio inminente sobre Israel y Judá por sus pecados, pero también demuestra la restauración que vendría.
13. La terminación del templo.
14. 400 años

Sugerencias para proyectos adicionales

1. El alumno puede hacer un estudio de las profecías mesiánicas junto con sus cumplimientos en el Nuevo Testamento. Tal vez se pueda concentrar en las profecías que anticipan el primer advenimiento ya que las profecías que se refieren al segundo no han sido cumplidas aún. El estudiante entonces debe desarrollar algunas de las implicaciones de las profecías cumplidas tales como el

plan de Dios, la confiabilidad de la Biblia y la probabilidad (ciento por ciento) de que Dios cumplirá las profecías acerca del segundo advenimiento de Cristo.

2. El estudiante puede investigar los diferentes estilos de paralelismo en la poesía hebrea como preparación para leer la literatura poética del Antiguo Testamento. El alumno puede hacer una breve presentación al grupo entero después de que el facilitador apruebe el trabajo.

3. El estudiante puede elaborar una poesía, una canción o un corito que sirva para ayudar a las personas a aprender las divisiones básicas del Antiguo Testamento, los libros del mismo o ambas cosas.

4. Un proyecto original desarrollado por el alumno, el guía o ambos.

Nota:
Al final de esta clase, el alumno presentará las tareas para cada lección desarrollada hasta este momento (lecciones 1-4). El facilitador revisará estas tareas y al final del curso escribirá las notas correspondientes en una hoja (puede usar la hoja de calificaciones que aparece al final del libro), la cual tendrá que enviar a la sede FLET junto con las hojas de respuesta del examen final.

Lección 5

(Corresponde al capítulo 5, desde el principio hasta Romanos)

Sugerencias para comenzar la clase

Estas sugerencias se pueden utilizar para comenzar la clase de manera creativa. Después de la oración, usted puede presentar la lección por medio de una de estas ideas, o una propia, o también con el proyecto adicional de uno de los alumnos.

1. Puede comenzar la clase con una competencia acerca de los libros Nuevo Testamento estudiados en esta lección. Es decir, puede dividir la clase en dos equipos y hacer una competencia donde nombre ya sea un libro del Nuevo Testamento, un capítulo, o un versículo. Entonces, el primer equipo que encuentre la referencia recibe un tanto. Esta «competencia» puede ser divertida y también le puede mostrar al alumno (en una manera no vergonzosa, ya que el juego se hace en equipo) que necesita adquirir más habilidad en conocer los libros y encontrarlos. Este reconocimiento entonces dará pie a la presentación del Nuevo Testamento.

2. Puede iniciar la sesión identificando tres o cuatro profecías del Antiguo Testamento que hacen referencia a la primera venida del Mesías y también su cumplimiento en el Nuevo Testamento. Entonces puede decir: El Antiguo y el Nuevo Testamento están íntimamente relacionados.

Como pueden ver, para comprender el Nuevo Testamento debemos entender el Antiguo y viceversa. Por lo tanto, será de gran provecho hacer un estudio panorámico del Nuevo Testamento con vista a realizar una examinación profunda del mismo. Miremos entonces esta gran e importante parte de nuestras Escrituras.

3. Desarrolle un breve esquema de la historia entre los testamentos con la ayuda del material que se incluye en el capítulo (y otros recursos adicionales). Entonces puede decir algo así: Pablo en la Epístola a los Gálatas dice: «Pero cuando vino el cumplimiento del tiempo, Dios envió a su Hijo, nacido de mujer y nacido bajo la ley, para que redimiese a los que estaban bajo la ley, a fin de que recibiésemos la adopción de hijos». Estos acontecimientos «entre los testamentos» forman parte de los acontecimientos que Dios utilizó para crear el contexto en el cual presentaría a su Hijo al mundo. El período en la historia humana en el cual llegó el Mesías es el que Pablo llama «el cumplimiento del tiempo». El estudio del Nuevo Testamento incluye la historia de la llegada de Jesucristo al mundo por primera vez como también el relato de su segunda venida y el plan para la eternidad. Comencemos entonces nuestro estudio.

4. Desarrolle su propia idea creativa para comenzar e introducir la lección.

Introducción a la Biblia

Respuestas a las preguntas de repaso

1. A las conquistas de Alejandro Magno
2. La Septuaginta contiene algunos de los libros apócrifos, y la versión hebrea no los incluye.
3. Dedicó el templo a Zeus.
4. Judíos que resistieron a los seléucidas
5. Marcos fue escrito primero, y Mateo y Lucas usaron algo de este documento, pero también usaron material de una fuente desconocida llamada «Q».
6. Mateo fue escrito para los judíos, Marcos para los romanos, Lucas para Teófilo, y Juan para todo el mundo.
7. Mostrar a los judíos que Jesús es el verdadero Mesías
8. Decía que Marcos fue el «intérprete de Pedro».
9. Era médico e historiador, el único escritor gentil (no judío) del Nuevo Testamento.
10. Mateo y Juan
11. Juan
12. Marcos
13. Están en orden de tamaño, desde las más largas hasta las más cortas.
14. La justicia de Dios y la salvación por fe.

Sugerencias para proyectos adicionales

1. El alumno puede hacer un estudio de la celebración judía de Hanukkah y su relación al período entre los testamentos. El estudiante puede hacer una presentación sencilla a la clase en una ocasión apropiada.

2. El estudiante puede hacer un estudio de la «vida eterna» en el Evangelio de Juan. El alumno debe notar la relación

de esta realidad con el propósito de Juan como delineado en Juan 20.30-31.

3. El estudiante debe hacer un estudio sobre el uso del dinero y las finanzas en los evangelios de Mateo y Lucas. Para realizar este proyecto, el estudiante debe leer Mateo por completo de una vez y Lucas de la misma manera. (No tiene que leer los dos evangelios en el mismo día pero sí debe leer cada uno por completo el día que decida hacerlo.) Después de haber notado el carácter de cada uno de estos evangelios, el alumno debe notar cómo y en qué contextos hablan acerca del dinero. En alguna ocasión señalada el estudiante tal vez pueda presentar sus descubrimientos a los otros estudiantes. (Nota: El alumno debe estar consciente de que estos dos evangelios no incluyen todo lo que la Biblia tiene que decir acerca del dinero.)

4. El alumno debe estudiar mapas que detallen los viajes misioneros de Pablo y las ciudades donde escribió sus epístolas. También debe buscar información adicional acerca de estas ciudades en diccionarios bíblicos.

5. Un proyecto original desarrollado por el alumno, el guía o ambos.

Tareas

El facilitador debe recordar a los alumnos que las tareas para el curso son:
1. Lectura del texto completo de Demaray, excepto los capítulos 7 y 9.

2. Lectura adicional, como indicado en la explicación de las tareas.
3. El resumen escrito de temas, como indicado en la sección de tareas.
4. El cuaderno de tareas para cada lección (como explicadas en la sección de tareas):
   a) Respuestas para las preguntas de repaso.
   b) Dos preguntas propias para cada lección.
   c) Dos principios transferibles para cada lección.
   d) Una lista de todos los libros de la Biblia con una frase que resuma cada uno (lecciones 3-6).

Lección 6

(Corresponde al capítulo 5, desde 1 Corintios hasta el final)

Sugerencias para comenzar la clase

Estas sugerencias se pueden utilizar para comenzar la clase de manera creativa. Después de la oración, usted puede presentar la lección por medio de una de estas ideas, o una propia, o también con el proyecto adicional de uno de los alumnos.

1. Tal como sugerimos en la lección anterior, se puede comenzar la clase con una competencia acerca de los libros del Nuevo Testamento estudiados en esta lección. Es decir, puede dividir la clase en dos equipos y hacer una competencia donde nombre ya sea un libro del Nuevo Testamento, un capítulo, o un versículo. Entonces, el primer equipo que encuentre la referencia recibe un tanto. Esta «competencia» puede ser divertida y también le puede mostrar al alumno (en una manera no vergonzosa, ya que el juego se hace en equipo) que necesita adquirir más habilidad en conocer los libros y encontrarlos. Este reconocimiento entonces dará pie a la presentación del Nuevo Testamento.

2. Presente situaciones prácticas, problemas que surgen entre los miembros de la iglesia, y pregunte qué libro de la Biblia (o algún capítulo en particular) sería el más apropiado para ayudar a una persona con uno de esos problemas. Por ejemplo, qué libro sería bueno para aconse-

jar a una persona que ha perdido un ser querido, o una persona que se va a casar, o una persona que está tratando de decidir si debe ser ministro. Permita a los alumnos que propongan otras situaciones u otros problemas, y que el grupo sugiera pasajes bíblicos apropiados.

3. Desarrolle su propia idea creativa para comenzar e introducir la lección.

Respuestas a las preguntas de repaso

1. Un espíritu divisionista.
2. Estaban cuestionando su autoridad, y Pablo tuvo que defender su ministerio.
3. 1 y 2 Timoteo, y Tito.
4. Gálatas
5. 1 y 2 Tesalonicenses
6. Filipenses
7. Filemón
8. Santiago
9. Juan
10. Hebreos

Sugerencias para proyectos adicionales

1. El alumno debe hacer un estudio biográfico sobre uno de los personajes bíblicos tratados en el capítulo o cualquier otro que le interese. Después puede leer su informe al resto de los estudiantes.

2. El alumno puede hacer un estudio de la palabra «justificación» en las cartas de Pablo y en la carta de Santiago,

haciendo comparaciones, y llegando a una comprensión de sus distintos significados.

3. El estudiante debe realizar un estudio detallado sobre algún lugar específico en la Biblia (por ejemplo, Betania, Capernaum, o Belén). Antes de buscar en diccionarios bíblicos y en otros recursos, debe tomar una concordancia y descubrir qué dice la Biblia en cada sección donde el sitio aparece. Se debe notar, por ejemplo, si algunas acciones específicas son relacionadas con ciertos lugares. Después de una investigación detallada, el alumno puede recopilar y organizar su información y hacer una presentación breve a los otros estudiantes.

4. Un proyecto original desarrollado por el alumno, el guía o ambos.

Tareas

El facilitador debe recordar a los alumnos que las tareas para el curso son:
1. Lectura del texto completo de Demaray, excepto los capítulos 7 y 9.
2. Lectura adicional, como indicado en la explicación de las tareas.
3. El resumen escrito de temas, como indicado en la sección de tareas.
4. El cuaderno de tareas para cada lección (como explicadas en la sección de tareas):
   a) Respuestas para las preguntas de repaso.
   b) Dos preguntas propias para cada lección.

Introducción a la Biblia

c) Dos principios transferibles para cada lección.
d) Una lista de todos los libros de la Biblia con una frase que resuma cada uno (lecciones 3-6).

Lección 7

(Corresponde al capítulo 6 del texto)

Sugerencias para comenzar la clase

1. Al principio de la sesión pídale a cada estudiante que exprese algo acerca de sí mismo que los otros alumnos no conozcan de ellos (por ejemplo, el país o la ciudad en dónde creció, la primera iglesia que visitó, o su comida favorita). Después que todos hayan tenido su turno, diga: Al igual que todos aquí hemos revelado algo acerca de nosotros que no lo habríamos sabido de no ser por esta comunicación revelatoria, Dios también se ha revelado al hombre. La Biblia representa la revelación escrita de Dios. Miremos ahora este gran tema de la revelación e inspiración de las Sagradas Escrituras.

2. Para iniciar la reunión el facilitador puede decir: Los apologistas, aquellos que se dedican a la defensa de la fe cristiana nos dicen que la Palabra de Dios no necesita ser comprobada. La razón está en que todo lo que Dios dice se autoriza por sí, ya que Dios lo dijo y no existe más alta autoridad que Él. Sin embargo, los apologistas también dicen que aunque la Palabra de Dios no necesita ser comprobada, es de ayuda proveer evidencias de que la Biblia es la Palabra de Dios para respaldar y fortalecer nuestra fe en ella. ¿Por qué? Sencillamente porque otros escritos reclaman ser la Palabra revelada de Dios (por ejemplo, el Corán y el Libro de Mormón). Entre las evidencias que se ofrecen para identificar a la Biblia (y no a estos otros li-

bros) como la Palabra genuina de Dios tenemos las siguientes: la profecía cumplida, la coherencia de la Biblia a pesar de que consta de 66 libros escritos a través de más de mil años en varios lugares, y su unidad tanto como que muestra consistencia en el Antiguo y Nuevo Testamentos acerca de asuntos difíciles como la naturaleza de Dios, la salvación por fe solamente, y el plan de Dios para las edades. Es maravilloso pensar que esta unidad, coherencia, y cumplimiento de profecía existen a pesar de que muchos de los escritores ni aun se conocían. Si usted trata de tener una conversación acerca del plan de Dios para las edades y cómo se recibe la vida eterna con personas que usted conoce, todos usando el mismo idioma y situados en el mismo lugar, pronto llegará a reconocer que las opiniones abundan y que las personas tal vez se enojan con facilidad. Sin embargo, la Biblia nos muestra enseñanzas coherentes, consecuentes y confiables desde el Génesis hasta el Apocalipsis. Por lo tanto, el tema de la revelación de Dios se destaca como de mayor importancia y relevancia. Estudiemos entonces la revelación e inspiración de la Biblia.

3. Escriba la siguiente pregunta en la pizarra (o hágasela a los alumnos): Si alguien en la iglesia le dice un día: «Me sentí inspirado(a) y escribí un himno y una poesía al Señor», ¿significa que este himno o poesía son inspirados por Dios en la manera que la Biblia lo es? Después de algunos minutos de discusión, presente el tema de la sesión.

4. Desarrolle su propia idea creativa para comenzar e introducir la lección.

Respuestas a las preguntas de repaso

1. Revelación significa literalmente «develación» que quiere decir «quitar el velo».
2. La revelación general incluye las evidencias para tener fe en Dios aparte de Jesucristo y la Biblia (por ejemplo, la naturaleza). La revelación especial incluye lo que Dios nos declara explícitamente en la Biblia y también incluye al Señor Jesucristo en su vida terrenal.
3. La palabra significa «exhalada por Dios».
4. El Espíritu Santo hizo que los autores de la Biblia escribieran lo que Dios quería decir, sin error, pero no en forma mecánica.
5. La canonicidad se refiere a la cualidad de ser la Palabra infalible de Dios, y a su divina autoridad.
6. Los libros de la Biblia llegaron a ser «canónicos» cuando fueron escritos porque tenían la autoridad de Dios al ser inspirados por Él, y por esto la iglesia reconoció esta autoridad inherente a ellos.
7. También estará negando la autoridad los apóstoles y de Cristo.
8. 2 Timoteo 3.15-17: «...Y que desde la niñez has sabido las Sagradas Escrituras, las cuales te pueden hacer sabio para la salvación por la fe que es en Cristo Jesús. Toda la Escritura es inspirada por Dios, y útil para enseñar, para redargüir, para corregir, para instruir en justicia, a fin de que el hombre de Dios sea perfecto, enteramente preparado para toda buena obra.»
9. 2 Pedro 3.15. (Nota: Buswell cita el versículo 15 solamente, pero el versículo 16 también es importante.)
10. Daniel profetizó que la cautividad en Babilonia duraría setenta años, y que después habría una restauración.

Sugerencia de proyectos adicionales

1. El alumno puede hacer un estudio más profundo acerca de las evidencias de la inspiración de la Biblia. Después puede presentar dos o tres de dichas evidencias al resto de los alumnos. Todos deben discutir (en espíritu de amor cristiano) acerca de que si las razones presentadas son buenas evidencias o no.

2. El estudiante puede realizar una investigación de dos o tres de las supuestas contradicciones en la Biblia. Después de resolver la aparente contradicción (o desarrollar posibilidades que respondan al supuesto dilema) el alumno puede presentar su información al grupo y pueden dialogar sobre los textos y las posibles soluciones.

3. El alumno puede hacer un estudio en el Antiguo y Nuevo Testamento acerca de las pruebas para reconocer si un profeta es falso o genuino. En otra ocasión el grupo puede escuchar los resultados de la investigación y realizar una discusión acerca del tema.
   Alternativa: El facilitador puede tomar cualquier libro antiguo o usado, presentarlo delante de los alumnos y decir: Un señor llamándose a sí mismo «místico» me entregó este libro y me dijo que era inspirado por Dios y que en él encontraríamos la revelación de Dios. ¿Qué normas o parámetros usaríamos para determinar si el supuesto «místico» está diciendo la verdad o no?

4. Un proyecto original desarrollado por el alumno, el guía o ambos.

Tareas

El facilitador debe recordar a los alumnos que las tareas para el curso son:
1. Lectura del texto completo de Demaray, excepto los capítulos 7 y 9.
2. Lectura adicional, como indicado en la explicación de las tareas.
3. El resumen escrito de temas, como indicado en la sección de tareas.
4. El cuaderno de tareas para cada lección (como explicadas en la sección de tareas):
   a) Respuestas para las preguntas de repaso.
   b) Dos preguntas propias para cada lección.
   c) Dos principios transferibles para cada lección.
   d) Una lista de todos los libros de la Biblia con una frase que resuma cada uno (lecciones 3-6).

Lección 8

(Corresponde al capítulo 8 del texto)

Sugerencias para comenzar la clase

Estas sugerencias se pueden utilizar para comenzar la clase de manera creativa. Después de la oración, usted puede presentar la lección por medio de una de estas ideas, o una propia, o también con el proyecto adicional de uno de los alumnos.

1. Pida a los alumnos que digan con qué personaje en la Biblia se identifican más, y que expliquen brevemente por qué. Después de que todos hayan tenido su turno, presente el tema de la sesión.

2. Si fuese posible, obtenga un juego de transparencias fotográficas o algún video de escenas de la Tierra Santa. (Puede usar un libro si lo otro no fuese posible.) Instruya a los estudiantes a compartir qué sienten cuando ven las fotos (tal vez algunos de sus alumnos hayan viajado a Israel y puedan hablar con más autoridad). Pregunte a los estudiantes cuán importante es conocer algo de la geografía y los lugares bíblicos para la interpretación de la Biblia. Después de hablar por un tiempo breve, presente la sesión.

3. Comience la clase pidiendo a los alumnos que digan de memoria la historia de la Biblia en sus porciones generales. Deben hacer este ejercicio como grupo (no solo como

estudiantes individuales). Después de hacerlo, los alumnos pueden compartir algunas ideas sobre lo que piensan o lo que han aprendido de la historia en su totalidad (por ejemplo, el hecho de que Dios tiene un plan para la historia). Cuando hayan compartido por unos minutos, presente el tema de la sesión.

4. Desarrolle su propia idea creativa para comenzar y presentar la lección.

Respuestas a las preguntas de repaso

1. El texto divide la historia de Israel en los siguientes períodos: Padres de Israel, Moisés, la Conquista, la Monarquía, la Monarquía dividida, y el Exilio y Post-Exilio. Nota: La lección también incluye el período de los Jueces ya que el mismo se puede separar de la Conquista en sí y de la Monarquía.
2. Los cananeos, de origen semítico.
3. Los cananeos tenían «lugares altos», sitios cercados al aire libre con columnas en las cuales creían que moraban divinidades. Algunas veces tenían templos. Uno de sus dioses era Baal, del cual pensaban que controlaba las tempestades.
4. La escasez y el hambre fueron factores para la huida a Egipto.
5. Dios levantó a Moisés para liberar a su pueblo.
6. Su inmoralidad corrompió la vida y la religión de los hebreos.
7. Saúl, David, Salomón.
8. El imperio babilónico destruyó a Jerusalén en el año 586 ó 587 a.C.

9. Ciro, rey de Persia quien había conquistado a los babilónicos.
10. Los judíos se rebelaron contra los romanos en 66 d.C. Jerusalén fue finalmente tomada y el templo destruido en 70 d.C.

Sugerencia de proyectos adicionales

1. Seleccione un personaje sobresaliente de cualquier libro de la Biblia, aprenda algunos datos adicionales acerca de dicho individuo y escriba una biografía breve acerca de él y de ella.

2. Busque información adicional acerca de la religión de los cananeos y escriba un informe breve acerca de ella.

3. Un proyecto original desarrollado por el alumno, el guía o ambos.

Examen final

Al final de esta clase, el facilitador debe tomar el examen final. Debe enviar las hojas de respuestas a la oficina de FLET inmediatamente para ser calificadas. El facilitador tiene que asegurar que cada alumno indique claramente su nombre y apellido, y su número de identidad en la hoja de respuestas.

Tareas

Recuerde que las tareas son:
1. Un registro de la lectura adicional, como indicado en la explicación de las tareas.
2. El resumen escrito de temas, como indicado en la sección de tareas.
3. El cuaderno de tareas para cada lección (como explicadas en la sección de tareas):
    a) Respuestas para las preguntas de repaso.
    b) Dos preguntas propias para cada lección.
    c) Dos principios transferibles para cada lección.
    d) Una lista de todos los libros de la Biblia con una frase que resuma cada uno.

El facilitador debe recibir todas las tareas para el curso, calificar las que le corresponden (registro de lectura adicional y tareas para cada lección), de acuerdo con las pautas señaladas al principio del Manual del facilitador, anotar las calificaciones en la hoja de calificaciones, y enviar esta hoja y las demás tareas (resumen escrito de temas) a la oficina de FLET, junto con las hojas de respuestas del examen final.

La oficina de FLET registrará las notas, evaluará el examen final y el resumen de temas, y enviará las notas finales tan pronto como sea posible.

¡Muchas gracias por su tiempo, dedicación y ministerio en beneficio de los alumnos! ¡Que el Señor le bendiga!

Hoja de calificación

Nombre	Calificaciones								Nota final
	Peña 1	2	3	4	5	6	7	8	